제3판

21세기 사회복지정책

최경구 · 강욱모 · 김영란 · 김진수 · 박승희
서용석 · 안치민 · 이성기 · 이용갑 · 이정우
이준영 · 이혜경 · 최현숙 · 한동우 · 한형수
공저

청목출판사

제3판 머리말

'21세기 사회복지정책'이 출간된 지 어언 8년이 지나 제3판을 내게 되었다. 그 동안 사회복지정책을 둘러싼 환경도 많이 변화되었다. 신자유주의 한나라당 보수정권이 들어섰고, 지속적인 성장 위주의 정책은 양극화를 진행시키고 있으며, 친 서민정책을 편다고 하지만 서민들의 삶은 개선될 기미가 잘 보이지 않는다. 새로운 사회적 위험(new social risk)은 고용 없는 성장이 가져오는 청년실업의 문제와, 직장여성들의 보육문제, 고령화로 인한 노인취업문제 등을 야기하고 있다. 국제적으로도 신자유주의의 물결이 계속 확대되는 가운데, 세계적인 양극화의 부작용 역시 심화되고 있다. 우울한 얘기이다.

아무리 일자리 만드는 것을 최우선으로 하겠다고 하지만, 자본가들이 생산과 설비 투자의 환경을 위험하다고 느끼는 한 일자리 만들기가 쉽지 않다. 그러므로 21세기가 서비스 산업의 시대라는 점을 착안하여 사회적 일자리를 많이 만드는 것이 필요하다. 이것이 중요한 이유는 또 존재한다. 다름 아닌 저출산 고령화 사회의 추세이다. 저출산과 고령화는 사회적 돌봄(social care)의 필요성을 더욱 배가시키고 있다. 그럼에도 불구하고 '돌봄의 가치'는 사회경제적으로 응분의 대우를 받지 못하고 있다. 돌봄의 가치에 종사하는 전문직 종사자들은 생산직에 근무하는 근로자들에 비하여 매우 열악한 처우를 받는다. 그만큼 돌봄의 가치가 냉대를 받는 것이다. 그래가지고는 사회적 일자리가 많이 만들어질 수 없다. 아이와 노인과 장애인 등, 사회적 약자를 돌보는 일이, 그리고 자연환경을 돌보고 보존하는 일이 '자동차 만드는 것보다 더 중요하다!!!'는 인식이 확대되고 그들에 대한 처우가 획기적으로 개선되어야만 이 사회에 선진국으로의 희망이 있다. 그래야 사회적 일자리도 더 많이 만들어질 수 있다. 정책결정자들의 역발상이 정말 중요한 시점에 들어섰다. 아직도 경제성장이 모든 것보다 중요한 가치라고 한다면 정말 역발상을 해야 한다. 이제는 돌봄의 가치가 생산의 가치보다 더 중요하다는 것을 알아야 한다. 돌봄이 선행되지 않으면 생산도 안 되는 시대에 들어선 것이다. 우리 젊은이들에게 눈높이를 낮추면 일자리가 많다고 아무리 타일러도 그들은 듣지 않는다. 이들을 탓하기 전에 이들을 돌보고 이들의 환경과 복지에 더 관심을 가져야 하지 않을까?

이러한 환경의 변화는 21세기의 사회복지정책이 다루어야 할 문제들의 외연을 더욱 확장시키고 있는 것으로 보인다. 제3판에서는 이러한 변화를 가능한 한 담아내고자 노력하였다. 다만 모든 문제를 다 다룰 수는 없었다는 점과 이번에는 그러한 문제 해결의 단초를 제시하고자 하는 개략적인 이론과 소득, 고용, 의료, 사회복지서비스 정책, 복지국가의 전망 등의 기본 방향에 관한 변화를 담아내고자 노력하였다는 점을 밝혀 둔다. 나머지 부분들도 전반적으로 저출산 고령화 사회의 문제 해결과 관련된 부분, 또는 세월의 흐름에 따라 바뀌고 있는 통계와 법적 사실의 변화 등을 충실하게 담아내고자 노력한 결과이다.

끝으로 우리가 향후에 주목하여야 할 복지정책의 새 분야는 다문화 복지정책과 관련되는 분야와 공해문제와 기상 이변 등으로 인한 환경(생태)복지 분야라는 것을 일언해 두고자 한다. 우리나라는 이제 백만이 넘는 외국인이 거주하는 다문화사회가 되었다. 10만이 넘는 새터민 문제도 함께 아우르는 다문화 복지사회가 된 것이다. 또한 우리에게 여전한 숙제인 '남북통일'의 문제도 이제는 '민족통합'의 문제로 바꾸어 생각하는 것이 더욱 현명할 것이다. 특히 지구온난화와 사막화로 인한 기상 이변과 공해문제, 나아가 지진과 해일로 인한 대규모의 이재민과 난민문제 등도 국경없는 환경(생태)복지의 문제를 제기하고 있음을 기억하여야 할 것이다.

2010. 1. 28.

저자들을 대표하여 최경구 씀.

제2판 머리말

우리 사회는 '국민의 정부'에 들어서서 사회복지 제도의 대폭적인 발전을 이루었다. '참여 정부'는 그러한 복지제도의 계속적인 발전과 내실화를 지향함으로써 한국 사회복지제도의 선진화를 담보하기 위해 노력하고 있다. 한국의 사회복지학계는 그러한 변화의 성격을 학문적으로 담아내고자 하는 노력을 지속적으로 경주하여 오고 있으며, 학문적 정체성의 확립을 위한 학회나 세미나 등도 많이 개최함으로써 새로운 이론과 실천의 길잡이 역할을 하고 있다.

세계적으로는 신자유주의의 패러다임이 계속 확대되어 가는 모습을 보이고 있다. 신자유주의는 사회복지의 축소를 지향하고는 있으나 사실상 소위 복지국가의 위기 이후 복지국가의 기본 골격을 변화시키는 데 크게 성공적이지는 못했다. 빈곤과 질병, 실업, 산재, 노후 불안, 등 사회적 위험에 대응하는 복지정책의 마련, 아동, 청소년, 여성, 노인, 장애인과 같은 사회적 약자에 대한 복지서비스 정책의 필요성은 여전히 존재하고 있다. 아니 그 필요성은 신자유주의 정책의 결과로 빚어진 사회의 양극화 현상으로 인하여 국내적으로나 국제적으로 더욱 절실해지고 있다.

신자유주의는 영원한가? 그렇지 않을 것이다. 머지않아 사회의 양극화가 더욱 많은 부작용과 위기를 전세계적으로 나타내게 되고, 그의 시정을 위한 시민사회 운동이 활성화되고 세계적 NGO들의 활동이 강화되어 영향력을 미치게 되면 새로운 패러다임이 나타나게 될 것이다. 그것이 무엇이 될지는 섣불리 예측할 수는 없으나 대체로 복지와 환경을 중심으로 하는 환경복지 자본주의가 될 것이라는 가정도 배제할 수 없을 것이다.

'21세기 사회복지정책'이 출간된 지 4년이 지났다. 그 동안의 사회복지정책 분야의 변화를 반영하기 위하여 이 책의 제3부 '한국사회복지정책의 실제' 부분을 중심으로 대폭적인 수정을 하였다. 독자들의 사랑어린 질정을 기대한다.

2006. 2. 22.

저자들을 대표하여 최경구 씀

머리말

한국에서 사회복지정책에 대한 이해는 아직도 일천하다. 학자에 따라서 사회정책, 사회복지정책, 사회복지정책론, 사회복지정책학이라는 용어가 혼용되고 있는 것만 보아도 사회복지정책의 내용에 대한 접근방법과 설명의 양식이 다름을 알 수 있다. 그러나 산업화의 부작용을 시정하고자 하는 사회적 노력과 1990년대에 시작된 사회복지전문요원 제도는 '사회복지정책'이 어느 정도 정형화되어 가는데 기여하였다. 이제는 그 내용도 많이 정리되어 있으며 용어의 통일도 일정한 정도까지는 기대할 수 있게 되었다. 그러나 아직도 더 많은 논의와 수렴의 과정이 필요하다.

이와 같은 점을 고려할 때 근래에 들어와서 사회복지정책에 관한 책들이 다수 출판되고 있는 것은 일단 고무적인 현상이 아닐 수 없다. 이런 과정을 통하여 사회복지정책의 학문적 성격과 내용이 보다 더 명확하게 규정되고 또한 풍부하고 다양하게 전개될 수 있을 것이다.

이 책도 그러한 노력의 일환으로 이 세상에 나타나게 되었다. 이 책의 저작에 참여한 필자들은 사회복지정책을 가르치면서 교육현장에서 느낀 경험을 공유하고 전반적으로 보편적인 사회복지정책의 내용을 기술하고자 노력하였다. 그리하여 필자들은 사회복지정책에 대한 개념적 이해를 정확히 하고, 그 형성과 집행과정에 대한 체계적 이해를 도모하며, 한국적 복지현실을 전반적으로 파악하고, 나아가 21세기 사회복지정책의 미래를 조망해 보고자 하는 시각에서 수차례의 토론과정을 거쳐 이 책을 만들게 된 것이다.

다만 우리의 이러한 노력은 나름대로의 장점과 단점을 지니고 있다고 본다. 장점으로는 첫째, 다수의 필진이 참여하여 각각 나름대로는 자신이 확실하게 아는 분야를 집필하였기 때문에 비교적 핵심 분야에 대한 전문적이면서도 보편적 서술이 가능했다는 것이다. 둘째는 복지정책과 경제정책의 관계, 그리고 복지재정의 문제와 민간단체의 역할 문제 등을 좀더 비중 있게 다루었다는 점이다. 넷째는 통일문제와 더불어 21세기 복지국가의 변화방향과 환경복지국가의 가능성을 소개하였다는 점이다.

한편 단점으로는 여러 명의 필자가 참여했으므로 각자의 관점이 똑같을 수 없음으로 인해서 발생하는 용어나 서술상의 일관성이 다소 결여된 측면이 나타날 수 있다는 점이다. 이것은 필자들의 수차례에 걸친 검독과 토론과정을 통하여 극복하고자 노력하였으나 그래도 독자들이 보기에 미진한 부분이 있을 줄로 생각한다. 이는 향후 독자들의 질정을 받아들여 보완해 나갈 생각이다.

IMF 사태는 우리에게 시련을 주었지만 동시에 우리 나라의 사회안전망이 얼마나 허술한가를 알게 해주었다. 그로 인해서 국민기초생활보장법의 제정이 추진되었고 각종 사회보험의 적용대상이 전국민으로 확대되었던 것을 우리는 기억하고 있다. 그러나 그럼에도 불구하고 사회복지와 직접 관계가 없는 의약분업의 정책적 실패는 의료보험의 정책적 실패로까지 영향을 미쳤으며 소위 자영업자의 소득 파악이 제대로 되지 않아 각종 보험료 책정의 공정성이 의문시되는 사태에 이르렀다. 이러한 실패의 원인은 여러 가지 관점에서 분석이 가능하겠지만, 사회복지정책을 연구하고 가르치는 사회복지학자들에게도 일단의 책임이 있다고 본다. 사회복지정책을 다학문적(multidisciplinary) 관점에서 좀더 열심히 연구하고 그 중요성을 널리 가르쳤었더라면 어땠을까 생각해 본다. 이 책도 그러한 아쉬움이 계기가 되었던 것이 아닐까 생각해 보면서 선배 동학들의 관심과 지도를 바라마지 않는다.

2002. 2. 22.

저자 일동

차 례

제3부 한국 사회복지정책의 실제

사회복지정책에 대한 이해

제1부

제 1 장　사회복지정책의 개념과 이론
제 2 장　사회문제와 사회복지정책
제 3 장　사회복지이념과 복지국가
제 4 장　경제정책과 사회복지정책

1
chapter

사회복지정책의 개념과 이론*

제 1 절 사회복지정책의 개념

사회복지정책이란 '사회복지'라는 단어와 '정책'이라는 단어의 합성어로 사회복지와 정책의 개념을 따로 분리하여 살펴볼 필요가 있다. 사회복지의 개념을 어떻게 규정짓느냐에 따라 사회복지정책의 개념이 달라질 수 있다.

1. 사회복지의 개념

일반적으로 사회과학에서 사용하는 용어들은 대다수의 사람들이 합의할 수 있는, 즉 보편적으로 통용되는 정의를 내리기 어렵기 때문에 서로 다른 정의를 내리는 경향이 있다. 어떤 사회현상이나 사물에 대하여 보는 사람에 따라 주관이 다르기 때문에 보편화가 어려울 수 있으

* 한형수 : 서울시립대학교 사회복지학과 교수

며 사회복지라는 용어도 다의성을 가지고 있어서 매우 복합적인 의미를 가지고 있다.

그러나 오늘날 사회복지라는 용어는 우리 사회에서 매우 빈번하게 사용되는 용어로서 많은 문헌에서 쉽게 볼 수 있게 되었다. 이는 국가나 사회가 발전하면서 그 구성원을 소득상실의 불안과 건강상실의 불안으로부터 보호하여 안정된 삶을 누리도록 하는 현대국가의 목표가 복지국가이기도 하기 때문이다.

우선 복지란 사전적인 의미로는 '행복한 상태'. '안정된 삶', '생활욕구가 충족된 삶'등 다양하며 여기에 사회복지란 간단히 말해서 '인간의 삶의 질을 개선하는데 목적을 둔 사회적이고 조직적인 활동' 이라 할 수 있다(전재일 등, 2001 : 15).

프리드랜더(Friedlander)는 사회복지란 개인 혹은 집단의 생활이나 건강이 만족할 만한 수준에 도달할 수 있도록 계획된 사회적 서비스 및 제도의 조직적 체계라고 정의하였다. 즉 사회복지를 사회적 서비스와 제도의 조직적 체계로 본 것이다(Friedlander, 1974).

한편 장인협은 사회복지를 모든 국민들의 인간다운 생활을 보장하고 건강과 번영을 증진시키기 위하여 인간과 사회제도 및 사회체제간의 상호작용에 파생되는 제반 문제나 사회적 요구에 보다 효과적으로 대처해 나가도록 계획적인 사회정책과 사회적 서비스를 마련하여 제공하려는 정부나 민간기관들의 조직적인 노력이며 체계적인 실천활동이라고 하였다.

또한 김영모는 사회복지를 인간의 욕구에 대한 서비스이며 사회문제를 해결하기위한 방법으로 보고 있으며 또 사회복지는 사회봉사, 사회정책, 사회사업 등과 매우 유사한 개념으로 쓰이지만 이러한 개념을 포괄하는 것으로 보기도 한다(김영모, 2000 : 2).

이렇게 사회복지에 대한 다양한 견해가 존재하는데 이를 요약하여 광의의 개념과 협의의 개념으로 다시 세분하여 본다면 다음과 같다. 광의의 개념은 '자본주의 사회가 발달하면서 파생되는 가족의 사회문제를 해결하기 위한 사회정책, 사회보장뿐만 아니라 교육, 주택, 공중위생, 범죄관계 대책 등의 공공일반시책, 그리고 더 나아가 복지국가정책의 확대에 따라 사회생활을 영위하는 인간의 내적 외적 생활 제 조건에 밀착하는 모든 사회적 시책의 총칭'이라고 볼 수 있다. 이는 미국의 Social Welfare나 영국의 Social Service의 개념이다. 즉 광의의 개념에서 사회복지란, 사회보장, 공중위생, 사회정책, 사회사업, 보건위생정책 또는 사회보장제도의 근저에 있어 공통된 목표로서 정책이나 제도를 실현하고자 하는 목적 지향적인 개념인 것이다.

이에 비해 협의의 사회복지는 지금까지 사회사업, 사회복지사업과 같이 사회복지 실천과 관련지어 사용되어 왔다. 그래서 협의의 사회복지는 개인을 지지하고 개인의 문제나 성격을 치료하는 미시적인 특성을 가지고 있다. 클레인(Klein)은 협의의 사회복지를 '스스로의 노력으로는 도저히 물질적 자원이나 건강 유지가 곤란하거나 불가능한 개인 또는 가족들에게 일정한 서비스를 실시 제공하는 일'이라고 하여 그 대상에 있어서 극히 제한적으로 보았다(Philip Klein, 1968 : 7). 이렇게 협의의 사회복지 개념은 주로 사회사업(social work)으로 불리우는 것으로 미국에서 발달한 사회복지 실천의 분야이다.

이처럼 사회복지의 개념은 그 폭이 매우 광범위하여 매우 좁은 의미와 매우 넓은 의미는 상당히 차이가 있는 개념으로 사용되기도 한다. 그러나 분명한 것은 1970년대 이후 사회복지가 협의의 개념에서 보다 광의의 개념으로 확대되어 더 많이 쓰이고 있음을 볼 수 있다.

2. 사회복지정책의 개념

사회복지정책이라는 개념이 사회복지학의 분야에서 사용되고 있지만 이미 사회적으로는 사회정책(social policy)이라는 용어가 더 오랜 역사를 가지고 사용되어 왔다. 사회정책이라는 용어는 1873년 독일에서 창립한 사회정책학회에서 사회정책(Sozialpolitik)이 학술적인 개념으로 사용하게 되었는데 독일에서 사회정책이 나올 수 있었던 것은 독일 사회가 갖는 특수성에서 비롯되었다. 즉, 산업화가 영국이나 프랑스에 비해 늦었던 독일은 계급갈등을 예방하고 사회조화를 이룩하기 위하여 국가의 역할이 그만큼 강조되었다. 이는 급속한 산업화와 고도성장에 의해 야기되는 것으로서 급속한 성장은 예상치 못한 많은 부정적인 결과를 나타나게 하였다. 산업재해, 공해, 실업, 사고 ,질병, 노인문제, 청소년문제 등 예상하지 않은 문제들이 독일사회에서 나타나게 된 것이다. 특히 노사관계에서 나타나는 노동자들의 복지문제는 국가가 관심을 가져야 할 난제였다. 여기에 독일 사회에 나타나는 새로운 사조인 마르크스주의와의 사상적 갈등 또한 독일 사회정책을 촉진하였던 요인이 되었다. 1880년대 독일에서 실시한 사회보험은 국가가 이러한 다양한 문제에 대하여 적극 개입한 사회정책의 한 제도화이다. 당시 철혈 재상이라 불리던 비스마르크(Bismarck)가 독일 사회민주당과 노동조합의 위협 앞에 현실 타개책으로 구상한 사회정책을 정치적 목적으로 사용함으로써 국가정책으로서의 사회정책이 중요하게 부각되었다. 이처럼 독일에서 사회정책은 정치적 목적을 가지고 출발했다고 볼 수 있다.

정책에 대하여 칸(Kahn)은 "이른바 지속적인 계획, 장래의 의사결정의 지침이거나, 결정의 연속선으로 특수한 프로그램, 입법, 우선순위를 뒷받침하는 원리로서 암시적이거나 명시적인 중핵이다"라고 하였고(Alfred, 1973 : 69). 길버트(Gilbert)와 스펙트(Specht)도 정책에 대하여 "공사의 기관에 있어 행동의 방향이나 계획의 기초를 이루는 제결정과 선택이다"라고 하였다(N. Gilbert & H. specht, 1974 : 4). 티트머스(Titmuss)도 정책이란 "주어진 목적을 지향하고 행동을 좌우하는 원리에 관련된 것으로 볼 수 있으며, 목적뿐만 아니라 수단에 관한 행동을 의미하고 있어서 변화하는 행동, 체계, 실천을 의미한다"고 하였다(R. M. Titmuss, 1981 : 18). 여기에서 사회나 집단 혹은 조직이 어떤 형태로든지 변화에 영향을 줄 수 있다고 믿을 때만 그 의미가 있다는 점을 유념해야 한다.

플린(Flynn)은 각 학자들의 정책의 정의를 검토해 보면 다음 9가지로 요약할 수 있다고 하였다 즉 정책이란, 목적이나 가치 있는 결과의 공식적·비공식적 표현, 선택된 대안들의 방향을 제시한 바람직한 결과의 진술, 우선순위 정하기, 하나의 조직 원칙, 지속적인 계획, 의사 결정이 이루어진 혹은 이루어지지 않은 결정, 명시적 혹은 묵시적인 입장, 누가 무엇을 언제 어떻게 얻는지에 대한 사회선택의 결과, 체계적으로 만들어진 정보이다(J. P. Flynn, 1985 : 13).

이렇게 다양한 정책의 의미를 내포한 사회정책의 개념은 독일에서 주로 노동계급이나 계급투쟁과 같은 정치적 문제를 주 관심사로 하여 등장하였다. 반면 영미계통에서는 개인적 어려움을 타개 내지 예방하는 시책을 강구하는 것이 사회정책의 주요 관심사였다. 그러므로 영미 계에서는 위로부터의 국가적 원호체계가 아니라 자유주의적인 자조에 문제해결의 원칙을 두고 있었다(太陽寺順一). 그러므로 영국과 미국 등에서는 독일에서 사회정책으로 취급하던 문제를 Social Policy라 하지 않고 Social Problems란 말로 표현하여 왔다. 그러나 2차 대전 이후부터는 Social Policy라는 말이 ILO의 출판물 등에서 쓰이기 시작했고, 1960년대에 사회개발분야의 출판물에서는 Social Planning 이란 말과 함께 많이 사용되게 되었다. 영국에서는 1960년대 후반부터 사회정책의 단행본이 출판되었고, 1972년 Journal of Social Policy가 창간되어 아직 체계화된 이론 정립이 확립되지 않았으나 학문적 논의가 활발히 진행되면서 사회정책이란 용어도 점차 일반화된 것이다.

위에서 여러 학자들이 말한 정책에 대한 개념정의를 놓고 볼 때 사회정책이란 "산업자본주의 사회가 발전하면서 파생되어지는 사회적 약자와 사회적 위험에 처한 사람들을 보호하기 위한 대책으로서 소득, 보건, 교육, 주거, 노동, 환경, 교통에 관한 정책이다. 또한 자본주의로 인한 문제를 해결하기 위하여 어떠한 목표로 향하는 일련의 행동지침으로서, 무엇을 향하고 있으며, 왜 그렇게 해야 하는가, 그리고 누가, 어떤 원리와 선택기준으로 행동하는가"라는 질문이 포함된 개념이다(현외성, 2000 : 30). 또한 사회복지정책이란 "사회복지의 목적달성을 위하여, 즉 욕구가 있는 사람들의 욕구 충족과 사회적 통합을 위하여 필요한 자원을 국가가 계획하고 조달하며 배분하는 모든 과정이며 집단적 행동지침이라 하겠다. 여기에는 인간다운 생활을 보장하기 위한 각종의 사회복지 서비스, 공공부조, 사회보험, 사회보장 등이 포함된다."라고 할 수 있다.

1) 영국의 개념

영국에서는 사회복지정책이라는 개념보다는 사회정책이라는 개념을 선호하고 또 더 많이 사용하고 있다. 따라서 영국에서의 사회복지정책보다는 영국의 사회정책을 소개하는 것이 이해하기 적절할 것이다.

영국에서 사회정책의 개념은 우선 마샬(Marshal)이 말한 개념을 소개할 필요가 있다. 그는 사회정책에 대하여 "서비스와 소득을 제공함으로써 시민들의 복지에 직접 영향을 미치는 행동에 관한 정부의 정책이다. 따라서 사회정책의 중심적인 핵심은 사회보험 혹은 다른 현금급여의 방법(공공부조)에 의한 소득 유지라는 의미에서 사회보장이며 보건서비스 또는 건강보험인 동시에 사회복지이거나 개별복지서비스로서 특히 이는 주택에 대한 정책이며 교육범죄처리에 관한 것이다(T. H. Marshall, 1970 : 11-15)"라고 하여 국가가 국민 삶의 전반에 걸친 행위를 사회정책이라고 보았다. 마샬의 개념은 영국 바로 복지국가의 기틀을 적시하는데 중요한 시각을 제공해 준 것이었다.

이와는 다소 차이는 있지만 타운센드(Townsend)는 "공공행정과 관련된 정책이고, 이것은 일반적으로 인정된 특수한 사회문제를 시정하거나 사회목적을 추구하기 위한 국가와 지방의 건강, 교육, 복지 및 사회보장 서비스와 같은 서비스의 개발과 관리에 관련된 정책이다"(P. Townsend, 1975 : 2)라고 하여 행정과 관련하여 정의하였다.

또 다른 학자인 브라운(Brown)은 "사회 행정학은 사회적 서비스에 관한 연구이며, 사회행정은 사회문제와 그것에 대한 사회적 대처 방법에 관한 것이다"라고 언급하고 있다(M. Brown. 1977 : 13).

이와 같이 영국의 사회정책이 사회행정과 동일시되는 경향은 빈민법의 개정과 사회적 서비스의 발달, 나아가 복지국가의 탄생에서 볼 수 있는 것처럼 꾸준한 사회입법과 사회행정을 통해 사회정책이 발달하였기 때문으로 보인다(김영모, 1999 : 2).

티트머스의 경우는 사회정책을 "일정한 사회적 욕구(need)에 관하여 시장이 충족시키지 못하거나 충족시킬 수 없는 것을 사회적 약자에게 부여하는 정부의 행위"라고 정의하고(R. Titmuss, 1974), 이를 세 가지 모델로 구분하여 다음과 같이 설명하고 있다.

첫째, 잔여적 모델 : 이 모델은 사적 시장 및 가정이 있다는 전제하에 이들이 붕괴된 경우에 한해서 사회복지제도가 일시적으로 작동하여 보호가 필요한 사람을 돕는 정책을 말하는 것이다.

둘째, 산업적 성취 모델 : 이 모델은 경제의 종속물로서의 사회정책의 중요한 역할을 덧붙이는 것이다. 사회적 욕구(need)가 공적이나 노동의 업적이나 생산성에 기초하여 충족된다는 것을 의미한다. 그것은 계급의 형성이나 집단의 충성심의 형성이라든지 자극, 노력, 보수 등에 관심을 갖는 다양한 경제학적 심리학적 이론으로부터 추정되고 있다.

셋째, 제도적 재분배 모델 : 욕구의 원리에 입각하여 시장의 바깥쪽에서 보편적인 서비스를 제공하는 것이다. 이는 한편으로는 사회적 변동 및 경제 시스템의 복잡한 결과에 관한 이론에 기초하고 있으나, 다른 한편에 있어서는 사회적 평등의 원리에 기초하고 있다. 이는 자원의 재분배 시스템을 의미하는 것이다.

그리하여 그는 사회정책이 사회봉사 이외에도 직업적·재정적 대책까지도 포함되어야 한다고 주장하였다. 여기에서 티트머스는 사회정책의 목적이 시민의 경제적·비경제적 복지에 있다고 보고 최저수준과 재분배적 기능을 매우 중요시하고 있음을 알 수 있다. 이것은 그의 오랜 사회봉사 행정의 경험에서 나온 경험주의, 공리주의, 사회개량주의 및 개입주의적 복지관에서 나온 것으로 보이며, 이로 인해 그는 사회정책을 사회행정으로 보는 경향이 있음을 알 수 있다.

이상에서 우리는 영국의 사회정책의 개념을 제 학자의 견해를 인용하여 살펴본 대로 영국에서는 사회복지정책이란 용어보다는 사회정책이라는 용어를 더 선호하는 경향이 있음을 알 수 있다. 이는 영국의 사회정책이 오랜 구빈 정책과 더불어 발전하여 왔다는 점과, 국민의 사회생활에 영향을 미치는 정책영역들을 일괄하여 사회서비스(social service)라 부르며 이 전체를 대상으로 하는 연구로 구성되었기 때문이다. 사회보험이나 공공부조 혹은 교육 주택 공급과 구별되는 좁은 의미의 사회복지정책 현상에 관한 연구를 독립적이고 자기완결적인 학문으로 구성하는 다소 좁은 의미의 사회복지정책과는 다른 경향을 띠고 있다 하겠다.

그래서 영국에서는 사회복지정책이라기보다는 사회정책이라고 부르는 것이 영국적인 표현일 것이다. 따라서 영국에서 사회정책은 사회서비스의 급여와 관련된 것으로서 사회보장, 건강, 대인서비스, 주택, 고용 및 가족정책을 포함하는 것이라 하겠다(현외성, 2000 : 30).

2) 미국의 개념

미국에서 사회복지정책의 개념은 역사학, 정치학, 철학, 사회학, 사회적 서비스에 관한 경제학 등에 관한 연구라고 볼 수 있다. 사회적 서비스란 말이 애매하게 사용되기는 하지만 교육, 의료, 현금급여, 주택 그리고 사회복지서비스와 같은 넓은 의미로 사용되고 있다. 이러한 측면에서 볼 때 미국에서 사회복지정책은 사회적 서비스뿐만 아니라 농업, 경제, 인력, 재정, 물질적 개발 그리고 사회정책의 주체를 이루는 사회적 목표인 것이다. 그러나 학자에 따라서는 사회정책 혹은 사회복지정책이라는 용어를 병용 또는 혼용하기도 하였다.

레인(Rein)은 사회정책은 "사회의 외형, 재분배, 사회적 급여의 균등한 분배 등"이라고 하였지만 사회복지정책이란 용어보다 사회정책이라는 용어를 더 선호하였다(Martin Rein, 1970 : 3).

또한 미국의 경제학자 보울딩(Boulding)은 경제정책과 사회정책을 구분하여 설명하였다. 즉 "사회복지정책은 사회정책의 모든 측면을 연결하며 단지 경제정책으로부터 구분되는 공통의 통합 시스템이라 불리우는 것이다. 사회복지정책이 특히 관심을 갖는 제도는 모든 통합의 정도와 공동체를 반영하고 있다. 사회복지정책은 사람들이 가맹하고 있는 공동체의 주변에 그의 정체성을 확립하기 위한 목적을 가지고 있으며 더불어 협조하는 어떤 사회 속에 있는 한 사람을 확인하는 것이 사회복지정책이다"고 하였다(T. Tropman and Other eds, 1976).

이와는 다르게 길버트와 스펙트와 같은 학자는 "사회복지정책은 사회정책과 공공정책의 동의어로서 흔히 사용되는 포착하기 어려운 개념이다"라고 하며 사회정책과 공공정책은 사회복지정책보다 그 범위가 포괄적이지만 사회복지정책은 공공정책임은 틀림없다고 하였다. 그 이유로 그들은 사회복지정책의 대부분은 공금의 지출로 이루어지기 때문이라고 하였다. 이와 같이 길버트와 스펙트는 서비스 내지 소득을 제공함으로써 시민의 복지에 직접 영향을 미치는 행동에 관한 정부의 시책이라는 마샬의 정의와 비슷한 개념이라고 볼 수 있다(Neil Gilbert & Harry spect, 1986 : 2).

젠센(Jansson)은 사회복지정책보다 사회정책이란 말을 사용하면서 "사회문제를 해결하기 위한 집단적 전략"이라고 정의하고 사회정책이 해결해야 할 문제는 물질적 지원의 박탈, 정신적 혹은 정서적 박탈, 인지적 박탈, 대인관계의 박탈, 기회의 박탈, 개인적 권리의 박탈, 그리고 신체적 박탈이라고 하였다(B. S. Jansson, 1994 : 4).

미국에서도 다양한 의미로 사회복지정책이란 용어가 사용되고 있지만 시장경제의 기능을 전제로 하여 시장행동에 의해서는 충족되지 않는 물적 및 사회적인 욕구충족의 기회를 정부의 활동에 의해 만들어지는 것을 의미한다. 디니또와 다이(Dinitty & Dye)는 사회복지정책을 국민생활의 질에 영향을 미치는 것을 정부가 할 것인가 또는 하지 않을 것인가를 선택하는 어떤 것이라고 규정하고 있다(D. M. DiNtty & T. R. Dye, 1983 : 2). 이와 같이 미국의 사회복지정책의 대부분은 서비스나 소득을 제공함으로써 시민들의 복지에 영향을 미치는 정부의 행동이라고 하는 것처럼 미국에서는 영국의 사회정책처럼 사회복지정책이 독립된 연구의 영역으로 자리잡고 있다고 보기는 어렵다 하겠다.

3) 독일의 개념

독일에서도 영국과 마찬가지로 사회복지정책이라는 용어보다는 사회정책이라는 용어를 더 선호하는 경향이 있다.

독일의 강단 사회주의자 중의 한사람인 와그너(Wagner)는 사회정책을 "분배과정에서 나타나는 여러 가지 폐해를 입법 및 행정의 수단으로 해결하려는 국가의 정책"이라고 정의하였다(A. Wagner, 1891 : 4). 여기에서 폐해란 개인적 관계나 계급적 재산관계에서 발생할 수 있고, 소득이나 계급에 의하여 발생하는 불리한 경제적 상태를 말한다. 그는 재산의 유무, 재산의 과소 등에 의하여 발생하는 사회적 불리를 국가가 해결하려는 수단을 사회정책으로 보았던 것이다.

그런가 하면 자유주의적 중도 좌파라고 볼 수 있는 슈몰러(schmoller, 1875 : 90)는 사회정책을 사회개량이라는 용어를 동원하여 "사회개량의 일반적 목표는 사회계급간의 친밀한 관계의 회복, 부정의 극복이나 경감 혹은 분배적 정의의 원칙에로 접근하는 것이며, 중하위 계급의 물질적 향상을 보장하기 위한 사회입법적 활동이다"(G. Smoller, 1875 : 90)라고 하였다. 그의 주장은 분배적 정의에 입각하여 빈부간에 일종의 균형을 이루어 나감으로써 서민계층을 유지하고 보호하려는 것으로 이해할 수 있다. 그리하여 사회정책이라는 것은 점진적인 사회개량으로서 현존 질서를 유지하는 안정된 틀 속에서의 윤리적 타협정책이라고 볼 수 있다.

또한 자유주의적 좌파학자라 할 수 있는 브렌따노(Brentano)는 "사회정책은 사유재산제도를 고수함으로써 내포적 문화진보의 조건을 보호하고, 독립된 소득을 보장하여 윤리적, 정치적 진보를 도모함으로써 노동자 생활의 향상을 가져오게 하여 각 개인의 능력을 최대한 발휘할 수 있도록 한다는 것이다"라고 하고 있다. 즉 노동자 계급의 자주적 조직으로서 노동조합의 단결과 자유를 요구하며, 국가간섭을 배제하고 균등한 분배를 통한 자주적 개량에 의한 자본제 경제의 완성을 기대했던 것이다.

이러한 독일식 사회정책의 특징은 노동자 문제해결에 집중하는 경향이 있다. 즉 독일의 사회정책은 자본주의사회에 있어서의 계급 대립으로부터 생기는 사회문제로서의 노동문제를 완화하거나 해결하려는 자본주의 국가의 사회개량정책으로서의 성향이 강하다. 독일의 사회정책은 노동조건의 유지나 개선 등의 노동정책의 일환으로서 국가가 하고 있는 노동자 보호정책 또는 분배정책이었다고 할 수 있다. 그러나 제 2차 세계대전 이후부터의 독일은 사회정책이 노동문제에 치중되는 전통적인 특성과 더불어 사회복지정책적인 성향도 나타내고 있다.

호프너(Hoffner, 1971 : 27)에 의하면 사회정책은 사회적 존재로서의 인간 존엄을 지키기 위한 것으로, 법적 승인 하에 사회적 공동생활의 질서에 대한 적절한 수단을 선택하고 도입하는 것이라고 말했다. 그는 이러한 개념규정을 다음과 같이 정의하고 있다.

첫째, 사회정책이 경제문제만을 다루는 것이 아니다. 사회정책은 인간의 올바른 사회행동, 사회조직 및 인간 공동생활의 모든 질서를 다룬다.

둘째, 사회정책은 폐해의 완화와 제거보다는 건강의 보호와 요구에 책임이 있다.

셋째, 사회정책은 노동문제뿐만 아니라 사회생활의 질서에 관심이 있다.

넷째, 사회정책은 독점적인 국가적 과제는 아니다. 보충원리와 사회적 공동생활의 질서를 위하여 국가뿐만 아니라 공동체・기업・노동조합과 같은 모든 사회집단은 참여의 책임이 있다는 것이다.

독일 사회정책의 특징은 사회정책이 국가의 사회개량정책 이상으로 노동계급에 대한 정략적 행위로서의 정치적 의의를 내포하고 있다는데 있다. 따라서 독일에서 사회정책의 주된 관심은 산업사회에서 중요한 노동문제에 집중되고 있다 하겠다.

4) 일본의 개념

일본에서 사회정책은 2차 대전 이전 독일에서 행해지던 사회개량주의를 포함한 분배정책적 사회정책과 노동력의 보전과 배양을 위주로 하는 생산정책적 사회정책 등을 의미하였다. 그러다가 2차 대전 이후 사회복지정책이라는 용어가 새롭게 등장하여 사용되었다.

일본에서 사회복지정책에 대한 개념은 가까하시 쇼이찌(孝橋正一)가 정의한 개념을 우선 볼 수 있다. 그는 "광의의 사회복지정책은 문화, 교육정책, 보건위생, 노동사회정책, 아동부인정책이나 범죄정책의 상위개념이며, 보통 공공일반시책이라 불리는 사회정책과 사회복지의 모든 부문을 포함한다."고 하였고, 협의로는 "자본주의 제도의 필연적인 다양한 사회문제를 해결하려는 합목적적인 공사의 모든 노력을 사회복지정책"이라고 하였다(孝橋正一, 1962 : 17). 그는 사회복지정책은 자본주의의 모순을 해결하려는 노력의 일환으로서 분배정책뿐만 아니라 생산관계에 대하여도 관련이 있는 것으로 보고 있다. 사회복지정책은 자본주의 모순을 극복하지만 그것의 해체를 의미하는 것이 아니며 자본주의를 유지하는 틀 속에서 존재하는 국가정책으로 보는 것이다. 이는 사회적 낙오자뿐만 아니라 전체 국민을 대상으로 이루어져야 하며 시혜의 성격이 아니라 입법적 활동으로 이루어져야 한다는 것이다.

마따 제(眞田是)는 사회복지정책뿐만 아니라 일반적으로 정책은 "단지 이념으로서만 정책이 아니라, 노동이나 환경, 보건, 위생 등의 활동으로 이루어질 때 성공한 정책"이라고 하여 사회복지정책이 이념이 아니라 실천에 의한 것임을 말하고 있다(眞田是, 1973 : 36).

한편 공공정책의 일환으로 사회복지정책을 보고자 하였던 미우라 후

미후(三浦文夫)는 사회복지정책을 “넓은 의미로는 사회복지의 추진과 진행에 관한 국가와 지방자치단체 또는 공적 사적 모든 단체와 기관의 프로그램이라고 볼 수 있지만, 협의로는 국가와 지방자치단체가 설정하는 사회복지의 목적달성을 위한 방법과 수속 등을 포함하는 프로그램으로 한정한다”고 하였다. 그는 공적인가 사적인가, 광의인가 협의인가 하는 기준을 사용하여 사회복지정책의 개념을 정의한 것이다(三浦文夫, 1983 : 13).

제2절 사회복지정책의 목표

사회복지정책의 목표는 다양하다. 그러나 사회복지정책이 사회구성원 개개인의 삶의 질을 향상시키는 것을 기본으로 하기 때문에 욕구충족과 사회문제 해결이라는 대의에는 별 이견이 없다. 티트머스(Titmuss)는 사회정책이 추구해야하는 목적을 다음과 같이 말하였다. 즉 첫째, 사회정책은 시민의 복지를 마련하는 유익한 목적을 지니며, 둘째, 사회정책은 경제적 목적뿐만 아니라 비경제적 목적(최저임금, 소득유지의 최저기준 등)을 달성해야 하며, 셋째, 사회정책은 빈자로부터 부자에게 자원통제를 통한 진보적 재분배 대책을 포함해야 한다(R. Titmuss, 1980)고 하였다.

티트머스가 말한 사회정책의 목표가 사회복지정책에서 추구하는 목표와 크게 다르지 않음을 알 수 있다. 즉, 국민최저선의 확보, 평등의 실현, 완전고용 달성, 의료나 주거의 보호, 교육보장 등, 사회복지정책이 추구하는 목적은 다양하다. 이를 몇 가지 차원에서 살펴보기로 하자.

1. 생존권의 보장

1919년 독일의 바이마르 헌법에 생존권과 관련된 조항이 신설되면서 인간으로서의 존엄성 보장 혹은 인간다운 생활의 보장에 관한 관심이 싹트기 시작하였다. 이는 국가가 인간의 존엄성 확보와 보장을 위하여 적극적으로 개입해야 함을 의미하는 것으로서 이러한 생존권을 보장하는 것이 사회복지정책의 목표인 셈이다. 베버리지 보고서에서 밝히고 있는 대로 현대의 복지국가들은 한 개인을 요람에서 무덤까지 보장해 주는 국가 사회복지정책의 발현이 곧 생존권을 확보해 주는 길이다. 우리나라의 헌법에서도 이를 보장하고 있는데 헌법 제 34조에는 "모든 국민은 인간다운 생활을 할 권리를 가진다."라고 되어 있고, 헌법 10조에도 생존권적 기본권을 설정하여 놓고 있다. 인간다운 생활을 통해서 인간의 존엄성이 보장되며 인간의 존엄성은 사회복지의 일차적인 가치가 된다. 사회복지정책은 국가의 정책과 사회복지 서비스를 통해서 이루어지며 이를 시행하고 제공하는 과정에서 인간으로서 누려야 할 생존권과 인간다운 생활을 보장하는 것이 사회복지정책의 목표이다.

2. 사회통합과 안정

이는 기능주의 사회학자들에 의해 제기된 것으로 사회복지정책이 사회적으로 어려운 사람들을 원조하여 사회생활의 기능을 회복하여 줌으로써 개인이 사회에 적응할 수 있도록 도와 결과적으로는 사회혼란을 방지하고 사회통합과 안정에 기여할 수 있다는 것이다. 사회복지는 사회제도의 하나로서 다른 사회제도가 제 기능을 상실하게 되었을 때 그 제도를 일시적으로 보충하고 보완하여 사회전체의 질서와 안정과 통합에 기여한다는 것이다. 이는 핑커(Pinker)가 그의 책 『사회이론과 사회정책』(*Social Theory and Social Policy*)에서 말하고 있는 내용이기도

하다. 그리고 스펜서(Spencer), 뒤르껭(Durkheim), 파슨스(Parsons) 등도 사회적 혼란과 사회문제 해결을 위하여 사회복지적 노력이 필요함을 인식하였고, 그들의 사회학도 이러한 문제의식에서 출발하였다.

그러나 사회복지정책이 사회통합과 안정에 기여한다는 목표는 사회복지정책 이론분야에서 설명되어지는 사회양심이론과 사회음모이론의 논쟁을 불러오기도 한다. 즉 사회복지정책이 개인적 수준에서 사회복지를 필요로 하는 사람들에게 순수한 의미에서 사회적 약자들에게 욕구충족을 시키는 선의의 목적적 동기가 있는 반면에, 기득권자들이 사회적으로 불만이 있고 변화를 추구하는 세력을 격리하고 억제하여 통제함으로써 강요된 안정을 꾀하려는 사회복지정책적 목표가 있다는 통제론과 같은 논쟁을 불러올 수 있는 것이다.

제 3 절 사회복지정책의 특징

1. 인간지향

사회복지정책은 무엇보다도 인간의 존엄성을 기본 가치로 하는 '인간지향적인 정책'이라는 점에 그 첫 번째 특징이 있다. 사회의 구성원이면 그리고 관련정책이 적용되는 범위 내에 있는 사람이면 누구나 인간으로서의 존엄성이 보장되고 그 사회가 지향하는 가치체계 안에서 인간으로서 대우받을 수 있는 생활이 보장되어야 한다. 적용대상은 인간의 존엄성을 훼손하거나 인간으로서 대우받을 수 있는 환경이 위협받고 있거나 위협받을 수 있는 환경에 노출된 사람이나 집단이다. 사회의 관습, 전통, 관념 등에 의해 인간의 존엄과 가치가 사회복지정책에 어떻게 반영될지 결정되며, 이런 요인들이 가치체계를 형성하므로 가치체계에 변화가 생기면 사회복지정책의 내용과 지향점도 달라진다(송근원,

1994 : 12).

2. 소득재분배

사회복지정책은 소득재분배를 특징으로 한다. 소득이전(income transfer)의 과정 속에 재분배의 효과가 나타난다. 인간의 존엄성을 강조하는 것도 정책결정에 필요한 가치의 권위적 배분도 모두 소득재분배를 위한 것이다. 소득재분배는 소득이나 가치배분이 한편에서 다른 한편으로 일방적으로 흐르기 때문에 비용부담자와 수혜자 사이에 논란의 소지가 많다. 때로는 사회복지정책 설립과정에서 복지정책대상이 되는 취약계층의 의견이 반영되지 않고 오히려 기득권자의 의견이나 혜택이 더 우선하는 방향에서 복지정책이 수립되기도 한다. 사회복지정책의 궁극적 목적이 사회통합에 있고 취약계층의 상대적 박탈감이 사회통합에 중요한 영향을 미친다는 점을 감안한다면 진정한 의미에서의 소득재분배가 이뤄지기 위해 이들 취약계층의 의견이 반영될 수 있는 채널이 열려 있어야 한다(박병현, 2003).

3. 정치논리 우선

사회복지정책은 시장논리보다는 정치논리에 좌우되는 경향이 있다. 사회복지정책은 사회의 자원을 배분하기 위해 국가가 국민의 합의에 의하여 행하는 일종의 강제적 개입 행위이다. 이러한 일련의 행위는 사회가 어떤 형태를 취할 것이냐에 관한 국민적 합의와 사상에 기초한다. 사회복지정책에 의해 배분되는 자원은 서민들이 소유할 자격이 있다고 주장하는 공공재를 중심으로 하며, 이러한 자원을 서민들이 갖게 되는 것은 시장논리에 의해서라기보다는 정치논리에 달려있다는 것이다(박병현, 2007 : 41). 이것은 사회복지정책이 그만큼 정치사회적 변동의 추세에 따라 그 내용이 변화하기 쉽다는 점을 내포하는 것이라 하겠다.

즉, 진보적 정당이 정권을 잡느냐 또는 보수적 정당이 정권을 잡느냐에 따라 사회복지정책이 다른 정책에 비하여 상대적으로 빠르게 변화할 수 있는 가능성이 많다. 이 말은 자신이 스스로 인간다운 생활을 영위할 수 없는 사회적 약자에 대하여 사회복지정책이 때로는 적극적으로 때로는 소극적으로 변화한다는 것을 의미한다(현외성, 2000).

제4절 사회복지정책의 영역

1. 사회복지정책의 영역

사회복지를 욕구에 대한 서비스로 정의할 때 사회복지정책 또한 인간이 가지는 욕구에 대하여 어떤 형태로든 대응하는 것이다. 일반적으로 시장에서 이루어지는 자원의 배분이 사람들의 욕구(need)를 만족시킴으로써 이루어진다면 사회복지정책은 욕구를 충족시킴으로써 달성될 수 있다(김영모, 2000:4). 다만 사회복지정책은 시장 메커니즘을 통하여 일차적으로 결정되는 재화와 서비스의 배분을 수정하는 것을 목표로 한다. 그러나 그렇다고 하여 사회복지정책이 시장에서 결정되는 모든 재화와 서비스의 분배에 관여하는 것은 아니다. 사회복지정책에서 제공되는 재화와 서비스는 일반적으로 특별한 성격을 갖고 있거나 혹은 특별한 욕구에 대응하는 것이 대부분이다.

사회복지정책에서 욕구의 기준으로 가장 많이 설정하는 것은 육체적, 생물학적 생존에 필요한 최소수준의 욕구이다. 사회복지정책이 저발달한 국가나 사회에서 사용되고 있는 욕구의 기준은 이러한 육체적 생존에 필요한 최소한의 칼로리 양을 근거로 하여 결정된다. 그러나 인간은 생존에 필요한 욕구에서 나아가 공동체의 욕구를 가진다. 이것은 연대감, 사랑, 존엄성 등을 비롯하여 이웃과의 관계망을 필요로 하는 것이다. 공동체적 욕구는 일반적으로 느끼는 것이지 실체가 나타나지 않기 때문에 측정하기 어렵다. 그리고 공공의 욕구는 사회구성원들의 가치에 따라 정치적으로 결정되기 때문에 그 범위가 넓을 수 있고, 시간적 혹은 공간적으로 차이가 있다(D. A. Stone, 1988). 즉 과거에는 공공의 욕구로 인정되지 않던 것이 오늘날에는 인정될 수 있는 것이다. 예를 들어 모든 국민들의 교육에 대한 권리가 20세기 이전만 해도 국가에서 공공의 욕구로 인정되지 않았으나 오늘날 대부분의 선진 산업국가에서는 공공의 욕구로 인정하고 있다.

이렇게 욕구에 관해 장황하게 이야기하는 것은 사회복지정책이 발전해 온 역사가 공공의 욕구가 확대되어 온 역사라고 할 수 있기 때문이다.

사회복지정책의 분야를 좁게 본다면 인간의 생존에 필요한 욕구를 충족시키기 위한 정책들과 관련될 것이다. 즉 육체적 생존에 필요한 소득보장, 의료보장, 주택보장 등이다. 사회정책의 영역을 제시한 베버리지(Beveridge)는 영국의 사회적인 현상을 진단하면서 빈곤, 질병, 무지, 불결, 나태라는 5개 사회악을 규정하고 이를 퇴치하는 것이 영국이 사는 길이라고 하였다. 이를 퇴치하는 사회정책의 방법으로서 사회보장정책, 의료보장정책, 교육보장정책, 주택보장정책 그리고 고용보장정책을 말하였다(William Beveridge, 1942 : 2). 그러니까 사회정책의 하나로 사회보장제도를 고안한 것이었다. 사회보장의 목적은 모든 시민들의 기본적인 소득수준을 보장하려는 것이었고, 나아가 인간다운 생활을 영위하기 위한 시민 주도권이 억제되지 않도록 하려는 것이었다.

마샬(Marshall)은 사회복지정책을 사회보장정책, 의료보장정책, 개별사회적 서비스정책, 주택보장정책, 지역사회개발정책 그리고 교육정책을 말하였다(T. H. Marshall, 1975 : 11-12). 그러나 사회복지정책을 보다 넓은 의미로 보았던 티트머스(Titmuss)는 경제정책이나 조세정책을 사회복지정책이라 보았다(Richard M. Titmuss, 1969). 그 이유는 조세정책의 경우 비록 소득보장정책과 같이 직접적인 급여를 통하여 소득을 보장시키지는 않는다 하더라도 간접적으로 소득의 재분배에 크게 기여하기 때문에 실질적으로는 소득보장의 기능을 하기 때문이다. 또한 노동시장 정책의 경우에도 이들 정책들이 저소득계층 시장에서 얻는 일차소득을 높이는데 크게 기여하기 때문에 전체적인 소득보장이라는 차원에서 본다면 이차 소득과 관련된 소득보장정책과 더불어 필요한 것이다. 즉 노동시장정책과 소득보장정책은 밀접한 관계를 갖고 있기 때문에 소득보장정책이 성공하기 위해서는 노동시장정책의 성공이 필수적이다.

길버트와 스펙트는 공공정책과는 다르게 사회복지정책을 논하였다(Neil Gilbert and Harry Specht, 1974:2). 공공정책은 우주, 국방, 교통 등 공공재원에 의해 제공되는 재화나 서비스를 말하고, 사회복지정책은 인간관계와 사회구성원이 누리는 생활의 질에 영향을 주게 되는 조치라고 하였다. 공공정책은 사회복지정책 외에도 국방정책, 외교정책, 경제정책, 문화정책 등 많은 영역들이 있으며 이들은 개인의 복지에 관련이 있다고 하였다. 모든 정책이 개인 혹은 공공의 복지와 관련이 있기 때문에 공공정책과 사회복지정책을 구분하는 것이 무의미할 수도 있다. 그러나 모든 정책을 또 사회복지정책이라고 보기에는 무리가 따르고 혼란이 발생한다. 그래서 넓은 의미로 사회복지정책을 본다면 국가의 모든 공공정책을 사회복지정책이라 할 수 있고 좁은 의미로 본다면 베버리지(Beveridge)가 말한 5가지의 정책을 사회복지정책의 영역으로 보는 것이 타당할 것이다.

그러나 사회가 복잡해지고 국민들의 욕구가 다양해지면 이러한 사회복지정책의 개념도 언제든지 변화할 수 있다. 즉, 오늘날 자본주의 경제시장이 발전하고 여기에서 낙오한 노동계급의 욕구가 분출하면서 노동자 복지가 증가하여 베버리지가 말한 전통적인 사회복지정책의 개념은 흔들리고 있다. 즉 노동자의 고용안정 등도 중요한 사회복지정책의 영역이 되고 있는 것이다. 그래서 여기에서는 다양한 사회복지정책의 영역을 다음과 같이 분류하고자 한다.

소득보장정책: 연금보험, 공공부조, 실업수당 등
고용보장정책: 고용보험, 산재보험, 직업훈련 등
의료보장정책: 의료보험, 장기요양보험, 의료부조 등
사회복지서비스정책: 사회적 약자(노인, 장애인, 여성) 보호정책
교육보장정책: 의무교육확대, 학비보조 등
주택보장정책: 임대아파트 공급 확대 등

다만 이 저서에서는 사회복지정책의 영역인 소득보장정책과 고용보장정책, 그리고 의료보장정책과 사회복지서비스 정책의 문제를 중심으로 다루었다. 교육정책과 주택정책의 경우는 별도의 공공정책 영역에서 더 많이 다루고 있기 때문이다.

2. 사회복지정책의 모형

1) 윌렌스키와 르보의 모형

윌렌스키와 르보(Wilensky & Lebeaux)는 잔여적 복지와 제도적 복지로 나누어 사회복지의 모형을 설명하였다. 잔여적 복지는 복지의 책임이 개인에게 있다고 보고 가족과 시장을 통해서 일차적 복지 문제를 해결하도록 하되, 그것이 불가능하거나 부족할 때 국가가 도움을 주는 복지모형이다. 한편 제도적 복지는 복지의 책임이 국가에 있다고 보고 국가가 복지 문제가 발생하기 이전에 제도적으로 사회보험이나 각종 사회보장 프로그램 등으로 문제를 예방하는 복지모형이다.

사회복지의 잔여적 모형은 가족이나 시장의 기능이 상실되고 욕구를 충족시키는데 필요한 자원이 고갈된 뒤에 사회복지가 보충적으로 존재한다고 보는 것으로 협의의 사회복지 모형으로 이해할 수 있다. 다시 말하면 국가가 적극적으로 개입함으로써 복지가 구현될 수 있는 경우

는 제도적 모형이고, 반면에 인간의 사회복지가 가족과 시장 및 자유로운 경제활동을 통해 이루어지는 경우는 잔여적 모형이다. 일반적으로 후기 산업사회나 사회민주주의 복지국가에서는 제도적 모형을 많이 볼 수 있고, 초기산업사회 및 자유주의 국가에서는 잔여적 모형을 많이 볼 수 있다.

2) 파커의 모형

파커(Parker)는 사회복지를 자유방임형과 자유주의 그리고 사회주의 형으로 구분하였다(J. Parker, 1975 : 12). 자유방임형은 개인주의 형식에 기초하여 경제성장과 부의 극대화에 가치를 부여하며 계약과 합의에 있어서 개인의 자유의지와 개별적 선택을 중시한다. 이는 빈곤의 개념에서 절대적인 개념을 선호하며 빈곤의 원인을 개인주의적인 시각에서 접근한다. 자유주의형은 시장의 중요성을 강조하여 분배와 공급은 시장의 기능에 맡겨야 한다고 주장한다. 사회주의형은 정치, 사회, 경제 활동에 참여하는 평등과 공동권의 가치를 강조한다. 전자는 자유를 말함에 있어서도 보다 적극적인 자유를 강조하며 후자는 시장경제를 반대하고 자원배분을 능력보다 요구에 기초해야 한다는 주장을 한다.

3) 조지와 윌딩의 모형

조지와 윌딩(Geprge & Wilding)은 사회복지의 모형을 네 가지 준거틀로서 제시하고 있다.

첫째, 반집합주의(Anti-collectivism) : 자유주의 이념에 초점을 두고 있다. 반집합주의자들은 복지국가가 아무 생각도 없는 일반 대중의 열망을 높이는 것을 선의의 개혁주의에 의한 기만적 형성이라고 주장한다.

둘째, 소극적 집합주의(Reluctant collectivism) : 수정 자유주의적 요소를 반영하고 있다. 소극적 집합주의자들은 복지국가의 역할은 병폐를 제거하는 것이며 어떤 정책을 만들고 개혁하기보다는 반응적인 역할로서 문제 중심적인 성격을 지닌다.

셋째, 페이비언 사회주의(Fabian socialism) : 영국식 사회민주주의라 할 수 있다. 페이비언 사회주의자들은 복지국가에 열렬한 찬성과 지지를 보내면서 점진적 개혁의 누적이 혁명적 결과를 가져올 것이라고 믿고 있다.

넷째, 마르크스주의(Marxism) : 혁명적 계급갈등의 논리를 주장하고 있다. 마르크스주의자들은 자본주의 생산양식을 비판하고 자본주의의 수정 및 개선보다는 이를 전면 부정하는 반면, 부의 균등한 분배는 생산수단의 사적 소유가 소멸된 후에 가능하다고 본다. 복지혜택은 실질적인 경제평등의 원칙에 입각하여 각 개인의 능력보다는 욕구의 기초로서 집단의 모든 구성원들에게 보편적으로 복지서비스를 제공할 것을 주장한다.

4) 미슈라의 모형

미슈라(Mishra)는 사회복지모형을 잔여적(residual), 제도적(institutional), 규범적(normative) 모형으로 구분하였다. 그 후 그는 복지국가를 말하면서 사회복지 모형을 다원주의 복지국가(plurlalist welfare state)와 조합주의 복지국가(corporatist welfare state)로 나누어 설명하였다. 다원주의 복지국가는 사회복지와 경제가 구분되거나 대립되며, 이익집단들의 정부나 의회에 대한 자유로운 로비활동을 통하여 갈등을 조정하는 국가의 형태를 말하였다. 여기에는 영국과 미국과 같은 국가들이 해당한다.

조합주의적 복지국가는 사회복지와 경제가 상호 의존적 관계에 있고, 중앙집중적인 이익집단의 대표들이 정부가 함께 노사정 위원회와 같은 조직을 만들고 임금 등 사회경제적으로 중요한 문제를 해결함으로써 복지를 증진시킨다는 것이다. 여기에 해당하는 국가로는 스웨덴과 오스트리아를 들고 있다(최경구, 1993).

5) 티트머스의 모형

티트머스(Titmuss)는 사회복지모형을 보완적 모형, 산업적 성취모형, 제도적 재분배 모형의 세 가지로 분류하였다. 이 모형은 H. L. Wilensky & C. N. Lebeaux의 모형에 산업적 성취모형을 첨가한 것이다. 보완적 모형은 개인의 욕구를 적절히 충족시키는 시장과 가정, 두 개의 자연적인 통로가 있다는 전제에 입각한 것이다, 즉, 사회복지제도들은 이두개의 통로가 붕괴될 때에만 그것도 잠정적으로 작동되어야 한다고 본다(전남진, 1988 : 27-28).

산업적 성취모형은 사회복지의 주요역할을 경제의 부수적 차원으로 보기 때문에 개인의 요구는 자신이 경제적으로 기여한 업적에 기반하여 충족되어야 한다. 이는 자극동기, 노력과 보수, 계급형성과 집단의 충성심과 관련된 다양한 경제적, 심리학적 이론에서 나온 것이다. 또한 사회복지를 기능주의의 입장에서 보며, 시장경제 메커니즘에서의 생산성 중심의 사회구성을 목표로 한다.

제도적 재분배 모형은 사회복지제도는 사회의 구조적 불평등을 보상하기 위해 어느 정도 욕구원칙에 기반해야 한다(욕구원리, 사회평등의 원리, 재분배 체계들의 총합에 기반)고 보는 것이다. 즉 욕구를 기반으로 하여 보편적, 선택적 서비스를 제공하는 총체적 제도이다.

티트머스는 비복지(diswelfare)의 개념을 처음 도입하면서 이는 사회변동으로 인하여 개인의 복지가 저해를 받는 제반요인이라고 보고 있으며, 또 인간을 개인으로서뿐만 아니라 집단이나 연합체의 일원으로 보는 사회정의 개념에 기반을 두고 있다.

6) 퍼니스와 틸톤의 모형

퍼니스와 틸톤(Furniss & Tilton, 1997)은 사회복지 욕구에 대한 정부의 개입 형태에 따라 복지국가의 모형을 적극적 국가(positive State), 사회보장국가(social security state), 사회복지국가(social welfare state)

의 세 가지 유형으로 구분했다.

적극적 국가는 시장체계의 기능을 강화하기 위한 정부의 개입과 사회적 통제기능이 강한 국가이며, 국가는 자유시장의 불안정성과 재분배의 요구로부터 자본가를 보호한다. 또한 경제성을 위해 정부와 기업의 협조를 최선으로 여긴다. 때문에 이들 국가는 경제적 효율성에 기여할 수 있는 복지서비스만을 실시하며 수평적 재분배와 수익자 부담의 원칙에 입각한 사회보험 프로그램을 강조하는 잔여적 복지모형을 보인다.

사회보장국가는 국민들의 최저생활보장과 기회평등추구, 보험원칙에 의한 사회보험을 주로 하는 국가들로써 사회보험만으로 부족한 부분을 사회부조나 보편적서비스 등을 제공하려고 한다. 그러나 국가의 책임 못지않게 개인의 복지향상에 필요한 개인의 동기, 기회 그리고 책임의 중요성도 동시에 인식된다.

사회복지국가는 보편적인 삶의 질 향상을 추구하며, 정부와 노동조합의 협력에 의해 고용정책을 수립하고 집행하는 국가들이다. 이들 국가는 국민최저수준 이상을 보장하고, 사회복지서비스는 취약계층에 대한 지원을 넘어서서 국가정책결정과정에 참여하는 수단으로 인식된다. 또한 평등과 국민화합의 실현을 위해 정부와 노조가 긴밀히 협조하고, 상대적 취약계층의 협조관계를 강화한다.

7) 에스핑 엔더슨의 모형

에스핑 엔더슨(Esping Andersen, 1990)은 복지국가의 목표를 시장경제 체계로부터 벗어나 개인의 복지가 시장에 의존하지 않고도 이루어질 수 있는 정도를 탈-상품화라 하고, 이를 근거로 하여 복지국가를 자유주의 복지국가, 보수적 조합주의 복지국가, 사회민주주의 복지국가의 세 가지 유형으로 나눴다.

자유주의 복지국가(liberal welfare state)는 미국, 캐나다 등을 들 수 있으며, 탈상품화의 효과가 가장 최소화된 국가를 자유주의적 복지국가로 분류하였다. 이들 국가에서는 사회복지서비스는 제한되어 있고 자산조사를 전제로 한 사회복지프로그램이 받아들여진다. 또한 고전적인 자본주의의 모습에 가장 부합하는 가족이나 시장의 역할이 중요하며, 국가의 역할은 주변화되어 있다(남찬섭, 2002 : 167).

보수적인 조합주의 복지국가(corporatist state)는 프랑스, 독일 등을 들 수 있으며, 이들 국가에서는 노동력의 탈-상품화 정도는 온건한 편이나 시민적 권리로서의 사회복지 개념을 받아들인다고 보았다. 이들 국가는 교회나 자원봉사조직들이 사회복지의 역할을 대신하고 있다고 보았다.

사회민주주의 복지국가(social democratic state)의 대표적인 국가로는 스웨덴, 스칸디나비아 등이며, 이들 국가는 가장 높은 노동력의 탈-상품화 정도를 나타내기 때문에 사회복지 프로그램들은 높은 수준으로 제도화되어 있으며 시민들은 노동시장의 의존으로부터 이탈되어 있다. 즉, 사회적 연대의 진원지가 국가이며 따라서 국가의 역할이 크고 보편주의적 개입에 의해 가족과 시장을 대체하는 특징을 갖는다(남찬섭, 2002 : 167).

제 5 절 사회복지정책의 이론

1. 사회양심이론

이 이론은 오늘날까지 박애주의자들이 선호하는 이론으로서 사회의 집단적 양심이 사회복지의 발전을 이루어 왔다는 것이다. 이 이론을 선호하는 사람들은 인간이란 이타주의적 본능을 가지고 있어 본능적으로 자기 자녀들을 보호하고 싶어할 뿐만 아니라, 친척, 이웃, 친구들도 보호하고 싶어한다고 믿고 있다. 그래서 사회양심이론을 주장하는 사람들은 정부가 사회복지프로그램들을 도입하고 확장하는 이유를 시민들이 인도주의적 가치를 구현하기 때문이라고 주장한다.

최근의 사회양심이론은 1950년대 영국 사회정책학의 통설로서 애용되었는데, 1952년에 출판된 홀(Hall, 1952)의 『현대 영국의 사회서비스』(*The social services of Modern England*)에 잘 묘사되어 있다. 홀은 이 책에서 보건서비스와 소득보장프로그램, 주택과 도시계획, 그리고 아동과 청년들을 위한 사회서비스에 관하여 기술하면서 사회복지란 다른 사람들의 불행을 도우려는 사회양심의 발로에서 비롯된 것이라고 주장하였다. 즉 욕구가 있는 사람들의 문제를 개선시키기 위한 사회적 합의가 정부에서 조직적으로 제공하는 복지수준의 향상을 가져왔다고 본다. 이 접근방법에서는 복지국가란 인간의 본성이나 가치에 비추어 본다면 당연한 귀결이라고 할 수 있다.

사회양심이론은 사회질서에 있어서 도덕성을 최우선 신념으로 한다. 19세기 정부의 사회복지 개입의 수준이 비교적 낮았던 것은 사회문제의 원인과 그 심각성의 정도에 대해 잘 몰랐기 때문이며, 복지국가가 성장하기 시작하게 된 원인은 사회문제에 대해 사람들이 인식하기 시작했고 사회문제를 해결해야 한다는 도덕적 확신이 있었기 때문이었다.

이러한 사회양심이론에서 볼 때 20세기 초반 복지국가의 태동은 도덕적 합의에 대한 정부의 반응이었다. 즉 정부나 국가에 의해 사회복지제도나 사회정책이 도입되는 과정은 신비한 과정이기는 하지만 사회계층간 또는 사회집단 간 이해의 갈등에서 비롯되는 것이 아니라, 정부가 주도하는 사회복지의 필요성에 대한 합의가 이루어지는 과정에서 자연스럽게 행하여지는 과정이라는 것이다. 그러므로 사회복지는 사회적 이타주의(social altruism)가 제도화된 것이라고 할 수 있다. 사회복지는 사람들의 이러한 이타심이 발현된 것이며 정부는 이를 위해 재정을 지원한다(박병현, 2007 : 51).

사회양심이론은 누구 한사람의 이론으로 이루어진 것이 아니라 영국의 바커(Baker)가 사회복지학 교재를 분석하여 사회양심 테제(social conscience thesis)라는 것을 추출한데서 비롯되었다. 사회양심이론은 다섯 가지의 가설을 전제하고 있다. 즉 첫째, 인간이 가지는 사랑의 감정이 국가정책으로 발현한다. 둘째, 사회복지정책은 사회적 의무감과 사회적 지식의 향상으로 이루어진다. 셋째, 변화는 축적적이며 불가피한 것이며 정책은 관대한 방향으로 진화한다. 넷째, 개선은 불가피하며 현재의 서비스가 항상 최선의 것이다. 다섯째, 비록 현행 서비스가 완전하지 않다 하더라도 언젠가는 개선의 여지가 있으며 지속적으로 발전해 나가리라는 낙관을 할 수 있다는 것 등이다(John Baker, 1979 : 178-179).

사회양심이론은 국가의 활동을 동정주의적 관점으로 보고 있으며 낙관적인 시각을 가지고 있다고 볼 수 있다. 즉, 인간의 사랑이나 박애정신에 과도한 기대를 하고 있는 것이며 사회복지를 사회진화론적 관점에서 파악하고 있다. 정부나 국가에 의해 사회복지제도나 사회정책이 도입되는 과정은 신비한 과정이기는 하지만 사회계층간 또는 사회집단간 이해의 갈등에서 비롯되는 것이 아니라, 정부가 주도하는 사회복지의 필요성에 대한 합의가 이루어지는 과정에서 자연스럽게 행하여지는 과정이라는 것이다.

그러나 이러한 사회양심이론이 지니는 장점도 있지만 다음과 같이 단점일 수도 있다. 그것은 첫째, 만일 사회복지제도나 정책이 사회양심이론가들이 주장하는 대로 본질적으로 인간이 지니고 있는 가치의 표현이라면 모든 사회에서 이와 똑같은 가치의 표현을 볼 수 있어야 하는데, 실상은 그렇지 못하다는 것이다. 둘째, 사회복지의 자비적 특성을 지나치게 강조한 나머지 국가의 역할에 관해 왜곡된 견해를 갖게 하여 사회복지발전과정의 정확한 이해를 방해하고 있다. 셋째, 특정의 문제가 특정한 시기에 문제로 인식되어 해결을 시도하게 되는 사회적 맥락을 소홀히 여긴다. 즉, 사회복지의 형성과 변화에 미치는 사회적 압력 및 영향에 관한 분석이 너무 협소하다는 것이다(Joan Higgins, 1981 : 29-32).

2. 사회음모이론

이 이론은 인도주의나 사회적 인정 혹은 양심에 도전하는 입장을 취하는 견해이다. 지배계층이 기존의 사회질서가 위협받고 있다고 느낄 때 사회복지의 발전을 통하여 위기를 전환시키고자 하는 음모의 일환으로 복지가 발전한다고 파악한다. 그래서 사회복지정책의 진화는 발전만 되는 것이 아니라 언제든지 악화될 수도 있다고 보고 있는 것이다. 피븐과 크라우드(Piven & Cloward)의 빈민규제론이 대표적인데, 이들은 미국의 예를 들어 설명하였다(Frances F. Piven & Richard A. Cloward, 1971 : 111). 그들은 미국에서 대공황 이후 대량실업에 의해 발생하는 불황을 타개하기 위하여 사회복지정책이 시작되거나 확대되었다가, 경제가 안정되고 고용이 확대되면 사회복지정책이 오히려 후퇴한 것을 음모 이론의 근거로 삼았다. 이들은 사회복지가 인도주의나 엘리트들의 선한 의지에 의한 결과라는 기존의 이론을 부정하는 것으로, 사회복지의 확대는 일반 대중을 위한 것이 아니라 지배층의 이해를 대변하는 것이라고 보았다. 이들은 구빈제도의 연구를 통하여 구빈제도는 노동을 규제하는데 일차적인 목표가 있으며, 이는 대량 실업 발생 시 질서회복을 위해 실업자를 흡수 통제하거나 노동무능력자집단을 구빈대상으로 삼아 그 처우를 열등하게 하여 대다수 노동자들의 두려움을 유발시킴으로써 노동 이탈을 억제한다는 것이다. 구빈정책은 한마디로 노동규범을 강제하기 위한 억압책이라는 것이다. 사회음모이론에 의하면 사회복지정책에 관한 의사결정은 지배층의 장기적인 계획의 결과로 피지배층에게 불리하게 작용한다고 가정한다(J. Higgins, 1978 : 190).

사회음모이론은 마르크스주의자들에게서도 나타난다. 사빌(Saville)은 여느 다른 마르크스주의자들처럼 사회복지정책을 자본주의를 유지하려는 지배층의 강압책으로 보았고(John Saville, 1980 : 3), 오코너(O'Conner)와 같은 학자는 국가의 사회복지정책은 다분히 계급의 갈등과 집단 간의 이해관계에 의해 구조적으로 결정된다고 하였다(James O'Conner, 1980 : 5). 마르크스주의자들은 사회복지정책이란 자본의 입장에 그들의 이해관계를 지속적으로 유지하려는 술책이며 장기적으로는 노동자들의 자본에 대한 적개심을 완화하려는 기제라고 보는 것이다.

그러나 이러한 사회음모이론에 대한 비판 또한 사회복지정책 결정에서 중요하게 취급되고 있다. 사회음모이론은 본질적으로 동기론임에도 불구하고 정책결정자의 의도를 파악하여 설명하기보다는 사회복지정책의 결과에 의존하고 있다. 즉, 경제가 어려울 때 사회복지정책이 발전하고, 경제가 안정되면 오히려 사회복지정책이 후퇴하였던 역사적 결과를 지적함으로써 사회음모이론의 타당성을 증명하려는 것이다. 그러나 정책의 기원에 대한 해답을 정책의 결과에서 구하는 것은 논리적이지 못하다.

또 사회음모이론에서 사회를 통제하기 위해 사회복지정책을 취한다고 하였는데, 이것이 지배계급이 의도한 것인지 아닌지 명확하지 않을 뿐만 아니라 사회복지정책의 주 대상인 노인, 아동, 장애인 등이 지배계급에게 위협적인 존재인지에 대해서는 여전히 의문이 남지 않을 수 없다(A. Pemberton, 1983 : 300-303). 또한 사회음모이론은 권력에 대한 모순적인 견해를 가지고 있다. 그들은 지배층이 빈곤자의 압력에 반응하여 수동적으로 행동하는 것으로 이해하면서도 다른 한편으로는 전체 권력을 장악하여 구호체계의 모든 확대 및 축소를 결정하고 있는 적극적인 존재로 지배층을 보고 있다는 것이다.

3. 산업화이론

산업화 이론은 경제발전이 이룩되면 사회복지가 자연적으로 따라 발전한다는 논리로서 다른 말로 표현하면 수렴이론이라고도 한다. 이 이론에서 중요한 요인은 기술발전인데, 캐리어와 켄달(Carrier & Kendall)은 기술 결정론이라 불리는 이 이론을 말하면서 사회정책의 변화를 조직적 분석의 맥락에서 조명하였다(John Carrier & Ian Kendall, 1973 : 212-214). 이 주장의 기본 가정은 기술발전에 관한 지식으로 인간행위는 예측할 수 있다는 것으로서, 사회복지정책의 변화를 기술발전 특히 비사회적인 힘에 의해 결정되는 것으로 설명하고 있다. 자본주의가 발전하면 할수록 다양한 사회문제, 즉, 이혼, 청소년문제, 가출, 범죄, 도시빈민 등의 문제가 나타나는데 이럴 때 국가는 결국 이들을 지원하는 시스템을 준비하게 된다. 이는 국가가 자비심이 있든 없든 상관없이 산업화에 따른 국가의 대응으로서 사회복지정책이 나타난다고 보는 것이다. 또한 기술발전으로 인한 산업화는 고도로 숙련되고 건강한 노동력을 요구하게 되는데 이는 다양한 복지프로그램을 통해서 이러한 노동력을 재생산 혹은 확보할 수 있다고 본다. 즉 사회복지정책이 노동력의 전문화와 고급화를 이끌어 생산성 향상의 유인책이 되는 것이다.

그러나 산업화 이론의 단점 또한 존재하는데 그것은 사회복지정책의 발달이 산업화에 따른 불가피한 것으로 파악하여 복지국가가 계획적으로 창조될 수 있는 것으로 오해할 수 있도록 한다는 것이다. 만약, 복지활동의 확대 및 발전이 기술발전의 결과라면 사회문제와 관련하여 특정 시점과 특정상황에서 갑자기 예상치 못한 사회문제가 등장하는 사실을 적절히 설명하는데 부족함이 있다. 또한 사회복지정책이 산업화의 산물이라고 한다면 정책결정의 과정에서 나타나는 지배계층의 존재나 각종 이해집단의 활동 및 그들의 가치 판단이 주요요소임을 무시해버리는 결과를 낳기도 한다.

4. 시민권이론

시민권이론을 주장한 사람은 마샬(T. H. Mashall)이다. 시민권이론은 그의 저서 『사회계급과 시민권』을 통해서 확립한 이론으로서 서구의 사회복지 발달을 설명하는 타당한 이론으로 받아들여지고 있다.

그는 시민적 권리의 발전과 그것이 사회적 평등에 미친 영향에 관심을 가졌다. 그는 시민권의 요소를 공민권, 정치권, 사회권의 세 가지로 구성되어 있다고 하였다. 공민권은 법 앞에 개인적인 자유와 평등이 보장되는 것이며, 정치권은 선거권과 공공기관에 접근할 권리와 같은 피선거권을 의미한다. 사회권은 사회의 지배적인 기준에 의하여 최소한의 경제적 복지를 보장받을 수 있다는 것이며, 동시에 사회 공동의 유산을 향유할 권리를 의미하는 것이다. 또 마샬은 시민권을 진화론적 관점에서 설명하였다. 영국의 경우 공민권은 18세기에서 19세기에 걸쳐 확립되었고, 정치권은 19세기와 20세기 사이에 그리고 사회권은 20세기 중반까지 조성된 것으로 보았다(T. H. Marshall, 1963 : 72). 그는 시민권과 사회적 불평등의 관계에 관심을 가져 사회불평등을 해소하기 위한 방편으로 시민적 권리를 주장하기도 하였다.

마샬의 시민권이론이 사회복지학에 기여한 점은 근대 자본주의 국가의 불평등한 계급구조와 평등주의적인 시민권 이념이 양립할 수 있음을 보여주었다는 데서 찾을 수 있다. 더욱이 그는 불평등한 현실과 평등적인 이념간의 긴장이 사회발전의 동력이 된다고 보았다.

그러나 시민권이론에 대한 비판도 존재한다. 파커(Parker)는 시민권이론이 공공서비스의 바람직스러운 분배 기준으로 주장될 수 있을지 모르지만 분배 체제와 그것을 의미하는 평등의 가치가 시장경제의 실체와 관련하여 이념적으로 상호 모순관계에 놓인다고 하였다(Julia Parker, 1975 : 145).

또한 미쉬라(Mishira)도 시민권이론에 대한 비판을 하였는데 그는 시민권이론이 법령에 의한 사회복지만을 포함하기 때문에 민간의 사회복지 활동이 제외될 수밖에 없어서 사회구조와 복지제도 사이를 설명하는 틀로서 부족하고, 시민권 중 복지권은 공민권과 정치권을 보충하기 위해 필연적으로 발전한 현상이 아니라 우연한 현상이라고 보았다. 또한 공민권이나 정치권의 규범적 범주와는 달리 사회권의 개념이 명확하게 규명되지 않는 점과 사회권은 사회적 산물의 분배와 직접관련이 있지만 공민권과 정치권은 그렇지 않다는 차이가 있어서 사회권을 공민권이나 정치권과 같은 범주로 생각할 수 없다고 하였다(M. Mishra, 1982 : 27-31).

5. 국가독점자본론

국가독점자본론은 은행자본과 산업자본이 결합한 금융자본의 출현과 금융자본을 기초로 한 금융과두제의 성립에서 비롯된다. 금융자본은 경제적이고 국제적인 모든 관계에 있어 거대하고 결정적인 물리력이기 때문에 완벽하게 정치적인 독립을 유지하고 있는 국가들조차도 그 자신에게 복속시킬 수 있는 능력이 있으며 실제로 복속시킬 정도로 강력하다. 이러한 독점자본주의의 핵심은 자본주의 체제의 유지를 강화하고, 독점이윤의 증대를 둘러싼 독점 부르조아지의 공통 이익을 대변하며, 거대한 생산 수단들의 사적 소유를 영속화하고, 사회에 대한 독점 자본가의 지배를 유지하기 위하여 독점자본과 국가가 하나의 단일한 기구로 융합한다는 것이다. 이로써 자본은 사회적 생활의 모든 영역을 재조직하며, 관념적 총자본에서 현실적 총자본으로 등장한다.

나아가 국가독점자본론에서는 독점자본과 국가의 결합은 결국 독점자본이 국가를 장악하게 되는 것이라고 본다. 즉 계급투쟁의 첨예화, 생산력의 발전으로 자본축적의 위기가 도래할 때, 자본은 국가라는 지배체제를 동원하여 생산수단의 사회적 소유화나 생산과정에서 국가가 지배적인 위치를 점하게 한다. 이렇게 함으로써 국가개입이 극대화되는 국가독점자본의 형태가 되는 것이다. 이는 국가가 기업의 국유화, 국가재정과 신용의 사용, 기술진보와 산업발전을 위한 경제개발 등을 진행하여 국가의 경제적 기능을 강화시키는 것으로 나타난다. 이러한 국가독점체제 하에서 사회복지가 발전한다고 보는 견해가 국가독점자본론이다. 경제위기를 타개할 목적으로 국가의 기능이 강화될 때 사회복지제도 또한 확대된다는 것이다. 이는 노동자의 투쟁을 국가와 자본이 흡수하여 체제화시킴으로써 투쟁의 의지를 상쇄하고 때에 따라서는 노동자의 의견을 국가입법에 반영하기 때문에 국가가 어느 정도 양보하여 다양한 노동자 복지가 발전할 수 있다고 보는 것이다.

6. 다원주의론

다원주의란 사회는 여러 독립적인 이익집단이나 결사체로 이루어져 있으므로 권력 엘리트에 의하여 지배되기보다는 그 집단의 경쟁, 갈등, 협력 등에 의하여 민주주의적으로 운영된다고 보는 이론이다. 다원주의에서의 사회보장은 민영화와 상업화가 주요 관심대상이 된다. 연금이나 의료보장은 복지혼합경제 혹은 복지다원주의라는 새로운 이념을 지향하고 있다. 이들 이념의 특징은 정부가 민간부분으로 하여금 사회복지를 생산, 전달, 실천하도록 동기부여를 하고 유도하는 데 있다.

복지다원주의란 경제 시장, 비영리 단체, 가족이 함께 공급주체가 되고, 국가가 복지 서비스의 주된 재정 주체가 되어 다른 부분에 대한 통제적 역할 수행을 하는 식으로 재정과 공급 주체를 다원화하는 것이다. 이러한 복지다원주의의 배경에는 국가영역에서 맡던 것을 비 국가영역으로 넘기려는 의도가 숨어 있으며, 따라서 민영화와 상업화가 주요 관심대상이 된다.

복지다원주의는 복지국가가 미시적 수준에서 개인의 경제활동에 대한 동기를 떨어뜨려 복지의존성(welfare dependency)을 높이며, 거시적 수준에서 사회 내 하위계층(underclass)의 형성을 초래하며 경제성장에 저해가 된다고 본다. 그리하여 이들은 사회복지에 대한 국가의 책임과 역할이 시장, 가족, 지역사회, 자원조직 등 다른 다양한 공급주체들에 의하여 대체되어야 한다고 주장한다. 이러한 주장은 1980년대 초반 이후 사회정책연구자들 사이에서 복지다원주의(welfare pluralism), 혹은 복지혼합경제(the mixed economy of welfare)란 용어로 알려졌다.

복지다원주의에서는 사회복지 공급을 위한 주체로서 국가 이외의 다른 주체들, 즉, 상업부문(commercial sector), 비공식부문(informal sector), 자원부문(voluntary sector) 등이 존재한다고 본다(Johnson, 1987). 복지국가의 확대에도 불구하고 시장은 노동력의 재생산과정에서 자신의 역할을 꾸준하게 확대해 왔으며, 가족은 여전히 노동력 재생산을 위한 기본 단위가 되고 있다. 최근 복지국가의 위기에서 나타난 문제들을 해결하기 위해 자주 제시되는 방법이 공공부문의 사회복지를 민간부문으로 이양하는 민영화의 전략이다.

1970년대의 '복지국가의 위기'시대 이후 서구 복지국가의 미래를 어둡게 그려 내는 것이 학계에서는 하나의 유행이 되었다. 특히, 1990년대 들어서 세계화의 영향력이 강화되는 가운데 신자유주의를 따르는 학자들이 '복지국가의 종말'을 주장하였고, 많은 연구자들이 그러한 주장에 동조하는 경향을 보이기도 하였다.

그렇지만, 지난 10여 년 동안의 서구 복지국가의 경험은 이러한 신자유주의 세계화론의 복지국가종말론이 잘못된 주장이라는 것을 잘 보여주고 있다. 일부 복지국가들에서 복지 쇠퇴의 경향의 나타나기는 했지만 전체적으로 볼 때 복지 지출이 일정한 수준으로 유지되고 있으며, 아직까지 복지제도의 근본적인 재편이 일어났다고 보기에는 시기상조라 하겠다. 오히려 오바마가 대통령으로 당선된 복지지체국(welfare lag state) 미국도 국가주도의 의료보험을 추진하고 있는 상황이다.

7. 엘리트이론

사회복지정책이 개인이나 소수의 우수한 능력으로 이루어졌다고 보는 것이 엘리트이론이다. 이의 대표적인 학자는 모스카와 파레토(Mosca & Pareto)이다. 이들의 주장에 따르면 권력은 항상 소수에 의해 행사된다는 생각을 가지고 있으며, 다수 일반인들은 권력행사에 참여하지 않는 것으로 보고 있다. 즉 대중과 엘리트를 구분하여 생각하므로 역사는 계급투쟁의 결과가 아니라 소수 엘리트들의 교체과정으로 보고 있다. 엘리트들은 자신들의 이익을 위하여 혹은 권력의 유지를 위하여 정부를 통제하고 국민을 통제하려는 속성을 가지고 있다. 이러한 속성은 그들만이 갖는 재능, 지식, 학맥, 지역 등을 바탕으로 연계되어 있으며 이를 통해 기득권을 향유하려는 속성을 가지고 있다. 때문에 엘리트들은 연고주의와 사적인 네트워크로 형성된 집단의식으로 인하여 서로 동류의식을 갖기도 하고 서로 상대방을 은밀하게 배려하는 특성을 가지고 있다고 보는 것이다(M. Hill, 1983 : 68).

이는 다원주의에서 유권자와 권력자를 나누어 보되 유권자들이 자신이 지지하는 정당을 지지함으로써 권력행사를 하는 중요한 참여자로 보는 것과는 사뭇 다르게 파악하고 있는 것이다. 따라서 엘리트 주의자들은 계급간의 투쟁은 중요하게 보지 않고 오히려 엘리트들 간의 갈등을 중시하며 역사는 엘리트들이 대중을 지배하는 역사라고 생각하고 있다(A. Forder et al, 1984 : 142-143). 결국 사회복지도 엘리트들이 관심을 갖지 않으면 발전할 수 없는 것이 된다. 이들은 권력이 유권자인 국민으로부터 나오는 것이 아니라 정당이나 국가의 엘리트들에 의해 비롯된다고 생각하여 국민의 존재를 경시하고 있다는 비판을 받고 있다.

8. 조합주의론

조합주의(Corporatism)란 전술한 다원주의와의 차이가 중앙집중적 노사 대표기구가 출현하여 대등한 수준에서 임금·근로조건 등 노사간의 주요 현안을 협상하고 정부가 이를 중재하며, 나아가 정부와 노사간의 현안인 물가와 복지 등의 문제를 상의·결정하는 삼자협동주의(Tripartism)와 같은 정치체제를 의미한다. 스웨덴, 노르웨이 등, 스칸디나비아 삼국이나 오스트리아, 덴마크 등 사회민주주의 국가에서 주로 나타나는 정치체제라고 할 수 있다(최경구, 1993). 조합주의에서 당사자인 중앙집중적 노동자 단체와 사용자 단체는 다원주의에서 말하는 평범한 압력집단이 아닌 통치적 성격을 띤 기구로서 힘을 가진 조직이다. 이들 기구가 의회 밖에서 예외적인 권력을 보유하면서 국가적 현안을 결정할 수 있게 됨으로써 의회의 정책결정권한은 약화되는 경향을 보였으나, 이런 정책결정구조는 사회복지정책의 확대·발전에 큰 영향을 주었다.

조합주의는 이익집단의 대표성을 인정한다는 점에서 다원주의와 유사한 점을 갖고 있으나, 이익집단의 수가 제한적이고, 집단 간 경쟁보다는 타협과 협조 등 비경쟁적이며, 대표자가 이익집단의 대표권을 독점한다는 점에서 차이가 난다. 조합주의에서는 국가가 다원주의에서처럼 이익집단 사이의 심판이나 중립적 중계자의 역할에 머무르지 않고, 경제와 사회를 관리하는데 제한된 수의 매우 중요한 이익집단과 협력관계를 유지하며, 주도권을 행사하는 등 국가의 적극적 역할을 상정하고 있다.

그러나 노동자, 자본가, 국가가 경제, 사회정책의 주요 부분을 협의, 결정하는 삼자연합은 실제로 그 중의 가장 큰 세력을 가진 집단에 의해 좌지우지 된다. 또한 이러한 조합주의는 강력한 노조가 전제되어야 가능한데 노동자들의 세력이 약하고, 이들의 이익을 정치적으로 대변할 강력한 정당도 없는 경우에 조합주의는 실현되기 어려우며, 이익집단들 간의 힘의 균형이 언제나 유지되기도 쉽지 않다는 문제점이 있다.

9. 사회생태주의론

사회생태주의는 북친(Bookchin)에 의해서 발전된 것으로 그는 생태문제가 사회적인 인간관계의 문제에서 발생한다고 보고 생태문제의 해결은 인간의 인간에 대한 지배의 문제가 먼저 해결되어야 한다고 본다. 즉, 생태계 파괴 같은 문제는 인간이 자연을 지배한 결과인데, 이와 같은 인간에 의한 자연의 지배는 인간 사회 안에서 인간의 인간에 대한 지배, 나아가 남성의 여성에 대한 지배가 확장된 결과라고 보는 것이다. 따라서 북친은 생태문제를 해결하기 위해서는 사회 안에서 존재하는 인간사이의 모든 지배 고리를 끊어야 한다고 주장한다. 이러한 사회생태주의는 계층없는 사회를 추구할 뿐만 아니라 인간이 욕구를 충족하는데 있어 사회적 진화와 자연적 진화를 자각하며 행동하는 자유롭고 윤리적인 인간을 필요로 하며, 이러한 윤리가 보장되는 공동체사회를 추구한다. 북친은 이러한 사회를 리버테리안적 사회라 부르며 지역자치주의를 주장한다. 바로 여기에서 인간의 욕구충족과 생태계의 보호가 공유와 협력이라는 새로운 윤리에 근거한 복지공동체 형성을 촉진하고 있는 가능성을 발견할 수 있다. 즉, 소규모 지역자치주의를 실현함으로써 사회생태적 복지공동체의 형성을 추구할 수 있다고 본다(김형준·한동우, 2009).

아직 사회생태주의가 기존의 사회복지이론들을 대체할 만한 정도로 주목을 받고 있지는 못하나 21세기가 환경복지의 시대가 될 것이며 지속가능한 사회복지로의 새로운 패러다임이 필요한 시점임을 생각할 때 상당히 주목할 만한 대안임에 틀림없다고 하겠다. 사회복지란 결국 물리적 사회적 환경의 개선뿐만 아니라 인간과 인간, 인간과 자연의 질적 관계를 향상시키고자 하는 과정이며 동시에 그 결과일 수밖에 없는 것이 아닐까?

참고문헌

김영모(2005), 『사회정책』, 한국복지정책연구소 출판부.

김형준·한동우(2009), "사회복지의 대안적 이론체계로서의 사회생태주의", 한국사회복지정책학회. 2009년 추계학술대회 자료집, 121-133.

남찬섭(2002), "한국복지체제의 성격에 대한 경험적 연구: 에스핑 엔더슨의 기준을 중심으로" 『상황과 복지』 제 11호, 163-204

박병현(2007), 『사회복지정책론』 이론과 분석, 학현사.

원석조(1983), "사회권과 제3세계", 『사회정책연구』, 제4집.

전남진(1987), 『사회정책강론』, 서울대학교 출판부.

전재일·배일섭·정영숙(2000), 『사회복지정책론』, 형설출판사.

최경구(1993), 『조합주의 복지국가』, 한나래.

현외성(2000), 『사회복지정책강론』, 양서원.

Alfred J. Kahn(1973), *Social Policy and Social Welfare Policy*, New York: Random House.

Brown, M.(1997), *Introduction to Social Administration in Britain*, London: Hutchinson.

Bruce S. Jansson(1994), *Theory and Practice of Social Welfare Police*, California: Wadsworth Publishing Company.

Dinitty, D. M. & T. R. Dye(1983), *Social Welfare: Politics And Policy*, New York: Prentice-Hall.

Esping-Anderson, G.(1990), *Three Worlds of Welfare Capitalism*, Cambridge: Polity Press

Flynn, John P.(1985), *Social Agency Policy :Analysis and Presentatin for Community Practice Chicago*. Nelson0hall InC

Forder, A. et al.(1984), *Theories of Welfare*, London :RKP.

Frances F. Piven & Richard A. Cloward(1971), *Regulating the Poor*, New York Random House.

Friender, Walter A. & Robert Z.(1974), *Introduction to Social Welfare*, Englewood Cliffs, N.J: Prentice-Hall.

Furniss, N. and T. Tilton(1977), *The Case for the Welfare State*, Bloomington: Indina University Press.

Gilbert, N. & Harry Spect(1974), *Dimensions of Social Welfare Policy*, Prentice-Hall Englewood Cliffs.

______________________(1986), *Dimensions of Social Policy*, New Jersey: Prentice-Hall Engle Wood cliffs.

Harold Wilensky &charles Lebeaux(1958), *Industrial Society and Social Welfare*, New York: Free Press.

Hill, M.(1983), *Understanding Social Policy*, 2nd ed. Oxford :Basil Blackwell.

Hogwod. B. W. and Gunn, L. A.(1984), *Policy Analysis for the Real World*, Oxford: Oxford University Press.

Higgins, J.(1978), Regulating the Poor Revisited, *Journal of Social Policy*, Vol. 7 Part2.

James O'Conner(1973), *The Fiscal Crisis of State*, St. Martin's Press.

Joan Higgins(1981), *States of Welfare, Basil Blackwell & Martin Robertson*, Oxford.

John Carrier and Ian Kendall(1973), 'Social Policy and Social Change: Explanations of the Development of Social Policy', *Journal of Social Policy*, Vol. 2, No. 3.

John Saville(1957-1958), 'The Welfare State: an Historical Approach'. New Reasoner'. 3,25, P.7. Quoted in Hohn Higgins(1980), *Social Control Theories of Social Policy, Journal of Social Policy*, Vol. 9, No. 1.

Joseph Hoffner(1971), 'Was ist Sozialpolitik,?' Soziale Sicherheit, ed, Von B. Kulp and W, Schreiber, Keipenheuer und Witch, Koln, 1971, S27
Julia Parker(1975), *Social Policy and Citizenship*, London: Macmillan.
Kahan, A. J.(1979), *Social Policy and Social Service*, N.Y.:Random House.
Marashall, T. H.(1963), *Sociology at the Crossroads*, London: Heinemann.
______.(1970), *Social Policy in the Twentieth Century*, London: Hutchinson.
______.(1975), *Social Policy*, London: Hutchinson
Martin Rein(1970), *Social Policy:Issues of Choice and Change*, New York: Random House.
Mishra, M.(1982), *Society and Social Policy: theories and practice of Welfare*, 2nd ed., London: Macmillan.
Pemberton, A.(1983), 'Marxism and Social Policy: a Critique of the Contradictions of Welfare'. *Journal of Social Policy*, Vol.12, Part3.
Philip Klein(1968), *From Philanthropy to Social Welfare*, Sanfransisco: Jossey-Bass
Quoted in Hohn Higgins(1980), 'Social Control Theories of Social Policy'. *Journal of Social Policy*, Vol.9, No.1.
Ralph Dolgoff & Donald Feldstein(1980), *Understanding Social Welfare*, New York : Harper & Row.
Smoller, G.(1875), Uber einige Grundfragen des Rechts und Volkswirtschaft.
Stone, D. A.(1988), *Policy Paradox and Political Reason*, Lenview:sott, Foresman, and Company
Titmuss, R.(1974), *Social Policy: An Introduction*. London :George Allen & Unwin Ltd.
Townsend, P.(1975), *Socialogy and Social Policy*, Hamondsworth: Penguin.
Tropman, T. and Others eds(1976), *Strategic Perspectives on Social Policy*, Pergmon Press.
Wagner, A.(1981), Uber ozial Finanz and Steuerpolitik. Archiv Fursoziale Gesetzgebung und statistik, Bd. Ⅳ.
William Beveridge(1942), *Social Insurance and Allied Services*, H.M.S.O. Cmd. 6404.
太陽寺順一(1983),『西ドイツ總合社會政策論の生成とその源流』飯田峴等編,『社會政策の現代的課題』.
三浦文夫 外(1982), '社會福祉の政策',『講座社會福祉３』, 東京:有斐閣.
______(1988), '社會福祉の政策',『現代社會福祉辭典』, 東京:全國社會福祉協議會.
眞田 是(1973),『現代日本の政策主体』, 眞田・野久尾編,『現代社會福祉論:その現狀と課題』, 京都:法律文化社.
孝橋正一(1962),『社會事業概論』, 京都:ミネルヴァ書房.
______(1962),『全社會事業の基本問題』, 京都:ミネルヴァ書房.

2
chapter

사회문제와 사회복지정책*

사회문제에 대한 이해는 사회복지정책을 다루고 올바로 이해하기 위한 전제조건이 된다. 역사적으로 사회복지정책의 출현은 사회경제적 문제 해결의 필요성으로 인해 그 존재 가치를 가져왔다. 따라서 사회문제가 없었다면 사회복지정책의 발달도 없었을 것이며, 또 사회문제가 발생하지 않는다면 사회복지정책의 발전도 기대할 수 없을 것이다. 현대적인 의미에서 사회복지정책을 처음 도입한 서구에서 사회복지정책을 사회경제적 문제에 대한 해결책으로 간주한 것은 사회적 분열, 계급간의 갈등과 사회불평등 등 심각하고 구조적인 사태는 물론 산업재해, 노령, 실업, 질병 등을 사회적으로 바람직하지 않은, 따라서 해결되어야만 하는 문제로 인식했다는 것을 의미한다.

사회복지정책의 궁극적 기능은 사회문제를 해결함으로써 사회통합에 기여하는 데 있다. 먼 과거의 상호협동이나 구빈제도로부터 현대의 사회보험제도에 이르기까지 모든 사회복지정책 프로그램은 경제적 빈곤과 불평등, 질병, 기타 사회문제를 해결하기 위한 수단으로 발전해 왔다. 예컨대 독일, 일본 등에서 사회복지정책은 사회문제, 특히 노동문

* 안치민 : 대진대학교 사회복지학과 교수

제를 해결하기 위한 사회개량 내지는 분배정책의 성격으로 발전했다. 또한 영국, 미국 등에서 사회복지정책은 자원의 배분과 재분배를 통해 빈곤문제 등을 해결하기 위한 사회서비스로 발전해 왔다(김영종, 1995 : 18).

문제의 정책적 해결을 위해 사회문제가 사회복지정책으로 발전하는 과정은 사회적 조건, 사회문제, 사회적 요구, 정책의제, 정책대안, 정책결정이라는 일련의 단계를 거친다(송근원 · 김태성, 1995 : 35-60). 즉 어떤 사회적 조건하에서 사람들의 인식을 바탕으로 그것이 사회문제로 규정되면, 그 문제의 해결을 위한 성원들의 요구가 생겨난다. 사회성원들의 그러한 요구는 다수의 사회성원인 공공의 관심에 따라 정책적으로 해결하기 위한 정책의제로 발전하며, 다양한 해결책을 제시하며 논의하는 정책대안이 개발되고, 최종적으로 정책대안 중 선택과 결정에 의해 정책으로 발전되는 것이다.

제 1 절 사회문제의 개념과 성격

1. 사회문제의 개념

일반적으로 문제란 인간에게 그에 대한 해결 욕구를 유발시키는 불만족스런 상태 또는 조건으로 규정된다. 결국 문제는 인간의 욕구 충족을 가로막는 개인적 또는 사회적 상황이나 조건으로 인식되며, 욕구가 어떠한 원인에서든 간에 충족되지 못했을 경우 생활을 영위하는 데 어려움을 갖게 된다. 예컨대 사람들이 먹고 입고 기거하는 기본적인 욕구가 충족되지 못한다면 그것은 문제로 인식되며, 해결하고자 하는 노력을 동원하게 되는 것이다.

인간의 욕구는 생리적 욕구로부터 안전의 욕구, 소속감의 욕구, 자기존중의 욕구, 자아실현의 욕구 등 다양한 형태로 존재한다(A. H. Maslow, 1970). 그러한 욕구가 개인적 차원에서 발생하고 존재한다면 개인문제로 간주되지만, 그것이 사회적 차원에서 발생하고 존재한다면 사회문제로 규정된다.

원론적으로는 개인적 차원의 욕구와 사회적 차원의 욕구 또는 결핍으로 단순히 표현되지만, 실상 개인문제와 사회문제를 구분하는 작업은 그리 용이하지 않다. 또한 사회문제가 아니라고 해서 다 개인문제인 것도 아니다. 사회문제나 개인문제가 아니라 지진, 태풍 등처럼 인간으로서는 해결할 수 없는 자연적인 힘에 의해 인간에게 고통을 주는 문제도 발생한다. 그러나 우리는 지금까지 논의되어 온 사회문제 학자들의 견해를 참고해 볼 때, 사회문제를 개인문제나 기타 자연적으로 발생하는 문제 등과 식별하는 기준의 설정이 가능할 수 있을 것이다. 여러 관점들을 고려해 볼 때, 사회문제는 대체로 사회성과 보편성에 의해 규정된다. 즉 자연적인 힘에 의해 자연적인 문제가 발생하고 개인들의 해결욕구를 유발시키는 결핍, 불만족 상태나 조건으로부터 개인문제가 발생한다면, 이러한 문제들이 사회문제로 규정되기 위해서는 사회성과 보편성을 가져야 한다.

2. 사회문제의 성격

앞서 살펴본 바와 같이 사회문제는 사회성과 보편성을 갖는다. 우선 사회성의 측면을 살펴보자.

첫째, 사회문제는 그 문제의 발생원인이 사회적이다. 즉 자연현상이나 개인의 결함으로부터 발생하는 것이 아니라 사회제도나 구조상의 결함으로부터 야기되는 것이다. 이는 사회문제란 지진, 홍수, 태풍과 같이 자연적으로 만들어진 현상이 아니고 또한 개인의 신체적, 심리적, 사회적 결함에 기인하는 문제도 아니며, 인간관계 및 인간이 만든 사회의 조직, 구조 및 제도 등과 관련된 사회적 현상이어야 한다는 것이다.

사회적 현상이라는 것은 사회문제가 사회구조나 사회체계에 의해 발생함을 의미한다. 예컨대 홍수, 태풍 등은 자연현상이지만 여름에 홍수로 집을 잃은 많은 사람들이 겨울이 다가와도 거처가 없어 동사의 위기에 직면했다고 한다면 그것은 사회문제이다. 또한 자살이나 알코올중독 등의 문제는 개인의 심리적인 문제로 발생할 수도 있지만 경제적인 압박이나 소외감, 대인관계의 갈등 등의 원인으로 발생한다면 그것은 사회문제로 규정될 수 있다(최선화 외, 2000 : 14-16). 사실 어떤 문제를 관점에 따라 개인적 결함의 문제로 보기도 하고 사회구조적으로 야기되는 문제로 보기도 하기 때문에 다소 논란점이 있을 수 있다. 뒤르켐(E. Durkheim, 1951)은 개신교도의 비율이 높은 지역과 가톨릭교도의 비율이 높은 지역의 자살률을 비교하여 개신교도의 비율이 높은 지역의 자살률이 높다는 경험적 결과를 통해 자살률은 개인적 요인뿐만 아니라 사회통합이라는 사회적 요인에 의해서도 영향받고 있다는 점을 밝혔다.

둘째, 사회문제란 다수의 사회성원들이 사회문제로 사회적 규정을 내리는 것이다. 즉 사회문제는 사회, 즉 대다수의 사람들 또는 여론 주도자가 사회문제라고 믿는 것이다. 마리스(R. W. Maris, 1988 : 6)는 사회문제를 다수의 사회성원, 영향력 있는 집단, 또는 카리스마를 지닌 개인들이 사회에 대한 위협으로 인식하는 것으로 정의하고 있다. 이는 사회문제에 대한 규정이 여론에 기반을 두고 있다는 것을 의미한다.

매스컴에 의해 공적인 관심이 야기된 극적인 사건들은 이른바 개인문제가 사회문제가 되는 다양한 사례에서 특히 중요하다. 예컨대 우리나라에서 1991년에 발생한 김부남 사건은 미성년자에 대한 성폭력 및 그 후유증의 중대성이 공적 관심을 통해 사회문제화된 사례로 볼 수 있겠다.

셋째, 사회문제는 사회의 규범이나 가치에 위배된다. 즉 어떤 현상이 바람직한 것인가 아닌가는 개인이 갖고 있는 가치관에 따라 다를 수 있기 때문에 사회의 대다수 사람들이 갖고 있는 공통가치나 가치의 합의에 의한 규범에 위배될 때 그것을 사회문제로 규정할 수 있는 것이다. 예컨대 마약, 대마초 등 약물중독이나 매춘 등의 문제의 경우 어떤 사람들은 그것이 쾌락 등을 추구하는 개인들의 사적인 행동으로서 문제로 인식하지 않기도 하지만, 현재 사회의 규범에 어긋나는 사회문제로 볼 수 있다. 근래 관심을 많이 불러일으킨 미성년자에 대한 이른바 원조교제도 마찬가지의 사안이라 볼 수 있겠다.

다음으로 보편성의 측면을 살펴보자.

첫째, 사회문제는 문제의 영향력이 특정 개인에 한정되는 것이 아니라 사회성원 다수에 보편적으로 미친다. 밀즈(C. R. Mills, 1959)는 개인적 곤란, 즉 개인문제와 광범위한 사회 전반의 사회문제를 구분하고 있는데, 그에 의하면 개인적 곤란이란 개인의 성격 때문에 야기되거나 그를 둘러싼 가까운 주변 사람들과의 관계(사회생활의 제한된 영역)에서 발생하는 사적인 문제(private matter)를 말하고, 그것이 많은 사람에게 영향을 미치거나 사회가 그 문제를 많은 사람들 또는 전체 사회에 대한 위협으로 간주할 때 사회문제가 된다고 밝히고 있다. 예컨대 에이즈(AIDS)가 소수의 동성애 남성과 정맥주사약 투여자에게 영향을 미치는 상태로만 보였을 때, 그것은 개인문제로 생각되었다. 그러나 이성애자를 포함하여 광범위한 사람들에게 영향을 미치며, 또한 급속히 확산되고 있다는 사실이 확인되었을 때, 사람들은 그것을 하나의 사회문제로 인지하기 시작했다(L. Ginsberg, 1996).

둘째, 사회문제란 다수의 성원들이 그에 대한 개선을 바라며, 사회적 차원에서 해결노력, 즉 사회적 조치가 요구되는 현상이다. 다시 말해서 사회문제는 사회적 대응을 포함하거나, 적어도 잠재적으로는 해결책이 있어야 한다는 것을 의미한다. 마리스(1988)는 사회문제는 사람들이 사회에 대한 위협으로 인식하는 것으로서 해결 또는 치유될 수 있는 인간행동 또는 사회적 상태의 일반적 유형으로 정의될 수 있다고 말한다. 또한 바커(R. L. Barker, 1995: 355)는 사회문제는 사람들의 가치와 규범을 침해하고, 정서적 또는 경제적 고통을 야기하여 사회성원의 사회적 대응을 이끄는 상태를 의미한다고 말한다. 예컨대 지진 기타 자연의 힘은 통제되거나 멈춰질 수 없기 때문에 사회문제가 아니다. 그러나 지진 발생 이후의 국면, 즉 지진유발지역에서 그에 대한 대비 부족 등으로 인해 피해가 컸다면 사회문제로 간주될 수 있는 것이다. 마찬가지로 우리 나라에 해마다 여름철이면 발생하는 태풍, 홍수 등은 그 자체는 자연현상으로서 사회문제가 아니지만 하수처리 미비, 방제대책 미비, 부실 건축 등으로 인해 피해가 발생했다면, 그 결과적인 국면은 사회문제화되는 것이다.

사회문제의 발생에는 그 전제로서 개인문제의 발생이 선행되어야 하지만, 사회복지정책에서는 문제를 개인문제가 되풀이되는 예로 취급하기보다는 진정한 사회문제로 규정하는 것이 중요하다. 개인문제에서 사회문제로 문제의 성격이 바뀌게 되면, 이제 사회적으로나 혹은 국가적으로 그 문제해결에 대한 공식적인 관심이 출현할 수 있는 바탕이 마련되었음을 시사한다. 그 공식적인 관심이 구체적으로 사회문제의 해결을 위한 대응책인 사회복지정책인 것이다(현외성, 2001: 142-143).

이러한 사회성과 보편성에 비추어 볼 때, 사회문제란 어떤 현상에 대한 절대적인 정의가 아니라 역사적·사회적·문화적으로 정의되는 것이다. 오늘날 대부분의 사회문제는 핵가족화와 가족해체 등으로 인해 발생하는 가족문제, 노인문제, 청소년문제 그리고 노자간의 관계에서 발생하는 노동문제 등 19세기 이후의 산업화와 더불어 뚜렷한 사회문제로 부각되는 경우가 일반적이다. 사회문제에 대한 가치와 인식은 시간에 따라 변한다. 예컨대 대부분의 선진산업국가에서 이전에는 저소득층의 음식물 섭취에 육류가 부족한 것이 커다란 사회문제였다면, 21세기 초인 오늘날 너무도 많은 육류 섭취가 비만, 각종 성인병을 유발하는 사회문제로 간주된다. 또한 사회문제를 규정하는 가치나 기준 자체도 변화하고 문화적 상대성에 기초하기 때문에 사회문제는 다양한 사람들의 가치를 반영하기도 한다. 한 집단에게는 문제에 대한 해결책으로 보이는 것이 다른 집단에게는 다른 하나의 사회문제로 간주된다. 예컨대 어떤 사람들은 빈곤자에 대한 낮은 급여수준과 수급자의 선별 규정이 보다 많은 사람이 급여를 받지 못하게 하므로 사회문제라고 생각한다. 그러나 또 다른 사람들은 공공부조적 성격의 사회복지 급여로 인해서 사람들이 일을 회피하고 자립심을 잃는 것이 하나의 사회문제라고 생각할지도 모른다.

제2절 사회문제의 발생 배경

문제 또는 사회문제의 성립이 인간 사회에서 욕구가 존재하는 불만족스런 상태를 기본 전제로 한다면, 사회에서 사회문제가 편재하는 이유는 우선 인간 욕구의 무한성 내지는 다양성 때문일 것이다. 앞서 살펴본 바와 같이 인간의 욕구는 단순한 생리적 욕구로부터 자기개발 내지는 자아실현의 욕구에 이르기까지 다양하게 존재하여, 어느 한두 차원의 욕구가 충족된다 하더라도 다른 차원의 욕구가 계속 존재할 수 있다. 또한 욕구라는 것은 상대적일 뿐만 아니라 어느 정도가 되어야 충족이 되는지도 불분명하다. 따라서 사회에서 사회문제라는 것은 항상 존재하며 완전히 해결될 수는 없는 것이라고도 볼 수 있겠다. 사회복지적 관점에서 사회문제의 해결은 결국 사회마다의 상대성을 인정하는 가운데 어느 정도의 보편적 기준을 설정하고 그것에 도달하고자 하는 노력이라 볼 수 있겠다. 그러한 기준은 흔히 개인이 인간으로서 생활을 할 수 있을 만큼의 적절한 수준 혹은 정도로 충족되어야 할 인간의 욕구로서 국민 최저수준(national minimum) 혹은 사회적 최저수준(social minimum)으로 표현되어 한 국가나 사회의 사회복지정책의 기본 원리로 되어 있다.

사회에서 욕구가 적절한 수준까지 충족되지 못하는 것은 기본적으로 욕구충족을 위한 자원이 부족하기 때문이다. 사회에 자원이 무한정으로 존재한다면 사회문제는 발생하지도 않을 뿐더러 발생한다 할지라도 쉽게 해결될 것이다. 그러나 대부분의 사회에서는 항상 자원에 비해 욕구와 문제가 더 많이 존재하며, 발생하는 모든 사회문제를 해결하기에는 자원이 한정되어 있다. 여기에는 두 가지 측면이 고려될 수 있겠다. 첫째로는 한정된 자원의 정도에 따라 사회마다 다른 문제 해결수준이 존재한다. 즉 사회문제 해결에 도달하는 국민 최저수준 또는 사회적 최저수준은 사회마다 다를 수 있다. 어느 한 사회에서는 생존이 가능할 정도의 의식주 보장이 최저수준이라고 볼 수 있는 반면 다른 사회에서는 교육, 환경 등 문화수준의 달성까지를 최저수준으로 인정할 수 있다. 둘째로는 한정된 자원을 각 사회문제에 적절하게 투입하는 문제이다. 소득보장, 의료보장, 고용보장 등 여러 측면의 사회문제 해결 방식이 존재하는데, 한정된 자원을 한 가지 사회문제 해결에 배타적으로 투입할 수 없으며, 또 모든 사회문제 해결에 균일하게 투입할 수도 없다. 한정된 자원의 문제는 결국 자원에 비추어 문제해결의 적절한 수준을 설정하고 그것에 투입하는 우선순위의 결정이라는 사회복지정책의 과제와 연결된다.

사회에 욕구 충족을 위한 자원이 부족하지 않을 만큼 존재한다 하더라도 그것이 일부 사람들에게 편중되어 있다면, 그것은 사회문제가 된다. 단순화하여 표현하면, 100가구로 구성된 사회에 100채의 주택이 있다고 해서 주택문제가 발생하지 않는 것은 아니다. 20가구가 각기 2채씩의 주택을 소유하고 있다면, 결국 또 다른 20가구는 무주택에 처할 수밖에 없다. 마찬가지로 1이라는 소득을 적절한 수준으로 가정할 때, 100명이 100의 소득을 올린다 해도 일부가 2 내지 3, 또는 그 이상의 소득이 있고 또 다른 일부는 소득이 없다면 소득문제나 빈곤문제가 발생할 수 있는 것이다. 따라서 사회문제는 자원의 한정성 뿐만 아니라 불평등한 배분의 문제와 긴밀히 결부되어 있다. 사회문제의 해결책으로서 불평등을 제거하기 위한 노력은 관점에 따라 다를 수 있지만, 일반적으로 사회복지정책적 관점으로는 재분배의 측면이 중요하다고 볼 수 있다. 즉 사회에서 불평등이 편재하며 제거할 수 없다면, 결국 그것을 완화하거나 줄이는 차선책으로서 위에서 아래로의 자원의 재분배가 효율적으로 이루어져야 할 것이다.

제3절 현대사회의 주요 사회문제

1. 현대사회와 사회문제

과거 사회에도 많은 사회문제가 존재했지만, 오늘날 우리가 관심을 갖는 사회문제는 주로 19세기 이후의 산업화 또는 자본주의화 과정에서 도출된 문제가 중심을 이루고 있다. 그리고 사회문제가 과학적으로 연구되고 해결책이 모색된 것도 역시 산업화, 자본주의화에서 발생한 문제에 기인한 것이다. 예컨대 현대사회의 가족문제, 노인문제 등은 산업화에 따른 도시화, 가족구조 변화 등에 기인하고 있으며, 노동문제는 자본주의 발달에 기인하고 있다.

현대사회에는 다양한 사회문제가 대두되고 있다. 사회문제에 대한 연구는 주로 사회학자를 중심으로 이루어졌는데, 이들은 주로 문제의 발생 원인을 중심으로 사회문제를 분류하고 있다. 대표적으로 머튼과 니스벳(Merton & Nisbet, 1971)은 사회문제를 일탈행위와 사회해체의 두 유형으로 구분하며, 김영모(1982)는 사회구조적 문제, 사회해체적 문제, 탈선적 문제로 구분한다. 각각의 분류를 살펴보면 아래와 같다.

1) 사회문제 분류(머튼과 니스벳)

(1) 사회해체 : 인구문제, 인종문제, 가족해체, 노동과 자동화문제, 빈곤문제, 지역사회 해체 및 갈등, 폭력 등

(2) 일탈행위 : 정신장애, 범죄 및 청소년비행, 약물중독, 알코올중

독, 자살, 성문제 등

2) 사회문제 분류(김영모)

(1) 사회구조적 문제 : 빈곤, 소득분배, 노동문제, 교육불평등

(2) 사회해체적 문제 : 가족해체, 빈민지역, 인구문제, 환경문제

(3) 탈선적 문제 : 범죄, 소년비행, 매춘, 자살, 알코올중독, 정신질환

두 분류에서 일탈행위 문제는 탈선적 문제와 동일한 개념이며, 이는 사회의 가치와 규범에 어긋나는 행위를 말한다. 또 머튼과 니스벳의 사회해체는 김영모의 사회구조적 문제와 사회해체적 문제를 포괄하고 있다. 사회구조적 문제란 사회체제, 그 중에서도 특히 불평등과 연관된 문제이고 사회해체적 문제는 사회체제의 변동과 관련된 문제이다. 따라서 사회의 동학으로 볼 때 원인으로서 사회구조에 따른 문제와 사회해체에 따른 문제를 엄격히 구분할 수는 없다. 결국 사회문제를 발생 원인에 따라 구분하는 문제는 사회구조와 변동으로 인해 발생하는 사회문제와 개인이 사회규범이나 가치를 위배하여 발생하는 사회문제로 구분하고 있는 것이다.

그러나 사회문제의 원인을 보는 시각은 이론적 관점에 따라 상이하다. 또 하나의 사회문제가 복합적인 발생 원인에 의한 경우가 대부분이다. 예컨대 빈곤은 일반적으로 사회구조상의 자원의 불평등 배분에 기인하는 것으로 보지만 나태, 동기부족 등 개인적 결함에도 기인하고 있으며, 범죄는 개인적 일탈행위로 보지만 극심한 빈부 격차나 불공정한 배분 등 사회체제의 문제에도 기인하고 있다. 그리고 소득의 불평등이나 기회의 불평등, 그리고 빈곤 등 사회체제와 관련된 구조적인 문제는 그 자체가 사회문제인 동시에 범죄나 비행 등 일탈행위 문제의 발생 배경이 된다.

최선화 등(2000: 36)은 한 저서에서 사회복지적 관점을 갖고 사회문제를 두 가지 차원으로 나누어 다루고 있는데 다음과 같다.

3) 사회문제 구분(최선화 외)

(1) 사회구조적 문제 : 빈곤, 노동, 의료, 주택, 범죄

(2) 취약계층의 문제 : 가족, 아동, 청소년, 장애인, 여성, 노인

그러나 이러한 구분은 사회구조적 문제는 원인에 의한 문제이고 취약계층의 문제는 대상별 문제이기 때문에 구분의 논리가 명확하지 않다. 이에 따라 이 책에서는 사회문제를 발생 원인별로 구분하기보다는 사회복지적 관점에서 복지 대책에 따라 구분해 보고자 한다. 현대사회에서 복지 대책은 일반적으로 사회적 위험에 대한 대책과 사회적 약자에 대한 대책으로 구분된다. 여기서 사회적 위험이란 현재 문제에 직면에 있지는 않지만 노령, 질병, 실업 등 미래에 부딪칠 수 있는 불안적 요소를 말하며, 사회적 약자란 장애인, 아동 등 현재 상태로서 보호가 필요한 대상을 의미한다. 그러나 사회문제에는 기타 사회환경 및 사회보장에 관련되어 있으나 현재로서는 복지의 주요한 과제로 다루지 않고 있는 문제도 많이 산재해 있다.

4) 사회복지적 관점에 따른 사회문제

(1) 사회적 위험 : 소득문제(소득의 결핍, 소득의 불균등 배분), 질병문제(육체적 질병, 정신질환), 노동문제(고용, 실업)

(2) 사회적 약자 : 노인문제, 아동문제, 청소년문제, 장애인문제, 가족문제, 여성문제(성폭력, 성차별 포함)

(3) 기타 사회환경 및 사회보장 : 주거문제, 교육문제, 범죄문제, 인구문제, 환경문제, 약물남용문제, 폭력 및 학대문제, 기타 문화적 삶의 질 문제

2. 사회문제와 사회복지

사회문제에 대한 사회의 반응을 추상적으로 사회통제라 한다. 사회통

제는 사회적으로 허용되거나 용인된 범위를 벗어난 행위나 현상을 법률이나 기타 사회적 규범으로 제재를 가하는 것이라 할 수 있겠다. 대부분의 사회는 법률적인 처벌 이외에도 사회복지제도를 통해 보다 적극적이고 예방적인 차원에서 사회문제에 대응하고 있다. 예컨대 빈곤에 대한 치료책으로 공공부조제도, 사회적 위험(social risks)에 대한 예방책으로서의 각종 사회보험제도, 사회불평등 개선을 위한 조세정책과 사회보장제도, 그리고 각종 사회적 약자 보호를 위한 사회복지서비스 등을 들 수 있겠다.

사회문제에 대한 사회복지학적 접근이 문제해결 지향적이라는 데에는 비교적 합의가 있어 보인다. 사회복지는 사회문제의 해결을 지향하고 있다. 그러나 사회복지의 개념을 보는 관점이 다르기 때문에 다루고자 하는 사회문제도 달라질 수 있다. 즉 사회복지의 개념을 좁게 본다면 다루고자 하는 사회문제도 협소하고, 넓게 본다면 다루고자 하는 사회문제는 광대해진다.

1) 사회복지 개념과 사회문제 수준

(1) 가장 좁은 의미의 수준

사회복지실천적(여기서는 social work을 의미) 문제 해결 수준으로 사회적 약자 개인 또는 가족에게 보호, 치유 등 서비스 제공. 여기서는 노인문제, 아동문제, 청소년문제, 장애인문제, 가족문제, 여성문제(성폭력, 성차별) 중에서도 주로 미시적인 해결의 차원을 다룬다.

(2) 좁은 의미의 수준

(1)수준의 미시적, 정책적 해결 차원 외에 소득문제(소득의 결핍, 소득의 불균등 배분), 질병문제(육체적 질병, 정신질환), 노동문제(고용, 실업) 등 사회적 위험의 차원을 다룬다.

(3) 넓은 의미의 수준

(2)수준 외에 주거문제, 교육문제, 범죄문제, 약물남용문제, 폭력 및

학대문제 등 사회복지 이외의 다른 분야에서도 공통으로 직면하고 있는 문제의 해결 차원을 다룬다.

(4) 가장 넓은 의미의 수준

(3)수준 외에 인구문제, 환경문제, 기타 삶의 질 문제 등 널리 인간의 경제적, 정치적, 사회적, 문화적 삶과 안녕(well-being)에 폭넓게 영향을 미치는 문제의 해결 차원을 다룬다.

또 문제의 해결 차원도 다양한 수준이 존재할 수 있다.

2) 사회문제 해결 차원

(1) 사회문제의 발생 원인을 제거하여 더 이상 문제가 일어나지 않도록 해결하는 차원
(2) 당면한 사회문제를 현실적으로 해결하는 차원
(3) 그 문제로 인하여 파생되는 부작용이나 고통을 최소화하는 차원

이러한 해결 수준 중 어디까지가 사회복지 또는 사회복지학이 개입해야 하는 차원인가에 대해서는 논란의 여지가 많다(최선화 외, 2000 : 37-39). 그러나 현재 사회복지 영역에서는 해당 사회의 사회경제적 수준에 따라 현실적인 개입수준은 다소 차이가 있지만, 둘째와 셋째 수준까지를 다루는데 일반적인 합의가 있는 듯하다. 물론 셋째 수준 정도만을 다루는 사회라 할지라도 둘째 수준을 지향함은 당연하다. 따라서 사회복지는 주로 당면한 사회문제 및 그 문제로 인해 파생되는 부작용 및 고통을 해결하고자 목표하고 있다. 사회문제의 발생 원인을 제거하는 수준은 현대 사회문제의 근본 원인을 자본주의 사회체계의 모순에서 발생하는 것으로 보고 자본주의를 제거하고 새로운 사회를 지향하는 마르크스주의적 관점에서 알 수 있듯이, 사회복지의 영역보다는 주로 사회학, 정치학, 경제학 등의 영역에서 다루고 있다.

사회문제 해결을 위한 사회복지적 노력은 거시적으로 사회복지정책

과 미시적으로 사회복지실천으로 구분할 수 있다. 그러나 사회복지정책에 의해 사회복지실천이 이루어진다는 점에서 그 둘은 괴리될 수 없는 것이다. 사회문제 해결 차원에서 보면 사회복지정책이란 사회문제를 해결하기 위해 필요한 행동에 관한 원칙, 지침 또는 조직화된 노력으로 볼 수 있다. 그리고 이러한 지침은 사회복지에 관한 법률, 행정 등으로 구체화된다. 사회복지실천은 사회복지 전문가가 개인, 가족 또는 지역사회의 문제에 직접 개입해서 문제를 해결하는 과정이다. 따라서 단순화하면 사회적 약자에 대한 직접적 보호가 사회복지실천의 주된 대상이 된다면, 구조적 문제와 실천에 필요한 지침, 규정 등은 사회복지정책의 주된 대상이 된다(원석조, 2001b : 35-36).

제 4 절 사회문제와 사회복지정책

사회문제의 해결을 위하여 사회가 발전시킨 주된 제도적 장치가 사회복지제도와 프로그램이라면 그러한 복지제도와 프로그램은 사회복지정책의 산물이다. 앞서 살펴본 바와 같이 문제를 해결하기 위해서는 그에 대한 정책을 수립하고 그것을 실행해야 하는데, 물론 실천 영역의 중요성을 간과하는 것은 아니지만, 계획과 지침이 올바로 설 때 그것이 효과적이고 효율적으로 이루어진다는 점에서 정책은 특히 중요성을 갖는다. 공통의 가치와 혈연, 지연을 중시하던 과거 기계적 연대의 사회에서는 자선, 구빈 등 단순한 복지의 실행 자체도 큰 의미를 가졌다. 그러나 분업과 사회적 분화로 특징지어지는 현대의 유기적 연대의 사회에서는 법적으로 제도화한 현대의 사회복지정책이 필수적이라 볼 수 있겠다(원석조, 2001a : 50). 또한 사회복지정책은 당면한 문제 해결 외에도 미래에 대한 예방정책까지를 포함한다는 점에서 더욱 큰 의미를 갖는다. 예컨대 비용이 드는 위탁보호나 여러 해 동안 시설보호를 받아야 하는 가혹한 아동학대 또는 방임을 예방하는 것은 사후에 학대 또는 방임의 경우를 확인하고 해결하는 것보다 훨씬 비용 효과적일 것이다.

사회복지정책은 앞 절에서 전술한 다양한 사회문제에 대한 대응책으로 다양하게 존재한다. 즉 협의의 사회복지정책은 흔히 소득보장, 건강보호, 고용보장, 주거보장 및 사회적 약자에 대한 서비스를 포함하며, 광의로는 여기에 조세정책이나 노동시장정책을 포함시킨다. 가장 넓은 의미의 사회정책은 이외에 개인적 안녕과 상호관계, 대인관계의 만족 그리고 자유와 권리, 평등과 사회적 가치 등 지역사회 및 사회관계를 포함한다.

이 책에서는 현실 사회에서 일반적으로 직접 관여하고 있는 사회복지정책으로서 협의의 사회복지정책을 주로 다루고자 한다. 다양한 사회문제에 대한 이러한 사회복지정책은 분석적으로 보면 현재 당면한 문제는 아니지만 다가올 사회적 위험에 대비하기 위한 사회보험정책과 현재 문제에 당면한 사회적 약자에 대한 사회복지서비스정책 및 공공부조정책으로 구분할 수 있겠다. 따라서 우리가 다루고자 하는 사회복지정책은 (1) 사회보험정책으로서 소득보장, 고용보장, 의료보장, 주거보장을 살펴보고, (2) 사회복지서비스 정책으로서 아동 및 청소년 복지정책, 가족복지정책, 노인복지정책, 장애인복지정책, 여성복지정책을 살펴볼 것이다.

소득보장정책은 이 중에서도 사회복지정책의 핵심적인 부분을 차지한다. 소득보장정책은 단순히 빈곤문제 해결을 위한 최저생계소득의 보장이라는 의미 외에 불평등을 완화하여 평등한 삶을 지향하는 소득재분배정책까지를 포함한다. 물론 최저생활보장은 일차적 중요성을 갖지만 그것도 소득재분배를 통해 이루어진다는 점에서, 티트머스(R. M. Titmuss) 같은 사람은 사회복지정책을 소득재분배정책과 동일시했을 정도로 사회복지정책에서 소득재분배정책은 중요하다. 고용보장은 실업문제 해결과 고용을 통해 소득을 마련할 수 있다는 점 외에도 인간의 삶 자체가 노동을 통해 이루어진다는 점에서 인간다운 삶에 중요한 영향을 미친다. 의료보장 및 주거보장은 인간의 원초적이고 직접적인 삶에 직결되어 있는 중요한 사안이다.

사회복지서비스 정책은 사회복지의 대상은 전 사회성원 또는 전 국민이지만, 그 우선적 대상은 사회적 약자라는 점에서 본래적인 중요성을 갖는다.

한편 사회문제해결의 주체가 국가냐 시장이냐, 또는 제3섹터냐에 따라 사회복지정책의 내용이 달라지기도 한다. 강조점을 국가에 두는 사민주의정책, 시장에 두는 신자유주의 또는 제3섹터인 사회적 기업을 중시하는 제3의 길의 정책내용이 다른 것이 그 예라 할 수 있다(김종일 외, 2004).

참고문헌

김영모 편(1982), 『현대사회문제론』, 한국복지정책연구소.

김영종(1995), 『복지정책론』, 형설출판사.

김종일 · 엄명용 · 최경구(2004), 『사회문제론』, 청목출판사.

송근원 · 김태성(1995), 『사회복지정책론』, 나남출판.

원석조(2001a), 『사회복지정책학원론』, 양서원.

______(2001b), 『사회문제론』, 양서원.

최선화 외(2000), 『사회문제와 사회복지』, 양서원.

최일섭 · 최성재(1995), 『사회문제와 사회복지』, 나남출판.

현외성(2001), 『사회복지정책강론』, 양서원.

Baker, R. L.(1995), *The Social Work Dictionary*, 3rd ed. Washing, D.C: NASW Press.

Durkheim, E.(1951), *Suicide. Trans. by Spaulding*, J. A. and G. Simpson, New York : Free Press.

Ginsberg, L.(1996), *Understanding Social Problems, Policies, and Programs*, 2nd ed. University of South Carolina, 안치민 옮김(2000), 『사회복지정책의 이해』, 일신사.

Maris, R. W.(1988), *Social Problems*, Belmont, CA: Wadsworth.

Maslow, A. H.(1970), *Motivation and Personality*, 2nd ed. New York : Harper and Row.

Merton, R. K & R. Nisbet ed.(1971), *Contemporary Social Problems*, 3rd ed. New

York : Harcourt Brace Jovanovich, Inc.
Mills, C. W.(1959), *The Sociological Imagination*, New York : Oxford.

3
chapter

사회복지이념과 복지국가*

제 1 절 자본주의 사회와 사회복지이념 및 복지국가

1. 사회복지이념의 이해

사회복지 이념은 사회복지를 바라보는 시각이나 입장을 담은 이념을 말하므로 이것을 이해하기 위해서는 이념이 무엇인가를 먼저 살펴볼 필요가 있다.

이념이란 한 사회의 목표를 제시하는 정교한 이론체계이다. 이것은 한 사회가 나아갈 방향을 제시하는 '깃발'과도 같은 것이다. 사람들은 이것을 기준으로 삼아 한 사회의 현실을 평가해서 개선하고자 한다. 예컨대 우리가 '자유민주주의'를 이념으로 표방하면, 자유민주주의는 우리가 나아가야 할 방향이 된다. 그리고 우리는 이를 기준으로 삼아 우리

---

* 박승희: 성균관대학교 사회복지학과 교수

사회의 장단점을 지적하면서 지킬 것은 지키고 개선할 것은 개선하고자 한다.

그런데 한 사회의 지배적 이념이 무엇이냐에 따라서 손해와 이익을 보는 사람들이 생겨나기 마련이다. 따라서 사회마다 어떤 이념을 지배적인 이념으로 삼을 것인가를 놓고 사람들 간에 대립이 나타날 수밖에 없다. 이러한 이념의 대립은 역사적으로 볼 때 대부분 먹고사는 문제와 직결되어 있는 물질적 부와 권력의 분배를 둘러싼 이해대립에서 출발하였다.

기존의 부와 권력을 유지하려는 집단들은 기존의 사회질서를 옹호하는 '그럴듯한' 이념들을 만들어서 유포하고, 이를 거부하는 집단들은 기존의 사회를 비판하는 이념들을 만들어서 대항한다. 전자를 보수주의(保守主義), 또는 우파(右派)이념이라 하고, 후자를 진보주의(進步主義) 또는 좌파(左派)이념이라 부른다. 따라서 보수나 진보, 우파나 좌파는 고유명사가 아니라 각 시대마다 다르게 사용되는 상대적인 개념이다. 예컨대 봉건사회에서는 자본주의를 지지하는 자유주의가 진보주의이자 좌파이념이지만, 자본주의 사회에서는 자유주의가 보수주의이자 우파이념인 것이다.

이처럼 이념은 현실적 이해관계에 그 뿌리를 두고 있지만, 이념이 현실적인 이해관계와 기계적으로 일치하는 것은 아니다. 예컨대 봉건 귀족들은 대부분 봉건사회를 지지하는 봉건주의 이념을 지지하지만 모든 봉건 귀족들이 다 그런 것은 아니었다. 왜냐하면 사람들은 자신의 물질적인 이해관계에 따라서만 행동하는 것은 아니며, 이해관계 또한 복잡하게 얽혀 있기 때문이다. 한편 많은 농노들은 봉건사회에서 억압을 당하면서도 봉건 귀족이 만들어 유포시킨 '그럴듯한' 봉건주의 이념에 설득 당하여 그것을 당연한 것으로 받아들였다. 그러나 이 이념은 자신의 이익과 상반되는 것이기 때문에 이들은 '허위의식'을 지녔다고 볼 수 있는데, 이런 허위의식을 만들어내는 이념을 흔히 이데올로기라고 부른다.[1] 이처럼 이념과 이해관계가 일치하지 않기 때문에 '계급의식'에 관한 논쟁이 200여 년 동안 지속되고 있는 것이다.

사회복지이념 역시 일반적인 이념과 별개가 아니다. 사회복지는 자본주의 사회에서 중요한 부의 분배 문제와 관련된다. 그렇기 때문에 부와 권력의 분배 문제를 다룬 일반적 이념들이 사회복지의 성격이나 목적, 방법 등에 관해서 밝혀 놓고 있는 견해들이 사회복지 이념이다. 따라서 사회복지이념을 이해하기 위해서는 일반적인 이념을 먼저 이해하여야 할 것이다.

2. 자본주의 사회의 발전과 주요 이념들

이념은 물질적 이해관계와 독립적으로 존재하지 않는다. 그러므로 자본주의 사회의 주요 이념들을 자본주의 사회의 이해대립의 발전 과정과 연관시켜 살펴보고자 한다. 이것을 여기서는 편의상 오랜 자본주의 역사를 가지고 있는 유럽을 중심으로 이야기하고자 한다.

영국을 비롯한 유럽에서는 수세기에 걸쳐 봉건사회가 자본주의 사회로 변화되어 왔다.[2] 이 과정에서 시민혁명과 산업혁명 등이 변화의 중요한 계기가 되었다.

그렇다면 봉건사회는 어떠한 사회였는가? 서구 봉건사회의 지배구조는 중앙에서 각 고을의 수령들을 파견하여 다스리는 조선시대의 봉건 지배구조와는 크게 달랐다. 서구의 봉건사회는 각 고을을 봉건영주가 대대로 세습하여 지배하는 사회였다. 각 고을의 농노들은 영주에게 신분적으로 예속되어 그들의 지배와 보호를 동시에 받았다. 농노들은 거주 이전의 자유가 없었고, 심지어 어떤 지방에서는 모든 처녀들의 초야

1) 이념은 항상 '그럴듯해야' 해야 하므로 허위의식일 때조차도 진실을 포함한다. 따라서 모든 이념에 대한 비판은 이론내의 논리적인 문제점을 지적하는 것(내적 비판)만으로는 부족하며, 이념의 주장을 이론 밖의 현실적 이해관계와 대질시키는 것(외적 비판)이 필요하다.

2) 이에 관해서는 L. Huberman, 장상환 옮김, 2000, 『자본주의 역사 바로알기』(*Man's Worldly Goods: The Story of the Wealth of Nations*), 책벌레 등의 서양 경제사에 관한 책들을 참조하기 바람.

권(初夜權)을 영주가 갖기도 하였다. 농노들은 주로 자기가 사는 땅에서 농사를 짓고 살면서, 영주에게 곡물이나 노동 등을 지대로 바쳤다.

이런 봉건사회의 경제적 계급관계는 시장과 기술이 발달하면서 서서히 변화하기 시작하였다. 힘이 센 영주가 다른 영주들의 땅들을 자기 영토로 통합하는 과정이 나타났는데, 이를 통해서 서구의 근대적 절대군주제가 성립되었다. 그래서 이 절대군주제는 '마지막 봉건제'라고 할 수 있다.

이러한 봉건사회를 유지하려는 이념이 봉건주의이자, '보수주의'이다. 이것을 최근의 자본주의 사회의 보수주의와 구별하여 '구보수주의'라고 한다. 봉건주의자들은 '사회질서'와 '사회안정' 등을 강조하였다. 봉건귀족들은 봉건적인 특권과 신분질서에 의해서 그들의 부와 권력을 유지하였기 때문에 새롭게 등장한 시장원리에 의해서 봉건적 질서가 무너지는 것을 반대하였다. 그러나 시장의 발전을 결코 막을 수는 없었으므로, 봉건주의자들은 '사회질서의 유지를 위하여' 국가가 시장을 적절히 통제할 필요가 있다고 생각했다.

한편 이러한 봉건사회에서도 시장을 통해서 부를 모은 새로운 세력들이 출현하기 시작하였다. 이들은 무역을 하거나, 사람들을 고용하여 물건을 만들어 시장에 내다 팔아서 돈을 모은 사람들이다. 이들이 바로 부르주아지(시민계급)이다. 이들은 봉건적 특권에 의해서 시장의 발전이 방해받는 것을 반대했다. 시장이란 상품을 마음대로 교환할 수 있는 자유를 필요로 한다. 누구나 자기 물건을 마음대로 팔고 사며, 자유로운 계약을 통해서 고용하고 고용되는 것이 시장의 필수 조건인 것이다. 따라서 신분적인 예속에 묶여 자기의 재산이나 노동력을 마음대로 사고팔[3] 수 없는 봉건사회는 이들에게는 부의 집적(集積)을 가로막는 방해요인이었던 것이다.

---

3) 노동력은 한 사람이 노동을 할 수 있는 능력이고, 노동은 그 노동력을 사용하는 과정이다. 노동력을 판다는 것은 일정 기간 그것을 빌려주는 것이므로, 노동력을 판매한 사람은 돈에 해당되는 기간 동안 구매한 사람이 시키는 대로 노동을 해야 한다.

이들 부르주아지의 입장을 대변하는 것이 자유주의이다. 자유주의는 신분적인 예속이나 봉건적인 특권을 반대하고 만민의 평등과 자유를 강조한다. 이 자유주의는 시장을 통해서 부를 모은 부르주아지들의 이익을 대변하는 사상이었음에도 불구하고, 봉건적 예속에 묶여 있던 빈민들로부터도 절대적인 지지를 받은 이념이다. 영국의 명예혁명이나 프랑스 대혁명 같은 시민혁명은 자유주의 이념의 깃발 아래서 마지막 봉건제인 절대군주제를 부르주아지의 주도로 무너뜨린 것이라고 할 수 있다.

시민혁명 등을 거치면서 농노들은 신분적으로 해방되었고, 정치적 자유는 서서히 신장되었다. 세상은 이제 농업중심의 봉건 사회에서 상공업중심의 자본주적 시장사회로 변하였다. 누구나 시장에서 자유롭게 물건과 노동력을 사고팔 수 있게 되었고, 이를 통해 부자가 될 수 있었다. 농노들도 영주들의 봉건적 예속에서 벗어나 능력과 운수가 있으면 부자가 될 수 있었고, 정치적 권력도 가질 수 있었다. 만민이 법 앞에서 기회의 평등과 자유를 누리게 되었다. 이것은 봉건시대 농노들이 자기들의 땅도 함부로 처분할 수 없고, 자기들의 몸 자체가 영주에게 예속되어 노동력을 자유롭게 판매할 수 없었던 상황과는 판이하게 다른 것이다.

그러나 모든 사람이 다 부자가 되는 것은 결코 아니었다. 오직 소수의 사람들만이 부르주아지로 성장하였고, 대부분의 사람들은 가난하였다. 많은 사람들은 신분적인 예속을 대가로 누릴 수 있었던 최소한의 삶의 터전마저 상실하였고, 시장의 경쟁이 치열해질수록 생계를 위협받는 사람들의 수가 늘어났다. 부자는 더 부자가 되고 가난한 사람은 더 가난해졌다. 많은 사람들은 신분적 채찍에서는 벗어났지만 궁핍의 채찍으로부터는 벗어나지 못했다. 기회는 만인에게 평등했지만 결과는 평등하지 못했다. 형식적으로는 평등했지만, 실질적으로는 평등하지 못했다.

가난한 사람들은 노동력을 팔아야 했고, 자본가들은 그들의 노동력을 구매하여 일을 시켰다. 적은 돈으로 일을 많이 시키려는 자본가들과 일은 적게 하고 많은 돈을 받으려는 노동자들 간의 이해가 대립되었다. 영주와 농노라는 봉건사회의 계급 대신에 자본가(부르주아지)와 노동자라는 새로운 계급이 나타났다. 때때로 이 노동자들은 열악한 노동조건과 저임, 실업 등으로 고통을 당하기도 하였다.

이러한 자본주의 사회의 빈곤층과 노동자 계급의 이익을 대변하는 이념들이 등장하였는데, 이것이 사회주의이며, 그 대표적인 학자가 카를 마르크스(Karl Marx)이다. 그는 자본주의 사회는 생산관계와 생산력간의 모순에 의해 스스로 붕괴하며, 결국에는 착취가 없는 사회주의, 더 나아가 공산주의 사회가 도래할 것이라고 주장했다.[4] 이후 이런 주장을 고수하는 이념들을 사회주의 혹은 공산주의라고 부른다. 이런 이념의 기치 아래서 소련과 중국, 북한의 사회주의 체제가 형성되었다. 이 이념에서는 자본주의가 존재하는 한, 자본가의 노동자 착취는 필연적이기 때문에, 투쟁과 혁명[5]을 통해서 자본주의 사회를 붕괴시키는 것을 목표로 삼는다. 이들은 자본주의 시장을 착취의 기제로 파악하며, 자본주의 국가를 이 착취기제를 유지·관리하기 위한 '자본가 위원회'로 이해한다. 부르주아지가 주도하는 '민주주의'도 그들의 지배 장치에 지나지 않으므로 의회를 통한 어떠한 개혁도 자본주의의 문제를 은폐하는 미봉책(彌縫策)에 지나지 않는다고 본다. 이들은 자본주의 사회를 전제로 한 어떠한 타협도 반대한다. 이들을 흔히 정통 마르크스주의 혹은 정통 사회주의라 부른다.

그러나 이러한 이념에 전적으로 동의하지 않는 사회주의의 한 조류가 생겨났는데, 이것을 흔히 사회민주주의(이하 사민주의)라고 부른다. 사민주의자들은 자본주의사회의 근본적인 변혁보다는 노동자들과 빈민

4) 이 이론에 따르면, 계급과 착취가 없는 사회주의 사회에서는 사람들이 노동의 양에 따라 분배를 받는 것이 원칙이지만, 생산력이 고도로 발전된 상황에서 나타나는 공산주의 사회에서는 능력에 따라 일하고 필요에 따라 분배를 받게 된다고 한다.

5) 정변(쿠데타)이란 사회구조는 그대로 둔 채 권력자만 폭력 등으로 신속하게 교체하는 것이라면, 혁명은 사회구조 자체까지 신속하게 바꾸는 것이다. 개혁은 사회구조를 근본적으로 바꾸는 것이 아니라 그 문제점만을 점진적으로 개선하는 것이다.

들이 처한 당장의 곤궁한 삶을 개선하는 것을 목표로 삼는다. 영국의 페이비안주의나 독일의 베른슈타인주의 등이 여기에 속한다. 이들은 일단 자본주의체제를 인정한 가운데 의회를 통해서 노동자와 빈민들의 권익을 신장시켜 나가고자 노력한다. 노동자들의 단결을 통해서 의회의 다수를 장악하고 이를 통해 노동자들의 권익을 신장시켜 나가면, 노동자들이 더욱 단결하여 결국엔 사회주의도 건설할 수 있다는 주장을 하기도 한다. 이들은 시장을 철폐하는 것이 아니라, 시장을 적절히 통제하여 시장의 심각한 문제를 교정함으로써 빈곤 등의 사회문제를 해결하고자 한다. 사민주의는 시장을 통제하기 위한 효율적인 전략으로서 사회복지를 특히 강조한다. 이런 이념을 정통 사회주의에서 벗어났다는 의미에서 '수정주의'라 부르며, 근본적인 변혁이나 혁명을 추구하는 것이 아니라 점진적인 변화를 추구하므로 '개량주의'(改良主義)나 '개혁주의'라고 부른다. 물론 이 세상 어떤 종파도 스스로 '사이비'를 자칭하지 않듯이, 이들도 자신을 수정주의, 개량주의로 부르기를 즐겨하지는 않는다.[6]

아무튼 이러한 사회주의나 사민주의 이념들을 자본주의 사회에서는 '진보주의' 혹은 '좌파'이념이라 부르는 반면, '자유주의'를 '보수주의' 혹은 '우파'이념이라 부르고, 특히 최근의 자유주의를 편의상 '신자유주의'와 '신보수주의'라 부른다.

여기서는 주요 이념들을 지나친 단순화의 위험성을 무릅쓰고 도식적으로 다루었다. 그것은 무엇보다도 우리에게 '개념도'가 필요하기 때문이었다. 따라서 이 이념들은 어디까지나 개략적으로 분류된 것에 지나지 않으며, 실제로는 무수한 변종들이 있다는 것을 알아야 할 것이다.[7]

6) 이에 관해서는 박호성(1989), 『사회주의와 민족주의』, 까치를 참조할 것.
7) 오음(궁상각치우)을 염두에 두면 온갖 소리들이 오음으로만 들린다(노자, 12장 五音令人耳聾). 도식적으로 정리한 것은 참고만 할 뿐 그것에 집착하지 말기를 바란다.

3. 시장과 사회복지의 관계

사회복지이념과 복지국가를 이해하기 위해서는 자본주의 사회에서 사회복지가 차지하는 위치에 대해서도 먼저 살펴보아야 할 것이다.

자본주의 사회의 가장 기본적인 사회적 제도는 시장이라고 할 수 있다. 시장이란 상품이 교환되는 공간 혹은 사회제도이다. 물물교환을 하든 화폐를 매개로 상품을 사고 팔든, 시장은 상품을 교환하는 사회제도인 것이다.

그러면 상품이란 무엇인가? 상품이란 교환을 목적으로 생산한 재화와 서비스를 통칭한다. 완전한 자급자족 사회에서는 각 부족이나 각 가족이 자신들이 필요한 물건을 직접 만들어서 생활하였다. 이런 상황에서 한 집단이 다른 집단들에 비해 상대적으로 생산하기 쉬운 물건을 다른 물건들과 교환하여 생활하기 시작하면서 상품이 생겨났다. 예컨대 질그릇을 잘 만드는 가족이 쌀과 바꾸어 먹기 위해서 질그릇을 생산할 때 그 질그릇은 상품이 된다. 따라서 자기가 직접 질그릇을 만들어서 직접 사용하게 되면 그 질그릇은 상품이 될 수 없다.

이렇게 시작된 상품은 점점 그 수가 늘어나 물물교환이 어렵게 되었고, 편리한 교환을 위해 화폐가 만들어졌으며, 최근에는 화폐거래가 전자거래로 대체되고 있다. 그러나 아무리 교환방식이 변하더라도 교환의 대상이라는 상품의 본질은 변화하지 않는다.

그런데 상품을 교환할 때 당사자들은 손익을 철저히 따지게 되며, 따라서 그 인간관계는 냉혹해진다. 예컨대 질그릇을 잘 만드는 사람이 그것을 다른 사람에게 선물로 주고, 그 답례로 쌀을 받을 때의 인간관계는 정겨운 것이다. 그러나 질그릇과 쌀이 상품으로 교환될 때는 각자가 상대의 인간적 입장은 배려하지 않은 채, 내 상품을 적게 주고 상대의 상품은 많이 가져오려는 생각을 먼저 하게 된다. 교환의 당사자들은 한 인간인 상대방이 아니라, 그 인간이 소유한 상품에만 관심을 갖게 된다.

결국 교환과정에서 양자는 인간 대 인간으로서 만나는 것이 아니라, 물건과 물건의 중개를 통해서(인간1-질그릇-쌀-인간2) 만나게 되고, 이것을 인간관계가 '물화'된다고 한다. 이렇게 되면 인간이 상품을 지배하는 것이 아니라, 마치 상품이 인간을 지배하는 것 같은 뒤집힘 현상[8]이 일어난다. 그리고 인간이 만든 상품이 교환되는 마당인 시장도 사람들에 의해 움직이는 것이면서도 사람들에게는 '보이지 않은 손'으로 신비화된다.[9] 결국 이것은 인간이 상품을 숭배하게 되는 현상으로 발전하는데, 이를 '물신주의'(物神主義, fetishism)라 부른다. 상품이 화폐를 매개로 교환되는 경우, 화폐만 있으면 무엇이든지 교환할 수 있게 되므로 화폐가 상품보다 더욱 중요하게 부각된다. 이 때 인간들은 화폐를 통해서 서로의 관계를 맺게 되고(인간1-질그릇-화폐-쌀-인간2), 그리하여 상품물신주의는 화폐물신주의로 발전하게 된다.[10]

상품과 시장이 발전된 사회에서는 개인들은 각자 자기가 만든 전문적인 상품을, 시장에서 자기에게 필요한 수많은 다른 상품들과 교환하여 생활한다. 여기서 각 개인들은 분업체계의 일부가 되므로, 각자는 시장을 떠나서는 살 수 없는 '시장 예속적인 삶'을 살아가게 된다. 이것은 자급자족 사회에서 각 소집단이 외부와의 거래가 없이도 자기가 만든 여러 가지 물건으로 생존하는 삶의 방식과는 확연히 대비된다. 아무튼 시장 사회에서 사람들은 자기 물건을 팔아야 다른 물건을 살 수 있고, 다른 물건을 살 수 있어야 살아갈 수 있으므로, 자기 물건을 팔기 위한 치열한 경쟁을 하지 않을 수 없다. 그런데 이 경쟁에도 반드시 승자와 패자가 있게 마련이다.

그러나 누구나 시장에서 자기 상품을 팔 수 있는 것은 아니다. 예컨

8) 이것은 소외(Entfremdung)의 일종이다. 소외란 인간이 만들어낸 것이 인간으로부터 벗어나 자립하고, 나아가 거꾸로 인간을 지배하게 되는 상태를 말한다.

9) 애덤 스미스가 그의 『국부론』에서 자본주의 사회는 '보이지 않는 손'(invisible hand)에 의해 공동선에 도달할 수 있다고 했을 때, '보이지 않는 손'이란 결국 시장의 원리를 말하는 것이다.

10) K. Marx, 1867, *Das Kapital* I, K. Marx · F. Engels Werke, Band 23, Dietz Verlag. pp. 49-99.

대 시장에 참여하기 위해서는 최소한 상품을 만들어서 팔 수 있는 공장이나 기계와 같은 기본적인 생산수단들이 필요한데, 이러한 생산수단이 없는 사람들은 시장에 내놓을 상품을 만들 수 없다. 하지만 이들도 시장사회에서 생존하기 위해서는 무언가를 팔지 않으면 안 되기 때문에, 이들은 자신들의 마지막 재산인 '몸을 팔아서' 돈을 산다. 극단적인 경우 어떤 사람들은 장기(臟器)나 '봄(春)'을 팔기도 하지만, 대부분의 경우는 자신의 노동력을 팔아서 생활한다.[11] 이들이 노동자이며, 이 노동력을 사서 자신의 생산수단과 결합시킴으로써 상품을 만들어내는 사람이 자본가이다. 노동자들은 자신의 노동력을 판매하지 않으면 자신과 가족의 생계를 이어갈 수 없고, 자본가들 역시 노동력을 구매하지 않으면 생산수단을 가동하여 상품을 생산할 수 없다. 이렇게 노동력이라는 상품이 사고 팔리는 곳이 노동시장이다. 노동자와 자본가가 노동시장에서 계약의 형태로 노동력을 사고팔면서 자본과 노동이라는 계급관계가 형성된다. 이리하여 봉건사회의 '경제외적(인신적, 人身的) 지배'는 시장을 통한 '경제적 지배'로 전환되고, 영주와 농노의 봉건적 계급관계는 자본주의 사회에서 자본과 노동이라는 계급관계로 대체된다.

그런데 빈곤하면서도 이 노동력마저 팔 수 없는 사람들은 이 자본주의 시장사회에서 어떻게 살아가야 하는가? 예컨대 장애인이나 어린이, 노인들처럼 노동력이 없거나 미약한 사람들은 노동력을 판매할 수 없으며, 실업자와 같이 노동력이 있음에도 불구하고 노동력을 판매하지 못하는 사람도 있다. 상품이 팔리지 않으면 쓰레기 취급을 당하는 것처럼, 노동력도 팔리지 않으면 무용지물이 되고 만다. 이들은 가족이나 친척, 이웃과 같은 공동체의 도움을 받으면서 생활하게 된다. 예컨대 우리사회에서 '아이엠에프' 경제 위기에서 어려움에 처한 사람들이 가족과 친지의 도움으로 생계의 위기를 이겨내기도 했다. 이런 상황에서

11) 이런 의미에서 노동자들은 이중적 의미에서 '자유로운', 즉 뭔가로부터 분리되거나 벗어난(free from) 존재이다. 자본주의 초기에 노동자들은 봉건제의 신분적 예속으로부터 해방됨과 동시에 종획운동이나 이농 등을 통하여 생산수단인 토지로부터도 축출·분리된 사람들이었다.

는 가족과 공동체 전체가 빈곤에 처하지 않는다면 시장과 상품의 문제가 심각하게 드러나지는 않을 수도 있다.

그러나 자본주의적 시장 사회는 이러한 공동체마저 장기적으로 파괴시켜 왔다. 이미 지적한 상품제도는 사람들을 '철저히 계산하는 합리적인 동물들'로 만들어가면서 개인주의를 발전시켰고, 개인주의의 발전으로 사람들은 고립적인 상태에 놓이게 되었다. 개인주의는 전(前)자본주의 사회에 일반적이었던 이웃과 친척간의 연대는 물론 가족간 연대[12] 마저 약화시키고 말았다. 시장사회에서는 전통사회에서 작동하던 상부상조 정신은 '비합리적인 것'으로 간주된다. 이런 상황에서는 개인의 빈곤과 위험이 가정이나 이웃 공동체 등에 의해서 대처되지 않는 채 곧바로 사회적이고 공적인 문제가 되는 것이다.

한편 가족과 공동체의 파괴는 빈곤 이외에도 여러 가지 사회문제를 양산한다. 예컨대 가정폭력의 문제를 보자. 전자자본주의 사회에서도 가정폭력은 있었다. 그러나 그것은 가정이나 이웃에 의해서 억제되었다. 이와는 달리 핵가족화되고, 이웃관계가 희박해진 자본주의 사회에서 가정폭력은 심각한 사회문제가 될 수밖에 없고, 국가는 이에 대해서 어떤 형식으로든지 개입하지 않으면 안 되게 되었다. 이전에는 사적인 문제에 불과했던 가정폭력도 이제는 공적인 문제가 되는 것이다. 이와 같은 방식으로 사회문제는 늘어난다.

그렇다면 일반시장과 노동시장에서는 반드시 승자와 패자가 있기 마련인데, 실패한 사람은 죽어야 하는가? 그리고 가정폭력과 같은 문제를 가정이 알아서 할 일로 내버려 두어야 하는가? 이같은 물음에 대한 응답이 사회복지의 출발점이었던 것이다. 사람들은 시장과 상품의 원리를 벗어나서라도 인간의 생존을 보장하고 사회문제를 해결하는 다른 제도, 즉 사회복지를 강구하게 되었던 것이다. 우리가 사회복지를 '탈상품화'[13]라고 부르는 것도 바로 이런 이유에서이다. 그래서 사회복지는 자본

12) 전자본주의 사회의 공동체적 삶에 관한 좋은 자료로는 *Norberg-Hodge*, Helena, 김종철 · 김태언 옮김(1991), 『오래된 미래-라다크로부터 배운다』, 녹색평론사가 있다.

주의 사회에서 상품에 눈을 팔아 보지 못했던 '인간을 재발견하는 것'이기도 하다.

이처럼 사회복지는 시장과 대립적 관계에 있기 때문에, 사회복지이념 논쟁은 항상 시장에 관한 논쟁과 함께 이루어질 수밖에 없다.

4. 복지국가의 정의와 성격

복지국가는 사회복지를 주요 수단으로 하여 전국민의 삶의 질을 향상시키려는 국가이다. 여기서 국가는 한 나라의 통치기구를 의미하며, 이것은 공적인 이해를 실현하기 위해서 존재하는 것이다.[14)]

복지국가(welfare state)라는 용어가 공적으로 사용되기 시작한 것은 1941년 제2차 세계대전 중에, 독일 나치 국가를 전쟁국가(warfare state)로 규정하고, 이와 반대로 영국의 국가를 복지국가로 표현하면서부터라고 한다. 이후 복지국가라는 용어는 페이비안 사회주의(Fabian socialism) 이론가였던 베버리지가 '베버리지 보고서'를 낸 이후에 서유럽을 중심으로 일반화되었다.[15)]

그러나 복지국가가 이 때부터 생겨난 것은 물론 아니다. 왜냐하면 시장제도에 의해서 야기되는 빈곤과 같은 사회문제에 대처하기 위하여 서유럽의 국가들은 싫든 좋든 훨씬 이전부터 사회복지를 도입하여 왔

---

13) G. Esping-Andersen(1990), *The Three Worlds of Welfare Capitalism*. Polity Press. p. 35.

14) 모든 국가는 공적인 이해를 표방(標榜)하지 않을 수 없다. 그러나 실제로 많은 국가의 권력자들은 자신들의 사적 이해를 공적 이해로 포장하곤 한다. 예컨대 독재자들은 사람들을 죽이면서도 '국가안보' 등을 명분으로 삼는다. 이러한 경향을 마르크스는 '공적인 이해의 사유화'와, '사적인 이해의 공공화'라고 불렀다. 그래서 국가를 누가 장악하느냐에 따라 국가의 성격이 달라진다. 그러나 국가는 항상 공적인 이해를 표방하므로 언제나 국가는 모든 사람들의 비판 대상이 될 수 있는 것이다. 이점에 대해서는 Karl Marx, und Engels Friedrich(1983). "Die deusche Ideologie". *Marx Engels Werke*(MEW) 3. Dietz Verlag Berlin. p. 34를 참조.

15) Bruce Maurice(1961), *The Coming of the Welfare State, London: Routledge*, ix. 여기서는 신광영(2000), "서구의 복지 사상", 미발표 논문에서 재인용.

기 때문이다. 예컨대 19세기 말 독일에서는 비스마르크를 비롯한 봉건 세력들의 주도로 자본가를 육성하였는데, 이 과정에서 사회문제가 확대되고, 자본주의를 변혁하려는 사회주의가 성행하게 되자, 비스마르크 정부는 한 손에는 사회주의 탄압법이라는 채찍을 들고 다른 손에는 사회보험과 같은 사회복지라는 당근을 제공했던 것이다. 이것이 사회복지 발전의 중요한 계기가 되었다.

그 동안 서서히 발전하던 사회복지는 제2차 세계대전 이후에 빠르게 확충되면서 복지국가가 정착되어 갔다. 영국의 경우를 보면, '베버리지 보고서'를 비롯한 사회복지에 대한 주장들이 일찍부터 제기되었지만, 국가는 그것들을 소극적으로만 받아들이다가, 제2차 세계대전을 치르는 과정에서 노동자들과 빈민들의 애국심을 필요로 하였기 때문에 광범위한 사회복지제도를 제안한 '베버리지 보고서'를 채택하게 되었던 것이다. 이후 이 보고서는 스웨덴, 독일, 프랑스 등에서도 적극적으로 수용되었다.

이 과정에서 복지국가와 함께 새롭게 등장한 개념이 '사회권'이다. 이와 대비되는 시민권은 봉건사회로부터 자본주의 사회로 전환되는 과정에서 형성된 것이다.[16] '신분적인 해방'과 '법 앞에 만인의 평등' 등을 주요 내용으로 하는 시민권은 보통선거권이 확대되면서 확실하게 굳어졌다. 그러나 이미 지적한 것처럼 시민권의 확대가 경제적 평등과 실질적 자유를 보장해 주는 것은 아니었기 때문에, 시장에서 배제된 많은 사람들은 생존의 위협을 받아야 했다. 이에 따라 인간의 생존은 어떠한 경우에도 시장의 원리가 아니라 사회적인 연대의 원리에 따라서 보장되어야 하는 권리라는 주장이 제기되었고, 이같은 생존권적 기본권이

16) T. H. Marshall은 시민권(citizenship)을 공민권(civil right), 정치권(political right), 사회권(social right)으로 구분하고, 시민권이 18세기의 공민권에서 19세기의 정치권을 거쳐 20세기의 사회권으로 발전해 온 것으로 파악한다 (T. H. Marshall(1963), "Citizenship and Social Class," *Sociology at the Crossroads and Other Essays,* Heinemann, London, pp.73-127). 그러나 시민혁명을 통해 성립된 일련의 법적 자유권과 정치적 참정권을 시민권으로 개념화하는 것이 일반적이므로, 이 글에서는 시민권을 Marshall이 말하는 공민권과 정치권만을 포괄하는 좁은 개념으로 사용한다.

'사회권'으로 불리기 시작했다. 복지국가는 이 사회권을 제도적으로 보장하는 국가로 인식되었다.

제 2 절 사회복지이념들의 특성과 복지국가의 경향들

1. 봉건주의 사회복지이념

봉건주의는 자본주의 초기에는 영향력을 지니고 있었지만, 자본주의가 발달함에 따라 그 힘을 상실해 갔다. 따라서 자본주의가 본격적으로 성장한 다음에 정착한 사회복지와는 밀접한 관련이 없다고도 볼 수 있다. 그러나 자본주의 이전에도 형식은 다르지만 사회복지가 있었고, 이러한 전통 위에서 자본주의적 사회복지가 형성되었기 때문에 봉건주의가 현대 사회복지에 대해 미친 영향을 무시할 수는 없다.

신분질서를 파괴하기도 하는 시장을 국가가 통제할 필요가 있다고 생각했던 봉건주의자들은 온정주의[17]에 의해서 빈곤문제에 대처하고자 하였다. 봉건사회에서 백성들은 영주나 군주, 성직자들에게 충성을 다하면, 이들이 자기들을 보호해 주리라고 믿었다. 이런 '장기적 거래에 대한 정서적 신뢰'가 봉건적 지배와 예속의 기본원리였기 때문에, 봉건귀족들은 온정을 봉건적 사회질서의 유지에 긴요한 요소로 이해하였다. 따라서 봉건주의자들은 시장이 발전하면서 야기되는 빈곤문제에 대처하면서, '사회질서의 유지'를 위하여 교구를 중심으로 구빈소나 '노동의 집(workhouse)' 등을 설치·운영하는 온정을 베풀었던 것이다.[18] 이것

17) 시장에서는 냉정하게 손익을 따지기 때문에, 온정이나 배려가 통하지 않는다. 냉혹한 노동시장에서는 자본가는 노동자에게 임금만 주면 되고, 노동자는 정해진 시간 동안만 일하면 된다. 그러나 전자자본주의적 정서가 남아 있는 곳에서는 자본가는 노동자들의 경조사까지도 배려해야 하며, 그 대신 노동자들은 때에 따라 무상으로 잡일 등을 해주어야 한다. 이처럼 명확한 이해계산을 벗어나서 '베풀어야 한다'는 생각을 온정주의라고 부른다.

이 근대적인 사회복지의 시초가 되었다. 이러한 온정주의적 사회복지는 상품의 원리를 벗어났다는 점에서 최근의 사회복지와 유사한 면이 있다. 그러나 이것은 시혜일 뿐 결코 권리[19]가 아님은 자명하다.

봉건주의적인 국가주의도 사회복지의 발전에 기여하기도 한다. 예컨대 봉건적 신념을 가졌던 비스마르크 정부가 중상층 노동자들의 국가에 대한 충성심을 강화하는 수단으로 사회보험을 실시하였던 것이다. 한편 전자본주의 사회의 상부상조 정신도 사회복지의 발전에 기여한다. 길드제도 아래서 동업자들간의 상호부조제도가 실업보험제도의 단초가 된 것을 그 예로 들 수 있다.

2. 자유주의 사회복지이념

자유주의는 자본주의 사회를 지탱시키는 가장 강력한 이념으로서 사회복지에 대해서도 많은 영향을 미치고 있다.

자유주의자들은 시장을 완전한 것으로 이해한다. 시장은 가만히 두어도 '보이지 않은 손'에 의해서 모든 문제를 해결한다고 믿는 애덤 스미스를 비롯한 자유주의자들은 빈곤 등의 사회문제도 개인의 나태나 무능력에서 생겨나는 것이지, 시장의 오류에서 생기는 것이 아니라고 생각한다. 자유주의자들은 시장이 이들에게 일을 하지 않을 수 없게 만들어서 오히려 개인의 나태를 치료한다고 이해한다. 따라서 국가는 시장

18) 이에 대해서는 신섭중 외(1987), 『각국의 사회보장: 역사 · 현황 · 전망』, 유풍출판사를 참조할 것.

19) 시혜와 권리에 대해서는 아래 표를 참조하기 바란다(박승희, 1999, "사서(四書)에 나타난 유교의 사회복지 사상," 『한국사회복지학』, 통권 38호, 나남)

입장 \ 복지형식		시혜	권리
주는 자의 입장	주는 태도	임의적 이행	의무적 이행
	주지 않은 경우에 대한 책임	책임지지 않아도 됨	책임을 져야 함
받는 자의 입장	받는 태도	감사하다고 생각함	당연시 여김
	받지 못한 경우의 대응	줄 것을 건의, 책임 추궁 불가	줄 것을 요구, 책임 추궁 가능

을 보호하는 역할 외에 다른 역할을 해서는 안 된다는 '자유방임주의'와 '최소국가론'을 주장한다.[20)]

이들은 사회복지를 위해 필수적인 국가의 시장 개입에 대해서는 부정적일 수밖에 없다. 특히 시장의 원리를 벗어나서 빈민에게 무상으로 지급하는 사회부조는 개인들의 책임감을 약화시키고 나태를 부추기는 죄악으로 간주한다. 이들은 사회복지의 확대로 인해 가난한 사람들이 일보다 복지를 택하게 되면 노동력의 공급이 줄어들어 임금이 상승하는 것을 두려워하는 것이다. 그래서 자유주의자들은 사회복지가 시장의 기능을 파괴하고 도덕적 타락(moral hazard)을 야기한다고 주장한다.

자유주의자들은 또한 사회복지가 개인들의 경제활동 의욕과 투자 의욕을 약화시킨다고 주장한다. 사회복지에 필요한 재정 확보를 위해서는 세금이 증가하여야 하기 때문에, 이것이 이윤율을 하락시킨다고 보는 것이다. 결국 사회복지는 시장에 의해서 이미 분배된 부를 조세정책을 통하여 사회적 원리에 따라 부자로부터 가난한 사람에게로 '재분배'하는 과정일 수밖에 없기 때문에 주로 부자들의 입장을 대변하는 자유주의자들은 사회복지에 부정적인 견해를 가질 수밖에 없을 것이다.

이처럼 자유주의자들은 사회복지에 반대하면서, 개인의 책임을 강조하고, 복지는 시장과 가정에 맡겨야 한다고 주장한다. 그렇다고 국가가 시장이나 가정을 지원해야 한다는 뜻이 아니다. 이들은 가정도 시장처럼 저절로 문제를 해결하는 완전한 것으로 이해하고 있기 때문이다.

그러나 이미 지적한 것처럼 시장도, 가정도 현실적으로는 완전한 것이 못 되었다. 시장은 많은 장점에도 불구하고 동시에 많은 사회문제를 양산하였으며, 가정 공동체까지도 점점 파괴하는 데 기여했다. 또한 이와 함께 진행된 도시화는 사회문제를 악화시켰다. 특히 빈곤은 그대로 놓아둘 수 없을 만큼 심각해졌으며, 이러한 사회문제를 기반으로 자본주의 자체를 부정하는 사회주의 운동이 전개되었고, 1900년대 이후에는

20) 자유주의에 대해서는 노명식 편(1983), 『자유주의』, 종로서적 등을 참고하기 바란다.

소련을 중심으로 자본주의와 대립되는 현실 사회주의가 등장하였다. 봉건주의에 대항해서 승리했던 자유주의자들은 이제 사회주의와 대결해야 했다. 이런 상황에서 자유주의자들도 빈곤을 비롯한 사회문제에 어떤 식으로든 대응을 하지 않을 수 없었다. 특히 자유주의 정치가들은 사회문제에 대처하거나, 근본적인 변혁을 추구하는 사회주의 세력을 억제하기 위하여 적극적인 사회복지정책이 필요하다고 주장하였다. 예컨대 19세기 후반 이후 프랑스나 스웨덴, 영국의 자유주의자들은 빈곤문제의 심각성을 인식하고 독자적으로든, 사회주의 세력과 연대하여서든, 사회복지의 도입에 적극적이었다. 뿐만 아니라 전시에는 여러 사회문제가 더욱 심각해지고, 국민적 통합도 더욱 필요해짐에 따라 자유주의자들도 사회복지의 도입을 주장하기도 하였다.

이처럼 사회복지를 싫어하면서도 사회복지를 도입해야 하는 모순적인 입장에 처하게 된 자유주의자들은 사회복지를 하면서도 시장을 교란시키지 않는 방안들을 모색하였는데, 그 중의 하나가 1834년 영국의 스핀햄랜드 체제의 개정법 이후 계속된 '열등처우(劣等處遇, less eligibility)의 원칙'이다. 열등처우의 원칙이란 사회복지의 혜택을 최저임금보다는 적게 하는 것으로서, 빈민들로 하여금 '복지보다는 일'을 택하게 하기 위한 것이다. 다른 하나는 '잔여적(residual)' 사회복지인데, 이것은 일단 복지를 시장원리에 맡겨 놓되, 시장원리에 의해 해결되지 않는 부분에 한해서 최소한의 사회복지를 실시한다는 것이다. 그리고 시장의 파괴를 최소화하기 위하여 자유주의자들은 각종 사회보험의 수혜를 사회복지의 원리에 따라 수혜자의 욕구상황에 맞추어 지급하기보다는, 시장의 원리에 따라 기여금이나 소득에 비례해서 지급하기를 선호한다. 한편 이들은 사회복지의 운영도 시장에 맡기려 하므로 사회보험 등의 민영화를 추진한다. 왜냐하면 이들은 국가의 관리는 시장의 관리에 비해 비효율적이라고 믿기 때문이다. 또한 빈곤 등의 사회문제를 사회복지보다는 자선(慈善)이나 지역사회, 가정 등에 맡겨서 해결하고자 한다.

3. 사회주의 사회복지이념

사회주의자들은 노동자들의 혁명을 통해 자본주의의 완전한 철폐를 추구하므로 이들에게 자본주의적인 국가와 시장은 철폐의 대상일 뿐 개혁의 대상은 아니다. 따라서 자본주의를 일단 인정한 가운데 빈곤문제 등을 개선해 가고자 하는 사회복지정책에 대해서도 부정적인 견해를 가진다. 문제의 원인은 자본주의 체제 그 자체인데, 그것은 가만두고 그것이 만들어낸 문제만 최소화시키려는 사회복지는 미봉책에 불과하며, 오히려 자본주의적 착취기제를 은폐하여 노동자들의 계급의식을 약화시킴으로써 근본적인 변혁을 지연시키는 데 기여한다고 본다. 이들에게 사회복지는 자본가 계급이 채찍 대신 주는 당근과 같은 미끼이거나, '병의 치료와는 무관한 진통제'에 지나지 않는다. 물론 때에 따라서는 노동자들이 투쟁을 통해서 사회복지를 얻어낸 경우 사회복지가 노동자들의 단결 계기가 되기 때문에, 사회복지를 일시적으로는 바람직한 것으로 파악하기도 한다. 그러나 이런 경우에도 사회복지 자체가 바람직하다고 보는 것은 아니다.

4. 사회민주주의 사회복지이념

사민주의자들은 시장은 구조적인 문제를 가지고 있으며, 빈곤 등의 사회문제는 단순한 개인의 문제가 아니라 시장제도에 의해서 필연적으로 생길 수밖에 없기 때문에 국가가 시장에 적절하게 개입하여야 한다고 생각한다. 그러나 이들은 근본적인 변혁을 추구하는 사회주의자들처럼 시장을 전면적으로 부정하지는 않는다. 시장을 인정하는 가운데 시장의 문제점을 최소화하려는 이들은 국가 권력을 장악하여 공적으로 관리된 시장경제, 곧 '사회적 시장경제'를 추구한다고 볼 수 있다.

이들은 사회복지에 매우 적극적이다. 이들의 목표는 혁명이 아니라 사회복지의 실현과 같은 개혁이기 때문이다. 이들은 사회복지를 통해서 빈곤을 비롯한 사회문제를 해결하고, 이를 기반으로 노동자들을 비롯한 빈민들의 지지를 확보하여 지속적인 권력을 장악하고자 하며, 장악한 권력으로 사회복지를 더 확충해서 이상적인 사회로 접근해 가고자 한다. 이들에게 사회복지는 목표이자 수단인 셈이다.[21)]

이들은 페이비안 사회주의자였던 베버리지가 주장한 보편적인 사회복지를 추구한다. '모든 국민의 인간다운 삶의 보장'을 사회권으로서 중시하고, 사회복지의 수혜를 소득이나 기여금에 비례해서가 아니라 수혜자의 욕구상황에 따라서 지급하기를 바란다. 시장에 의해서 생긴 문제는 시장에 의해서 해결할 수 없다고 보며, 이윤을 추구하는 시장보다는 공공성을 지향하는 국가를 더 신뢰하기 때문에 사회복지의 민영화에 반대한다. 한편 빈곤 등의 사회문제를 자선이나 지역사회, 가정 등에 맡겨서 해결하기보다는 국가의 적극적인 사회복지를 통해서 해결하고자 한다. 따라서 지역공동체나 가정의 문제에는 큰 관심을 기울이지 않는다.

5. 복지국가의 여러 경향들

복지국가는 각 사회의 역사적·정치적인 상황에 따라서 그 유형이 달라질 수밖에 없다. 특히 어떤 이념적 성향을 가진 세력들이 국가를 주도하느냐에 따라서 그 유형은 많은 차이를 보인다. 자유주의자들이 국가를 주도하는 경우 잔여적인 사회복지를 주로 하는 복지국가가 형성될 것이고, 사민주의적인 세력이 국가를 주도할 경우 보편주의적인 사회복지를 주로 하는 복지국가가 형성될 것이다. 만약 사회주의자들이 국가를 주도하는 경우 시장경제를 계획경제를 바꾸어 버릴 것이다. 이런 사회는 탈상품화가 완전히 이루어진 사회로서 구태여 이야기하자면

21) G. Esping-Andersen(1985), *Politics Agaist Markets: The Social Democratic Road to Power*, New Jersey: Princeton University Press를 참조.

'사회복지가 필요 없는 사회' 혹은 '시장 없이 사회복지만 있는 사회'라고 할 수 있을 것이다. 한편 봉건주의가 주도하는 복지국가는 자본주의 초기에 일시적으로 나타날 수는 있지만, 자본주의 사회에서는 실재하기 어렵다. 봉건세력인 독일의 비스마르크 정권이 자본주의를 도입하는 과정에서 사회복지를 주도한 경우가 그 실례이다.

자유주의자들이 주도하는 대표적인 국가는 미국이고, 사민주의자가 주도하는 대표적인 나라는 스웨덴이라고 할 수 있다. 미국은 주도적인 두 정당이 모두 자유주의적인 보수 정당이며, 스웨덴은 1930년대 이후 사민주의 정당이 주로 집권해 왔다. 따라서 미국식 복지국가는 스웨덴의 경우와 현저한 차이를 보인다. 예컨대 양국의 국민연금, 의료보험과 실업보험의 수입대체율(=복지수혜금/이전의 소득), 수혜 기간, 수혜 대상자 비율 등을 비교해 보면 미국은 스웨덴에 비해 전체적으로 매우 낮은 점수를 보인다. 이것은 미국의 노동자들이 스웨덴의 노동자들에 비해 아프거나 직장을 잃었을 경우 생계의 위협을 받을 가능성이 크며, 따라서 더 시장에 예속되어 있다고 이야기할 수 있다. 이처럼 미국의 사회복지는 스웨덴에 비해 '탈상품화'의 정도가 낮다고 할 수 있다. 이 두 나라에 비해 영국이나 독일, 프랑스는 사민주의 정당과 자유주의 정당이 상호 견제하면서 사회복지를 주도해 왔기 때문에 탈상품화의 정도가 스웨덴보다는 낮고 미국보다는 높게 나타난다.[22)]

이제까지의 논의를 도식화의 지나친 단순화위험을 무릅쓰고 표로서 정리하면 다음과 같다(표 3-1).

---

22) G. Esping-Andersen(1990), *The Three Worlds of Welfare Capitalism*, Polity Press.

〈표 3-1〉 사회복지이념에 따른 복지국가의 유형

사회복지 이념	국가에 대한 입장	시장에 대한 입장	사회복지에 대한 입장	복지국가 유형 (국가 사례)
봉건주의	국가 우위 강조	시장에 대한 우려	온정주의, 충성심 확보 수단	실재하기 어려움 (독일 비스마르크 정권)
자유주의	최소 국가 강조	시장에 대한 신뢰	최소 복지, 잔여적 복지관	자유주의적 복지국가(미국)
사민주의	국가 개입 강조	시장에 대한 비판	매우 적극적, 보편주의적 복지관	사민주의적 복지국가(스웨덴)
사회주의	자본주의 국가는 철폐의 대상	시장을 철폐하고자 함	부정적, 소극적	시장이나 사회복지가 무의미한 경우

제 3 절 사회복지이념과 복지국가의 변화

1. 복지국가 위기론

제2차 세계대전 이후에 서유럽에서는 사회복지가 확대되고 복지국가가 정착되어 갔다. 이처럼 사회복지가 확대된 주요한 정치적 요인을 두고, 노동자계급과 사민주의자들이 쟁취한 것이냐, 혹은 자유주의자들이 동구 사회주의에 대항하기 위해 사민주의와 연대하려고 양보한 것이냐, 아니면 경제위기를 피하기 위해 도입한 것이냐에 대해서는 논란이 있을 수 있지만, 이러한 요인들이 복합적으로 작용하여 복지국가를 정착시키는 데 기여하였다는 점에 대해서는 이론이 없을 것이다. 한편 케인즈 경제이론도 서유럽의 복지국가 형성에 지대한 영향을 미쳤다. 국가가 유효수요를 창출하여 경제위기를 줄이거나 벗어나야 한다는 케인즈의 경제이론은 사회복지가 빈민의 구제뿐만 아니라 유효수요의 창출에도 기여한다는 점에서 보편적 사회복지의 확대를 주장하는 베버리지의 주장과 상통하였다.

그러나 서구의 복지국가도 1970년대 이후에 비판의 도마 위에 오른다. 1973년과 1979년 두 차례에 걸친 석유파동으로 경제침체와 인플레이션이 동시에 일어나는 스태그플레이션이 지속되면서 복지국가의 재정압박이 심해짐으로써 복지국가도 위기에 처하게 되었다. 비판은 우파와 좌파에서 동시에 이루어졌는데, 이렇게 복지국가의 위기와 관련되어 새롭게 형성된 정치적 이념들을 편의상 '신우파'와 '신좌파'라 부른다.[23] 신우파는 기존의 자유주의와 대비하여 '신자유주의'라고도 부른다. 신우파와 신좌파의 복지국가 비판 논리들은 다양하지만, 여기서는 양측 주장들의 골자만을 추려서 정리해 보겠다.

신우파에 의하면 사회복지가 세금을 과도하게 거두어들이게 함으로써 기업들의 이윤율을 떨어뜨려서 투자의욕을 위축시키고, 노동자들을 사회복지에 의존하게 만듦으로써 나태와 도덕적 타락을 가져왔다는 것이다. 이로 인해 경제가 위축되어 세금의 갹출을 어렵게 하고 사회복지에 대한 기대와 수요는 더욱 커짐에 따라 복지국가가 과부하에 걸리고 재정위기에 직면한다는 것이다. 따라서 베버리지와 케인즈 등의 국가개입주의는 출발부터 잘못된 것이며, 국가의 개입은 실패할 수밖에 없기 때문에, 이제부터라도 사회복지를 포기하고 시장을 활성화시켜야 한다는 것이다.

반면, 신좌파들에 의하면 자본주의 사회의 국가는 한편에서 자본축적을 원활하게 하고, 다른 한편에서는 노동계급의 저항을 최소화하는 것인데, 국가가 노동자 계급의 저항을 최소화할 목적으로 사회복지를 늘리면 세금의 증가로 자본 축적을 어렵게 한다는 것이다. 이로 인해 투자의욕이 위축되고 세금의 갹출이 어려워져서 복지국가는 재정위기에 직면하게 된다는 것이다. 이러한 신좌파의 주장은 노동자의 타락과 나

23) 물론 신좌파나 신우파는 고유명사가 될 수 없다. 오늘 새 것은 내일이면 헌 것이다.

태를 지적하지 않는다는 점을 제외하면 신우파의 진단과 유사한 면을 보인다. 그러나 신좌파의 대안은 신우파의 그것과 전혀 다르다. 신좌파에게 복지국가의 재정위기는 자본주의적 모순, 즉 시장의 문제점을 사회복지라는 미봉책으로는 해결할 수 없다는 것을 보여주는 것이며, 따라서 대안은 자본주의 체제의 근본적인 변혁이라는 것이다.

그러나 이러한 복지국가의 위기론과 비판에도 불구하고 사회복지는 신자유주의가 득세해 온 1980년대 이후에도 줄어들었다는 증거는 찾기 어렵다. 왜냐하면 일단 확보된 사회권을 후퇴시키기는 어려울 뿐만 아니라, 실업 등의 증가로 사회복지의 수요가 줄어들지 않기 때문일 것이다.

〈표 3-2〉 신우파와 신좌파의 복가국가 비판론 비교

이념	재정위기의 진단	복지국가에 대한 해석	시장에 대한 견해	대 안
신우파	경제활동의욕 하락, 노동자 타락	필연적 실패	완전한 것	시장의 활성화
신좌파	자본축적의 위기	필연적 실패	문제가 많은 것	시장(자본주의)의 부정

2. 세계화와 제 3 의 길

1980년대 후반 이후 기존의 현실 사회주의체제는 붕괴되거나 크게 변화되었다. 냉전 체제는 무너지고 자본주의는 '승리'한 것처럼 보인다. 사회복지를 적극적으로 추진해 온 사민주의는 자유주의와 사회주의라는 양극의 중간으로 여겨졌으나, 사회주의가 힘을 잃은 지금 사민주의가 가장 왼쪽에 서 있게 되었다. 그 동안 사회주의 체제에 의해서 나름대로 절제되던 자본주의는 거침없이 자신의 속성을 발휘하기 시작하였다. 거대 자본은 정보기술의 도움을 받아 가며 '세계화'란 이름을 걸고 좋은 투자 환경을 찾아 신속하게 이동할 수 있게 되었다. 자본이 떠나버린 나라는 경제적인 불황으로 고통받게 되므로 개별 국가는 자본의

눈치를 살피는 처지가 되었다.[24]

국가의 통제권 밖으로 벗어난 자본들은 개별 국가에 대하여 노동시장의 유연화와 세금 인하 등을 요구했고, 각 국가들은 자본들을 끌어들이기 위해 이들의 요구들을 수용하게 되었다. 이로 인해 노동자들은 '고용의 유연성'의 증가라는 이름으로 직장의 안정성을 잃었고, 실업은 늘고 사회복지의 수요는 증가하였다. 그러나 각국은 세금을 인상시킬 수도 없기 때문에 사회복지를 확대하기도 어렵게 되었다.

이러한 상황 속에서 '신자유주의'의 발언권이 강화되고, 사민주의는 난처해졌다. 이제 사민주의 정당들도 현실적인 적응을 하지 않을 수 없게 되었다. 말하자면 자본들을 끌어들여 최소한의 일자리라도 유지하기 위하여 기존의 복지 일변도의 주장을 포기할 수밖에 없었다. 이것이 '제1의 길'인 자유주의도 아니고, '제2의 길'인 사민주의도 아닌 '제3의 길'이다. 예컨대 '제3의 길'을 이야기하는 기든스는 기존의 복지국가가 관료제화되어 효율성이 떨어진다는 점을 지적하면서 사회복지를 자발적인 결사체에 맡기자는 주장을 하기도 한다. 이것은 자유주의자들의 주장과 크게 다를 바 없다. 그러면서도 그는 노인들에게도 노인들이 원하면 일을 시키자고 하는 주장을 한다. 이것은 노동시장에 개입하자는 것이어서 자유주의자들이 찬동할 리가 없을 것이다.[25]

한편 최근에는 사회복지의 논쟁 차원도 다변화되고 있다. 이제까지 사회복지에 관련된 이념적인 논쟁은 계급간의 소득분배를 중심으로 이루어졌다. 말하자면 어느 계급이 소비의 몫을 더 가지며, 일을 더 하거나 적게 하느냐에 대한 논쟁이었다. 이것은 사회복지의 양에 관한 문제이다. 단기적으로 단순하게 볼 때 사회복지의 양이 늘어나면 노동자 계급에게는 유리한 반면 자본가계급에게는 불리한 것이기 때문이다. 그런데 최근에 들어와서 이와는 다른 차원의 논쟁이 전개되고 있다. 예컨대 여성주의의 경우는 계급간의 분배문제가 아니라, 남녀간의 분배문제를

24) H. Martin 외, 강수돌 역(1999), 『세계화의 덫』, 영림카디널 ; R. Mishra(1999), *Globalization and The Welfare State*, Edward Elgar, London.

25) A. Giddens, 한상진 · 박찬욱 옮김(1998), 『제3의 길』, 생각의 나무.

제기하고 있는 것이다. 이와 함께 환경주의는 단순한 분배문제가 아니라 '지속 가능한 사회'를 만들자고 한다. 그런가 하면 자유주의가 복지를 가정과 지역사회에 맡기자는 주장을 하면서, 사회복지의 방법에 관한 새로운 논쟁도 시작되었다. 물론 자유주의자들의 이런 주장은 사회복지를 줄이자는 것이지만, 사회복지를 가정이나 지역에 맡길 때는 국가는 어떻게 가정과 지역사회를 지원할 것인가 하는 문제가 곧바로 제기될 수 있기 때문이다. 또한 노동과 사회복지를 어떻게 연결시킬 것인가 하는 것도 새롭게 제기되는 문제이다. 그리고 기든스처럼 많은 학자들이 사회복지 서비스를 인간의 심리적이고 정신적인 영역까지 확대해야 한다는 주장을 하기도 한다. 아무튼 기존의 계급간 분배문제와 사회복지의 양에 관한 단순한 논쟁 이외에도 새로운 차원의 논쟁들이 전개되고 있는 것이다.

3. 우리 사회의 이념적 경향과 사회복지

우리 사회에서는 자유주의적 우파만이 힘을 발휘한다. 남북이 첨예하게 대립된 상황에서 좌익은 죄악이었으므로, 사회주의는 물론 사민주의도 수용되지 않았다. 우리 나라의 국회에는 공식적으로 노동자나 빈민을 대변하는 정당의 의원이 거의 없다. 이렇게 좌익이 차단된 상황에서 계급정치의 자리를 지역정치가 차지했다. 우리 나라 정치는 지역의 봉건 맹주가 각각의 영토를 다스리는 것과 같다. 이런 상황에서 계급정치와 밀접하게 관련된 사회복지는 지역주의의 뒷전에 가리어져 있고, 겨우 시민단체나 학자들이 사회복지의 필요성을 이야기하고 있을 뿐이다.

그러나 우리 사회도 지난 1960년대 이후 자본주의가 급속히 도입되면서 자본주의적 사회문제가 날로 증가함에 따라 사회복지를 도입하지 않을 수 없게 되었다. 그러나 정치적 쟁점이 되지 못하는 사회복지는 선심의 수준을 넘지 못하고, 해 보지도 않은 사회복지에 대해서 그 병폐가 먼저 이야기되고 있다. 물론 김대중 정권에 들어와서 사회복지는 급속히 확대되었지만, '사회복지'는 '생산적 복지'란 이름으로 바뀌었다. 이 말 속에는 사회복지는 '낭비적'이라는 염려가 깔려 있는 것이다.

어찌되었건 우리 사회에서 사회복지는 시작되었고, 사회문제가 커지는 한 사회복지는 확대될 수밖에 없다. 예를 들면 가정이 파괴되는데 노인을 여전히 가정에만 맡기겠다고 할 수는 없을 것이다. 그렇다면 우리는 서구의 복지를 그대로 따라가야 하는가? 그럴 수는 없다. 가정과 사회복지의 관계를 예로 들어서 이야기해 보자. 제 2차 세계 대전 이후에 유럽과 미국에서는 핵가족화가 급속하게 진행되고 가정이 많이 파괴되어, 노인과 아동 등을 부양할 수 없게 되자, 그 공백을 사회복지로 메우고자 했다. 사회복지는 가정의 파괴와 인간의 고립 자체에 대응하기보다는, 이로 인해 발생한 문제들에 대해서 사후적으로만 대응했다. 이것은 병의 원인은 무시한 채, 증세만 줄이려는 '대증요법'이다. 서구에서는 지금 가정의 문제가 남녀간의 역할의 재편 문제와 함께 심각하게 제기되고 있다. 이런 상황에서 우리는 구미의 사회복지를 '선진화된 사회복지'로만 여기고 그것을 도입하는 데만 급급해도 되는 것인가? 사회복지와 가정과 공동체간의 역할 조정 등에 관한 치밀한 과학적 탐구가 절실한 때이다. 뒤따라가는 사람은 앞서 간 사람의 실수를 피해 갈 수 있는 이점을 가진다. 다른 나라의 사회복지제도를 도입할 때 우리의 주체적 노력이 더 필요하다.

참고문헌

노명식 편(1983), 『자유주의』, 종로서적.

노자, 『노자』.

박승희(1999), "사서(四書)에 나타난 유교의 사회복지 사상", 『한국사회복지학』, 통권 38호, 나남.

박호성(1989), 『사회주의와 민족주의』, 까치.

신섭중 외(1987), 『각국의 사회보장 : 역사 · 현황 · 전망』, 유풍출판사.

Esping-Andersen, G.,(1985), *Politics Agaist Markets: The Social Democratic Road to Power, New Jersey*: Princeton University Press.

Esping-Andersen, G.(1990), *The Three Worlds of Welfare Capitalism*. Polity Press.
Giddens, A., 한상진 · 박찬욱 옮김(1998), 『제3의 길』, 생각의 나무.
Huberman, L., 장상환 옮김(2000), 『자본주의 역사 바로알기』 (Man's Worldly Goods : *The Story of the Wealth of Nations*), 책벌레.
Norberg-Hodge, Helena, 김종철 · 김태언 옮김(1991), 『오래된 미래-라다크로부터 배운다』, 녹색평론사.
Marshall, T. H.(1963), "Citizenship and Social Class", *Sociology at the Crossroads and Other Essays*, Heinemann, London.
Martin, H. 외, 강수돌 역(1999), 『세계화의 덫』, 영림카디널.
Marx, Karl und Friedrich Engels(1983). "Die deusche Ideologie", *Marx Engels Werke*(MEW) Band 3. Dietz Verlag Berlin.
Marx, K.(1867), *Das Kapital I, K. Marx · F. Engels Werke*, Band 23, Dietz Verlag.
Mishra, R.(1999), *Globalization and The Welfare State*, Edward Elgar, London.

4
chapter

경제정책과 사회복지정책*

제 1 절 경제정책과 사회복지정책의 관계

1. 사회복지정책의 학문적 정체성

사회복지정책, 더 나아가 사회복지학이 독자적인 학문영역으로서 존재할 수 있을 것인가 하는 논란이 있다. 정확히 표현하면 사회복지정책의 학문적 정체성에 대한 의문이 제기되고 있다. 이러한 논란의 주된 배경으로는 사회복지정책이 고유의 이론을 제대로 갖추지 못하고 있다는 문제인식에서 연유하고 있다.

사회복지정책이 독자적인 학문체계를 형성하는데 지장을 받고 있는 요인들은 대체로 다음과 같이 설명해 볼 수 있다.

먼저 가치판단의 문제에 대한 학자들 상호간의 오랜 논쟁 과정에서

---

* 이정우 : 인제대학교 사회복지학과 교수

사회복지정책은 학문으로서의 연구가치가 없는 것으로 인식되었기 때문이다. 이러한 학문적 연구의 기피현상은 사회복지정책이 체계적인 학문이론을 정립하는데 중대한 걸림돌로 작용하게 되었다.

다음으로 사회복지정책이 대상으로 하는 사회문제들의 경우 상호간 이질성으로 인하여 독립적인 학문으로서는 문제의 해결이 불충분하게 될 것으로 예상되기 때문이다. 일례로 사회복지정책은 경제적 차원의 빈곤문제는 물론 육체적·정신적 차원의 질병, 장애, 소외, 비행 및 탈선행위 등 제반 사회적 병리현상을 해소 또는 완화하기 위한 목적으로 실시되고 있다. 그러나 이러한 개개의 사회문제들은 발생원인, 피해현상 그리고 문제의 해결방안 등의 측면에서 상호간 현격한 차이를 보이고 있어, 다양한 학문영역의 이론들이 동원될 경우에만 비로소 해결이 가능할 수 있다.

따라서 사회복지정책은 제반 사회문제의 원만한 해결을 위하여 필연적으로 타학문의 이론, 연구방법론 그리고 연구결과에 참조하여야만 한다. 그리하여 사회복지정책은 독립적인 학문영역으로서 성립할 수 없으며, 이를 위한 학자들의 노력은 유토피아적 환상을 추구하는 비합리적인 행위라는 비판도 있게 된다(Albert, 1967). 그러나 오늘날 학문이 정립되기 위하여 일반적으로 필요한 두 가지 요소, 즉, 대상과 방법의 측면에서 많은 연구가 이루어져 그 가능성을 확대해 가고 있는 것 또한 사실이라 하겠다.

2. 경제정책과 사회복지정책의 공통점

독일을 위시한 서구의 학자들은 사회복지정책을 경제학의 파생학문으로 인식하려는 경향을 보이고 있다. 그 이유는 다음과 같이 설명해 볼 수 있다.

먼저 서구 국가들의 경우 사회복지정책은 산업화의 과정에서 초래된 사회문제의 해결을 위한 목적으로 탄생하였다는 점이다. 당시의 경우 노동자계층(proletariat)의 빈곤현상이 주된 사회문제로 인식되었으며, 이러한 문제를 해결하기 위한 사회개혁운동은 경제학자들을 주축으로 하여 전개되었다. 그 결과 사회개혁운동의 사상은 상당부분 경제학의 이론, 특히 분배이론과 경제질서이론에 바탕을 두고 있었다. 따라서 독일의 Sombart(1897)와 같은 학자들은 자본주의 경제질서를 교정하여 더불어 사는 사회를 만들어 가는 경제정책이 곧 사회복지정책이라고 정의한 바 있다. 같은 맥락에서 Weddigen(1957)에 의하면 사회복지정책은 경제학의 이론을 토대로 하는 정책영역으로서 일종의 '사회경제정책(Sozialwirtschaftspolitik)'으로 인식되고 있다.

다음으로 사회복지정책과 경제정책은 서로 동일한 목표를 지향하고 있다는 점이다. 일례로 사회복지정책이 추구하는 산업안전, 국민건강, 모성보호, 실업예방 등은 경제정책이 추구하는 목표와 일치하고 있다. 왜냐하면 이러한 일련의 사회복지정책은 생산의 3대 요소(구체적으로 노동, 자본, 토지) 가운데 하나인 노동력의 상품적 가치를 향상시켜 경제성장에 긍정적인 작용을 하게 될 것으로 예상되기 때문이다.

마지막으로 사회복지정책과 경제정책은 많은 부분에서 상호 공통점을 가지고 있다는 점이다. 일례로 사회취약계층의 생활환경은 고용정책, 경기안정화정책 그리고 경제개발정책 등 일련의 경제정책을 통하여 상당부분 개선되어질 수 있다. 그리고 사회복지정책의 근본적인 목표가 되는 사회정의와 사회평화는 기회의 균등과 공정한 경쟁을 보장하는 경제질서정책과 합리적인 조세정책을 통하여 달성할 수도 있다. 또한 경제성장은 사회복지정책을 위한 물질적 기반이 되고, 나아가 사회복지정책이 본연의 기능을 확대할 수 있는 여건을 마련해 준다는 점에서 경제정책과 사회복지정책은 상호 밀접한 관련성을 가지고 있다.

3. 경제정책과 사회복지정책의 차이점

사회복지정책과 경제정책은 많은 부분에서 상호 밀접한 관련성을 가지고 있다. 그러나 사회복지정책을 경제학의 파생학문으로 한정하고, 제반 사회문제의 해결을 전적으로 경제정책의 시각에서 시도하게 될 경우 심각한 오류가 발생할 수 있다. 그 이유는 다음의 두 가지 측면에서 설명해 볼 수 있다.

먼저 사회복지정책과 경제정책은 단지 부분적으로만 상호 공통점을 가지고 있다는 점이다. 이와 관련한 내용은 일례로 개별 정책이 대상으로 하는 계층의 차이점에서 살펴볼 수 있다. 구체적으로 사회복지정책은 주로 사회취약계층을 대상으로 하고 있는 반면, 경제정책은 모든 경제주체(일례로 경제활동계층, 소비자, 기업 등)를 대상으로 하여 이루어지게 된다. 그리고 경제정책의 경우 경제적 부가가치의 증대가 주된 목표가 되는 반면, 사회복지정책의 경우 사회취약계층의 생활여건 개선이 일차적인 목표로 되고 있다. 이러한 점에서 정상적인 경제활동을 영위할 능력이 없는 정신적 또는 신체적 장애인, 노약자 등 사회취약계층의 경우 단순히 경제정책만으로는 문제의 극복이 불가능하게 될 수 있다. 따라서 이들이 겪게 되는 제반 생활상의 애로점은 별도의 사회복지정책을 통하여 가장 효과적으로 해결할 수 있다.

다음으로 사회문제의 파악, 원인분석 그리고 해결방안의 제시에 있어서 경제학의 이론만으로는 불충분할 수 있다는 점이다. 구체적으로 개별 사회문제의 특성들이 서로 상이하기 때문에 다양한 학문분야의 이론들이 서로 유기적으로 연계될 경우에만 비로소 문제의 원만한 해결이 이루어질 수 있을 것으로 기대된다. 이와 관련한 사례는 근로시간단축의 문제에서 살펴볼 수 있다. 근로시간의 단축은 비용, 생산성, 고용 등의 측면에서 상당한 파급효과를 가져다 줄 수 있으며, 이는 경제학의 이론으로 설명이 가능하게 된다. 또한 근로시간의 단축은 근로자의 건강 그리고 여가활동에 영향을 미치게 되며, 이러한 문제는 각각 의학 그리고 사회학의 이론으로 분석할 수 있다. 유사한 의미에서 노숙자 문제의 해결을 위한 사회복지정책은 경제학의 측면에서 뿐만 아니라 사회심리학과 사회교육학의 측면에서 이론을 필요로 하게 된다.

4. 학문으로서 사회복지정책의 과제

학문으로서의 사회복지정책은 국민의 복지향상을 목표로 하는 국가의 정책을 연구하는 과제를 가지고 있다. 전남진(1987)에 따르면 인간의 복지는 '더할 나위 없이 만족스러운 상태로 살아가는 삶의 형태'로 정의되고 있다. 이러한 정의에 따르면 인간의 복지는 돈, 건강, 교육, 주택, 가족 그리고 이웃간 화목, 사회안정 등 무수히 많은 변수들이 충분한 수준으로 갖추어지게 될 경우에만 비로소 극대화될 수 있다. 종합하면 인간의 복지에 영향을 미치게 되는 변수들에 대한 연구는 다양한 학문적 이론의 동원을 필요로 하며, 이러한 의미에서 볼 때 사회복지정책은 다양한 학문분야를 포괄하는 종합학문이 된다(Pribram, 1926).

사회복지정책이 사회과학의 학문영역에서 어떠한 위치를 차지할 수 있을 것인가 하는 문제가 제기될 수 있다. Weisser(1956)에 따르면 사회복지정책은 그 특성상 독립적인 학문으로 성립할 수 없으며, 다른 학문의 이론과 연구결과들을 종합하여 사회문제의 해결방안을 제시하는 학문영역이 된다. 구체적으로 사회복지정책에 대한 학문적 연구자는 아래의 [그림 4-1]에서와 같이 경제학, 사회학, 법학, 통계학, 인구학, 역사학, 의학, 심리학, 철학, 교육학 등에서 개발된 이론과 연구결과들을 유기적으로 연결할 수 있는 자질을 필요로 하고 있다.

오늘날 사회복지정책이 고유이론의 부재로 인하여 타학문에 의존할 수밖에 없다는 사실은 분명 학문적 한계로 인식이 되고 있다. 그러나 이러한 사회복지정책의 현실은 오히려 학문적 연구자에게 있어서는 무한한 기회를 제공할 수도 있다(Frerich, 1990). 왜냐하면 사회복지정책은 타학문의 이론들을 논리적으로 연계하여 새로운 이론을 도출할 수 있는 응용학문이 될 뿐만 아니라, 사회문제에 대한 구체적인 해결방안을 제시하는 실천학문이 될 수 있기 때문이다. 이러한 측면에서 볼 때 사회복지정책은 새로이 학문적 연구를 필요로 하는 무한한 영역을 가지고 있다고 생각해 볼 수 있다.

[그림 4-1] 사회복지정책과 타학문의 관련성

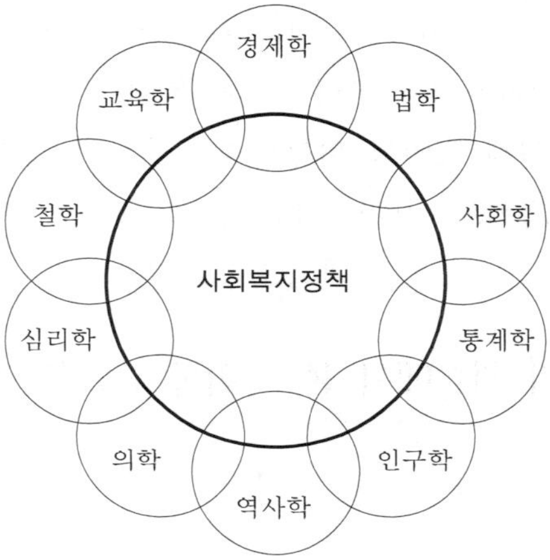

사회복지의 학문을 연구하고 사회복지 전문인력을 양성하기 위한 독립적인 교육기구가 설립되어야 할 필요성이 있는지에 대한 논란이 있다. 오늘날 우리 나라는 물론 미국 그리고 일본 등 상당수 국가의 경우 대학 내에 별도로 사회복지학과를 운영해 오고 있다. 반면 유럽의 대다수 국가에서는 사회복지학을 교육하는 독립적인 학과를 두고 있지 않다. 이에 따라 유럽의 경우 사회복지에 대한 학문적 연구와 교육은 사안에 따라 경제학과, 사회학과, 법학과, 정치학과, 심리학과 등에서 관련 업무를 수행해 오고 있다. 이러한 전공별 분리교육은 사회복지학문의 연구대상이 광범위하고, 교육내용이 사안별로 상이하다는 인식을 바탕으로 나타나게 된 현상으로 판단된다. 그러나 Nahnsen(1961)과 같은 학자는 사회복지학문에 대한 전공별 분리교육방식을 비판하고, 통합교육의 필요성을 주장하였다. 그에 따르면 사회복지학문이 비록 연구의 대상이나 교육내용의 측면에서 광범위한 것은 사실이지만, 새로이 독립된 학문영역을 구축하여 모든 사회복지문제를 통합적으로 다루게 될 경우 사회복지학문의 정체성과 학문연구의 효율성이 제고될 수 있을 것으로 보았다.

이상에서 우리는 다음과 같은 중요한 사실을 발견할 수 있다. 즉 사회복지학문의 분리교육이나 통합교육은 교육방식의 차이점에도 불구하고 공히 인접한 타학문과의 밀접한 교류의 필요성을 인정하고 있다는 점이다. 달리 표현하면 분리교육방식이나 통합교육방식은 모두 사회복지의 학문영역에 있어서 타학문과의 학문적 교류를 제한하는 '학문적 칸막이'를 경계하고 있다는 사실에 주목을 할 필요가 있다.

제 2 절 경제순환의 관점에서 본 사회복지정책의 역할

1. 경제순환의 이해

인간은 살아가는 동안 의 · 식 · 주의 기본적 욕구는 물론 교육, 건강유지, 여가활동 등 각종의 사회 · 문화적 욕구를 충족하기 위해 다양한 종류의 상품이나 서비스를 소비하게 된다. 그리고 이러한 소비활동이 충분한 수준으로 보장될 경우에만 비로소 개인의 복지수준은 최대화될 수 있다.

개인에게 있어서 소비활동이 가능하기 위한 전제조건으로서 상품이나 서비스가 충분히 공급될 수 있어야 하고, 동시에 이를 구입할 수 있는 소득이 뒷받침되어야 한다. 왜냐하면 가령 소득수준이 아무리 높다고 할지라도 생산이 제대로 이루어지지 못할 경우 개인의 소비활동이 제약을 받게 되는 문제가 발생할 수 있기 때문이다.

일반적으로 생산활동은 상품이나 서비스의 공급을 가능하게 하는 기능은 물론, 개별 가계의 소득을 창출하는 기능도 수행하고 있다. 그리고 가계는 이러한 소득을 바탕으로 상품이나 서비스를 구입 · 소비함으로써 가족의 생존을 유지하고 생산활동에 참여할 수 있는 능력을 재충

전할 수 있게 된다.

국가의 역할이 없이 순수하게 민간차원에서 이루어지게 되는 경제의 순환과정은 개략적으로 다음의 [그림 4-2]와 같이 설명해 볼 수 있다.[1] 과거의 자급자족 사회와는 달리 현대사회의 인간들은 시장에서 화폐를 매개수단으로 상품과 서비스를 생산하고 상호 교환을 함으로써 생활을 유지해 오고 있다.

[그림 4-2] 민간부문의 차원에서 본 경제순환모형

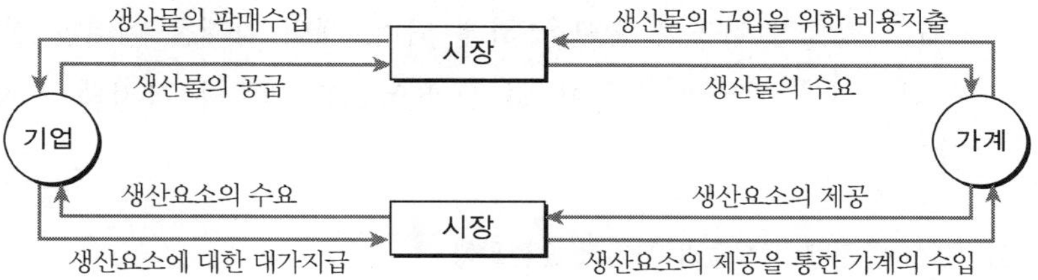

세부적으로 시장은 인간의 생존문제와 관련하여 다음과 같은 기능을 하고 있다. 먼저 인간의 최소 생존단위인 가계는 그림의 하단에서 표시된 바와 같이 자신이 소유하고 있는 생산요소들을 시장을 통하여 생산자인 기업에게 제공을 하고, 그 대가로써 소득을 확보하게 된다. 여기서 생산요소란 상품이나 서비스의 생산에 직접적으로 투입되는 수단으로서 크게 노동, 자본 그리고 토지로 구분해 볼 수 있다.[2] 이 경우 개별 가계들이 기업으로부터 받게 되는 소득은 각각 임금, 이자 그리고 지대로 구성이 된다. 다음으로 기업은 그림의 상단에서 표시된 바와 같이 생산요소들을 결합하여 상품이나 서비스를 생산하게 되고, 시장을 통하여 수요자인 가계에 판매를 하게 된다. 이러한 과정을 통하여 발생하게 되는 수입은 기업이 개별 가계로부터 구입한 생산요소의 대가로

1) 경제순환의 모형은 주로 경제학의 이론을 설명하기 위한 일환으로 활용되고 있음. 이와 관련한 국내의 문헌으로는 김대식 · 노영기 · 안국신(1995)의 책 『현대경제학원론』, pp. 564-570을 참조하기 바람.
2) 기업이 소유하고 있는 자본이나 토지 또한 기업주의 가계가 소유하고 있는 생산요소로 간주해 볼 수 있음.

분배가 되고, 가계는 그 소득으로 소비활동을 할 수 있게 된다.

위의 [그림 4-2]로 표현되고 있는 민간차원의 경제순환모형은 다음과 같은 의미를 가지고 있다. 사회 전체적으로 볼 때 기업이 생산활동을 통해 획득하게 되는 수입은 가계의 소득으로 분배가 되고, 가계는 이러한 소득을 다시 생산물의 소비를 위해 지출을 하게 된다. 그리고 가계는 소비활동을 통하여 재차 생산활동에 참여할 수 있는 능력을 갖출 수 있다.

이상을 종합하면 경제는 [그림 4-3]에서 표시된 바와 같이 생산 - 분배 - 지출의 자동적 순환을 하게 되며, 개별 가계는 이러한 경제순환의 과정에서 외부의 도움이 없이 스스로의 생존과 복지를 유지할 수 있다.

[그림 4-3] 생산 - 분배 - 지출의 자동적 순환과정

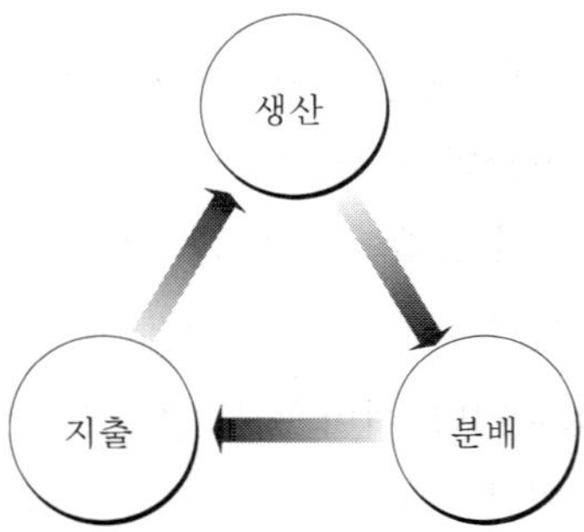

2. 경제순환의 과정에서 본 사회복지정책의 역할

앞에서 우리는 경제가 순환하는 과정에서 개별 가계의 생존권이 자동적으로 보장될 수 있다는 사실에 대해서 살펴보았다. 그러나 순수하게 시장의 기능으로 생존의 문제를 원만하게 해결하기 위한 전제조건으로서 개별 가계는 소득을 가져다 줄 수 있는 생산요소들을 충분한

수준으로 확보할 수 있어야만 한다. 이러한 의미에서 개별 가계가 소유하고 있는 생산요소는 해당 가계의 생존수단으로서 기능을 하게 된다.

한편 생산요소를 제대로 소유하고 있지 못한 가계의 생존문제는 어떠한 방법으로 해결하여야 할 것인가 하는 과제가 제기될 수 있다. 현대사회에 들어와 대다수의 가계에 있어서 노동, 자본 그리고 토지라는 생산요소들 가운데 노동이 주된 생존수단으로 되고 있으며, 따라서 노동의 대가인 임금은 가계의 중요한 소득원을 차지하고 있다. 왜냐하면 또 다른 생산요소인 자본이나 토지의 경우 주로 소수의 계층에게 편중되고 있어 일반 가계의 경우 생존수단으로서의 기능이 미약할 것으로 예상되기 때문이다. 이러한 의미에서 근로능력의 유지와 근로기회의 확보는 가계의 생존을 위해 반드시 필요로 하는 사안이 된다. 따라서 어떠한 이유에서든 근로를 할 수 없게 되었거나, 비록 근로활동을 하고 있을 경우에도 그를 통한 소득이 불충분하게 될 경우 당사자의 가계는 생존의 위협에 직면할 수 있다.

실업, 노령, 산업재해, 질병, 양육 등의 사유로 소득활동을 제대로 할 수 없는 가계의 생존문제는 궁극적으로 사회적 기능을 통하여 해결할 수 있다(Schäfer, 1981). 이러한 사회적 기능에 대한 설명에 앞서 다음과 같은 두 가지의 가정이 필요로 하고 있다. 먼저 전체 가계는 소득활동을 하고 있는 가계와 그렇지 못한 가계로 구분이 된다. 다음으로 앞에서 설명한 민간차원의 경제순환모형은 국가와 사회보험을 추가하여 설명해 볼 수 있다.

소득활동을 할 수 없는 가계의 생존문제는 아래의 [그림 4-4]와 같은 방법으로 해결할 수 있다.

먼저 국가는 경제의 순환과정에 개입을 하여 기업이나 소득활동을 하고 있는 가계로부터 세금을 징수하게 된다. 이러한 재정수입을 바탕으로 국가는 소득활동을 제대로 할 수 없는 가계를 위하여 일정한 소득을 지원해 줄 수 있다. 다음으로 사회보험 또한 기업이나 소득활동을 하고 있는 가계로부터 보험료를 징수하고 국가로부터 일정한 보조금을 받아 소득활동을 하고 있지 않는 가계에게 부족한 소득을 보충해 줄 수 있다.

[그림 4-4] 국민경제의 차원에서 본 경제순환모형

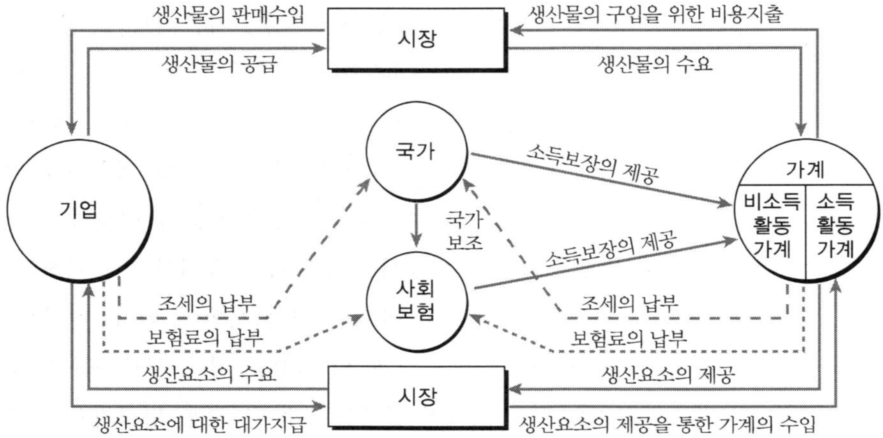

종합하면 현대사회에서 인간은 다음과 같은 방법으로 생존의 문제를 해결해 오고 있다.

먼저 소득활동을 하고 있는 가계의 경우 자신이 소유하고 있는 생산요소(주로 노동력)를 시장을 통하여 기업에게 제공하고 그 대가로서 소득을 확보하게 된다. 여기서 가계의 소득수준은 생산요소의 가치(경제학의 용어로 표현하면 생산성)에 따라 결정이 되고 있다. 이처럼 시장의 기능을 통하여 개별 가계에게 소득의 배분이 이루어지게 되는 과정은 흔히 '일차적 소득분배(primary income distribution)'라고 불리고 있다.

다음으로 비소득활동 가계의 경우 생존의 문제는 국가 또는 사회보험제도에 의한 분배정책을 통하여 해결할 수 있다. 구체적으로 국가나 사회보험제도는 국민의 생존권을 보장하기 위한 목적으로 개별 가계간 소득의 재분배가 이루어질 수 있도록 하는 사회적 기능을 수행하게 되며, 이러한 분배적 과정은 흔히 '이차적 소득분배(secondary income distribution)'라고 불리고 있다. 이상의 내용을 요약하면 국가 또는 사회보험제도는 시장의 자율적 기능에 의해 이루어지게 되는 분배의 결과(일차적 소득분배)에 대하여 사후적으로 재조정(이차적 소득분배)함으로써 비소득활동 가계의 생존문제를 해결하게 된다.

3. 시사점

오늘날 사회복지정책이 국민경제에서 차지하는 비중은 괄목할만한 수준으로 증가해 오고 있다. 따라서 사회복지정책은 국민경제와의 상호작용을 충분히 감안하여 수립・집행되어야 할 필요가 있다. 경제순환의 관점에서 사회복지정책의 역할을 살펴보게 될 경우 우리는 다음과 같은 시사점을 발견할 수 있다.

먼저 미시적 차원에서 사회복지정책은 재원의 조달과 급여의 제공과정에서 개별 경제주체의 경제행위에 상당한 영향을 미칠 수 있다. 일례로 관대한 사회복지정책으로 인하여 비용부담이 과도하게 될 경우 한편으로는 기업활동과 근로동기가 위축될 수 있으며, 다른 한편으로는 국민들의 복지의존심리가 심화될 우려가 있다. 반면 적절한 수준으로 사회복지정책이 실행될 경우 사회안정과 산업평화가 유지될 수 있으며, 이를 토대로 안정적인 경제질서의 정착이 가능할 수도 있다. 종합하면 국가는 경제의 순환과정에서 사회복지정책이 가져다 줄 수 있는 긍정적 효과와 부정적 효과를 감안하여 적절하게 정책을 수립하여야 하는 과제를 가지게 된다.

다음으로 거시적 차원에서 사회복지정책은 국민경제에 대한 파급효과를 충분히 고려하여 수립될 수 있도록 하여야 한다.[3] 가령 사회복지정책으로 인한 비용부담이 과도하게 될 경우 자칫 경기침체 및 경제성장의 둔화, 사회복지 재원조달의 애로 등 부작용이 발생할 수 있다. 반

3) 사회복지정책이 경제에 미치는 파급효과를 다양한 영역으로 구분하여 다루고 있는 대표적인 문헌으로는 Hess(1975)를 참조할 것.

면 사회복지정책은 국내의 총유효수요를 진작시켜 경기의 활성화와 경제성장의 효과를 가져다 줄 수도 있다.

마지막으로 경제순환의 차원에서 볼 때 소득활동 가계와 비소득활동 가계의 생존은 공히 매년도 생산된 상품이나 서비스를 물질적 기반으로 하여 보장이 된다는 사실을 숙지할 필요가 있다(Mackenroth, 1952).[4] 구체적으로 소득활동을 하고 있는 가계는 매년 자신의 소득 가운데 일정부분을 보험료와 조세의 형태로 납부를 하게 되고, 이는 같은 시기 비소득활동 가계의 소득보장을 위하여 지출이 된다.[5] 종합하면 사회복지정책을 통한 사회적 공존의 기능은 항상 같은 시기에 생산된 국민소득을 바탕으로 소득활동 가계와 비소득활동 가계간 소득의 재분배를 통하여 이루어지게 된다.

제 3 절 분배정책으로서 사회복지정책

사회복지정책은 더불어 사는 사회의 가치이념을 바탕으로 하고 있다. 그리고 이러한 사회의 건설은 사회구성원 상호간 물질적 나눔을 통하여 실현될 수 있다. 따라서 사회복지정책은 궁극적으로 분배정책을 수행하기 위한 목적으로 존재하고 있다고 생각해 볼 수 있다.

아래에서는 분배정책의 일반에 대한 이해를 넓히기 위하여 먼저 정책의 개념, 이론 그리고 목표에 대하여 기술해 보고자 한다. 다음으로

4) 이와 유사한 관점에서 경제순환의 이론을 설명하고 있는 국내문헌으로는 김대식 · 노영기 · 안국신(1995) 『현대경제학원론』, pp. 567-570을 참조하기 바람.

5) 경제순환의 차원에서 볼 때 개별 가계가 과거의 시기에 저축을 통하여 보유하고 있는 자본이나 토지는 다음과 같은 방법을 통해서만 현재의 생존수단으로 활용될 수 있음. 즉 해당 가계는 자신이 보유하고 있는 자산을 구매자에게 판매를 하여 그 소득으로 현재시기에 생산된 상품이나 서비스를 소비할 수 있음. 이러한 관점에서 볼 때 현재 우리 나라의 사회보험제도에서 미래의 사회보장을 위하여 운용하고 있는 적립자산은 그 유용성이나 안정성의 측면에서 논란의 여지가 있음(이정우, 2000).

분배정책이 추구하고자 하는 목표를 달성하기 위한 정책적 수단은 어떠한 것이 있는지, 마지막으로 분배의 종류는 어떠한 것이 있는지에 대하여 살펴보고자 한다.

1. 분배정책의 의의

분배정책이란 분배적 불균형의 문제를 해소 또는 완화하기 위한 일환으로 이루어지는 국가의 행위로서, 흔히 협의의 개념과 광의의 개념으로 구분하여 살펴볼 수 있다(Lampert, 1981).

협의의 개념으로서 분배정책은 소득이나 자산의 분배과정에 국가가 개입하는 일련의 행위를 의미한다. 그러나 사회 구성원간 나눔의 대상을 소득과 자산으로 국한하게 될 경우 분배정책의 활동영역이 제한될 가능성이 있다. 왜냐하면 분배의 왜곡문제는 직접적 또는 간접적으로 사회의 구조적 환경을 원인으로 하여 발생할 수 있기 때문이다.

광의의 개념으로서 분배정책은 정치적·경제적·사회적 권리가 사회정의의 차원에서 사회 구성원 상호간 동등하게 보장될 수 있도록 하는 국가의 정책을 의미한다. 이러한 의미에서 광의의 차원에서 논의되는 분배정책은 소득이나 자산의 나눔은 물론 자아실현의 기회가 개인의 신분에 의해 불평등하게 되는 문제를 해소하는 정책이 된다.

2. 분배의 이론

아래에서는 논의를 간편화하기 위하여 분배정책의 내용을 협의의 차원으로 축약하여 살펴보고자 한다. 따라서 소득과 자산의 분배이론이 주된 설명의 대상으로 되고 있다.[6)]

6) 분배정책과 관련한 국내의 문헌으로는 이정우(1999) 참조하기 바람.

1) 소득의 분배이론

소득의 발생과정은 앞서 제2절에서 살펴본 경제순환의 모형을 통하여 설명해 볼 수 있다. 구체적으로 기업은 가계로부터 구입한 생산요소들을 결합하여 상품이나 서비스를 생산하여 판매하게 되며, 그 과정에서 기업의 수입이 발생하게 된다. 그리고 이러한 기업의 수입은 생산요소의 제공자인 개별 가계의 소득으로 분배가 된다. 따라서 국민경제의 차원에서 볼 때 매년도 전체 기업이 창출하는 사회적 부가가치는 같은 해 전체 가계의 소득으로 전환이 되게 된다.

소득의 분배이론은 사회적 부가가치를 어떠한 기준에 의해 나눌 것인가에 초점이 맞추어지고 있다. 이러한 소득의 분배이론은 다음의 두 가지로 구분하여 살펴볼 수 있다.

먼저 소득의 기능적 분배(functional distribution of income)는 개별 생산요소들이 생산과정에서 수행한 기능에 따라 소득의 분배가 이루어지는 내용을 설명하는 이론이다. 구체적으로 소득창출의 수단으로서 생산요소는 크게 노동, 자본 그리고 토지로 구성이 되며, 각자는 임금, 이자 및 이윤 그리고 지대의 형태로 소득을 획득할 수 있다.[7] 그리고 이 경우 소득의 분배에 있어서 편차는 개별 생산요소가 사회적 부가가치의 생산과정에서 담당한 기여도에 의해 영향을 받게 된다.

다음으로 소득의 개인별 분배(personal distribution of income)는 국민경제적 차원에서 전체소득이 개개인 또는 사회계층별로 어떻게 분배되어 있는가를 분석하는 이론이다. 일반적으로 소득분배의 불평등 문제는 개별 생산요소의 기능적 측면에서뿐만 아니라, 이러한 생산요소들의 분포가 개인별로 불균형하게 이루어질 경우에도 발생하게 된다. 일례로 특정한 사회계층이 생산요소의 대부분을 소유하게 될 경우 분배적 불

7) 분배이론으로서 소득의 기능별 분배는 경제학에서 생산요소의 가격결정이론으로 설명되고 있음. 구체적으로 분배이론은 임금이론, 이자이론, 이윤이론 그리고 지대이론으로 구성이 되며, 이에 대한 내용을 설명하고 있는 문헌으로는 김대식·노영기·안국신(1995)의 책 『현대경제학원론』, pp. 399-482를 참조하기 바람.

균형의 문제가 나타나게 된다.

소득의 개인별 분배이론은 사회계층별로 소득의 분포상황을 연구의 대상으로 하고 있다. 일반적으로 사회계층간 소득의 격차가 사회적 갈등의 원인으로 작용할 수 있다는 점에서 사회복지정책은 소득의 기능적 분배보다 소득의 개인별 분배를 상대적으로 중요한 정책적 관심사로 채택하고 있다.

2) 자산의 분배이론

자산은 다른 말로 부(富) 또는 재산(財產)으로도 표현이 될 수 있으며, 여기에는 적금, 보험, 주식, 채권 등의 금융자산과 건물, 기계, 토지 등의 실물자산이 있다. 이러한 자산은 개인 또는 가계가 매년도의 소득 가운데 쓰고 남은 부분을 유보함으로써 획득할 수 있다.

자산과 소득은 다음과 같은 측면에서 상호 밀접한 연관관계를 가지고 있다.

먼저 소득은 저축의 기능을 통하여 자산형성의 수단이 된다는 점이다. 일반적으로 저축능력은 개인의 소득수준에 의해 영향을 받게 되므로 소득의 분배가 사회계층별로 어떻게 이루어지는가에 따라 자산의 형성이나 분포 또한 사회계층별로 차이가 발생할 수 있다.

다음으로 자산은 그 형태에 따라 이자, 이윤, 지대 등의 소득을 창출할 수 있는 수단이 된다는 점이다. 따라서 자산의 분배가 불평등하게 이루어지게 될 경우 소득의 분배 또한 사회계층별로 불평등하게 되는 문제가 발생할 수 있다.

자산은 국민 개개인의 생활여건에 중대한 영향을 미치고 있으며, 이는 다음과 같은 자산의 기능으로 인하여 발생하게 된다(Werner, 1981).

먼저 자산은 앞에서 살펴본 바와 같이 소득을 창출하는 기능을 수행하고 있다. 따라서 자산의 개인의 소비활동에 직접적인 영향을 미칠 수 있다.

다음으로 자산은 생활안정의 기능을 담당하고 있다. 왜냐하면 자산의 수준에 따라 실업, 질병 등의 사회적 위험에 대한 개인의 대처능력과 생계유지의 능력이 중대한 영향을 받을 수 있기 때문이다.

마지막으로 자산은 개인의 자유를 보장하는 기능을 가지고 있다. 가령 충분한 수준의 자산을 보유하고 있는 사람의 경우 물질적 궁핍으로 인한 경제적 의존성으로부터 해방되어 다양한 자아실현의 기회를 향유할 수 있다.

3. 분배정책의 목표

1) 소득의 분배정책과 관련한 목표

소득의 분배정책은 크게 다음과 같은 정책적 목표를 달성하기 위하여 실시되고 있다.

먼저 소득의 분배정책은 전체 사회구성원의 생존권 보장을 중요한 목표로 하고 있다. 노령, 장애, 중대질병 등의 사유로 소득활동을 할 수 있는 능력이 없거나 실업으로 인하여 소득활동의 기회가 상실된 사회취약계층의 경우 소득의 단절에 따른 생계의 위협문제가 발생하게 된다. 따라서 국가는 국민 상호간 소득의 이전을 통하여 해당 계층의 생존권을 보장하여야 하는 책임을 가지게 된다.

다음으로 소득의 분배정책은 사회계층간 소득의 불평등 문제를 완화함으로써 사회정의와 사회안정을 도모하여야 하는 과제를 가지고 있다. 이러한 취지의 분배정책은 다음과 같은 점에서 그 당위성을 가지고 있다.

첫째, 사회계층간 소득의 분배는 종종 개인의 능력이나 노력 이외의 다른 요인에 의해 결정되는 경우가 있다. 가령 부모로부터 상속을 받거나 부당한 방법으로 획득한 자산을 토대로 하여 발생하게 되는 소득은 사회적 갈등을 초래할 위험이 있다. 따라서 분배정책은 불로소득으로 인한 분배적 불평등 문제를 해소함으로써 사회안정을 도모하여야 하는 과제를 가지게 된다.

둘째, 소득의 분배가 비록 개인의 능력과 노력에 비례하여 이루어지게 되는 경우에도 분배의 불평등이 사회적으로 용납될 수 있는 수준을 능가하게 되는 문제가 발생할 수 있다. 따라서 국가는 국민 상호간 내적 통합을 달성하기 위한 목적으로 분배정책을 실시하여야 과제를 가지게 된다.

셋째, 시장의 기능을 통한 소득의 분배는 개별 가계가 처하고 있는 상황에 따라 필요로 하는 소득수준의 차이를 적절하게 반영할 수 없는 문제를 가지고 있다. 일례로 부양가족의 수가 많거나 노약자를 수발하고 있는 가정의 경우 다른 일반가정에 비하여 경제적 부담이 높게 되는 문제가 발생할 수 있다. 따라서 국가는 소득의 분배정책을 통하여 가계간 경제적 부담이 균등화될 수 있도록 하여야 하는 과제를 가지게 된다.

2) 자산의 분배정책과 관련한 목표

자산의 분배정책은 사회정의와 자유라는 가치이념의 실현을 목표로 하고 있다. 이러한 목표를 달성하기 위하여 국가는 사회적 자산이 사회구성원에게 고르게 분산될 수 있도록 하는 정책을 실시하여야 할 필요가 있다.

먼저 자산의 균등한 분배를 위한 정책은 사회정의의 차원에서 그 당위성을 찾아볼 수 있다. 어떠한 사회체제에서든 인간의 물질적 생존과 사회의 번영은 궁극적으로 생산을 통하여 보장을 받을 수 있다. 이러한 의미에서 개인이 생산활동을 통하여 축적한 자산은 본인 자신은 물론 전체국민의 복리후생에도 상당한 기여를 하게 된다. 그러나 가령 상속자산의 경우 개인의 노력이나 능력과 무관하게 부의 이전이 이루어지게 된다는 점에서 문제가 있다. 나아가 자산의 분배가 사회계층별로 심각한 수준으로 불평등하게 이루어지게 될 경우 소위 가진 계층은 자신의 자산을 토대로 더 많은 자산을 축적하게 되어 분배적 불균형의 문제가 가중될 수 있다. 따라서 국가는 사회적 자산이 전체국민에게 고르게 분산될 수 있도록 함으로써 부의 편중문제를 해소하고 사회정의를 도모하여야 하는 책임을 가지고 있다.

다음으로 자산의 분배가 사회계층간 평등하게 이루어질 수 있도록 하는 정책은 자유의 차원에서 그 정당성을 발견할 수 있다. 일례로 자산의 평등한 분배는 사회구성원들에게 자아실현을 위한 물질적 기회를 공정하게 제공할 수 있다는 장점을 가지고 있다.

어떠한 사회체제에서든 일정한 범위의 이내에서 자산의 불평등한 분배가 용인되고 있다. 왜냐하면 개인의 능력이나 의지의 차이는 자산형성의 개인간 격차를 가져다 줄 수 있기 때문이다. 그리고 자산의 축적이 평등의 관점에서 지나치게 제약을 받게 될 경우 개인의 근로의욕이나 기업의 이윤동기가 위축될 가능성이 있다. 나아가 자산의 분배는 자칫 소유권의 보장을 근간으로 하는 자본주의 경제원리에 배치되는 문제를 초래할 수도 있다. 이러한 제반의 제약사항을 감안해 볼 때 자산의 분배정책은 이미 개인의 수중에 축적되어 있는 자산이 아니라, 가급적 새로이 형성되는 자산을 대상으로 실시하여야 할 필요가 있다(Lampert, 1981).

4. 분배정책의 수단

1) 소득의 분배와 관련한 정책수단

아래에서는 분배정책을 소득의 기능적 분배와 개인별 분배로 구분하여 각각의 정책적 수단(instrument)을 살펴보고자 한다.

먼저 소득의 기능적 분배이론은 사회적 부가가치를 생산요소의 제공자인 개별 가계에게 어떠한 방식으로 배분할 것인가 하는 문제를 다루고 있다. 일반적으로 소득의 분배는 개별 생산요소의 수요자와 공급자간 상호작용을 통하여 성립되는 가격에 의해 결정이 된다. 이러한 관점에서 볼 때 분배정책이란 국가가 시장의 기능에 개입을 하여 소득(엄밀히 말하면 생산요소의 가격)의 결정과정에 영향력을 행사하는 행위를 의미한다. 달리 표현하면 국가의 분배정책은 생산요소의 수요와 공급 상호간의 작용과정에서 이루어지게 되는 소득의 결정과정에 영향력을 행사하여, 상대적으로 사회적 약자의 생활여건을 개선하는 노력으로 이해될 수 있다.

소득의 기능적 분배의 과정에서 이루어지는 분배정책의 수단은 정책의 영역별로 경쟁정책, 노동시장정책, 교육정책 그리고 자산형성정책으로 구분하여 살펴볼 수 있다.

첫째, 경쟁정책과 관련한 사항이다. 가령 국내시장의 여건으로 인하여 일부의 산업영역에서 독과점 현상이 발생하게 될 경우 독점이윤의 문제가 발생하게 된다. 이러한 독점이윤은 일반가계의 경제적 피해를 바탕으로 기업에게 부당한 이익을 제공하게 되고, 국가 전체적으로 분배의 불평등을 야기하게 된다는 점에서 문제가 있다. 따라서 경쟁정책은 상품이나 서비스의 시장가격을 적정한 수준에서 억제할 수 있고, 소비자인 가계의 생활여건 향상과 분배적 왜곡현상을 완화해 주는 효과를 가져다 줄 수 있다.

둘째, 노동시장정책의 일환으로 국가가 결사의 자유와 임금협상의 자율권을 법으로 보장하게 될 경우 근로계층은 기업이윤의 배분과정에서 유리한 위치를 차지할 수 있다. 구체적으로 근로계층은 교섭력을 바탕으로 상대적으로 많은 몫을 차지할 수 있으며, 이는 가계의 소득증진으로 이어지게 된다.

셋째, 교육정책은 다음과 같은 두 가지의 차원에서 중요한 분배정책의 수단으로 활용될 수 있다. 먼저 교육정책은 인적자본(human capital)의 품질과 상품으로서 노동력의 가치를 향상시켜 근로자 가계의 소득증대효과를 가져다 줄 수 있다. 다음으로 교육정책에 입각한 지원이 특히 사회의 취약계층을 위주로 하여 이루어지게 될 경우 장차 좁게는 해당 가계의 소득수준 향상에 기여를 할 수 있고, 넓게는 분배의 불평등 문제를 완화할 수 있는 장점이 있다.

넷째, 국가가 가계의 자산형성을 촉진하기 위한 정책을 실시하게 될 경우 자산의 편중으로 인한 소득의 불평등 문제가 상당부분 해소될 수 있다. 구체적으로 자산형성정책은 종전보다 많은 수의 가계에게 자산의 운용과정에서 발생하게 되는 이자소득이나 지대소득의 분배에 참여할 수 있는 기회를 확대해 줄 수 있는 장점을 가지고 있다.

다음으로 소득의 개인별 분배이론은 소득의 분배가 개인 또는 사회계층별로 어떻게 이루어져 있는가를 주된 관심사로 하고 있다. 국가는 일차적으로 시장의 기능을 통하여 결정된 소득의 분배구조를 분배정책을 통하여 이차적으로 재조정할 수 있다. 이러한 취지에서 동원될 수 있는 정책적 수단은 영역별로 조세정책, 사회복지정책 그리고 가격보조정책으로 구분하여 살펴볼 수 있다.

첫째, 조세정책은 국가의 재정수요를 충당하는 기능을 담당하고 있을 뿐만 아니라 소득의 불평등 문제에 대처할 수 있는 분배정책의 수단으로도 활용이 되고 있다. 특히 누진적 조세체계는 소득의 수준에 따라 조세부담을 차등화함으로써 개인간 또는 사회계층간 소득의 재분배 기능을 수행할 수 있다.

둘째, 사회복지정책은 그 자체로 중요한 분배정책의 수단으로서 기능을 하고 있다. 대표적인 사례로서 사회복지제도는 비용부담의 주체와 급여수급의 주체가 상호 상이하여 사회계층간 상당한 수준의 소득재분배 효과를 발휘하고 있다.

셋째, 저소득계층을 대상으로 하는 국가의 가격보조정책 또한 분배정책의 수단으로 활용될 수 있다. 대표적으로 국가의 재정적 지원을 바탕으로 이루어지는 영구임대주택제도나 장기저리의 생업자금 및 주택자금 융자제도 등은 저소득가계의 실질소득을 증대시키는 효과를 가지고 있다.

2) 자산의 분배와 관련한 정책수단

사회계층간 자산의 분배구조에 영향을 줄 수 있는 정책적 수단은 다음의 세 가지로 구분하여 살펴볼 수 있다.

첫째, 상속세는 자산의 이전과정에 개입하여 분배적 불균형의 문제를 완화할 수 있는 중요한 수단으로 활용이 되고 있다. 일반적으로 상속세는 상속자산의 수준에 따라 누진적 세율체계를 가지고 있어 과도한 부의 세습을 억제하고 사회계층간 신분이동의 유동성을 보장할 수 있는 수단으로서 기능을 하고 있다.

둘째, 국가주도에 의한 자산증식정책이 있다. 가령 국가가 공공기관의 민영화 과정에서 해당 기관 소유의 금융자산이나 실물자산을 서민가계에게 염가에 제공하게 될 경우 자산분배의 불평등 문제가 상당부분 해소될 수 있다. 그리고 저소득가계의 자산증식을 위한 일환으로 이루어지고 있는 장기저리의 융자제도, 조세감면제도 그리고 보조금 지원제도 또한 분배정책의 수단으로 활용될 수 있다. 이러한 제반의 정책적 수단은 다음과 같은 측면에서 기능상의 한계를 보이고 있다. 자산의 형성이 이루어지기 위해서는 해당 가계는 공히 저축의 의사와 저축의 능력을 갖출 수 있어야만 한다. 그러나 현실적으로 저소득가계의 경우 저축의 능력이 제약을 받게 되므로, 국가의 자산증식정책으로 인한 경제적 혜택이 소위 가진 계층을 위주로 이루어지게 될 수 있다. 그 결과 사회 전체적으로 자산분배의 왜곡현상이 더욱 심화되는 문제가 발생할 수 있다.

셋째, 기업차원에서 이루어지는 근로계층의 자산증식정책이 있다. 가령 기업이윤의 노사간 배분과정에서 임금의 인상을 양보하고, 대신 기업의 자산에 대하여 일정한 지분을 요구하게 될 경우 근로자 가계의 자산증식이 이루어지는 효과가 발생하게 된다. 이 경우 기업은 무리한 임금의 인상으로 인한 자본조달의 애로문제를 방지할 수 있고, 동시에 노사화합을 바탕으로 생산성 증대의 효과를 기대할 수 있다.

참고문헌

김대식 · 노영기 · 안국신(1995), 『현대경제학원론』, 박영사.

김태성 · 성경륭(1995), 『복지국가론』, 나남출판.

이정우(1999), 『소득분배론』, 비봉출판사.

이정우(2000. 6), "노후소득 담보장치로서 국민연금 적립기금의 유용성에 관한 연구", 『사회보장연구』, 제16권 제1호.

전남진(1987), 『사회정책강론』, 서울대학교 출판부.

Albert, H.(1967), *Marktsoziologie und Entscheidungslogik Ökonomische Probleme in soziologischer Perspektive*, Neuwied/Rh., Berlin.

Bäcker, G., Bispinck, R., Hofemann, K. und Naegele, G.(1989), *Sozialpolitik und soziale Lage in der Bundesrepublik Deutschland*, Band. 1: Arbeit Einkommen Qualifikation, Bund-Verlag.

Frerich, J.(1990), *Sozialpolitik Das Sozialleistungssystem der Bundesrepublik Deutschland*, Oldenbourg Verlag, München und Wien.

Hess, W.(1975), *Ökonomische Aspekte der Sozialen Sicherung Eine Untersuchung über die umverteilungs, konjunktur und wachstumspolitische Bedeutung des Sozialversicherungshaushaltes unter besonderer Berücksichtigung der schweizerischen Verhältnisse*, Verlag Paul Haupt, Bern und Stuttgart.

Lampert, H.(1981), *Verteilungspolitik*, WiSt.

Mackenroth, G.(1952), *Die Reform der Sozialpolitik durch einen deutschen Sozialplan*, Albrecht, G.(ed.), *Die Berliner Wirtschaft zwischen Ost und West, Schriften des Vereins für Sozialpolitik*, N.F. Bd. 4.

Nahnsen, I.(1961), *Der systematische Ort der Sozialpolitik in den Sozialwissenschaften*, Gesellschaft in Geschichte und Gegenwart.

Pribram, K.(1921), *Die Sozialpolitik als theoretische Disziplin, Archiv für Sozialwissenschaft und Sozialpolitik*, Bd. 55, Tübingen.

Schäfer, D.(1981), *Soziale Sicherung: Sozialökonomische und sozialgeschichtliche Begründung*, WISU.

Weddigen, W.(1957), *Grundzüge der Sozialpolitik und Wohlfahrtspflege*, Stuttgart

Weisser, G.(1956), *Sozialpolitik, Aufgaben deutscher Forschung*, Bd. 1: Geisteswissenschaften, 2. Auflag., Köln, Opladen.

Werner, H.(1979), *Verteilungspolitik*, UTB.

Werner, J.(1981), *Verteilungspolitik – Grundlegung und Ziele*, WiSt.

제2부 사회복지정책의 형성과 집행

5
chapter

사회복지정책의 과정*

사회복지정책의 과정은 크게 사회복지정책의 형성, 집행, 평가라는 세 단계로 나눌 수 있다. 사회복지정책의 형성과정은 사회복지정책이 하나의 독자적인 정책으로 만들어지는 과정을 의미한다. 그리고 사회복지정책의 집행과정은 독자적으로 만들어진 사회복지정책을 실제 시행하는 과정을 의미하며, 사회복지정책의 평가과정은 실제 시행된 사회복지정책을 일정한 분석틀에 따라 평가하는 과정을 의미한다.

이러한 세 단계 중 본 장에서는 사회복지정책의 형성과정과 집행과정만을 다루고, 사회복지정책의 평가과정은 별도의 장에서 다루고자 한다. 본 장에서는 먼저 사회복지정책과정의 개념과 단계에 관한 여러 학자들의 이론을 정리하고, 사회복지정책과정을 형성단계와 집행단계로 나누어 각 단계별로 의의와 내용을 검토하고자 한다.

* 이성기 : 인제대학교 사회복지학과 교수

제 1 절 사회복지정책과정의 의의

사회복지정책과정은 사회복지와 관련된 정책을 만들고 집행하고 평가하는 과정을 의미한다. 본 절에서는 우선 사회복지정책과정의 개념과 사회복지정책과정을 이해하여야 하는 이유를 살펴보고, 사회복지정책이 어떠한 과정을 통하여 이루어지는가를 여러 학자들의 견해를 통해서 알아보고자 한다.

1. 사회복지정책과정의 개념

사회복지정책은 사회복지와 관련된 문제에 대하여 정부가 정책적으로 개입하는 것을 의미한다. 따라서 사회복지정책과정(social welfare policy process)이란, '사회복지와 관련된 문제를 해결하기 위한 사회적 욕구에 대하여, 정부가 이를 정책의 대상으로 인지하고 이에 대하여 바람직한 대안을 형성하여 집행하고 평가하는 과정'을 의미한다.

사회복지정책과정은 크게 사회복지정책의 형성, 집행, 평가라는 세 단계로 나눌 수 있다. 사회복지정책의 형성과정은 사회복지정책이 하나의 독자적인 정책으로 만들어지는 과정이다. 사회복지정책의 형성은 일반적으로 특정 사회복지문제에 관한 사회적 욕구에 따라 의제로 설정되면서 시작된다. 그러나 사회적 욕구가 발생하기 전에 정부가 이를 인지하여 정책이 형성되는 경우도 있고, 반대로 사회적 욕구가 강함에도 불구하고 정부가 이를 묵살하는 경우도 있으며, 이러한 과정을 둘러싸고 다양한 집단과 요소들이 영향을 미치고 결과물로 사회복지정책이 결정되는 것이다. 사회복지정책의 집행과정은 이처럼 독자적으로 만들어진 사회복지정책을 실제 시행하는 과정을 의미한다. 사회복지정책의 집행과정은 정치·경제·사회 등 환경적인 요인과 정책의 목표·수단·절차 등 내부적인 요인에 따라 영향을 받는다. 그리고 사회복지정책의 평가과정은 실제 시행된 사회복지정책을 일정한 분석틀에 따라 평가하는 과정을 의미한다.

사회복지는 기본적으로 현대복지국가의 기본적인 기능 중의 하나이고, 사회복지정책 또한 현대복지국가 정부의 중요한 영역이다. 그리고 사회복지정책은 공적 사회복지의 틀을 결정하는 것이기 때문에 사회복지사는 사회복지정책이 어떻게 결정되는지를 알아야 한다. 사회복지사가 사회복지정책과정을 이해하여야 하는 이유는 다음과 같다.[1]

첫째, 사회복지정책이 형성되는 과정을 이해하는 것은 사회복지전문가의 기본적인 학습에 해당된다. 사회복지정책은 사회복지실천을 결정하므로 이러한 사회복지정책이 어떤 경로와 과정으로, 어떤 배경에서 만들어졌는지를 이해하는 일은 사회복지의 실천에서도 기본적인 바탕이 되기 때문이다.

둘째, 사회복지정책과정을 이해함으로써 사회복지정책의 목적과 기능을 명확히 할 수 있다는 점이다. 어떤 배경에서 정부나 민간 사회복지조직이 사회복지정책을 입안하였으며, 어떤 문제를 해결하기 위해 사회복지정책을 입안하였는가라는 목적과 기능적인 질문에 해답을 얻을 수 있다. 따라서 사회복지실천가는 사회복지 프로그램과 실천을 정책이 목적으로 하고 있는 것에 적절하게 맞추어 효과적이고 효율적으로 활동할 수 있는 기반이 된다.

셋째, 사회복지정책을 둘러싼 사회적 이해관계의 집단을 알 수 있고, 이들간에 어떤 역학적 관계가 존재하는지를 분석할 수 있는 눈을 갖게 된다. 특정 사회복지정책에 연관하여 사회의 어떤 집단과 계층이 일차적 수급자가 되며, 어느 정도 사회복지정책과 연계되어 있는지를 파악할 수 있다.

---

1) 현외성, 『사회복지정책강론』 (양서원, 2000), pp. 250-251.

넷째, 사회복지정책의 형성과정을 학습함으로써 앞으로 이 문제와 연관한 사회복지제도의 본질을 이해하고, 유사한 사회복지정책의 수립에 관한 전략적·실천적 유용성을 얻을 수 있다. 사회복지실천가는 사회복지정책 형성과정에 대한 지식을 획득하거나 특정의 형성과정에 대한 사례 연구를 통하여, 새로운 사회복지정책을 수립하는 방법론을 배울 수 있다.

다섯 번째, 사회복지실천가는 기존의 사회복지 제도가 가진 한계를 정책 형성과정에 투입할 수 있는 역량을 구비하는 기회가 된다. 사회복지실천 현장에서 기존의 사회복지 제도가 가진 한계를 극복하여 클라이언트의 복지 증진에 기여하기 위한 대안적 정책에 대한 정책적 제안을 적절하게 실행할 수 있다.

2. 사회복지정책과정의 단계

사회복지정책은 다양한 공공정책 중에서 사회복지분야를 대상으로 하는 정책을 의미한다. 따라서 사회복지정책과정도 일반적인 정책과정과 크게 다르지는 않다. 우선 일반적인 정책과정에 대한 학자들의 견해를 살펴보면, Dye는 정책과정을 일련의 정치적 활동으로 파악하면서, 정책과정을 문제의 인식(identifying program), 정책대안의 형성(formulating policy proposal), 정책의 합법화(legitimating policy), 정책의 집행(implementing policy), 정책의 평가(evaluating policy)라는 다섯 단계로 구분하고 있다.[2] 또한 Jones는 정책개발과 집행을 연구하기 위한 정책과정적 접근방법을 제시하면서, 정책과정을 문제의 인식(problem identification), 정책의 개발(program development), 정책의 집행(program implementation), 정책의 평가(program evaluation), 정책의 종결(program termination)이라는 다섯 단계로 제시하고 있다.[3] 이와

2) T. R. Dye, *Understanding Public Policy*, 5th ed. (Englewood Cliffs, N. J. : Prentice-Hall Inc., 1984), pp. 23-26.

3) C. O. Jones. *An Introduction to the Public Policy*, 2nd ed. (North Scituate,

함께 Hefferman은 사회복지정책의 과정을, 문제의 발견과 인지, 정치적 여과, 입법화, 행정적 실행, 새로운 문제의 발견이라는 다섯 단계로 구분하면서, 정책과정의 순환성에 주목하고 있다.

국내 학자로는 현외성이 사회복지정책의 과정을 인간의 욕구불충족, 정책의제설정, 정책화, 정책실현, 정책평가, 욕구불충족의 해결/미해결로 나누어 설명하고 있다.[4] 박정호는 사회복지정책과정이 문제의 인식에서 출발하여 이를 기초로 하여 구체적인 정책대안이 만들어지고, 만들어진 정책대안을 집행하고, 이를 평가하는 단계를 거친다고 보고, 사회복지정책과정을 크게 정책의 형성, 정책의 집행, 정책의 평가라는 세 과정으로 구분하고 있다.[5]

이처럼 정책과정에 대한 학자들의 의견은 다양하지만, 대부분 공통적인 내용을 포함하고 있으며 다만 구분에서 다소 차이가 있을 뿐이다. 즉 사회복지정책과정은 문제의 발생부터 정책대안이 만들어지는 형성과정과 정책대안을 집행하는 집행과정, 그리고 정책의 집행결과를 평가하는 평가과정으로 크게 나누어 볼 수 있다.

제 2 절 사회복지정책의 형성

사회복지정책도, 다른 공공정책과 마찬가지로, 복잡하고 연속적인 과정을 거쳐서 형성된다. 일반적으로 정책이 형성되는 과정은 사회문제가 사회적 이슈(issue)로 대두되면서 시작되고, 이러한 사회적 이슈 중에서 정부가 정책의 대상으로 선택한 이슈는 정책 의제(agenda)가 된다. 그리고 이러한 의제는 정치적인 과정을 거쳐 정책으로 결정되는 과정을 거치게 된다. 따라서 사회복지정책의 형성과정은 사회복지와 관련된 문

Mass : Duxbury Press, 1977), pp. 9-12.

4) 현외성, 앞의 책, p. 258.

5) 박정호, 『사회복지정책론』 (학지사, 2001), p. 147.

제가 이슈화되어 하나의 의제로 설정되는 의제설정과정과 성립된 의제가 정책으로 정해지는 정책결정과정을 거치게 된다.

1. 사회복지정책의 의제설정

1) 이슈의 개념

이슈(issue)란 '정책적 논점으로 부각된 문제'를 의미하며, 사회문제가 사회적 이슈가 되는 것은 정책형성과정의 시작이라고 할 수 있다. 이슈의 본질은 어떤 문제를 고려할 것인가에 있는 것이 아니라 고려하고자 하는 문제를 어떻게 정의하는가에 달려 있다. 즉 문제 그 자체가 중요한 것이 아니라 문제를 어떻게 정의하는가가 중요한 것이다. 어떤 문제에 직면하였을 때 관점에 따라 다양한 정의를 내릴 수 있다. 왜냐하면 문제란 보는 사람의 입장에 따라 각기 다른 양상을 띠기 때문에 같은 문제라 하더라도 주관적인 인식에 따라 문제에 대한 관점은 다를 수 있다.

사회복지와 관련된 문제가 이슈로 되기 위해서는 다음의 두 가지 조건을 갖추어야 한다. 첫째는 사회복지와 관련된 문제가 일반 대중의 관심의 대상이 되고, 복지정책의 논점으로 제시될 수 있어야 한다. 예를 들어, 최근 증가하고 있는 이혼문제는 일반 대중에게는 관심의 대상일 수는 있으나, 사회복지의 논점은 아닐 수 있다. 그러나 이러한 이혼문제도 가정의 해체라는 측면에서 보면 새로운 사회복지의 이슈로 대두될 수도 있다. 둘째는 그러한 논점이 사회적으로 이해갈등을 수반해야 한다. 즉 문제해결을 위한 논점에 대하여 반론이 없다면 그러한 문제는 사회적 이슈로 발전되기 어려울 수도 있다. Jones는 이슈의 본질이 논쟁에 있으며, 문제에 대한 개념규정들 사이의 갈등이라고 정의하고 있다.[6)]

---

6) 전재일 · 배일섭 · 정영숙, 『사회복지정책론』(형설출판사, 2000), pp. 52-53.

사회복지와 관련된 이슈를 둘러싼 이해집단간의 갈등은 타협과 조정의 과정을 거치게 되고, 그 결과 문제해결을 위해 채택된 대안은 문제를 정의하는 집단들 사이의 세력관계를 나타내기도 한다. 그리고 이러한 타협과 조정을 거치면서 이슈는 원래의 의미가 약화되어 다른 이슈로 대치되거나, 좀더 구체적이고 다양성을 띈 것으로 통합되기도 한다.

2) 의제설정의 개념

이슈가 되는 사회복지문제는 어느 시대나 어느 사회를 막론하고 존재해 왔다. 그러나 같은 문제에 대해서도 보는 관점에 따라 다르기 때문에, 이슈가 의제로 채택되기 위해서는 논의과정을 거치게 된다. 의제(agenda)란 '이슈 중에서 정책적 대상으로 채택된 문제'를 의미한다. 의제는 일반인의 주목을 받으면서 사회적으로 부각된 이슈인 공중의제와 정부가 공식적인 의사결정으로 문제를 해결하고자 하는 정부의제로 나눌 수 있다. 공중의제가 되기 위해서는 많은 사람들이 관심을 갖고 문제를 해결하기 위해 정부의 조치가 필요하다고 생각하여야 한다. 그리고 정부의제가 되는데 필요한 조건은 정부의 공식적인 의사결정이 있어야 한다는 것이다. 따라서 사회복지 의제설정(agenda setting)이란 '정부에 의하여 사회복지문제가 사회복지정책의 대상이 되는 문제, 즉 사회복지 의제로 전환되고 채택되는 과정이나 행위'를 의미한다.

사회복지 의제는 사회복지와 관련하여 논란이 되고 있는 문제 중에서 정책적 대상이 된 문제를 의미한다. 그러나 사회적 논란이 있다고 해서 모든 문제가 다 의제가 되는 것은 아니다. 즉 문제가 확대되어 여론화되기 전에 정부 주도로 정책적인 개입이 이루어지는 경우도 있고, 반대로 문제가 심각함에도 불구하고 정책의 대상이 되지 않는 경우도 있다.

3) 의제설정에서 고려하여야 할 요인

사회복지 의제설정에서 고려하여야 할 요인은 일반적인 요인과 정책적인 요인으로 나누어 볼 수 있다. 먼저 일반적인 요인을 살펴보면, 첫째, 의제설정의 성격과 관련하여, 다루고자 하는 이슈를 어떻게 규정하며, 이슈를 규정하는데 있어서 영향을 미치는 요인들은 어떤 것들이 있는지, 그리고 그 요인을 어떻게 다루어야 할 것인지를 고려하여야 한다.

둘째, 의제설정의 절차와 관련하여, 의제를 설정하기 위하여 어떠한 과정을 거치며, 누구를 참여시킬 것이며, 그 범위는 어느 정도로 잡을 것인지에 대해서도 분명히 해야 한다.

셋째, 의제설정의 결과와 관련하여, 의제설정에 따라 생기는 이익은 무엇이며, 어느 집단에게 그 이익이 돌아갈 것인지, 이익이 배분되는 과정에서 나타날 비효율적인 문제는 어떤 것들이 있는지에 대해서도 분석해야 한다. 정부가 사회복지정책의 의제를 설정하고 설정된 의제가 사회복지정책이 되어 실행될 경우, 많은 사람들의 관심은 주로 이러한 정책을 통하여 대상집단의 복지가 향상되는 것에만 집중된다. 그러나 이러한 정책을 선택함으로 인해 상대적으로 다른 집단의 복지가 악화되거나 자원이 비효율적으로 배분됨으로 인해 발생할 수 있는 사회적 비용에 대해서는 관심을 갖지 않을 수도 있다.

그리고 사회복지 의제설정에서 고려하여야 할 정책적인 요인으로는 정책적용의 단위와 규모, 정책적용 대상층의 특성과 해결범위 등이 있다. 정책적용 단위가 개인에게 국한되거나 가족과 같은 작은 집단에 관한 것인지 아니면 지역사회 전체를 포괄하는 것인지를 정해야 한다. 정책을 적용시킬 단위를 설정하는 것은 매우 중요한 의미를 지닌다. 왜냐하면 동일한 이슈를 해결하기 위한 정책이라 할지라도 적용단위에 따라 정책의 성격이나 규모가 달라지기 때문이다. 그리고 정책적용 대상층의 사회적, 경제적, 정치적 특성은 무엇이며, 이들이 직면하고 있는 문제의 규모는 어느 정도인지 그리고 정책실행으로 인해 대상층이 직면하고 있는 문제를 어느 정도 해결할 것인지에 대한 목표를 정할 필요가 있다. 따라서 의제를 설정할 때 이러한 문제들과 정책목표에 대한 면밀한 검토가 이루어져야 한다.

최근 들어 의제설정에 관한 관심이 증가하고 있으며, 그 이유를 박정호는 다음과 같이 설명하고 있다.[7)]

첫째, 특정한 문제가 어떻게 의제로 전환되었는가에 따라 정책의 성격과 내용이 달라질 수 있기 때문이다. 정책형성과정에서 자신의 문제를 의제로 등장시키는데 성공하거나 또는 실패한 개인 및 집단들은 그 이후 정책결정 · 집행 · 평가과정에 직 · 간접적으로 개입한다는 것이다.

둘째, 대부분의 의제형성과정에서 정책대안들이 제시된다는 점이다. 현실적으로 정책결정이 전혀 새로운 정책대안을 기초로 이루어지기보다는, 의제형성과정에서 제시된 여러 가지 대안들을 구체화하거나 또는 부분적으로 수정 · 보완하는 수준에서 결정되기 때문이다.

셋째, 모든 문제가 의제로 논의되지 않는다는 것이다. 특정한 문제들은 의제화 과정에서 의도적으로 은닉하거나 관련 집단간 역학 관계 속에서 사장될 수 있는데, 이 가운데에 매우 중요한 문제들이 있을 수 있다는 점이다.

4) 의제설정의 과정

사회복지문제가 사회복지 의제로 채택되기까지는 여러 단계를 거치게 된다. Cobb와 Elder가 제시한 일반적인 의제설정 과정을 살펴보면 다음과 같다.[8)].

(1) 사회문제 → 사회적 이슈

어떤 문제가 발생했을 때 또는 문제가 발생할 개연성이 있다고 판단될 때 그 문제를 해결하는 방법에 대해 집단간 합의된 의견일치를 보기 어려운 문제가 사회적 이슈로 부각된다. 물론 모든 문제가 사회적 이슈가 되는 것은 아니고 관련문제가 일반인의 정서에 어느 정도 부합되어야 하고 사회가 지향하는 가치와도 맞아야 한다. 그러나 무엇보다도 그 사회문제를 이슈화시키려는 집단과 문제의 심각성을 일반대중에

7) 박정호, 앞의 책, pp. 147-148.
8) 전재일 · 배일섭 · 정영숙, 앞의 책, pp. 59-60.

게 확산시키는 점화장치가 있어야 한다.

(2) 사회적 이슈 → 공중의제

문제가 사회적 이슈가 되어 일반인의 주목을 받게 되고 정부가 나서서 문제를 해결하는 것이 합당한 것으로 인정될 때 부각된 사회문제는 공중의제로 채택된다. 공중의제가 되기 위해서는 다음의 세 가지 전제조건이 충족되어야 한다. 첫째는 많은 사람들이 관심을 가지고 있거나 알고 있어야 하고, 둘째는 문제를 해결하기 위해 정부의 조치가 필요하다고 생각하는 사람이 다수여야 하고, 셋째는 문제가 정부정책의 고려대상이 될 뿐 아니라 그 문제해결이 정부의 권한에 속한다고 믿는 사람들이 많아야 한다.

(3) 공중의제 → 정부의제

공중의제가 되는데 필요한 세 가지 전제조건이 충족되고 정부의 공식적인 의사결정에 의하여 문제해결을 고려하기로 한 문제는 정부의제로 채택된다. 채택된 정부의제는 정책의제설정 활동의 산출물로서 좁은 의미의 정책문제이며, 정부의제가 채택되는 과정이 정책의제설정과정이다.

모든 문제가 정해진 과정을 거쳐 정부의제로 형성되는 것은 아니며, 사회내의 의사결정구도, 개방화 및 민주화 정도, 문제의 본질, 사회적 가치관 등에 따라 예외가 있을 수 있으며, 일부 과정이 생략될 수도 있다.

2. 사회복지정책의 결정

1) 정책결정의 개념

정책결정의 일반적인 개념은 학자들에 따라 다양하게 규정되고 있다. Dror는 '정책결정이란 다양한 요소들이 상이한 작용을 하는 복잡하고 동태적인 과정으로, 주로 정부기관에 의해서 장래의 활동지침을 결정하는 것이며, 이러한 지침은 최선의 가능한 방법을 통해 공익달성할 것을 목적으로 한다'고 정의하였다.[9] Caiden은 '정책결정이란 사회적 문제를 공적으로 해결하는 일반적 방향의 결정'이라고 하였다.[10] 김신복은 '정책결정이란 정책형성과 유사한 것으로 보고, 정책형성을 어떤 문제해결 또는 목표달성을 위해서 여러 개의 대안 중에서 하나를 선택하는 정책결정과정'이라고 정의하였다.[11]

이처럼 정책결정의 개념은 학자들에 따라 다양하게 정의되고 있다. 이를 참고하여 사회복지정책결정의 개념을 정리해 보면, 사회복지정책결정이란 '정부가 사회복지와 관련된 문제를 해결하거나 목표를 달성하기 위하여, 정책대안 중에서 하나를 선택해 가는 과정'이라고 할 수 있다. 즉 사회복지정책결정의 주체는 정부이며, 정책결정의 목적은 사회복지문제를 해결하거나 목표를 달성하기 위한 것이며, 정책결정의 과정은 여러 가지의 대안 중에서 하나를 의식적으로 선택해 가는 동태적인 과정이라는 것이다.

2) 정책결정의 과정

사회복지정책의 결정과정은 정부가 정책적 목표를 달성하기 위하여 가능한 대안들 중에서 하나를 의식적으로 선택하는 과정이라고 할 수 있으며, 정책결정과정에서 합리성이 강조되고 있다. 사회복지정책의 내용은 주로 정책목표와 정책수단으로 구성되어 있으므로, 합리적으로 정책을 결정한다는 것은 정책목표와 정책수단을 합리적으로 결정한다는 것을 의미하며, 이를 합리적 정책결정(rational policy making)이라고 부른다. 합리적 정책결정의 일반적인 과정은 문제의 인지와 목표설정, 정보의 수집 및 분석, 대안의 탐색 및 선택에 이르는 일련의 동태적이고 연속적인 과정을 거친다.

9) Y. Dror, *Public Policymaking Reexamined* (Scranton, Penn : Chandler Publishing Co., 1968), p. 12.
10) G. E. Caiden, *Public Administration*, 2nd ed. (California : Palisades Publishers, 1982), p. 51.
11) 유훈 외, 『정책학』 (법문사, 1983), p. 11.

(1) 문제의 인지와 목표설정

사회복지 의제설정이 이루어지고 나면, 문제를 해결하거나 목표를 달성하여 얻게 될 효과와 이를 해결하기 위해서 사용될 비용 및 문제의 해결가능성을 검토하여 정책목표의 우선순위와 달성수준을 결정한다. 정책목표란 정책을 통하여 달성하고자 하는 바람직한 미래상태이다. 정책목표는 정책을 통하여 실현하고자 하는 이상적인 상태로서 정책의 존재이유가 된다.

사회복지정책은 구체적인 수준에서 보면 거의 언제나 몇 개의 정책목표를 지니고 있다. 또한 여러 가지 목표를 한 개의 목적으로 추상화시킬 수는 있지만 의미 있는 구체적인 목표의 역할을 하지는 못한다. 그러므로 추상적인 수준에서 막연하게 표현된 사회복지정책의 목표는 반드시 구체화되어야 한다. 이 구체화과정에서 상호 모순·대립상태에 있는 구체적 정책목표들이 등장할 수도 있으며, 이들 간의 우선순위를 결정하지 않으면 정책목표의 결정은 의미가 없게 된다.

일반적으로 사회복지정책 목표의 우선순위를 결정하기 위해서 고려하여야 할 요소는 크게 네 가지로 나눌 수 있다. ① 사회복지정책의 목표달성이나 문제해결로 얻게 될 효과, ② 사회복지정책 목표달성이나 문제해결에 드는 비용, ③ 사회복지정책의 효과와 비용의 배분, ④ 사회복지정책의 목표달성 가능성이나 문제해결 가능성 등이다.

(2) 정보의 수집 및 분석

해결해야 할 대상으로서 사회복지문제와 사회복지정책 목표가 구체화되고 나면 그와 관련된 정보를 수집·분석·보존·전달하는 과정을 거치게 된다. 정보란 정책과정 전반에 걸쳐 유용하도록 구성된 자료이다. 또한 정보는 정보의 사용자에게 유의미한 형태로 처리된 자료이며, 동시에 현재 또는 미래의 결정에서 실제적인 가치를 가진 것이다. 그리고 정보활동은 정책과정에 필요한 정보를 수집·분석·보존·전달하는 일련의 활동을 의미한다.

정보활동과정에서 최초단계는 정보를 수집하는 단계이다. 이 단계에서 활동지침이 되는 것은 사회복지정책결정과 관련된 가능한 한 많은 정보를 수집하고, 중요한 정보가 소홀히 취급되지 않도록 관련주제를 지속적으로 인식하며, 정보의 왜곡을 극소화시키는 것이다.

정보활동과정의 제2단계는 수집된 정보를 분석하는 단계이다. 이 과정에서는 수집된 정보들간의 내·외적 일관성을 분석하여, 당면문제를 해결하기 위한 대안작성의 기초를 마련하는데 주안점을 둔다. 이러한 분석과정을 통해 정보는 보다 구체화되며 문제해결에 유용성이 보다 높아지게 된다. 그리고 중요한 정보와 중요하지 않은 정보를 분리하여, 중요하지 않은 정보는 버리고 더 필요한 부분은 보완한다.

정보활동과정의 제3단계는 정보를 보존하는 단계이다. 이 과정은 수집·분석된 정보를 향후의 필요시를 대비해서 일정한 기준과 분류방식에 입각해서 체계적으로 보존하는 과정이다.

정보활동과정의 마지막 단계는 수집·분석·보존된 정보를 전달하는 과정이다. 이러한 정보전달과정에서 중시되는 것은 유용한 정보를 사회복지정책 결정자에게 얼마나 신속하게 제공하느냐 하는 것이다. 정보가 신속하게 제공되기 위해서는 잘 구조화된 분류체계를 확립하여야 할 뿐만 아니라 정책결정자와 정보제공자간에 지나친 계층적 거리가 없어야 한다.

이상의 과정을 거쳐 처리된 정보는 사회복지정책 결정과정의 핵심적 단계인 대안의 탐색 및 선택과정에 이용된다.

(3) 대안의 탐색과 선택

정보의 수집과 분석이 끝나면 사회복지문제의 해결을 위한 대안을 작성하고 이를 분석·평가해야 한다. 즉, 수집·분석된 정보자료를 바탕으로 사회복지문제를 해결할 수 있는 대안을 탐색해야 한다. 사회복지문제를 해결할 수 있다고 생각되는 모든 대안을 작성하여 보고, 이들 대안을 분석하고 평가하여 각각의 대안이 채택되었을 경우와 채택되지 못했을 경우에 나타날 수 있는 모든 결과를 예측하여 본다.

최선의 정책대안을 선택하기 위해서는 우선 정책대안들을 광범위하게 탐색하고 개발해야 한다. 여러 가지 대안들을 비교·평가한 후에 최선의 대안을 선택하는 것임으로, 우선 중요한 것은 모든 대안들을 찾아내어, 비교·평가하는 것이다. 그러므로 최선의 정책수단을 선택하기 위해서는 우선 중요한 대안들을 찾아내어 개발하여 비교·평가의 대상에서 제외되지 않도록 분명히 확인해 두어야 한다. 이 작업이 대안의 개발·탐색작업이다.

이상과 같이 사회복지정책 대안을 개발한 후에는 원칙적으로 대안을 분석하여 최선의 대안을 선택하여야 한다. 그러나 대안은 무수히 많을 수 있으며, 이들을 모두 분석할 수도 없다. 그러므로 무수한 대안 중에서 중요한 정책대안을 골라내어 이들만을 본격적으로 분석할 필요가 있다. 이때 본격적 분석작업 이전에 행하는 예비분석을 통하여 본격적으로 검토될 대안을 골라내는 작업을 흔히 정책대안의 예비분석(screen)이라고 부른다. 정책대안의 예비분석은 무수한 정책대안 중에서 본격적인 분석의 대상이 될 몇 개의 대안만을 골라내는 작업이다.

사회복지정책 대안이 집행되었을 경우에 나타날 결과들을 정책대안의 집행 이전에 미리 예상하는 것을 정책대안의 결과예측이라고 부른다. 정책대안의 결과를 미리 예측하는 것은 합리적·분석적 정책결정에서 가장 어려운 단계 중의 하나이며, 능력과 시간이 부족한 사회복지정책 결정자에게 도움을 줄 수 있는 가장 중요한 단계의 하나이다.

사회복지정책평가의 한 방법으로서 사회복지사업이나 정책이 일정한 효과가 있는지를 알아보기 위해서, 대대적인 사업집행이나 전면적인 정책추진을 하기 전에 소규모로 사회복지정책을 대상집단에게 시험적으로 실시해 보는 일종의 시범사업을 해볼 수도 있다.

이러한 과정을 거쳐 중요한 정책대안들이 각각 어떠한 결과를 가져올 것인지를 예측하고 난 후에, 이러한 결과들이 얼마만큼 바람직한지를 평가하고, 정책대안을 비교·평가할 수 있는 기준을 적용하여 최선의 대안을 선정하여야 한다. 이 부분이 합리적·분석적 정책결정의 마지막 단계이다.

그런데 마련된 대안들의 우선순위를 정하여 최선의 정책대안을 찾으려면 우선순위를 정하는 기준이 있어야 한다. 이렇게 정책대안들의 우선순위를 나타내는, 즉 최선의 정책대안과 최악의 정책대안을 판단할 수 있게 하는 기준을 정책대안의 평가기준이라고 한다.

이처럼 중요한 정책대안들이 빠짐없이 탐색·검토되어 이들이 추진되었을 때 발생할 것으로 예상되는 결과들이 예측되고, 이들을 비교·평가할 기준까지 검토되고 나면, 최선의 정책대안선정은 비교적 단순한 논리에 따라 집행된다.

3) 사회복지정책결정의 실제 과정

사회복지정책을 비롯한 공공정책의 결정은 원래 국회의 고유권한이지만 오늘날과 같은 행정국가시대에는 정책집행을 책임지고 있는 행정부도 많은 정책결정을 한다. 그러므로 우리나라의 사회복지정책 결정과정을 제대로 이해하기 위해서는 행정부의 정책결정과정과 입법부의 정책결정과정 등 크게 두 가지로 구분하여야 한다.

(1) 행정부의 정책결정과정

먼저 행정부의 사회복지정책 결정과정은 우선 보건복지가족부가 단독적으로 정책을 결정하는 경우가 있으며, 두 개 부처 이상이 관련되어 정책을 결정하게 되는 경우도 있다.

보건복지가족부 단독으로 정책결정이 이루어지는 과정은 대체로 다음과 같이 해당 과의 기안책임자인 사무관이 정책을 기안하고, 과장이 결제한 후, 국장, 차관, 그리고 최종적으로 장관이 결재함으로써 정책이 결정된다.

과(기안책임자 : 사무관) → 과 장 → 국 장 → 차 관 → 장관(정책결정)

그리고 둘 이상의 부처가 관련되는 사회복지정책은 ① 기안부처 발의, ② 관련부처 합의, ③ 경제차관회의, ④ 경제장관회의, ⑤ 관계부처 협의, ⑥ 당정협의, ⑦ 행정안전부, ⑧ 차관회의, ⑨ 국무회의를 거쳐서 결정된다.

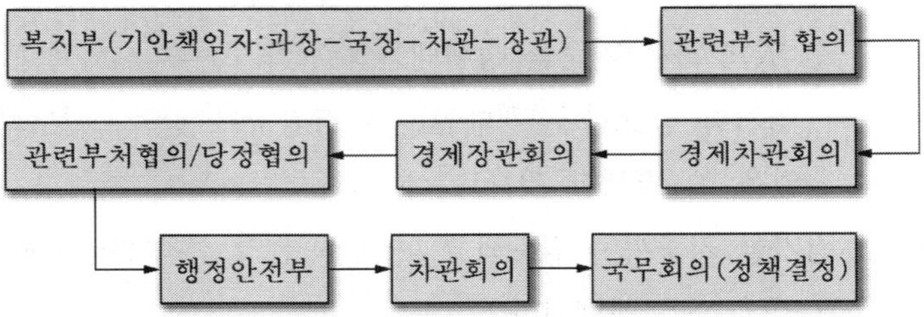

(2) 입법부 정책결정과정

입법부에서 사회복지정책이 결정되는 경우는 입법부의 발의에 의해서, 입법부에서 결정하는 경우와 행정부 발의에 의해서 입법부에서 결정되는 경우의 두 가지로 구분하여 볼 수 있다.

① 입법부 발의, 입법부 정책결정과정

입법부가 사회복지정책을 발의하여 입법부가 결정함으로써 입법부가 사회복지정책 의제형성과 정책결정과정을 주도하는 경우이다. 우리나라의 경우 입법부가 공식적 정책결정자임에도 불구하고 입법부가 발의한 건수는 행정부가 발의한 건수보다 상대적으로 적으며, 행정부 발의안이 전체의 90% 가량을 차지하고 있다.

② 행정부 발의, 입법부 정책결정과정

보건복지부가 기안하고 국무회의에서 의결됨으로써 행정부안으로 발의되고 당정회의 등을 거쳐 국회로 넘겨진 후 국회가 심의·의결하여 입법함으로써 정책을 결정하는 과정으로서 개략적으로 다음과 같은 크게 세 단계를 거친다.

4) 정책결정의 이론

사회복지정책의 결정은 사회복지 분야에서 이루어지는 정책결정이라고 할 수 있다. 따라서 사회복지정책의 결정은 모든 공공정책의 결정이 갖는 공통적인 요소와 함께 사회복지정책이 갖는 특수성을 동시에 지니고 있다고 할 수 있으며, 일반적인 정책결정을 설명하고 있는 이론은 사회복지정책의 결정에서도 기본적으로 적용할 수 있을 것이다.[12)]

정책결정이론은 1940년대와 1950년대를 기점으로 하여 형성되기 시작하였다. 처음에는 규범적 차원에서 합리적 의사결정을 어떻게 해야 한다는 이른바 규범적이고 이상적 접근법(normative-idealistic approach)이 강조되었고, 그 결과로서 비용-편익분석 등 각종의 통계적·계량적 기법을 사용하는 합리모형이 개발되었다.

그러다가 의사결정이라는 현상에 대한 정확한 설명을 시도하는 이른바 현실적이고 실증적 접근방법(realistic approach)이 중시되었다. 이러한 접근방법의 예로서는 인간의 합리성 추구능력에는 제한이 있다는 전제에서 이론을 전개하고 있는 만족모형, 점증모형이 있다. 최근에는 예측이 불가능한 상황 속에서 집단적 의사결정의 문제를 다루고 있는 쓰레기통모형, 그리고 거시적 차원에서 민주주의 이념과 참여와 관련하여 정부와 국민 사이의 역학적 관계를 다루는 공공선택(public choice) 모형 등이 제시되고 있다.

(1) 합리모형

합리모형(Rational Model)은 인간이 이성과 합리성에 근거하여 결정하고 행동하는 것으로 본다. 즉, 이 모형은 의사결정자가 가능한 모든 대안들을 합리적으로 검토하여 의사결정을 내리는 것으로 가정하고 있다. 의사결정자는 문제를 명확히 인식하고, 명확한 목표를 세우며, 문제를 해결하기 위한 모든 대안을 작성하고, 명확한 인과관계가 존재한다는 전제에서, 그러한 대안이 초래할 결과를 모든 가능한 정보를 동원하

12) 박정호, 앞의 책, pp. 158-165.

여 분석·예측함으로써 각 대안을 비교 검토·평가하여 최선의 대안을 선택한다는 것이다.

그러나 합리모형은 다음과 같은 문제점들을 지니고 있다. 첫째, 의사결정을 할 때에 가능한 모든 정보를 수집할 수 있고 또한 모든 대안을 분석할 수 있다고 하지만, 현실적으로 이러한 작업들이 쉽지 않다는 점이다. 나아가 의사결정이 그 당시에는 합리적으로 이루어졌다고 하더라도, 이 후 상황의 변화로 인하여 효과적이 결정이 되지 않을 수도 있다. 둘째, 어떤 대안이 최선의 것으로 판명되었다고 하더라도, 이미 많은 자원이 투입되어 있는 경우에 합리적인 새 대안을 채택하기가 어렵다는 것이다.

오늘날 합리모형의 문제점들을 보완하기 위해 OR, Cost-Benefit Analysis, PERT 등이 개발되고 있다. 그러나 전반적으로 합리모형은 계량화할 수 있는 것만을 상대적으로 강조한다는 비판을 받고 있다.

(2) 만족모형

만족모형(Satisfying Model)은 March, Simon 등에 의해 제시되었다. 만족모형은 합리모형과는 달리, 보다 현실적인 의사결정의 측면을 강조하고 있다.

이 모형은 첫째, 합리모형이 주장한 완전무결한 합리성이 아닌 '제한된 합리성(bounded rationality)'을 기반으로 한다. 모든 대안이 초래할 결과를 완전히 예측하기에는 인간의 인식능력이 한계가 지니고 있다는 것이다.

둘째, 의사결정과 관련하여 목표의 설정도 비교적 세분화된 내용으로 구체화한다. 수단과 목표의 분석(means-ends analysis)을 통해 목표를 상위목표와 하위목표로 나누는 것이다. 셋째, 현실적으로 가능한 모든 대안이 고려되는 것이 아니라 주위에서 쉽게 찾을 수 있는 대안이 우선적으로 검토된 후에, 그 대안이 어느 정도 만족할 만한 수준이면 최종적으로 선택된다.

그러나 만족모형은 다음과 같은 문제점을 지니고 있다. 첫째, 이 모형은 지나치게 주관적이라는 지적을 받고 있다. 즉, 심리적 만족을 대안선택의 기준으로 삼고 있으나, 그 만족의 정도를 결정하는 객관적 척도가 없다는 것이다.

둘째, 만족모형의 대안선택이 현실에 만족하는 수준에서 다소 일률적으로 이루어진다는 것이다. 그리하여 급변하는 상황 속에서 보다 혁신적으로 문제해결을 시도하는 경우에 적용되기 어렵다.

셋째, 이 모형은 어디까지나 개인의 의사결정문제를 설명하려는 의도에서 나온 것이기 때문에 이것을 그대로 조직의 의사결정문제에 적용시키기에는 무리가 있다는 점이다. 다시 말해서, 만족모형은 조직차원에서의 의사결정문제를 설명하기에는 미흡하다는 것이다.

(3) 점증모형

점증모형(Incremental Model)은 Banfield, Lindblom, Wildavsky 등이 주장하였다. 점증모형은 기존의 정책과 크게 다르지 않은 대안들을 뽑아, 이들 중에서 서로 다른 부분을 검토하여 최종 대안을 선택한다. 그러므로 대안을 분석·평가할 경우 정보가 충분한 몇 개의 대안에 국한시킨다. 그리고 각 대안에 대하여 예상되는 결과도 몇 가지에 한정시켜 분석한다. 목표설정에서부터 최종 선택에 이르는 분석·평가작업은 반복해서 연속적으로 행해진다.

이 모형을 '지속적이고 제한적인 비교에 입각한 모형'(a model of successive limited comparison)이라고 부르는 이유도 여기에 있다. 점증모형의 대표적인 예로서는 국가예산을 들 수 있다. 대부분의 국가예산이 전년도의 예산에 준하여 작성되며, 금년도의 예산은 그 전년도 예산에 비해 그리 큰 차이가 없는 것이 보통이다.

이러한 점증모형은 첫째, 만족모형과 같이 제한된 합리성(bounded rationality)을 기본적으로 인정하고 있다. 즉, 현실적으로 의사결정자가 완전히 새로운 정책을 만들어 내기에는 시간, 비용, 능력면에서 불충분한 경우가 대부분이라는 것이다.

둘째, 점증모형은 정치적 요인을 중시한다. 현재 존재하는 정책은 다양한 정치세력들에 의한 타협의 소산물이기 때문에 전혀 새로운 정책을 채택한다는 것은 이러한 과거의 타협을 근본적으로 부정한다는 의미가 될 수도 있다. 그러므로 과거의 정책에 의해 혜택을 받아 온 수혜자들이 과거의 타협을 무시한 채 근본적으로 새로운 정책을 불만 없이 받아들이라고는 생각할 수 없다. 따라서 사회적 지지를 계속 확보하며 기존의 정치권력을 유지하기 위해서 정책결정자는 가능한 한 과거의 정책과 거의 유사한 정책을 제시하려고 한다. 점진모형이 미국과 같은 다원주의적 사회(pluralistic society)를 전제로 한 모형이라고 부르는 이유도 바로 여기에 있다.

셋째, 점증모형은 통상 기존의 정책을 기초로 하여 정책결정이 이루어지는 만큼, 이른바 매몰비용(sunk cost)을 고려하는 경우가 많다. 즉, 기존의 정책에는 이미 상당한 정도의 투자가 이루어져 있으므로, 특별한 경우가 아니면 이미 적지 않은 투자가 된 과거의 정책을 계속 유지시키거나 아니면 약간의 수정만을 한다는 것이다.

한편으로 점증모형이 실제적인 정책결정에 잘 적용되기 위해서는 다음과 같은 전제조건을 충족해야 하다. 첫째, 점증모형은 기존의 정책을 기초로 하는 만큼, 토대로 사용되는 기존의 정책이 바람직한 것이어야 한다. 둘째, 과거의 정책이 해결하려 했던 문제와 새로이 제기되는 문제간에 상당한 정도의 유사성과 일관성이 있어야 한다. 셋째, 문제를 취급하는 방법에 있어서도 과거의 것과 현재의 것 사이에 상당한 정도의 유사성과 일관성이 있어야 한다. 이러한 전제조건이 충족되지 못하는 경우, 예를 들면 과거의 정책이 바람직한 것이 아니거나 또는 급격한 사회변동의 결과 새로운 정책의 토대가 될 과거의 정책을 발견할 수 없는 경우에는, 점증모형의 실효성은 상당히 훼손된다. 이러한 맥락에서 점증모형이 다분히 보수적이라고 비난받고 있는 것이다.

(4) 쓰레기통모형

쓰레기통모형(Garbage Can Model)은 Cohen, March, Olsen 등의 학자들에 의해 제시되었다. 이 모형은 마치 갖가지의 쓰레기가 우연히 한

쓰레기통 속에 모여지듯이, 다음과 같은 네 가지 흐름이 우연히 동시에 통(can) 안에 흘러들 때에 의사결정이 이루어진다고 본다.

첫째, 문제의 흐름이다. 일상생활에서 발견되어 우리의 관심을 끄는 무수한 모든 사건들이 이 모형에서의 문제가 된다. 이 경우에 언제부터 문젯거리로 등장하게 되는가, 문제의 흐름이 선택기회의 흐름과 만날 수 있도록 하는 구조는 어떠한가 등의 사항이 중요시된다.

둘째, 해결책의 흐름이다. 해결책은 누군가가 이미 찾아낸 것인데 문제가 발생한 경우에 그 해결을 위한 해답을 필요로 하게 되지만, 현실 사회에서는 해답이 먼저 발견되고 이것이 오히려 해결해야 할 문제를 찾으려고 하는 경우도 있다.

셋째, 선택기회(choice opportunity)의 흐름이다. 선택기회라는 것은 개인이나 집단이 정책결정을 하기 위하여 모이는 것을 의미한다. 즉, 참여자들이 우연히 특정한 시간에 같은 통 속에 모여 서로 만나는 상태를 말한다.

넷째, 참여자의 흐름이다. 여기서 참여자란 문제와 해결책을 알든 모르든 간에 결정에 관여하는 모든 사람들을 가리킨다. 이들 참여자들은 정책결정의 과정을 통해 계속 바뀌게 된다.

그리고 이 모형은 다음과 같은 내용을 기본적인 전제로 하고 있다.

첫째, 문제의 선호(problematic preference)이다. 의사결정에 참여하는 사람들은 서로 다른 관심과 선호를 가지고 있으며, 어떤 경우에는 자기의 선호가 무엇인지조차 모르고 있다가 결정과정이 어느 정도 진행되면서 차츰 자기의 선호가 구체적으로 어떤 것인가를 깨닫게 된다는 것이다.

둘째, 불투명한 기술(unclear technology)이다. 여기서 기술은 고안된 대안과 그 대안이 초래하는 결과간의 인과관계를 의미하는데, 조직은 그러한 기술을 분명하게 알고 있다기보다는 시행착오(trial and error)를 통해서 조직에 관련된 문제를 해결하는 방법을 학습하게 된다는 것이다.

셋째, 일시적 참여자(part-time participants)이다. 사람들은 그 자신의 시간적 제약 때문에 아주 짧은 시간 동안에만 결정과정에 참여하며, 내용에서도 의사결정의 일부분에만 관여한다는 것이다.

이 모형은 보다 "복잡하고 혼란한 상황" 속에서 조직이 어떠한 의사결정 행태를 나타내는가에 연구의 초점을 둔다. 이 모형은 복합적이고 급변하는 상황 속에서 일어나는 의사결정을 설명하는데 적합하다.

그러나 "복잡하고 혼란한 상황"이 조직의 모든 의사결정 행태에서 발견되는 것이 아니라 일부분의 조직에서 또는 일시적으로 나타나는 의사결정 행태를 설명하는데 적합할 뿐이라는 비판이 있다.

(5) 공공선택모형

공공선택모형(Public Choice Model)은 1986년도 노벨 경제학상을 받은 Buchanan 교수가 주장한 것으로서, 정부 재정부문의 정책결정에서 바람직한 민주적 의사결정이 어떻게 이루어져야 하는가를 주요 내용으로 다루고 있다.

공공선택모형은 첫째, 분석의 단위로서 전통적인 경제적 인간이 아니라 정책결정자로서의 개인을 가정하고 있다. 즉 개인들은 ① 각자 상이한 개인적인 선호를 가지고 있으며, ② 모든 정책대안들의 우선순위를 측정할 수 있는 능력을 가지고 있고, ③ 자기의 선호에 비추어 가장 큰 이익을 가져다 줄 수 있는 전략을 선택할 수 있다는 것이다.

둘째, 각종의 정부기관들이 제공하는 공공재화와 서비스(public goods & services)를 중시한다. 이 모형에서 공공재화와 서비스는 사적부문의 그것과는 성격을 달리한다. 즉, 어떤 개인이 공공재화와 서비스가 필요하여 돈을 지불했다고 해서 사적 부문에서의 재화와 서비스의 경우처럼 자기만이 그것을 독점으로 사용할 수 있는 특성을 갖는다. 예를 들어, 국민들이 낸 세금을 가지고 다리를 건설했을 경우 세금을 낸 사람만이 그 다리를 이용하게 하고 세금을 내지 않았거나 못 낸 사람들은 그 다리를 사용하지 못하도록 할 수 없는 것이다. 이처럼 공공선택모형에서는 재화와 용역의 공공성을 강조하여 사적 경제부문에서의 결정논리를 그대로 적용하는 것에 주의를 환기시키고 있다.

셋째, 정책의 파급효과(spill-over effect)를 강조한다. 즉, 하나의 정책이 나오면 그것의 영향은 단순히 정치·행정체제 내부에만 머무는 것이 아니라 사회의 모든 부문에 영향을 미친다는 것이다. 이러한 파급효과는 긍정적 효과(positive effect)와 부정적 효과(negative effect)로 나눌 수 있다.

그리고 이 같은 공공선택모형은 다음과 같은 내용을 기본 전제로 하고 있다. 첫째, 개인은 민간부문에서와 같이 공공부문에서도 자기이익을 극대화시키려고 한다는 것이다. 둘째, 이러한 이기적인 개개인이 공동 참여하여 정책을 결정하는 것이 정치과정이며, 이 경우에도 개개인은 자기의 이익을 극대화시키고자 노력한다. 셋째, 따라서 가장 바람직한 것은 집합적 정책결정이라는 것이다. 이 경우 바람직한 집합적 결정이란 정보의 제공, 설득과 합의, 정치적 타협 등을 위한 정치적 비용을 극소화시키는 일이다. 넷째, 특히 정치인들은 공익보다는 자신의 사익을 증대시키려고 하는 까닭에 정부재정은 적자를 면치 못한다. 다섯째, 따라서 공공정책의 결정은 이에 참여하는 국민의 수가 많을수록 효율적이고 민주적이라는 것이다.

결론적으로, 공공선택모형은 국민의 대표적 참여와 상황 적응적인 행정구조를 강조하고 있다. 동시에 공공선택모형은 합리모형이 갖는 정책의 경직성과 비인간성의 난점을 극복할 수 있는 가능성을 제시하고 있다.

제 3 절 사회복지정책의 집행

정책과정 속에서 정책집행이 차지하는 비중이 점차 증대되어 가는 이유는 실제로 정책목표의 달성, 정책의도의 실현이 정책집행의 성공 여부에 달려 있기 때문이다. 정책의 집행이 정책목표의 달성을 자동적으로 담보하는 것이 아니라 성공적인 정책집행이 이루어진 경우에만 그것이 가능하다는 전제 때문에 정책집행의 중요성이 부각되는 것이다.[13]

1. 정책집행의 의의

정책집행은 1970년대에 들어와 많은 연구가 진행되었다. 즉 1973년에 발간된 Pressman과 Wildavsky 공저의 『집행』(*Implementation*)이라는 저서가 계기가 되어 많은 학자들의 관심을 끌게 되었다. 그 후 정책학자들에 의하여 집행과정의 중요성이 부각되었고, 집행현상은 정책학자들에게 새로운 연구과제로 인식되었다. 집행과정은 정책의 아이디어와 정당성이 구현되는 장이며, 정책의 성패를 결정하는 중요한 정책과정이다.

정책집행은 정책의 내용을 실현시키는 과정이며, 정책의 내용을 실현시키는 과정은 일련의 활동들로서 구성된다. 정책의 내용은 정책목표와 정책수단으로 이루어지는데, 정책의 내용을 실현시킨다는 것은 정책수단을 실현시키는 것이 그 핵심이 된다.[14] 정책집행에 대한 개념정의는 학자들의 이론에 따라 약간씩 강조점이 다르기는 하나, 이미 결정된 정책을 실천에 옮겨서 정책의 효과를 거두려는 의도된 활동이라는 점에서는 일치하고 있다.

Pressman과 Wildavsky는 정책집행의 정의를 '예견된 결과를 달성할 수 있는 능력'이라고 하면서 '목표의 설정과 이를 달성하기 위한 활동간의 교호작용'이라고 하고 있다. Rein과 Rabinovitz는 '집행이란 상호적 권력관계와 협상을 핵심적 요소로 하는 순환과정을 창조하는 수많은 행위자들이 고려한 정부의 선호를 표명하는 것'이라고 정의함으로써, 정책집행에 관한 전통적 관점, 즉 정책과 집행은 구별되고 먼저 정책이 결정되고 나면 그 뒤를 이어 정책이 집행된다고 하는 일방적 시각에서 탈피

13) 안해균, 『정책학원론』(다산출판사, 1995), p. 316.
14) 정정길, 『정책학원론』(대명출판사, 1994), p. 463.

하여 집행의 모든 단계가 상호의존적이라는 순환성의 원칙(principles of circularity)을 강조하였다.[15)]

이상과 같이 정책집행에 관한 개념정의는 논자에 따라 다소 차원을 달리하고 있는데, 이를 참고하여 개념을 정리하면, 사회복지정책의 집행은 '공식적으로 표명된 사회복지정책의 목표를 달성하기 위해서 실행되는 일련의 역동적 순환과정'이라고 할 수 있다.

2. 정책집행에 관한 이론

정책과정에서 정책목표를 달성하는 것은 매우 중요하기 때문에, 정책집행을 성공적으로 추진하기 위한 이론들이 연구되고 있다. 정책집행을 바라보는 다양한 시각은 집행과정에 대한 이해를 높여주기는 하나, 통합된 하나의 일반모형(general model)을 발전시키는 데에는 장해요소가 된다. 기존의 이론들은 크게 두 가지로 분류해 볼 수 있는데, 하나는 통제(control) 또는 하향식(top-down) 모형이고, 다른 하나는 상호작용(interaction) 또는 상향식(bottom-up)모형이다(박경호, 1990 : 10-11).

전자는 고전적 행정이론을 바탕으로 ① 구체적인 법령과 계획, ② 정책결정과 집행의 이원화, ③ 일방적(unidirectional) 집행과정, ④ 집행의 비정치적이고 기술적인 성격 등을 강조하는 입장으로서 집행을 "흔히 법령의 형태를 취하는 정책을 실제로 수행해 나가는 활동" 혹은 "미리 정해진 목표를 달성하고자 하는 일련의 행위"로서 파악하고 있다. 따라서 여기서는 고위 정책결정자 내지는 관리자의 역할이 집행의 성공 여부를 좌우한다고 한다.

반면에 후자는 집행에 참여하는 행위자들(implementing actors)사이의 상호작용 또는 협상을 중시하는 입장으로서, ① 집행의 정치적 성격, ② 집행관료의 역할, ③ 기술적 능률성보다는 고객의 요구에 부응하는 집행, ④ 정책과정의 순환성 등을 강조하고 있다.

---

15) 봉민근, 『사회복지정책론』 (학문사, 1997), p. 150.

정책이론의 개척자인 Pressman과 Wildavsky는 정책사례연구를 통하여 정책집행을 다음과 같이 설명하고 있다. ① 집행을 정책과정을 일부로 보아야 하며, ② 정책결정자는 정책과 집행을 유기적으로 연결시키기 위해 사업착수에 필요한 기구창설을 고려하는 것과 마찬가지로 사업집행기구에 관심을 가져야 하고, ③ 활동의 기초가 되는 이론을 신중히 검토해야 하고, ④ 정책집행을 성공적으로 수행하려면 집행기간 동안 지도력의 중단이 없어야 하고, ⑤ 집행에 차질이 없도록 집행의 단순화가 필요하다고 하였다.

또한 Wolman은 정책프로그램의 성과를 설명하거나 이해할 수 있는 포괄적인 분석틀을 제시하였는데, 이 모형은 정책과정을 크게 정책형성과정과 정책집행과정의 두 부분으로 나누고 있다. 정책의 실패는 이 가운데 어느 한 부분을 구성하는 여러 요인들 가운데 한 가지 이상의 요인들이 부적절하거나, 문제점을 띠는 경우에 나타난다. 이들 부분을 구성하는 요인들을 간단히 살펴보면 다음과 같다.

정책형성과정에서는 ① 문제의 개념화(problem conceptualization), ② 이론평가 및 선정(theory evaluate and selection), ③ 목표의 구체성(specification of objectives), ④ 프로그램 설계(program design), ⑤ 프로그램 구조(program structure) 등을 구성요소로 제시하고 있다. 정책집행과정에서는 ① 자원의 적절성(resource adequacy), ② 관리 및 통제구조(management and control structure), ③ 관료제적 규칙 및 규제(bureaucratic and regulations), ④ 정치적 효과성(political effectiveness), ⑤ 환류 및 평가(feedback and evaluation) 등의 구성요소로서 제시하고 있다(봉민근, 1997 : 171-174).

3. 정책집행에 영향을 미치는 요인

효율적인 사회복지 정책집행을 위해서는 정책집행에 영향을 미치는 요인들을 잘 파악해야 한다. 정책집행에 영향을 미치는 요인은 다양하

게 설명할 수 있으나, 사회복지정책의 집행에 영향을 미치는 요인들은 다음과 같이 정리할 수 있다.[16)]

1) 환경적 요인

정책환경적 요인은 사회복지정책의 형성 및 정책참여자의 형태에 영향을 미치는 환경적 변수로서 정치·경제·사회적 변화와 관련된 변수들로 구성된다. 이 변수들은 정책집행과정에 직접적으로 영향을 미치기보다는 정책 자체와 정책관계자들에게 영향을 미침으로써 간접적으로 정책집행에 영향을 미친다고 볼 수 있다. 그러나 정책을 둘러싼 상황의 변화가 정책집행에 미치는 영향은 그것이 비록 간접적인 것이라 하더라도 때로는 사회복지정책의 성공과 실패에 결정적으로 작용하기도 한다.

(1) 정치적 상황의 변화

정치적 상황의 변화는 사회복지정책의 집행에 많은 영향을 미친다. 예컨대, 극단적으로는 전쟁이라든가 쿠데타라든가 하는 정변이 발생하게 되는 경우를 상정할 수 있으나 그 영향은 속단할 수 없다. 이러한 정치적 위기는 사회복지정책의 실현을 약화시킨다는 주장도 있으나, 일반적으로 볼 때, 강화시키는 방향으로 작용하는 것이 보통이다. 곧 정치적 정통성이 위협을 받거나 국민들의 불만이 팽배하면 사회복지정책은 강화되는 경향이 있다. 뿐만 아니라 평시에도 선거와 있는 해와 없는 해의 사회복지정책의 시행결과는 달라진다는 연구결과도 있다. 또한 의회의원의 의석비율변화나 대통령 당적에 따라 사회복지정책의 시행은 영향을 받는다.

이와 같이 전쟁, 쿠데타, 선거주기, 대통령의 소속정당, 의회 내 보수와 전비의원들의 세력비율의 변화 등 상황의 변화는 사회복지정책의 내용과 정책관계자들의 행태에 영향을 미침으로써 집행과정에 많은 영향을 미친다.

---

16) 송근원·김태성, 『사회복지정책론』 (나남, 1995), pp. 159-170.

(2) 경제적 상황의 변화

경제적 상황의 변화 역시 사회복지정책의 집행에 많은 영향을 준다. 예컨대, 최근의 개방화·국제와·세계화 추세는 사회복지정책보다는 경제정책에 보다 많은 관심과 정력을 기울이게 만듦으로써 사회복지정책의 실현을 지연시키는 요인으로 작용할 것이다. 반면에 외국의 사회복지제도나 정책이 유입됨으로써 다른 한편으로는 사회복지정책의 내실화에 이바지할 수도 있다. 예를 들어, 개방화·국제화·세계화로 인하여 열악한 상태의 노동복지정책은 수정될 수밖에 없고, 결국 선진국 수준의 노동복지정책을 지향하도록 영향을 미칠 것이다.

한편 사회경제적 조건이나 기술의 발전 역시 사회복지정책의 성공 및 실패에 영향을 미칠 것이다. 예컨대, 국민소득, 가구소득, 실업률, 물가지수 등은 사회복지정책의 형성에 영향을 미치고, 정책관계자들의 사회복지정책에 대한 가치와 태도에 영향을 미침으로써 그 집행결과에 많은 영향을 미친다.

(3) 사회적 상황의 변화

사회적 상황의 변화 역시 사회복지정책의 집행에 영향을 미치는 요인이다. 예컨대, 인구구조의 변화, 산업화 및 도시화, 교육수준의 변화, 노조조직률의 변화 따위는 사회복지정책의 형성 및 정책관계자들의 태도에 영향을 미침으로써 사회복지정책의 집행결과에도 영향을 미친다. 보기를 든다면 노령인구의 증가, 독신가구의 증가, 이혼의 증가, 생활의 질의 향상은 사회복지욕구를 증대시키고, 따라서 그것은 사회복지정책의 내용을 강화시킬 것이고, 정책관계자들의 가치와 태도에도 영향을 미쳐 사회복지정책의 집행에 영향을 줄 것이다.

2) 내적인 요인

사회복지정책의 집행에 영향을 미치는 내적인 요인이란 형성된 정책의 내용과 관련된 요인들을 말한다. 곧 구체적인 사회복지정책 프로그램에서 의도하는 정책목표의 타당성과 구체성, 그러한 목표의 달성을 위해 동원하는 정책수단 및 절차, 그리고 정책산물이라고 할 수 있는 복지서비스의 형태에 관한 규정들을 말한다. 이들은 정책상황적 변수 및 정책관계자들의 가치와 태도에 따라 영향을 받으며, 정책집행에 직접적인 영향을 미친다.

(1) 문제의 정의와 관련된 요인

정책에서 해결하고자 하는 정책문제와 정책의 목표가 얼마나 잘 연결되어 있으며, 그러한 정책의 목표가 정책집행에 평가기준으로서 사용할 수 있을 만큼 구체화해 있는지 여부는 정책의 성공 및 실패에 많은 영향을 미친다.

① 정책목표의 타당성

사회복지정책의 타당성은 사회복지정책에서 해결해야 할 사회복지문제를 얼마나 잘 파악하여 정책목표를 세웠는가에 관한 것이다. 만약 정책문제를 명확하게 파악하여 정책의 목표를 세운다면 그 정책은 성공할 가능성이 높아진다. 이 변수는 다른 정책내재 변수들, 곧 재원의 확보, 전달체계, 전달방법, 서비스의 형태 등을 규정하는데 있어 전제가 되는 변수이다. 곧 정책의 목표가 타당하게 세워져야 재원, 전달체계, 전달방법, 서비스 형태 등이 올바르게 결정된다. 정책의 목표는 정책문제를 어떻게 정의하느냐에 따라 달라지는데, 정책문제의 정의과정은 정치적 과정이어서 사회복지정책의 경우 실제 그 문제로 인하여 고통을 받고 있는 클라이언트인 사회적 약자들의 시각이 결여되기 쉽다. 따라서 많은 사회복지정책이 실패하는 근본적인 이유는 타당한 정책목표를 세우지 못했기 때문인 경우가 많다.

② 정책목표의 구체성

규정된 정책의 목표가 타당하다 하더라도 그것이 얼마나 구체적으로 표명되어 있는가는 정책의 집행에 많은 영향을 미친다. 이 변수 역시 다른 정책내재 변수들, 곧 재원의 확보, 전달체계의 설정, 전달방법의 규정 및 제공하는 서비스의 형태에 영향을 주는 변수다. 일반적으로 볼 때 정책의 목표가 구체적으로 규정되어 있으면 있을수록 정책의 집행이 용이해진다. 왜냐하면 정책의 목표가 측정할 수 있을 정도로 뚜렷하게 규정되어 있으면 그것은 정책집행의 평가기준이 되는 까닭에 정책집행과정을 감시하기도 쉽고 집행의 촉진을 강제하기도 쉬운 까닭이다. 그러나 사회복지정책의 목표는 정치적 세례간의 타협의 산물인 까닭에 모호하게 표현되는 경우가 많다. 따라서 이와 같은 정책목표의 구체성의 결핍은 효율적인 정책집행을 방해하는 요인으로 작용한다.

(2) 정책수단 및 절차의 확보와 관련된 요인

정책의 목표가 아무리 잘 세워졌다 해도 그 목표를 달성할 수 있는 효율적인 정책수단 및 절차가 규정되어 있지 않다면 그 정책은 성공하기 어려울 것이다. 곧 정책의 성공을 위해서는 정책집행을 강제하거나 촉진시킬 수 있는 정책수단이 필요하며 합리적인 정책집행절차가 필요하다.

① 재원의 확보

정책집행에 있어 가장 중요한 요인 가운데 하나가 정책집행에 사용되는 재원이다. 예컨대, 정책의 목표달성에 소요되는 예산이 충분히 확보되지 않는다면 그 정책의 집행은 결코 성공할 수 없을 것이다. 사회복지정책의 경우에도 정책이 실패한 것으로 평가될 때, 정책담당자들은 그 원인을 예산부족의 탓으로 돌리는 경우가 흔히 있다. 곧 충분한 예산의 뒷받침이 이루어지지 않는 한 정책은 성공하기가 어렵다. 따라서 수립된 정책에 그 정책의 집행에 필요한 재원의 확보를 강제하는 규정이 있느냐, 없느냐는 정책의 성공과 실패에 큰 영향을 미친다.

② 복지서비스전달체계

정책집행에 재원과 마찬가지로 중요한 또 하나의 요인은 정책의 집행에 책임을 질 수 있는 정책집행기관의 존재이다. 만약 정책에 정책집행기관이 뚜렷하게 명시되어 있는 경우 정책의 집행책임은 명확해지고 정책의 목표달성 가능성은 높아진다. 일반적으로 볼 때 그 정책프로그램을 시행하기 위하여 새로운 집행기관을 설립한다든가, 또는 업무집단의 형성을 규정하는 경우, 기존의 집행기관에 정책집행을 맡기는 것보다 성공할 가능성이 높다. 특히 사회복지서비스의 제공을 담당하는 일선기관은 사회사업실천에 관한 전문지식이 요청되므로 사회복지정책의 내용에 따라 전문적이 민간사회복지기관이나 지방정부의 대민기관에 복지서비스전달을 위임할 필요가 있는 경우도 많다. 이 경우 공공기관과 민간기관 또는 중앙부서와 지방정부간의 권한 위임 및 조정의 문제가 나타나는데, 사회복지서비스의 전달체계가 너무 길어지면 협의점이 많아지고 매몰비용이 높아지는 까닭에 복지서비스의 효율적인 집행이 어려워진다. 따라서 정책에 권한과 책임의 소재가 분명하게 규정되어 있지 않은 경우, 또는 복지서비스 전달체계가 잘못 규정되는 경우 그 정책은 정책집행에 차질을 빚어 실패하기 쉽다. 이런 점에서 볼 때 정책자체에 복지서비스 전달체계에 관한 권한 및 책임의 분재, 조정 및 감시 감독기관 등이 명백하게 제대로 규정되어 있는가의 여부는 효율적인 정책집행에 영향을 미치는 요인이다.

③ 복지서비스 전달방법

사회복지정책의 집행에 있어 복지서비스의 전달방법에 관한 규정이 정책에 명백하게 규정되어 있는 경우, 정책집행은 보다 순조롭게 이루어질 수 있는 것이다. 왜냐하면 사회복지서비스의 전달방법에 관한 구체적인 규정은 복지서비스를 집행하는 서비스전달자의 가치나 의도를 사회복지 지향적으로 변화시키고 적극적 태도를 갖게 하며, 전문적인 지식과 기술을 갖추고 정책집행에 임하도록 함으로써 복지서비스의 효율성을 높이는데 이바지할 수 있는 까닭이다.

따라서 사회복지서비스의 전달을 일선 행정기관의 행정직원들이 담당하는 경우 사전에 복지서비스 전달에 관한 전문훈련을 받거나 교육을 통하여 자질을 높일 필요가 있다. 또한 전문지식을 갖춘 사회복지전문가라 하더라도 끊임없는 교육훈련을 통하여 자질과 능력을 개발할 필요가 있다. 따라서 이러한 규정이 정책 자체에 제시되어 있다면 복지서비스 전달의 효율성을 높일 수 있고 정책의 성공적 집행을 결과할 수 있다.

(3) 정책산물에 관한 요인(사회복지서비스의 형태)

사회복지서비스의 유형은 복지서비스의 효율성에 직접적인 영향을 미친다. 곧 복지서비스의 형태가 현물(benefits in kind)인가 현금(benefits in cash)에 따라 또는 기회의 형태를 띠는지 용역의 형태를 띠는지 아니면 신용의 형태를 띠는지에 따라 정책의 효율성은 달라진다. 이러한 복지서비스의 유형 이외에도 정책문제에 따라 공신력의 형태를 띨 수도 있고, 공공권력의 형태를 띨 수도 있다. 이러한 복지서비스의 유형은 정책프로그램이 해결하고자 하는 정책문제의 속성과 깊이 연결되어 있는 까닭에 이들 유형 가운데 어떤 형태를 선택할 것인지에 관하여는 구체적인 정책문제에 따라 달라지겠지만 각각의 복지서비스의 유형에 따른 성격이 고려되어야 한다. 예컨대, 현금·신용·재화의 형태를 띤 복지서비스는 그 내용이 구체적으로 파악되며, 따라서 효과의 측정도 용이하다. 이에 비해 기회·용역·권력은 그 실체가 대단히 가변적이며 모호하다. 곧 용역이 복지서비스로 제공되는 경우, 서비스 제공을 담당하는 사회복지전문가의 자질·태도, 그리고 주변여건 등에 따라 개별 클라이언트가 제공받는 서비스는 그 내용이나 효과가 판이하게 달라질 수 있다. 따라서 기회·용역·권력을 복지서비스로 채택할 경우 이들의 내용을 상세히 규정하지 않으면 원래의 프로그램이 의도했던 목표와는 벗어난 복지서비스가 제공될 수 있고, 그것은 사회복지정책의 실패를 초래할 가능성이 높다. 따라서 사회복지정책이 실패하지 않으려면 사회복지서비스의 형태가 그 정책이 해결하고자 하는 정책문제와 정확하게 연결되어 있어야 하며, 곧 정책문제와 그 해결책이 인과적으로 연계되어 있는 경우 정책은 성공할 가능성이 높아진다. 그럼에도 불구하고 복지서비스의 제공을 규정한 사회복지정책은 대개 그 내용이 모호하거나 여러 형태의 복지서비스의 우선순위가 규정 없이 모두 열거하고 있는 경우가 많으며, 결국 정책집행의 효율성을 떨어뜨리고 정책실패의 원인이 되기도 한다.

(4) 정책형태적 요인

이 요인은 정책 자체의 규정과는 관련이 없는 변수들로서 실제로 정책의 형성이나 집행에 관여하는 정책참여자들의 정치형태와 관련된 변수들을 말한다. 정책형태적 요인들은 정책상황에 의하여 많은 영향을 받는다. 또한 규정된 정책내용에 의하여서도 영향을 받기도 하고 결정되는 정책내용에 영향을 미치기도 한다.

정책에 관여하는 정책참여자들은 크게 대통령·국회·법원 등의 정치기관, 정책집행의 담당자라 할 수 있는 정책집행기관, 정책집행기관을 둘러싼 상급관청 및 경쟁부서, 복지서비스를 받을 권리가 있는 클라이언트와 비용부담자라 할 수 있는 이익집단이나 지역사회의 주민 또는 일반 국민의 정치행태 따위로 나눌 수 있는데, 이들 가운데 정책집행에 가장 많은 영향을 미치는 것이 정책집행담당자 및 집행기관의 가치와 태도이다. 이들 요인들은 서로 영향을 미치면서 정책집행의 실제에 작용한다.

① 정치기관의 지지

정치기관의 지지 여부는 사회복지정책의 성공과 관련된 행태적 변수 중의 하나이다. 특히 대통령의 사회복지정책에 대한 관심과 지지는 정책의 성공에 많은 영향을 미친다. 대통령 이외에도 국회, 법원, 유권자 등의 정치기관이 그 정책을 지지하느냐 아니면 반대하느냐에 따라 정책은 영향을 받는다. 만약 정책프로그램이 이들 정치적 기관의 지지를 받는다면 성공하기 쉽고, 무관심 속에 있거나 반대를 받는 정책은 성공하기가 어렵다. 따라서 정책을 성공적으로 이끌려고 의도하는 사람은 평상시에 이들 정치기관이 정책정향을 사회복지정책에 호감을 가질 수 있도록 유도할 필요가 있다.

② 정책집행자와 집행기관

정책의 집행자나 정책기관의 가치와 이해관계, 그리고 이들이 가지고 있는 전문성이나 능력 및 자질이 정책의 성공 및 실패에 막대한 영향을 끼친다는 사실은 말할 나위도 없다. 정책 자체에는 정책집행자나 집행기관에 관하여 자세히 규정하고 있다 하더라도, 실제로 사회복지서비스의 전달과정에 그 규정이 지켜지지 않는다면 정책은 실패할 것이다.

정책집행자의 부정적인 가치나 이해관계는 정책집행과정에서 불집행(non-implementation)이나 정책집행의 지연 또는 정책내용의 변질을 초래할 수도 있고, 전문지식의 결여나 자질의 부족은 효율적인 정책집행의 질을 떨어뜨릴 것임이 틀림없다.

③ 상급관청 및 경쟁부서의 관여

정책의 성공 및 정책의 실패에 영향을 미치는 또 다른 행태적 요인으로서 들 수 있는 것은 정책집행기관의 상급관청과 경쟁부서의 태도이다. 상급관청이나 다른 부서가 그 정책의 시행에 협조적이거나 부정적이라면 정책의 성공은 어려울 것이다. 협조적인가 비협조적인가는 상급기관이나 경쟁기관의 사회복지 문제해결에 대한 의지나 문제에 대한 인지도를 파악함으로써 판단할 수 있다. 흔히 경쟁기관이나 부서는 인력이나 예산 등의 자원확보 때문에 부정적인 태도를 보이기 쉽다.

④ 클라이언트의 가치와 태도

정책 가운데서도 특히 사회복지정책의 성공 여부는 클라이언트들의 태도와 활동에 달려 있다고 해도 과언이 아니다. 곧 클라이언트의 문제해결에 대한 욕구의 강도 및 복지의식의 정도는 클라이언트의 조직화에 영향을 미치고, 이들의 정치적 활동에도 영향을 미친다. 클라이언트가 문제의 심각성을 깊게 인식하고 사회복지서비스를 절실히 원한다면, 이들은 사회복지의 모든 정책과정에 적극적으로 관여함으로써 정책을 성공적으로 이끄는 데 이바지할 것이다. 예컨대, 그들의 욕구에 보다 적절한 사회복지정책을 형성하거나 집행하도록 정책의 전 과정을 감시함으로써 정책의 성공에 기여할 것이다.

그러나 일반적으로 볼 때 사회복지 정책과정에서 나타나는 클라이언트들의 활동은 지극히 미약한 것이 보통이다. 따라서 이러한 클라이언트의 무관심과 미약한 활동은 사회복지정책의 실패를 방관하는 요인으로 작용한다.

⑤ 이익집단, 지역사회주민, 그리고 일반국민의 행태

사회복지정책의 성공 및 실패에 영향을 미치는 또 다른 변수로는 사회복지정책을 시행함으로써 손해를 본다고 생각하는 이익집단의 활동이나 지역사회주민들의 저항적 태도 및 일반국민들의 무관심 등이다. 만약 그 사회복지정책의 시행을 적극 지지하는 이익집단이 있다면, 그리고 지역사회의 주민이나 일반 국민들이 그러한 정책에 대해 호의적이라면 그 사회복지정책은 성공할 가능성이 높다. 그러나 만약 사회복지정책의 시행을 극력 저지하려는 이익단체나 압력집단이 존재하거나 지역사회주민들의 저항적 태도가 뚜렷하다면 그 정책은 실패하기가 쉽다. 예컨대, 장애인 복지관을 건설하는 정책에 대한 지역주민의 반대와 저항은 이러한 정책의 성공적 시행을 어렵게 하는 요인으로 작용한다.

참고문헌

박경호(1990), "정책집행 측면에서 본 한국가족계획사업실적의 결정요인", 『한국행정학보』, 제24권 제2호, 한국행정학회.

박정호(2001), 『사회복지정책론』, 학지사.

봉민근(1997), 『사회복지정책론』, 학문사.

송근원 · 김태성(1995), 『사회복지정책론』, 나남출판사.

안해균(1995), 『정책학원론』, 다산출판사.

유훈 외(1983), 『정책학』, 법문사.

전재일 · 배일섭 · 정영숙(2000), 『사회복지정책론』, 형설출판사.

정정길(1994), 『정책학원론』, 대명출판사.

현외성(2000), 『사회복지정책강론』, 양서원.

Caiden. G. E.(1982), *Public Administration*, 2nd ed., California : Palisades Publishers.

Dror. Y.(1968), *Public Policymaking Reexamined*, Scranton, Penn,: Chandler Publishing Co.

Dye. T. R.(1984), *Understanding Public Policy*, 5th ed., Englewood Cloffs, N. J. : Prentice-Hall Inc.

Jones. C. O.(1977), *An Introduction to the Public Policy*, 2nd ed., North Scituate, Mass : Duxbury Press.

6
chapter

사회복지의 재정*

제 1 절 사회복지재정의 개념

사회복지재정이란 사회복지정책을 수행하는데 드는 비용을 조성하고 이를 배분하는 과정을 말한다. 따라서 재정은 정책을 계획하고 실행하는데 가장 기본적인 전제조건임과 동시에 그 결과이기도 하다. 다시 말해서 특정한 정책을 구체적인 사업으로 전환하기 위해서는 이에 필요한 재원을 확보해야만 하며, 이에 따라 수행된 정책의 결과는 구체적인 항목에 지출된 비용으로 나타난다는 것을 의미한다. 또한 재정관리의 결과는 비용지출의 효율성 및 적절성을 기준으로 평가되며, 이는 곧 정책수행에 대한 평가로 이어진다고 할 수 있다.

사회복지정책에 있어서도 이러한 과정은 동일하게 적용된다. 따라서 사회복지재정에 있어 가장 중요한 문제는 정책수행에 필요한 재원을

* 한동우 : 강남대학교 사회복지대학원 교수

어디로부터 얼마나 확보하는가 하는 것과 확보된 재원을 어떻게 배분할 것인가를 결정하는 것이라고 할 수 있다.

사회복지재정은 사회복지정책의 특성에 따라 구분된다. 일반적으로 사회복지정책은 공공부조와 사회보험을 포함하는 사회보장제도와 사회복지사업으로 분류된다. 우선, 사회보장제도에 있어서 공공부조제도는 국가의 일반조세(tax)를 재원으로 하여 일정수준 이하의 소득을 유지하고 있는 저소득 계층의 생계비 등을 지원하는 제도이며, 사회보험제도는 보험가입자들이 납부하는 보험료(contribution)를 주요 재원으로 하여 운영되고, 보험급여 지급사유가 발생하였을 때 이를 지출하도록 되어 있다. 한편, 사회복지사업은 이러한 사업을 운영하고 있는 시설이나 단체에 대해 국가가 일반조세를 통해 조성한 재원을 이용하여 보조금을 지급하고, 여기에 민간에서 조성된 기부금이나 후원금, 그리고 이용자 부담금 등이 재원으로 활용된다. 이에 더하여 민간부문에서 조성하고 지출되는 재정도 넓은 의미에서 사회복지재정으로 간주되기도 한다. 여기에는 기업이 지출하는 법정 및 법정외 복지급여와 각종 비영리조직에서 조성하는 기부금 등이 포함된다.

〈표 6-1〉 OECD의 사회보장비 지출범위

일반정부지출	사회보험지출	민간지출	
		법정지출	자발적 지출
현물, 현금급여 - 보건, 복지, 노동서비스 - 공공부조 (재해구호 등)	현금, 현물급여	- 법정 퇴직금 - 출산휴가급여 - 유급질병급여	- 보육비지원 - 학비지원 - 민간모금활동 - 기업복지재단 - 종교단체복지사업 등

자료: 고경환 외(2000). "OECD 추계방법에 의한 한국의 순사회복지 지출추계," 보건복지부, 한국보건사회연구원, p.37, 박능후(2001), "한국 사회복지재정의 현황과 과제," 한국사회복지학회 2001년 추계학술대회 자료집, p. 19에서 재인용.

사회복지재정은 한 국가의 복지수준을 가늠하는 중요한 척도로 사용되어 왔다. 1940년대 이후 서구의 복지국가들은 지속적으로 사회복지에 대한 예산을 확대시켜 왔다. 이는 절대액수의 증가뿐만이 아니라 국가의 전체 예산에서 사회복지부문의 예산이 차지하는 비중의 증가를 의미한다. 그러나 1970년대 중반 이후 급격히 팽창한 정부재정에 대한 우려와 함께 이에 따라 발생하는 정부부문의 비효율성에 대한 지적은 사회복지 분야에 대한 지출을 통제하고, 이를 강도 높게 감시하는 일련의 움직임으로 구체화되고 있다.

〈표 6-2〉 주요 OECD국의 사회복지지출 비교(2003)

(단위: 경상 GDP 대비 %)

OECD 평균	한 국[1)]	스웨덴	프랑스	독 일	덴마크	영 국	네덜란드	일 본	미 국
21.83	9.09	31.85	29.08	28.40	27.80	21.43	21.38	18.39	16.59

주: 1) 한국은 2005년도 자료임. 고경환 등 (2007) 『한국의 사회복지지출 추계(1990~2005)와 자발적 민간급여 실태조사』, 한국보건사회연구원.

자료: 외국자료는 OECD, Social Expenditure Database, 2006.

그럼에도 불구하고 사회복지 부문에 대한 국가의 재정지출이 감소하였다는 증거는 없으며, 이전보다는 그 속도가 완화되긴 하였지만 꾸준히 증가하고 있는 것이 사실이다. 게다가 노령인구의 증가를 포함하는 인구학적인 변화, 시장재화의 가격상승, 새롭게 개선되는 서비스, 그리고 사회적 욕구의 증가는 사회복지 분야에 대한 사회적 개입의 필요성을 증가시키고 있으며, 이러한 요인들은 모두 비용의 증가를 동반하는 것들이다(Gough, 김연명·이승욱 역, 1990).

사회복지정책에 있어서 재정은 정책의 의도와 목표를 효과적이고 효율적으로 달성할 수 있도록 할 뿐만 아니라 가치와 이념을 반영한다는 점에서 매우 중요하게 간주된다. 정책수행에 필요한 재원을 어느 곳으로부터 어떻게 조달하는가에 따라 소득이나 기회의 재분배효과가 증가 또는 감소할 수 있으며, 재원 조성의 방법은 한 사회의 통합정도, 즉 사회적 효과성을 가늠할 수 있는 척도가 될 수도 있다(Gilbert & Terrel, 1998). 간단한 예를 들어, 소득이 있는 사람들이 낸 세금을 재원으로 하여 소득이 없거나 적은 사람들의 최저생활을 보장하는 공공부조 제도는 단순히 소득의 재분배 효과만을 나타내는 것이 아니라, 계층간의 소득이전을 통해 사회적 통합을 달성하고자 하는 정책 목표에 납세자들이 동의[1]하고 있음을 보여주는 것이라고 할 수 있다.

제 2 절 사회복지재정의 재원

사회복지정책의 수립과 실행에 있어 가장 현실적인 문제는 어떻게 하면 안정적으로 재원을 확보할 것인가 하는 것이다. 일반적으로 사회복지정책에서 충당될 수 있는 재원은 크게 공공부문과 민간부문의 재원으로 구분된다. 공공부문의 재원은 조세(tax)와 사회보험료로 크게 구분되고, 민간부문의 재원은 이용자 부담금(fee charging)과 후원금, 그리고 자발적 기부금(voluntary giving) 등으로 구분될 수 있다.

1. 조 세

사회복지정책의 실행을 위한 재원으로서의 조세는 국가에 의해 개인과 법인에 강제적으로 부과되는 일종의 부담금(levy)이다. 조세는 목적에 따라 일반세와 특수세로 구분되며, 납부방법에 따라 직접세와 간접세로 구분된다. 또한, 부과대상에 따라 소득세, 재산세 및 소비세 등으로 구분되기도 한다. 조세는 국가의 정치, 경제 및 사회적 목적에 따라 각기 다른 방식과 형태로 징수하고 사용된다. 사회복지정책에 있어서도 조세는 국가가 사용할 수 있는 가장 중요한 재원 중의 하나이다. 서구

1) 사회복지 정책에 있어서 정책수행의 결과뿐만 아니라 정책의 계획과 실행의 과정도 매우 중요하다. 대부분의 정책학자들은 정책을 하나의 과정으로 인식하고 있으며, 사회복지정책도 예외는 아니다. 이러한 점에서 사회복지정책의 중요한 가치인 사회통합(social integration) 또는 사회적 효과성(social effectiveness)이 정책수행의 과정에 어느 정도 반영되는가 하는 점은 매우 중요하다고 하겠다(George & Wilding, 1985 ; Gilbert & Terrell, 1998).

복지국가들의 대부분은 사회복지정책에 충당하는 재원의 상당부분을 조세에 의존하고 있다. 예를 들어 독일의 경우 사회복지부문에 지출되는 총 비용의 95% 이상이 정부지출에 의해 구성된다(IMF, 1996). 그러나 선진국들 중에서도 복지후진국에 해당하는 미국의 경우에는 총 복지지출 중 정부지출이 차지하는 비중이 유럽의 복지국가들에 비해 상당히 낮게 구성되어 있다.

조세방식을 통하여 사회복지재정을 충당하는 데에는 다음과 같은 근거가 있다. 우선, 조세방식은 저소득 계층의 생존권을 보장하여야 할 의무를 국가가 수행해야 한다는 것을 뒷받침한다. 20세기 초반 이후 서구의 복지국가들은 국민들의 생존권을 국가가 보장해야 한다는 의무조항을 헌법에 명시하고 있으며, 이를 이행하기 위한 제도로서 사회복지정책은 가장 핵심적인 요소에 해당한다. 따라서 국가는 국민들이 납부한 세금을 통하여 사회복지정책을 수행할 수가 있게 되는 것이다.

둘째로, 사회복지정책은 그 자체가 하나의 공공재(public goods)로서의 성격[2)]을 갖는다는 것이다. 즉, 특정한 재화를 시장에서 생산하게 되는 경우, 생산에 소요되는 비용은 그 재화를 소비하는 소비자가 지불하도록 되어 있는데, 공공재의 경우에는 가격을 지불하지 않은 사람도 그 재화를 소비할 수 있는 특성이 있으며, 특히 외부효과(externality)를 배제하기 힘들다는 문제가 있다. 이는 자원배분에 있어서의 비효율을 낳게 하며, 따라서 사회복지정책과 같이 공공재로의 특성을 갖는 재화는 국가의 직접적인 개입을 통해 생산하는 것이 가장 효율적이라는 것이다. 특정한 재화를 생산하는데 있어 국가가 직접 개입하는 가장 대표적인 방식은 그 재화를 소비할 잠재적인 소비자들로부터 세금을 징수하는 방법이다. 이것이 바로 조세방식인 것이다.

셋째로, 사회복지정책은 기본적으로 소득을 재분배하는 기능을 갖는

2) 공공재이론은 특정한 재화를 시장에서 생산하게 되는 경우 오히려 자원배분의 비효율이 발생할 수 있다는 점을 잘 설명해 준다. 이 이론에 대해서는 대부분의 재정학 교과서에 잘 기술되어 있으나 다음의 자료들을 참고할 수 있다 : 김동건, 『재정학』 (박영사, 1993) ; Blinder, A. et al.(1974) *The Economics of Public Finance*, Washington, DC: The Brookings Institute;

다. 자본주의 사회에서 시장임금(market wage)에 의해 발생된 불평등은 국가의 각종 조세제도에 의해 완화되며, 조세방식에 의해 조성된 재원을 통하여 실시되는 사회복지정책들은 2차적인 소득분배효과를 가져와 궁극적으로는 소득불평등을 완화시키는 효과가 있다. 즉, 조세제도 자체에 소득재분배 효과가 있음은 물론이며, 이를 통해 실시되는 사회복지정책의 궁극적인 목표도 소득의 재분배에 있다는 것이다. 물론, 조세제도를 통해 실시되는 사회복지정책이 소득재분배 효과가 있으려면, 간접세보다는 직접세 방식의 조세제도가 활성화되어야 할 것이며, 누진적인 조세제도가 뒷받침되어야 한다.

넷째로, 조세방식에 의한 사회복지정책은 대상자의 폭을 넓힐 수 있다는 장점이 있다. 즉, 급여의 보편성이 증가한다는 것이다. 사회보험이나 민간부문에서의 이용자 부담 서비스의 경우에는 급여에 대한 대가를 지불한 사람에게만 수급자격이 주어지는 반면, 조세방식에 의한 사회복지정책은 대부분의 국민들을 대상으로 하며, 특히 가격 지불능력이 없는 저소득층에 대한 급여를 위해서는 조세방식의 재정이 필수적이라고 하겠다.

1) 소득세(personal income tax)

소득세는 개인의 소득을 과세의 기준으로 삼고 정부가 개인에게 강제적으로 부과하는 조세를 말한다. 조세의 대상은 개인이지만 세원(source)은 소득이 된다. 소득세는 개인의 경제적 행위에 여러 가지 형태로 영향을 미친다. 즉 근로동기, 저축의욕, 그리고 직업선택에도 영향을 미치는 것으로 보고되고 있다.

소득세는 사회복지정책의 재원으로서 소득재분배효과가 가장 큰 재원이다. 소득세는 일반적으로 누진율을 적용하고 있기 때문인데, 이는 고소득층은 저소득층에 비하여 납부하는 세금의 양도 많을 뿐 아니라 적용되는 세율도 높다는 것을 의미한다. 예를 들어, 스웨덴의 경우 가장 높은 개인소득세율은 70%에 이른다.

또한 개인소득세는 국가의 일반회계를 구성하는 가장 큰 재원이다. 소득세가 누진적인 특성으로 인해 소득재분배효과가 크다고 하더라도 전체 국가예산에서 차지하는 비중이 적다면 큰 의미가 없게 된다. 그러나 대부분의 국가에서 전체 국가 재정 중 소득세가 차지하는 비중은 다른 재원에 비해 월등히 크기 때문에 소득세에 의한 소득재분배효과가 크게 나타나게 된다.

〈표 6-3〉을 보면, 미국의 경우 개인소득세의 소득재분배효과를 알 수 있다. 특히 사회보장세나 소비세에 비해 소득세가 상대적으로 소득재분배 효과가 높음을 보여준다. 예를 들어, 소득수준이 최하위인 1/5의 집단은 개인소득세를 전혀 내지 않으며 오히려 국가로부터 돈을 받고 있는데 비해, 최상위 1/5집단의 소득세 부담률은 16%에 이르는 것으로 나타나고 있다. 게다가 대부분의 국가들이 조세수입의 가장 큰 부분을 소득세로 충당하고 있다는 사실을 감안한다면 조세를 재원으로 하여 국가가 실시하는 사회복지정책의 소득재분배효과는 여타의 재원을 활용하는 경우에 비해 상대적으로 크다는 것을 알 수 있다.

〈표 6-3〉 소득집단별 주요 연방조세 부담률

	개인소득세	사회보장세	소비세	전체
최하위 1/5	-1.5	7.6	2.4	9.7
중하위 1/5	3.5	10.1	1.4	16.7
중위 1/5	6.7	10.7	1.0	20.3
중상위 1/5	9.0	10.6	0.9	22.5
최상위 1/5	15.6	6.8	0.5	25.8
전체	11.3	8.6	0.8	23.1

자료: U.S. Congressional Budget Office, *The Economic and Budget Outlook: 1991-1995*, Jan 1990, 86-87, Gilebert and Terrell(1998), p.205에서 재인용.

2) 법인세(corporation income tax)

법인세는 기업을 하나의 법인(legal person)으로 간주하고 이 법인에 대하여 과세하는 조세이다. 따라서 법인세의 세원은 법인의 소득이 되며, 과세의 계산방법은 개인 소득세와 근본적으로 차이가 없다. 기업을 독립적인 과세의 대상으로 간주함으로써 자연인인 개인과 마찬가지로 소득을 획득하였을 때 조세를 부과하는 근거를 마련하게 된다. 그러나 모든 조세의 최종적인 부담자는 개인이기 때문에 법인세도 궁극적으로는 개인이 내는 것이나 다름이 없다. 다시 말해서 법인세를 지불함으로써 기업의 소유주인 주주들에게 돌아가는 이익이 줄어들게 되며, 이러한 이유 때문에 개인 소득세와 함께 법인세를 부과하는 것이 이중과세라는 지적도 있다.

그러나 기업이 영리를 추구하는 과정에서 국가로부터 유형 또는 무형의 혜택을 받고 있으며, 이 혜택은 기업을 소유하거나 투자한 사람들에게 과세하여도 충분할 만큼 가치가 있다는 것이 법인세를 부과하는 근거가 된다. 또한 세금을 걷는 입장에서 볼 때 개인에 비해 법인이 훨씬 더 용이하다는 점이 있고, 많은 사람들이 개인과 기업을 분리하여 생각하고 있다는 점에서 법인세가 존속되어야 할 이유가 있다.

3) 소비세(consumption tax)

소비세는 대표적인 간접세에 속한다. 소비세는 재화 및 용역의 생산, 판매 및 소비과정에 부과되는 세금이다. 소비세를 소득세와 비교하여 보면, 소득세는 가계수입의 원천에 대하여 과세하는 것인데 비해 소비세는 가계소득의 사용과정에 과세한다. 따라서 소득세에 비해 소비세는 고소득 계층의 조세부담률이 저소득 계층보다 상대적으로 작다.

소비세는 크게 두 가지로 나눌 수 있는데 하나는 일반소비세이고, 다른 하나는 개별소비세이다. 일반소비세는 모든 재화와 용역에 대하여 일률적으로 부과하는 조세로서 대표적인 것이 일반 판매세(general sales tax)와 부가가치세(value added tax)이다.[3] 한편 개별소비세는 특정한 재화와 용역에 대하여 특정세율을 선별적으로 부과하는 조세로

3) 한국에서는 소비세 중 부가가치세 제도가 도입되어 실시되고 있으며, 판매세제도는 없다.

서 우리나라의 특별소비세, 주세, 전화세, 관세 등이 개별소비세에 포함된다.

일반적으로 볼 때, 사회복지재정의 원천으로서 사용되는 이러한 소비세들 중 소득재분배효과가 가장 적은 것이 일반소비세이다. 우리나라의 경우 판매세는 적용되고 있지 않으며, 부가가치세가 과세되고 있는데, 이는 소비되는 재화나 용역의 종류와 가격에 상관없이 일률적으로 일정 세율이 과세됨으로써 상대적으로 저소득층의 부담이 커지기 때문이다.

4) 재산세(property tax)

재산세는 개인이 소유하는 재산의 가치에 부과되는 조세인데, 국세인 소득세에 대해 일종의 보완적인 기능을 하는 조세로서 지방세화하고 있는 것이 여러 나라의 공통적인 경향이다. 우리나라에서도 재산세는 지방세에 속한다. 재산세는 재산의 소재지에서 부의 원천에 대하여 과세하는 것이므로 과세상 소유자의 인적 사정은 고려됨이 없이 동일한 재산에 대하여 동일하게 취급하는 것이 원칙이다.

재산세는 정부의 재정원천 중 가장 적은 부분을 차지하는 세원으로써, 재산이 있는 사람들에게만 부과되므로 재산이 적은 사람에 비해 많은 사람들에게 부담률이 크다고 할 수 있다. 그러나, 일반적으로 재산세는 실제 재산의 시장가치를 적시에 반영하기 힘들며, 개인이 소유하고 있는 모든 재산에 대해 포괄적으로 부과하는 것이 거의 불가능하기 때문에 사회복지정책의 재원으로서는 그다지 큰 의미를 갖는다고 할 수 없다.

2. 사회보험료

사회보험은 모든 국민을 대상으로 보편적인 사회적 위험에 대비하는 사회보장제도로서 보험의 원리를 적용한다. 따라서 사회보험의 재정은 가입자인 국민이 납부하는 보험료로 충당된다. 사회복지정책의 재정 중 공공부조와 사회복지 서비스는 조세방식과 이용자 부담금이 재원이 되는 것과는 근본적인 차이가 있다. 사회보험은 사람들이 사회적 위험에 직면하여 소득이 상실되거나 감소될 때 이전의 시장소득을 유지하고자 하는 목적을 갖는다(Esping-Andersen, 1990). 따라서 사회보험료는 시장임금(소득)에 연동하여 결정되는 것이 일반적이며, 보험급여 역시 납부한 보험료에 따라 저소득 계층보다는 고소득 계층이 더 많이 받게 된다. 물론, 사회보험도 소득재분배효과를 목표로 하고 있으며, 이러한 목표를 달성하기 위하여 많은 국가들이 급여액이나 보험료 계산방식을 저소득층에게 상대적으로 유리하게 설계하고 있다.

그럼에도 불구하고 사회보험료를 통한 재원조성은 조세방식에 비해 소득재분배효과가 높지 않은데, 그 이유에 대해 송근원 등 (1996)은 다음과 같이 설명한다. 첫째, 사회보험료는 모든 계층의 근로소득에 일정한 비율로 부과되는데 이 경우, 고소득 계층은 저소득 계층에 비하여 여타의 다른 소득이 많기 때문에 실질적으로는 저소득층의 부담률이 높게 된다. 즉, 사회보험료는 조세방식과는 달리 보험료를 누진적으로 부과하지 않는 경우가 대부분이라는 것이다. 우리나라의 경우에도 보험료율은 모든 소득계층에게 일정하게 적용된다.

둘째, 대부분의 국가에서 사회보험료는 소득의 일정한 상한액 내에서만 부과되는데 이 역시 고소득 계층의 부담을 저소득층에 비하여 상대적으로 낮추는 효과가 있어 소득재분배에 역진적이다. 복지선진국들에서는 이러한 문제를 해결하기 위해 상한액을 상향조정하거나 없애고 있으나 이 경우, 고소득층의 저축감소와 기업연금의 위축 등을 가져올 위험이 있다.

셋째, 사회보험료에 대한 사용자의 부담이 실질적으로 피고용자의 부담이라면 소득재분배에 역진적이다. 사용자는 노동자를 고용하는 비용과 이를 통해 얻을 수 있는 가치를 비교하여 그것이 적어도 같을 때 노동자를 고용하게 된다. 그러나 사회보험료를 지불함으로써 노동비용이 증가하게 되면 사용자는 노동자에게 지급하여야 할 임금을 줄이려고 할 것이다. 만약, 임금을 줄이기 힘든 경우라면 그 기업에서 생산하는 상품의 가격을 올려 증가된 노동비용을 소비자에게 전가시키려고 할 수도 있는데, 이 경우 물가의 상승은 저소득 노동자들에게 불리하기 때문에 소득재분배효과는 악화될 수 있다(Skidmore, 1981).

〈표 6-4〉 주요국의 사회보장재원 구성비율 (단위: %)

	재원의 구성비				
	사회보험		정부예산	기타	계
	피보험자	사용자			
스웨덴	1.0	45.9	45.3	7.8	100.0
영국	15.8	26.5	54.8	2.9	100.0
미국	23.4	40.4	29.8	6.4	100.0
독일	34.0	34.2	28.9	2.9	100.0
프랑스	20.9	53.4	24.1	1.6	100.0
오스트리아	31.3	48.5	16.9	3.3	100.0
한국	29.0	32.5	25.1	13.4	100.0

자료: *ILO*(1985).

넷째, 소득세와는 달리 사회보험료는 가족수나 욕구를 고려하지 않고 모든 근로소득에 대하여 부과되기 때문에 저소득층의 부담이 상대적으로 크다.

다섯째, 사회보험료는 주로 근로소득에 부과되기 때문에 노동집약적인 산업에 주로 고용되어 있는 저소득층 근로자들에게 불리하게 작용할 수 있다. 즉 노동집약적인 산업의 쇠퇴로 임금하락이나 실업 등의 영향은 고소득 계층보다는 저소득 계층의 부담이 될 가능성이 높다. 따라서 소득재분배에 역진적인 영향을 미칠 수 있다(Stein, 1980).

그럼에도 불구하고, 사회보험은 오늘날 복지국가를 유지하는 가장 중요한 사회복지제도로 간주된다. 실제로 선진국들의 사회보장 재원 중 50% 이상이 사회보험료로 충당되고 있다는 사실은(표 6-4) 사회보험이 얼마나 중요한 사회복지 제도인지를 보여준다고 하겠다.

사회보험료는 조세방식과 더불어 현대 국가의 사회복지재정을 구성하는 가장 중요한 요소이다. 이 두 가지 방식의 장점은 다음과 같이 요약될 수 있을 것이다.

조세방식	사회보험료 방식
· 누진세를 중심으로 하는 조세구조로 볼 때 일반적으로 소득재분배효과가 크다. · 누진적 조세방식과 일방적 소득이전이라는 사회복지정책의 기능을 연계함으로써 사회적 평등에 기여한다. · 인적 공제 등을 통해 저소득 계층에게 상대적으로 유리하다. · 사회적 위험을 부담할 능력이 있는 사람들 사이의 위험공동체로서 기능한다 · 개별 정책에 대한 재정을 분리시키지 않으므로 각종 정책간의 상호조정이 가능하다.	· 직접적으로 목적지향적이기 때문에 재원의 안정성을 유지할 수 있고, 정책목적에 연계시키는 것이 상대적으로 용이하다. · 보험료 갹출에 의해 수급권이 자동적으로 발생하므로 낙인효과가 없다. · 사회보험가입자는 보험운영에 공식적으로 참여할 권한을 갖는다. · 사업주로 하여금 사고발생 예방의 유인을 제공한다. · 보험료가 적립되는 경우에는 공공의 목적을 위해 공적인 자금으로 이용될 수 있다.

자료: 현외성(2001), 『사회복지정책강론』, 양서원, pp. 226-228에서 발췌하여 인용.

3. 조세지출(tax expenditure)

조세지출은 세금을 거둬들여 직접적인 사업을 실시하는 대신 납부해야 할 세금을 감면시키거나 면제시킴으로써 사회복지정책을 간접적으로 지원하는 방법이다. 예를 들어, 사회복지시설에 대해 정부가 직접 보조금을 지급하는 대신 사회복지시설에 대한 기부금을 개인의 소득에서 감면시켜 세금을 줄여주는 방법이 있다. 또한, 가족 내의 노인을 부양할 비용을 국가가 지불하는 대신에 노인을 부양하는 가족들로부터 세금을 적게 거두어 들여 궁극적으로 가계 소득의 일부를 노인부양에 사용하도록 유도할 수도 있다. 조세지출은 국가가 직접 재정을 지출하는 것은 아니지만 납세자들로부터 거두어들일 세금을 그만큼 거두어들이지 않은 것이기 때문에 결과적으로 재정을 지출한 것과 다름이 없다는 의미에서 국가의 입장에서 보면 비용이 된다.

그러나 조세지출은 앞서 논의한 조세나 사회보험료 방식에 비해 소득재분배효과가 현격히 떨어지는 것으로 보고되고 있다. 한 조사에 의하면(Witte, 1986), 소득이 하위 50%에 해당하는 사람들은 전체 조세지출의 12%의 혜택을 받고 있는 반면, 상위 7%의 사람들은 조세지출의 49%를 차지하는 것으로 나타났다. 이는 조세지출 방식에 의한 재정이 소득재분배에는 역진적인 효과를 내고 있다는 것을 의미한다. 이는 조세지출의 방식과 관련이 되는데, 하나는 노인, 장애인, 아동에 대한 공제나 의료비, 교육비 및 주거비용 등에 대한 소득공제를 통해 사회적 형평성을 증진시키기 위한 것이고, 다른 하나는 각종 경제활동에 대한 투자 등을 과세대상에서 면제시킴으로써 경제적 효율을 증가시키는 것이다. 그런데, 상대적으로 고소득 계층에게 조세지출의 혜택이 많이 돌아간다고 하는 것은 국가의 조세지출 정책이 주로 경제적 효율성을 증가시키는 데 초점이 맞추어져 있기 때문이라는 것을 알 수 있다.

국가가 조세를 통해 재정을 충당하고 이를 통해 직접 사업을 실시하는 대신 조세지출이라는 방식을 사용하는 이유는 이것이 행정비용을 줄이고, 국가의 재정을 팽창시키지 않으면서 동시에 민간부문을 활성화시킬 수 있기 때문이다. 결국, 조세지출이라는 재정방식은 국가와 민간의 다양한 영역으로부터 사회복지의 정책목표와 의도를 달성하고자 하는 재정방식이라고 할 수 있다.

4. 부(負)의 소득세(negative income tax)

부의 소득세는 소득이전 프로그램의 하나로서, 소득액이 과세대상의 최저한도 이하인 경우 부족분에 대하여 일정률을 적용하여 그만큼을 조세환급과 같은 방식으로 지급하는 제도이다. 부의 소득세는 과세최저한도 이하의 소득자들에게도 세제혜택을 줌으로써 조세제도에 의한 혜택을 객관적이고 공평하게 할 수 있다는 장점이 있다. 또한 보충급여방식에 의해 일정소득에 미달하는 부분을 정부가 보조하는 경우 근로의

욕을 해칠 수 있다는 단점이 있으나 이 제도 하에서는 정부의 보조금이 부족액의 일정비율에 따라 급부되기 때문에 근로의욕을 유지할 수 있다는 장점이 있다. 즉, 부의 소득세는 통상의 소득세와 공공부조의 결점을 보완하고 양자의 장점을 살리는 제도라고 할 수 있다.[4]

부의 소득세는 소득보장액(income guarantee), 급여감소율(benefit reduction rate), 그리고 분기점 소득(break-even income)의 세 가지 변수로 구성된다. 이들 변수간의 관계를 함수로 나타내면 다음과 같다.

$$T = r(B - Y_i)$$

T : 정부로부터 이전되는 소득액
r : 급여감소율
B : 분기점 소득
Y_i : 최초소득액

따라서 만약 급여감소율이 50%이고 분기점 소득이 30만원이라고 할 때, 어떤 사람의 최초소득이 10만원이라면 정부로부터 10만원의 보조금을 받게 되어 이 사람의 총소득은 20만원이 된다. 한편, 소득이 전혀 없는 사람은 정부로부터의 이전소득이 15만원이 되며, 이 금액을 소득보장액이라고 한다.

부의 소득세를 실시하기 위해서는 몇 가지 쟁점들에 대한 논의가 전제되어야 한다. 첫째는 소득보장액을 얼마로 할 것인가를 정하는 것이다. 소득보장액이 너무 낮으면 저소득층의 실질적인 생계보장이 이루어지지 않을 것이고, 이것이 너무 높으면 정부재정에 부담이 지나치게 커질 가능성이 있다. 둘째, 급여감소율을 얼마로 정할 것인가이다. 급여감소율은 본인의 소득이 증가함에 따라 정부로부터의 이전해 오는 소득의 양을 결정하는 역할을 한다. 이 때, 급여감소율이 너무 높으면 소득이 있는 사람과 그렇지 않은 사람 사이에서 정부이전 소득의 차이가

4) 그러나 이 제도는 정부의 부담을 증가시킬 우려가 있으며, 특히 빈곤정책으로서 여전히 예방효과보다는 사후처방에 불과하다는 비판을 받는다.

크게 발생하지 않기 때문에 근로의욕을 해칠 가능성이 있다.

〈표 6-5〉 부의 소득세 예시

최초 소득	이전 소득	총소득
0	150,000	150,000
50,000	125,000	175,000
100,000	100,000	200,000
150,000	75,000	225,000
200,000	50,000	250,000
250,000	25,000	275,000
300,000	0	300,000

*소득보장액=150,000원, 급여감소율=50%, 분기점 소득=300,000원일 때.

5. 근로장려세제(EITC)

근로장려세제(EITC: Earned Income Tax Credit)는 근로소득이 일정수준 이하인 저소득층 가구에 대해서 조세 시스템을 통해 현금급여를 제공하는 일종의 소득보장제도이다. 근로장려세제는 기존의 공공부조제도와는 다르게 일을 하고 있는 저소득층(working poor)에게 현금을 지급하여 일을 통해 빈곤에서 벗어나도록 지원하는 복지제도이다.

근로장려세제는 일을 통해 빈곤을 탈출할 수 있게 하는 정책의 하나로, 저소득층의 세금부담을 덜어주고, 근로소득이 적을수록 보조금까지 받을 수 있어 '조세제도'라기보다는 '소득보장제도'의 특성이 강한 제도라고 할 수 있다. 이 제도는 소득에 따른 공제액을 설정하고 해당근로자가 낸 세금이 공제액보다 많을 때는 공제액만큼을 차감한 금액만 납부하도록 하고 반대로 공제액보다 세금이 적을 경우에는 오히려 그 차액을 현금으로 받을 수 있다.

전통적인 공공부조제도는 노동시장 취업에 대해서는 소득공제를 실시하지 않고 있기 때문에 최저생계비에 근접한 근로소득이 있는 수급자들의 근로동기를 약화시킬 우려가 있다. 한국의 기초생활보장제도를 포함하는 대부분의 공공부조제도에서는 급여를 보충급여의 원칙에 따라 지급하기 때문에 현금급여 기준 이하의 소득 수준에서는 수급자가 근로를 통해 소득을 얻더라도 생계급여를 합한 최종적인 가처분소득이 동일해지기 때문이다. 따라서 소득공제제도를 도입하지 않을 경우 근로의욕의 저하를 초래해서 근로능력이 있는 수급자 1인당 생계급여가 증가하는 결과를 초래할 수 있다(방하남 · 황덕순, 2002).

[그림 6-1] EITC와 근로소득과의 관계

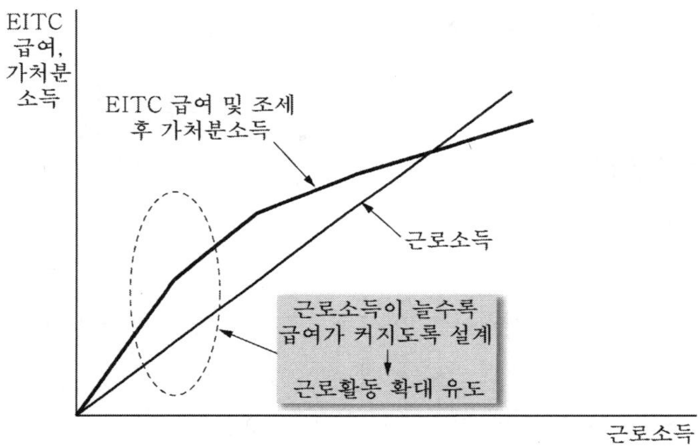

근로장려세제(EITC)는 근로소득이 있는 수급자의 생계급여를 소득공제만큼 증가시켜서 근로유인효과를 제고하고 근로활동에 참가하는 수급자와 참가하지 않는 수급자와의 형평성문제를 해소하고자 하는 것이다. 즉, 근로장려세제는 복지재정의 관점에서 단기적으로는 생계급여의 증가로 인해 추가예산이 소요되지만, 장기적으로는 추가적인 근로활동에 따른 근로소득의 증가로 인하여 생계급여의 감소와 탈빈곤에 의한 수급자규모의 감소를 가져오게 되어 예산절감 효과를 기대할 수 있는 것이다(김재진, 2002).

1) 근로장려세제의 특성

(1) 급여대상 : 근로소득자

근로장려세제는 근로소득이 있는 경우에만 급여가 제공된다. 근로소득을 근거로 하여 일정 비율을 급여로 지급하므로 취업하지 않은 사람은 급여를 받을 수 없다. 근로장려세제의 이러한 특성은 사회복지적 관점에서 장점이자 단점으로 작용한다. 한편으로, 근로장려세제는 노동능력이 있음에도 불구하고 정부의 복지급여에만 의존하려는 복지의존성을 발생시키지 않는다. 그러나 다른 한편으로, 장애인, 아동, 편모 등 본인의 근로의지와 무관하게 취업을 할 수 없는 계층은 근로장려세제에 의해서는 아무런 혜택을 받을 수 없다. 따라서 근로장려세제가 본래의 취지와 목적을 달성하기 위해서는 노동취약계층에 대한 보조적인 소득보장제도가 보완되어야 한다.

(2) 근로동기 유지와 강화

근로장려세제는 일정 구간내에서는 소득이 증가할수록 급여가 증가하기 때문에, 수급자의 근로동기를 강화시킬 수 있다. 이 점은 종래의 공공부조제도의 문제로 지적되는 수급자의 근로동기 약화를 예방할 수 있는 장점이 된다. 그러나 소득이 낮을수록 급여도 적어지므로 최소생활보장이 달성되지 않은 사각지대가 발생하게 되는 단점이 있다. 그러나 점감구간에서는 오히려 근로동기가 약화될 수 있기 때문에, 근로장려세제가 유발하는 수급자의 근로동기 여부는 제도를 어떻게 설계하느냐에 따라 달라진다.

3) 개인별 급여액 산정

근로장려세제는 개인의 근로소득 근거로 급여가 주어지므로 근로소득이 온전히 파악되는 사회적 기반이 전제되어야 한다. 개인별 근로소득이 파악되지 않으면, 수급자격 여부 판정과 급여액 산정이 불가능해 근로장려세제의 운영이 어려워질 수밖에 없다. 미국은 근로장려세제를 운영하기 위한 별도의 조직이 없는데, 이는 소득세를 신고하는 과정에서 개인별 소득이 완전하게 밝혀지는 조세환경이 구축되어 있기 때문이다.

(4) 두터운 사회안전망 구성

근로장려세제는 반드시 빈곤선 이하의 근로빈곤계층만을 대상으로 삼는 것이 아니다. 제도의 설계에 따라서 상당히 넓은 범위의 근로계층을 대상으로 소득보전을 행할 수 있다. 종래의 사회보장체계가 빈곤계층을 대상으로 하는 공공부조제도와 전 소득 계층을 대상으로 삼는 사회보험 중심의 2중 안전망 형태였다면, 근로장려세제는 빈곤선을 상회하는 중하위계층의 근로자를 대상으로 함으로써 좀더 두터운 사회안전망을 구성할 수 있다.

[그림 6-2] 사회안전망

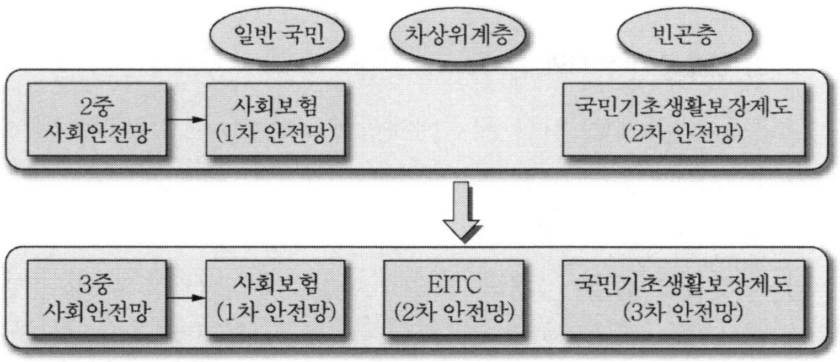

2) 한국의 근로장려세제의 내용

근로장려세제는 한국에서 2008년부터 시행되었다. 선정기준은 18세 미만 자녀를 2인 이상 부양하는 가구, 당해연도 부부합산 총소득이 1,700만원 미만인 근로자 가구, 무주택이고, 일반재산 합계액이 1억원 미만인 가구를 대상으로 하는데 최대급여액은 120만원이다.

급여체계는 근로유인을 위해서 근로소득이 증가함에 따라 급여가 증가하는 점증구간, 근로소득의 변화에 상관없이 최대급여액을 수급하는 평탄구간, 근로소득이 증가함에 따라 급여가 감소하는 점감구간으로 구성되어 있다. 점증 구간은 근로소득이 증가함에 따라 근로장려세제 급여액이 점차 증가한다. 저소득 가구에게 소득을 지원하면서 근로 요인을 제공하기 위한 것이다. 최고액고정 구간은 근로소득 증가에 관계없이 최대 급여액이 정액으로 유지되며, 점감 구간은 근로소득이 증가함에 따라 급여액이 점차 감소해 마지막에는 0에 도달한다.

[그림 6-3] 한국 근로장려세제 급여체계

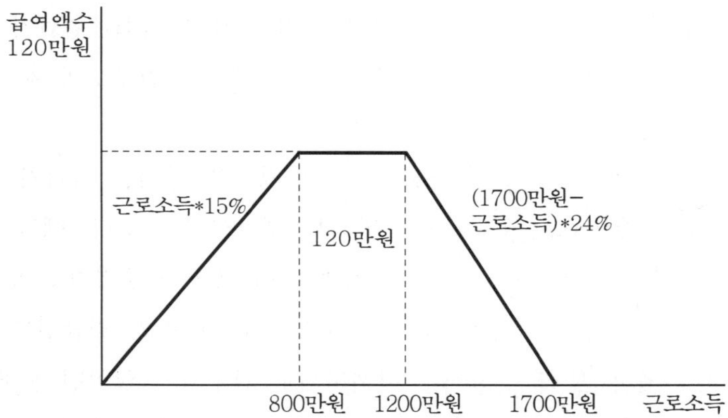

6. 민간부문의 재원

1) 이용료(fee)

사회복지의 공급주체가 다원화되면서 민간의 이용료 징수 서비스(fee-for-service)가 증가하고 있다. 민간부문에서 사회복지 서비스의 공급이 활성화되는 것은 국가부문이 갖는 내재적인 비효율성을 극복하고, 제도적으로 감당할 수 없는 다양한 잔여적 복지 욕구에 대하여 민간부문이 동원되는 경향이 증가하기 때문이다. 이러한 논의의 저변에는 국가부문이 필연적으로 정치적이고 관료적인 특성을 배제하기 힘들다는 것이 전제되어 있다. 즉 국가부문의 정치적 특성은 각종 이해집단의 영향력을 효과적으로 배제하기 힘들며, 따라서 정치적 거래와 타협을 통해 의사결정을 하게 되므로 민간부문에 비해 의사거래비용이 증가하게 되고, 따라서 비효율을 낳게 된다는 것이다. 또한, 국가부문의 관료주의적 특성 역시 의사결정에 있어서의 비효율의 원인이 된다. 물론 이용자부담의 이용료 부과방식이 민간부문에서만 이루어지는 것은 아니다. 우리나라의 경우, 건강보험급여를 받을 때 본인부담금이라는 명목으로 이용료를 지불하는 것은 공공부문에서의 이용료 부과의 예가 된다. 그러나 이용료는 공적인 재원조달 방식인 조세와 사회보험료가 아니라 개별적 차원에서 지불되는 가격이라는 점에서 민간부문의 재원이라고 할 수 있다.

사회복지 욕구의 다양화와 잔여적 욕구의 증가는 국가가 제도적으로 감당할 수 있는 사회문제의 범위를 제한시키고 있다. 예를 들어, 여성취업의 증가에 따라 보육서비스에 대한 욕구가 증가하고 있으며, 노인인구의 증가에 따라서 이들에 대한 보호서비스의 필요성도 함께 증가하고 있다. 또한 이전에는 사회문제로 간주되지 않았던 문제들이 점차 사회적인 관심의 대상이 되면서 개입의 필요성이 증가하고 있는 것도 사실이다.

이렇게 특정한 계층에게서 발생하는 사회적 욕구에 대응하기 위하여 공적인 재정을 보편적으로 할당하는 것은 납세자들로부터 합의를 얻어내기 힘들며, 따라서 이러한 사업은 민간부문의 주도하에 실시되는 것이 합당하다는 것이다. 또한, 이러한 잔여적 욕구를 충족시키기 위한 국가의 개입에는 정치적인 부담이 증가하는 것도 사실이다. 그러나 이러한 욕구들이 점차 사회 내의 보편적인 욕구로 인정이 되면 다시 국가의 공식적인 개입과 자원할당이 정당화되는 것은 피할 수 없는 일이 될 것이다.

사회복지 재정에 있어서 이용자의 부담하에 지불되는 이용료방식의 재정충당은 몇 가지 의미를 갖는다. 우선, 공적인 재정방식을 통해 급여를 수급하게 되는 경우, 종종 이용자들은 자신이 갖고 있는 서비스에 대한 수요보다 과장된 수요를 표현하게 될 가능성이 있다. 즉, 서비스 이용에 있어서 수요를 표현하는 것이 통제되는 어떠한 기제도 없는 상황에서는 실제로 공급되어야 할 서비스보다 많은 양의 서비스가 공급될 가능성이 있고 이는 결국 자원할당의 비효율을 낳게 한다. 이 경우, 자신이 이용해야 할 서비스에 대해 필요한 만큼의 수요를 표현하도록 하는 것이 이용료방식인 것이다. 이는 서비스를 이용하는 사람들의 도덕적인 해이(moral hazard)를 방지할 수 있는 장점과도 연결이 된다. 사회복지 정책에 있어 국가의 적극적인 개입을 비판하는 보수주의적 견해는 주로 필요 없는 서비스의 과다생산에 초점이 맞추어져 있다. 그러나 이용자 부담을 통한 이용료징수는 이러한 문제를 어느 정도 해결할 수 있다.

둘째, 사회복지 서비스의 질적 향상을 도모할 수 있다는 장점이 있다. 사회복지 정책에 있어 이용자가 비용을 부담한다는 것은 자신이 원하는 서비스를 선택할 수 있다는 것을 의미한다. 결국, 서비스에 대한 이용권한이 가격지불이라는 방식을 통해 이용자에게 넘어가게 되면 서비스 공급자들 간에는 경쟁이 발생하게 되고, 결국 더 나은 서비스를 제공하고자 하는 유인이 발생하게 된다. 이러한 현상은 특히 개별적인 사회복지 서비스를 공급하는 영역에서 중요하다.

셋째, 이용료를 지불하고 서비스를 이용하는 사람들은 심리적으로 낙인감을 덜 갖게 된다. 또한 서비스에 대한 가격을 지불함으로써 스스로 자기 존중감(self-respect)을 갖게 되고 나아가 사회적 책임감(social responsibility)을 갖게 된다(Gilbert and Terrell, 1998).

그러나 이용료 방식에 의존하여 사회복지 정책의 재정을 충당하는 데에는 몇 가지 문제점이 동시에 제기되고 있다. 가장 심각한 문제는 서비스에 대한 가격을 지불할 능력이 있는 사람들만 서비스를 이용할 수 있게 된다는 것이다. 이는 사회복지 정책이 겨냥하는 궁극적인 목표—소득과 기회의 재분배—를 훼손할 우려가 있는 것이다. 따라서, 이러한 문제를 해결하기 위해 이용료를 책정하는 과정에서 이용자의 소득을 파악하여 이에 연동하여 이용료를 부과하는 방식(sliding scale)을 사용하기도 한다. 둘째, 서비스에 대한 가격을 책정하여 이를 지불하도록 하기 위해서는 클라이언트가 이용할 수 있는 서비스의 범위가 경쟁이 이루어질 수 있을 만큼 충분히 넓어야 하며, 이에 따라 서비스 이용에 대한 정보가 클라이언트에게 충분히 제공되어야 한다. 만약 사회 내에서 특정한 사회복지 서비스가 몇몇 기관이나 공급주체에 의해 독점 또는 과점되는 방식으로 제공된다면 이용료부과는 의미가 없으며, 오히려 서비스에 대한 이용만을 억제하는 효과를 낳게 될 것이다. 또한 저소득 계층은 상대적으로 서비스를 이용할 기회를 제한 당하는 역효과를 낳게 된다.

사회복지 재정에 있어 이용료방식은 사회복지 서비스의 공급을 민영화(privatize)하거나 상업화(commercialize)하고자 하는 정치적 의도와 무관하지 않다. 즉 사회문제에 대한 국가의 개입을 억제하고 민간의 자발성과 효율성에 기초하여 사회복지 서비스를 제공하는 것이 결과적으로 효과적이라는 주장이다. 그러나 이러한 논의는 여전히 사회문제에 대한 국가의 기본적인 책임이 어느 정도 이행되고 있는가를 판단한 후에 전개되어야 한다. 어떠한 국가부문도 “전적으로 공적(not entirely public)이지 않으며”, 또한 어떠한 민간부문도 “전적으로 사적(not entirely private)이지 않다”(Gilbert and Terrell, 1998). 결국 모든 국가부문은 민간부문의 개인들의 납세와 기여를 통해 존재하는 것이며, 모든 민간부문은 국가로부터의 직접 혹은 간접의 보호와 혜택 내에 존재하는 것이기 때문에 그러하다.

2) 자발적 기부(voluntary giving)

2차 세계대전 이후 급격하게 성장하는 부문이 바로 민간 비영리 부문(private non-profit sector)이다(Salamon, 1992). 비영리 부문을 규정하는 다양한 개념과 특성들이 있으나 가장 대표적인 것은 이 영역이 시민의 자발성을 통해 형성되고 발전해 왔다는 것이다. 민간 비영리부문은 국가부문의 비효율성과 관료성을 배제하고 시장의 비인간성을 배제할 수 있는 효과적인 영역으로 점차 관심의 대상이 되고 있다.

사회복지 부문에서도 민간 비영리 부문의 중요성은 점차 증가하고 있으며, 민간 비영리 부문의 지출 중 사회복지 영역이 차지하는 비중은 다른 영역에 비해 상대적으로 크다. 미국의 경우 총 사회복지 지출 중 민간부문의 지출이 40%에 육박하고 있으며, 이 수치는 과거 20년간 지속적으로 증가해 왔다.

자발적 기부는 개인, 재단(foundation), 기업, 그리고 유산 등으로 이루어지는데, 미국의 경우 개인에 의한 기부금이 가장 큰 부분을 차지하고 있으며, 다음으로는 재단, 기업 등의 순이다. 한 조사에 의하면 미국의 비영리 영역의 총 수입 1천500억 달러 중 개인의 기부금이 차지하는 비중은 전체의 80%에 육박하고 있으며, 재단이 8%, 기업이 8% 정도를 차지하는 것으로 나타난다(American Association of Fund-Raising Counsel, 1997). 미국의 경우 개인의 기부가 비영리 영역에서 차지하는 비중이 큰 것은 역사적으로 민간부문이 국가부문보다 먼저 성장한 데에도 기인하지만, 각종 모금전문조직의 활동이 다른 나라에 비해 월등하게 활성화되어 있는 데에도 원인이 있다. 예를 들어 미국의 대표적인 공동모금조직인 United Way of America는 전국에 4,000개가 넘는 지회조직들을 통해 1년에 30억불 이상을 모금하고 있다. 미국의 United Way의 기부자 중 절반 이상이 개인이라는 사실은 미국의 비영리 부문을 구성하는 가장 큰 요소가 개인이라는 점을 증명해 준다. 한국에서도 1998년에 사회복지공동모금회가 설립되어 공동모금사업을 실시하고 있으며 매년 3,000억원 이상을 민간부문으로부터 모금하고 있다. 그러나 미국의 United Way와는 달리 주요 기부자가 기업이며 개인 기부는 전체 기부금액에서 차지하는 비중이 그리 크지 않다.

민간부문의 자발적 기부행위를 주도하는 또 하나의 주체는 기업이다. 기업은 자본주의 사회의 핵심적인 행위주체로서 생산과 고용을 책임지고 있다. 그러나 산업구조와 생산방식의 변화, 소비자의 권한 증가, 기업경영관리 방법의 변화 등은 기업으로 하여금 확대된 사회적 책임을 이행하도록 하고 있다. 이러한 사회적 압력에 대하여 기업이 대응하는 전략 중 하나가 공익적인 사업에 기부하는 것이다. 기업이 사회공헌활동을 하는 방법은 크게 두 가지가 있는데, 하나는 기업이 자산을 출연하여 기업재단을 설립하는 것이고, 다른 하나는 기업이 직접 공익적인 사업을 실시하는 방법이다. 한국에는 현재 100개 이상의 기업재단이 설립되어 공익적인 활동을 실시하고 있으며, 사회공헌활동에 기업들이 지출하는 금액은 연간 2조원 이상인 것으로 조사되고 있다. 또한 기업들이 이익금의 일부를 사회공헌활동에 기부하는 움직임도 점차 확산되어 가고 있다.

비영리 부문에 대한 개인이나 기업의 기부는 이타적인 동기나 자선적인 태도에 의해서만 설명되는 것은 아니다. 비영리부문이 활성화되기 위해서는 이러한 기부행위를 격려하고 지지할 수 있는 제도적 방안이 뒷받침되어야 하는데, 그 대표적인 것이 세제혜택이다. 현재 대부분의 국가에서 비영리 공익법인에 대한 세제혜택을 실시하고 있으며, 한국에서도 '공익법인설립운영에 관한 법률'이나 민법 32조에서 규정하고 있는 공익법인에 대해 기부하는 경우 소득공제를 실시하는 제도를 갖고 있다.

자발적 기부가 사회복지 재정의 중요한 일부를 차지하고 있는 것은 사실이지만, 여기에도 몇 가지 문제가 있다. 우선, 자발적 기부를 통해 조성된 재원의 배분실태를 보면 소득계층별로 큰 차이가 없이 급여가 이루어지는 경향이 있다. Salamon(1992)의 연구에 의하면 정부재정의 57%가 가장 빈곤한 계층에게 배분되는 반면, 비영리 부문에서 조성된 재원은 28%만이 이들에게 배분되는 것으로 보고되고 있다. 이는 비영리 부문이 기본적으로 소득재분배를 목적으로 활동하는 것이 아니기 때문이며, 비영리 조직들의 활동은 사회복지영역뿐 아니라 교육, 예술, 환경, 스포츠 등 다양한 영역에 걸쳐 있기 때문이다.

〈표 6-6〉 한국의 부문별 사회복지 지출 추이(1990~2005)

연도	총계	공공부문					민간부문				
		계	정부[1]			사회보험3)	소 계	법정퇴직금	출산휴가급여	질병휴가급여	민간복지서비스[4]
			소 계	중앙정부	지방정부[2]						
1990	7,547	5,607	1,910	1,629	281	3,697	1,940	1,797	-	143	-
1996	22,042	16,232	5,218	3,870	1,348	11,014	5,810	5,453	-	289	68
2000	47,900	29,539	10,673	8,091	2,582	18,866	18,361	17,371	212	506	272
2001	48,429	34,208	12,350	9,162	3,188	21,858	14,221	12,993	309	571	348
2002	49,987	36,966	11,995	9,418	2,577	24,971	13,021	11,652	260	679	430
2003	57,240	41,448	12,619	9,772	2,847	28,829	15,792	14,313	321	633	525
2004	67,809	49,810	17,452	13,066	4,386	32,358	17,999	16,331	362	701	605
2005	73,345	55,704	18,836	13,767	5,069	36,868	17,641	15,909	307	751	674

1) 공공부조 및 사회복지서비스의 지출금액임.
2) 지방자치단체 자체사업 2004년 이후 포함.
3) 4대 사회보험의 급여액임.
4) 취약계층을 위한 교통·통신요금 등의 감면액임.
자료: 고경환 등 (2007)『한국의 사회복지지출 추계(1990~2005)와 자발적 민간급여 실태조사』, 한국보건사회연구원. 발췌후 인용

다음으로, 자발적 기부에 의한 재원은 종종 특정 계층 혹은 지역의 특수한 욕구를 해결하는데 배분되는 경우가 많다. 이는 비영리 부문에 대해 기부하는 사람들이 '지정기부(donor designation)'를 통해 기부금의 용도를 제한하기 때문인데, 이러한 경향은 국가 전체의 통합적이고 포괄적인 사회복지정책 발전에 장애가 될 수도 있다(송근원 · 김태성, 1996). 물론, 민간의 비영리 영역은 자발적이고 자율적인 결사체(associations)들로 구성되어 있기 때문에 이들의 활동이 국가의 영역을 대체할 수는 없는 것이지만, 공익적인 사업을 실시하는 데 있어 국가와의 적절한 파트너십 형성은 매우 필요한 것이라 하겠다.

제 3 절 한국의 사회복지 재정

1. 한국 사회복지 재정의 현황

한국의 사회복지재정은 1960년대 형식적인 사회복지입법이 이루어지고, 이후 특수직역 종사자들에 대한 부분적인 사회보험제도와 시혜적 공적부조제도를 실시하고 있던 1980년대 중반까지 매우 열악한 형편이었다. 그러나 1987년 이후 사회보험의 내실화가 시작되면서, 1997년 고용보험의 도입과 1999년 국민연금의 확대, 그리고 2000년 국민기초생활보장제도의 실시 등을 통해 사회복지재정은 급속하게 증가하고 있다. 그러나 여전히 한국의 경제규모나 사회복지 욕구에 비해 사회복지재정은 "매우 낮은 수준"을 유지하고 있다(박능후, 2001 ; 김태성, 2001 ; 이태수, 2001 등). 1999년 현재 한국의 사회복지 총 지출은 GDP의 7.5% 수준이고, 법정퇴직금을 포함시킬 경우 11.8%에 해당한다(박능후, 2001에서 재인용). 이는 서구의 복지국가들에 비해 턱없이 작은 규모에 해당하며, 이들 국가들이 한국과 비슷한 경제수준을 유지할 당시와 비교해 보아도 한국의 사회복지재정은 상대적으로 열악한 것이 사실이다.

한국의 복지재정이 열악한 이유는 선진 복지국가들에 비해 산업화정도가 아직은 높지 않고, 따라서 축적된 자본이 상대적으로 적기 때문이기도 하지만, 또 하나의 중요한 이유는 남북분단으로 인한 과도한 국방비와 관련 비용의 지출 때문이기도 하다(원석조, 2001). 게다가 남북분단은 국방비의 지출만을 증가시키는 것이 아니라 국가내의 지배 이데올로기를 보수화함으로써 결과적으로 사회복지 제도의 발전을 저해한 측면도 있다고 보아야 할 것이다. 실제로 1960년대 이후 권위주의적인 정권하에서 진보적인 사회복지 정책을 수립하거나 시행하는 것은 불가능한 일이었다. 1987년에 이른바 "민주화 대투쟁" 이후 형식적 민주주의에 입각한 정부가 들어서면서 사회보험제도가 확대되기 시작하였고, 1998년 이후 국민의 정부와 참여정부에서 본격적으로 성장하였다.

〈표 6-7〉 한국의 사회복지지출 규모(2000~2005)

(단위: 십억원, 요소 GDP 대비 %)

구 성 항 목	2000	2001	2002	2003	2004	2005
1. 총사회복지지출	60,234	61,895	64,976	74,152	81,635	88,588
2. 조세부담[1)]	3,979	3,717	3,716	4,666	5,457	5,699
직접세 및 사회보험료	399	359	344	513	800	840
간접세	3,580	3,358	3,371	4,153	4,657	4,859
3. 조세혜택[2)]	1,461	1,767	3,482	4,090	4,209	4,454
순 사회복지지출	57,716	59,945	64,742	73,576	80,387	87,343
GDP 대비 %	11.36	11.01	10.86	11.67	11.70	12.23

1) 직접세는 법정퇴직금, 산전후휴가급여, 유급질병휴가급여 부과된 소득세임(참고로 사회보험의 각종 급여는 면세임).
간접세는 사회보험의 급여, 법정민간급여, 조세감면액에 대한 도·농가구의 평균간접세율로 추계함.
2) 근로소득 공제제도에 따른 감세, 장애인용 자동차 면세액, 장애인용 수입물품 관세감면, 그리고 비영리공익법인에 대한 재산세 등의 감면임. 단, 기업의 사회복지관련 지출에 대한 법인세 감면은 자료수집의 한계로 제외함

자료: 고경환 등 (2007) 『한국의 사회복지지출 추계(1990~2005)와 자발적 민간급여 실태조사』, 한국보건사회연구원.

2. 한국 사회복지 재정의 과제

1990년대 말 이후 한국의 사회복지재정이 급격하게 증가한 것은 이른바 IMF위기를 거치면서 실업예산이 급격하게 증가하였고, 대대적인 고용조정을 통해 법정퇴직금의 지출이 많았기 때문이다. 따라서 이 시기의 재정증가는 우려할 만한 것이 아니며, 경제위기를 극복하는 과정에서 단기적으로 발생한 현상으로 이해되어야 한다는 의견도 있다(박능후, 2001). 그러나 한국의 사회복지재정이 갖는 문제는 특정한 시기에 급격히 증가하거나 감소하고 있는 재정규모에 있는 것이 아니라, 정

책수행을 위한 안정적인 재원이 확보, 유지되고 있는가 하는 것이다. 향후 노령인구의 급속한 증가, 가족형태의 변화, 그리고 이러한 인구학적 변화에 수반되는 다양한 사회적 욕구에 대응하는 사회정책이 수행되기 위해서는 안정적인 재원확보가 무엇보다 선행되어야 한다. 그리고 이러한 과정에는 계층간 및 이익집단 간의 합의가 전제되어야 한다.

사회복지재정의 안정적인 확보를 위해서는 다음과 같은 과제들이 선결되어야 한다. 첫째, 세원의 확보와 형평성 있는 과세이다. 소득이 있는 곳에는 적절한 과세가 이루어져야 하며, 여기에는 예외가 있을 수 없다. 사회복지 정책을 수행하는 데 있어 국가가 기본적 의무를 이행하기 위해서는 공적인 재원을 확보하고 있어야 하며, 이는 조세를 통해 충당된다. 또한 자영자 소득파악을 통해 집단간 과세의 형평을 이루어야 할 것이다.

둘째, 사회보험 재정의 안정화가 이루어져야 한다. 사회보험은 국가의 사회복지를 받치는 가장 중요한 제도이다. 따라서 보험료의 갹출과 급여지급에 있어서의 효율성을 증진하고, 관리운영체계의 개선을 통하여 재정을 안정화시키는 것이 매우 시급한 과제이다.

셋째, 국가부문과 민간부문의 파트너십을 강화해야 한다. 사회복지 공급주체의 다원화는 일반적인 현상이며, 결국 제도적 측면을 담당하는 국가부문과 잔여적 측면을 담당하는 민간부문간의 유기적인 파트너십이 형성되고 유지되어야 한다. 이를 위해서는 민간의 비영리 영역을 활성화하기 위한 정책적 방안들이 마련되고 개선되어야 한다.

넷째, 남북통일을 대비한 재정계획을 마련해야 한다. 통일 이후의 사회보장 체계에 대한 구상은 이제 더 이상 미룰 수 없는 현실적인 과제가 되고 있다. 현재 남북한에서 각각 실시되고 있는 사회보장제도에 대한 심도있는 비교와 분석은 이러한 과제를 이행하는 첫 단계가 될 것이다.

참고문헌

George, V., and P. Wilding(1985), *Ideology and Social Welfare*, Routledge and Kegan Paul.

Gilbert, N. and P. Terrell(1998), *Dimensions of Social Welfare Policy*, Englewood Cliffs, NJ: Prentice-Hall.

ILO (2001), "Cost of Social Security", in *World Labour Report 2000*.

OECD(1985). *Social Expenditure 1960~1980.*

Salamon, L. M.(1992), "Social Services", in C. T. Clotfelter (ed.), *Who Benefits From the Nonprofit Sector*, Chicago, IL: The University of Chicago Press.

Skidmore, F(1981), *Social Security Financing, Cambridge*, Mass: The MIT Press.

U.S. Congressional Budget Office, *The Economic and Budget Outlook: 1991-1995*, Jan 1990.

David Piachaud(2005), 영국의 근로소득세액공제제도 : CTC와 WTC, 국제노동브리프 2005년 3월, 한국노동연구원 국제연구실.

Henry Sterdyniak(2005), 프랑스의 근로소득세액공제제도 : PPE, 국제노동브리프 2005년 3월, 한국노동연구원 국제연구실.

고경환 외(2000), "OECD 추계방법에 의한 한국의 순 사회복지 지출추계", 보건복지부, 한국보건사회연구원.

고경환·장영식·김교성·최성용(2007), 「한국의 사회복지지출추계(1990~2005)와 자발적 민간급여 실태조사」, 한국보건사회연구원.

김연명·이승욱 역(1990), Ian Gough 저, 『복지국가의 정치경제학』, 한울아카데미.

김재진(2002), "국민기초생활보장제도와 근로소득공제".

김재진·박능후(2005), 한국형 EITC 도입 타당성 검토, 한국조세연구원.

김태성(2001), "우리나라 복지위상에 대한 평가와 개선과제에 대한 토론", 한국사회보장학회 춘계학술대회 자료집.

김태성·성경륭(1993), 『복지국가론』, 나남.

박능후(2001), "한국 사회복지재정의 현황과 과제", 한국사회복지학회 2001년 추계학술대회 자료집.

______(2005), 미국 근로소득보전세제(EITC)의 특성과 정책적 함의, 국제노동브리프 2005년 3월, 한국노동연구원 국제연구실.

방하남·황덕순(2002), "노동과 복지의 연계를 위한 정책설계 및 실천방안 : 국민기초생활보장제도의 자활사업을 중심으로".

송근원·김태성(1996), 『사회복지정책론』, 나남.

원석조(2001), 『사회복지정책학원론』, 양서원.

이태수(2001), "한국의 사회복지재정에 대한 재음미", 한국사회보장학회 춘계학술대회 자료집.

7
chapter

사회복지정책과 민간(시민)의 역할*

제1절 서 언

근대적 시민사회는 역사적으로 봉건주의가 해체되고, 근대국가와 자본주의가 발달하는 과정에서 성장하여 왔다. 그러나, 현대에 와서는 1970년대 이후 사회주의 국가가 무너지고, 사회주의 이념이 퇴색함에 따라, 자본주의가 극대화되어 신자유주의가 확대되는 시기에 이에 따른 부작용과 문제에 대하여 견제하고, 문제를 제기, 진단, 대안을 제시하는 시민단체가 다양하게 형성되어 왔다. 시민단체의 활동은 정부의 활동이 아닌 비정부기구라는 의미에서 NGO(NonGovernmental Organization)라는 이름으로 널리 쓰여지고 있으며, 대부분 비영리적으로 활동하기 때문에, 비영리단체(기구, NPO), 공익단체(기구) 등과 같이 쓰이고 있다. 개념적으로는 정부를 제1섹터, 시장, 기업을 제2섹터라고 구분하는 것과 대비하여 제3섹터라고도 부른다. 공적영역과 대비하여 사적영역의

* 최현숙 : 상지대학교 사회복지학과 교수

모든 단체는 민간단체이며 기업도 이에 포함된다. 그러나 기업은 영리를 목적으로 하기 때문에 이 개념에서 제외되며, 그런 면에서 정부도 비영리기구이지만, 정부기구의 특수성으로 인하여 비영리단체의 범주에서 제외하고 논의하는 것이 일반적이다. 사회복지와 관련하여서는 영리를 목적으로 하는 상업성 서비스를 제외한 모든 복지서비스 제공처를 비영리기구(NPO, Non-Profit Organization)라 한다.

한편, 1990년대 이후 제4섹터라는 개념이 대두되어 발전하고 있는데, 이는 공익을 목적으로 하지만, 운영은 시장의 원리를 적용하여 영리적 방식으로 이루어져서, 이윤을 남기려는 기업적 운영방법을 활용하는 조직의 총체를 일컫는다. 이를 사회적 기업이라고 한다.

사회적 기업의 특징은 공익적 목적으로 창립되어, 이윤을 창출하는 기업과 같은 민간사업장 운영하면서, 시장의 원리를 적용하되, 시장의 장점, 즉 자유로는 창발성과 공정 경쟁의 원리를 중시하며, 이윤을 창출하도록 노력한다. 동시에, 구성원들이 비영리적 목적에 동의하면서, 이윤이 창출되면 고용을 늘리고, 공익을 위하여 사용하는데 동의한다는 점이다.

우리나라에서 시민단체는 1980년대 후반에 싹을 틔워, 1990년대부터 빠른 속도로 형성, 성장하여 왔다. 사회복지영역에서는 인권, 환경, 여성, 소비자 운동 등 국가권력, 경제권력을 견제하는 일상생활에서의 권리옹호 운동이나 국제기구론적 운동 등(박상필, 2001)보다는 덜 두드러지지만, 국민의 복지 서비스의 질을 높이고 서비스 양을 확대하기 위하여 사회복지 관련 기관, 단체들이 꾸준하게 노력하고 있다. 사회복지에 있어서의 민간단체는 당연히 정부기구가 아닌 비정부기구로서, 비영리 사회복지기관, 단체를 말한다. 조희연(2001)은 공공이익 NGO의 유형을 사회행동지향적, 사회서비스적으로 구분하고, 박애조직, 구호조직, 사회복지단체 등을 사회서비스적 NGO라고 하였다. 비영리단체의 국제표준산업분류에서는 활동방향에 따라 사회복지운동형과 사회복지서비스형으로 구분한 것과 같다(우수명, 2001). 우리나라에서는 사회복지 영역에서의 민간활동은 다른 시민단체 활동과는 달리, 사회행동 지향적이기보다는 사회서비스적으로 발달하여 왔다고 할 수 있으나, 앞으로 복지수급자들의 권리옹호 운동이나 국민의 생존권보장운동 등 사회행동 지향적이며, 동시에 지역사회복지운동과 관련된 것이 증가할 것으로 예상된다.

제 2 절 시민단체의 역할

시민단체는 정부와 시장의 영역이 아닌 제3의 영역에서 정부와 시장, 두 영역의 문제를 지적하고 발전적인 방향으로 나아갈 수 있도록 감시, 견제하며, 지역복지차원에서 민관 협력의 협치(governance)를 통한 새로운 복지공동체운동을 펼쳐 나가는 역할을 한다.

1. 중앙권력과 지방자치단체에 대한 감시와 공론형성

시민단체는 정책결정자, 즉 선거에 의하여 선출된 사람이 아니기 때문에 사회정책의 주체가 될 수는 없다. 그러나 정책 형성과 시행에 영향을 미치는 점에서 정책상의 중요한 위치에 있고, 정책상의 역할을 가지고 있는 것이다(덴츠총연, 1999 : 41).

중앙 정부 권력에 대한 감시, 견제의 역할은 행정부, 입법부, 사법부에 모두 적용된다.

시민단체의 첫 번째 역할은 행정감시로서, 정부 행정의 효과성과 효율성을 감시하고, 행정상의 책임 소재를 분명히 하여, 책임있는 행정이 이루어질 수 있도록 유도하는 역할을 한다. 이는 행정정보의 공개를 통하여 이루어지는데, 공공기관은 직무상 작성, 또는 취득하여 관리하고 있는 정보를 수요자인 국민의 청구에 의하여 열람, 사본, 복제 등의 형태로 청구인에게 공개하건, 공공기관이 자발적으로 또는 법령 등의 규정에 의하여 의무적으로 보유하고 있는 정보를 배포 또는 공표 등의 형태로 제공하도록 규정하고 있다(정보공개법 제1-2조).

시민단체의 두 번째 역할은 의정 감시로서, 입법과정상의 악법의 제정을 저지하거나, 법률상의 독소조항이 남은 채 통과하는지 여부를 감시, 견제하는 역할과 함께 국민에게 이로운, 올바른 법률을 통과시키도록 압력을 행사하기도 한다(최남수, 2001).

시민단체의 세 번째 역할은 사법 감시로서, 검찰이 공정성을 유지하도록 하고, 각종 법률이 헌법에서 보장한 국민의 권리를 침해하는 경우, 법률 폐지나 개정 요구, 헌법 소원 등을 통하여 바로 잡고자 하는 것이다.

이는 모두 공공기관의 부정, 부패의 방지와 국민의 알 권리의 보장, 국민의 권리와 이익의 보호, 민주주의의 실현 등 국민의 국정 참여의 역할을 대변해 주는 일이다.

지방자체단체에 대한 감시와 견제의 역할은 사법 부문의 감시만을 제외하고는, 중앙 권력의 경우와 마찬가지이다. 지방자치단체의 일련의 행정기능을 감시하고, 지방의회의 역할을 감시, 견제하는 일이다. 예를 들면 시, 군, 구청의 판공비(업무추진비)에 관한 정보 공개를 청구하거나, 지방의회 회의를 참관하거나, 회의록을 열람하는 등의 구체적인 활동을 포함한다.

시민단체의 가장 중요한 기능과 역할은, 공공기관, 단체에 대한 감시, 견제활동의 결과를 근거로 하여, 정책과정에 영향을 미치기 위하여 여론을 수렴하고, 이를 다양한 방식으로 표출하는 것이다. 그 수단으로는 보도자료 발송, 성명서 공표, 기자회견 등이 있고, 국민의 참여와 확인을 위하여 집회와 서명운동 등의 방식을 활용할 수 있다.

2. 시장에 대한 감시와 새로운 지역복지공동체 운동

시장에 대한 감시활동은 주로 기업의 불공정, 불법행위로 인한 국민과 소비자들의 피해와 관련이 있다. 기업이 도덕성을 잃지 않는 기업활동을 하도록 감시하며, 특히 신자유주의의 확대로 인한 국제금융자본의 운용과 관련한 규제 장치의 마련, 경영진의 불법행위의 적발, 재벌의 횡포로부터 기업경영의 투명화 및 법적 책임의 추궁, 소액 주주의 권익을 보호하는 소액주주운동 등을 예로 들 수 있다(참여연대, www.people21.org/economy).

이러한 활동의 연장선상에서 새로운 복지공동체 운동도 활발하게 전개될 수 있다. Taylor-Gooby에 의하면, 과거 산업사회의 위험은 산재와 실업, 의료문제와 노후문제가 주종을 이루었다. 그러나 후기산업사회의 새로운 위험요소들은 저출산 고령화로 인한 직장여성들의 보육문제와, 노인들의 요양문제가 심각하며, 동시에 후기산업사회에 필요한 전문적 숙련노동을 할 수 없는 다수의 비숙련 청년노동자들의 실업사태가 전반적으로 큰 문제라는 것이다(Taylor-Gooby, 2004:1-5). 이러한 문제들은 중앙정부의 지원도 중요하지만 지역에 따른 구체적 문제점을 잘 파악하고 있는 지역 복지단체들의 새로운 복지공동체를 지향하는 협치(governance) 운동을 통해 보다 더 잘 이루어질 수 있다. 이를 위하여 다음의 세 가지 점이 권장될 수 있다.

1) 지역복지정보센터의 운영: 세계화 시대에 지역복지의 발전에 있어서 가장 중요한 것은 시공간의 압축을 어떻게 효율적으로 할 것인가의 문제이다. 지역사회는 일반적으로 문화적 중심으로부터 지리적으로 떨어져 있으므로, 상대적으로 이동거리가 멀고 시간이 많이 걸리는 불리함을 극복하는 것이 중요하다. 모든 복지서비스의 제공에 있어서도 중복서비스의 문제점을 피하면서 효율적으로 복지서비스가 제공되기 위해서는 최고의 지역복지정보센터가 운영되어야 할 것이다.

이것은 단순히 지역복지정보망을 연결한다는 차원이 아니라 가상공간을 이용하여 최고의 가상복지공동체를 만드는 것을 포함한다. 우리 사회는 지연, 학연, 혈연을 중심으로 하는 집합의식이 강했다. 지식정보화사회에서는 시간적 지리적 제약을 뛰어 넘는 전자공간에서 다양한 상호작용이 이루어지고 있다. 시공간적 제약을 뛰어 넘는 사이버 공동체의 확대는 세계화 시대의 지역복지 발전에서 중요한 역할을 할 것이다. 온라인에서의 복지공동체는 오프라인 상에서의 복지공동체 발전에도 큰 도움을 줄 것이다. 컨텐츠 개발 문제는 가장 전통적인 것이 가장 세계적이라는 세방화의 원리에 따라 창조적으로 개발되어야 할 것이다. 사회복지협의회가 지역복지정보센터의 역할을 함으로써 직장여성을 위한 보육과, 노인 요양 내지 돌봄의 문제, 미숙련 청년노동자의 실업 문제 등을 종합적으로 해결할 수 있는 정보화의 토대가 마련될 수 있을 것이다.

2) 지역통화제도의 도입: 다음으로는, 지역통화(community currency) 제도의 활성화를 들 수 있다. 이 제도는 자본주의를 보완하는 기능을 함으로써 지역복지발전을 꾀하는 것이다. 지역통화제도는 전 세계 2,000여 지역에서 실험되고 있는 새로운 지역복지운동인데 실업자 및 저소득층 보호, 자원봉사제도 활성화, 지역사회 상호부조 증진, 주민들의 네트워크 회복에 기반을 둔 경제제도 재구성 등, 인간적인 사회의 실현을 위한 역할을 하는 것으로 평가받고 있다. 구체적으로 지역통화는 명목상 화폐이면서도 실제로는 단지 물품 및 서비스 제공을 촉진시키는 매개일 뿐이다. 또한 지역사회의 미충족 욕구들을 국가에 의존하지 않고 지역사회 네트워크를 통해 자립적으로 해결하려는 지역복지운동이라고 할 수 있다(위클리경향, 2009).

지역통화로는 레츠(LETS: Local Exchange and Trading System: 미래화폐라고도 함), 아워즈(Hours), 타임달러(Time dollar) 등이 있다. 레츠는 캐나다에서 시작된 것으로 '현금의 사용 없이도 사람들 간에 상품과 서비스들을 사고 팔 수 있도록 하는 일종의 서비스 및 물품 교환 거래망'이다. 각 회원들은 그들이 제공할 수 있거나 구입을 희망하는 상품과 서비스를 등록시킨 뒤 레츠 화폐를 사용하여 구입하는 것이다.

레츠는 실제 주고받는 화폐는 존재하지 않는다. 다만 개인회원들 간의 계좌에 기록되는 화폐만 있을 뿐이다(김종일, 2006). 반면 아워즈는 레츠와 같은 개념이면서도 화폐를 발행하여 거래에 사용한다. 아워즈는 한 시간 노동을 기초로 하는 1아워즈(10달라 상당)를 기준으로 하는 지역화폐를 유통시킨다. 레츠는 회원들 상호간에 이루어지지는 거래를 매일 보고해야 하는데 반해 아워즈는 그럴 필요가 없으며 회원이 아닌 주민들에게도 개방되어 있다. 한편 타임달러는 일종의 자원봉사은행에 가까운 제도이다. 자신이 자원봉사한 시간만큼을 나중에 필요할 때 신청하여 쓸 수 있게 하는 제도이다. 경제적인 목적보다 상호호혜성을 증진시키기 위한 제도이다. 이 역시 노인들의 돌봄의 문제와 직장여성들의 보육문제에 많은 도움이 되는 제도라 할 것이다. 2007년 현재 현재 국내의 지역통화운동 사례는 한밭레츠, 송파품앗이 등, 대략 20여개로 지역사회복지관과 구청 자원봉사센터 등 지역사회단체들이 지역주민들을 대상으로 실시하는 경우와 시민단체나 사이버 동호회 성격의 네트워크를 통해 실시하는 경우들이다.

3) 사회적 기업과 복지분야 일자리 창출: 사회적 기업을 통한 일자리 창출은 본래 지역복지 사업에 필요한 기본 인력의 확보 이외에도 보육인력, 요양인력, 그리고 비숙련노동이 필요한 제조업의 유치를 통한 고용의 증대를 도모함으로써 가능할 것이다. 스웨덴 같은 나라나 영국 등 유럽복지국가들에서도 미숙련 여성이나 남성들이 이러한 분야에 취업하고 있으며 이러한 경향은 다소의 문제점(낮은 봉급 등)에도 불구하고 지속되고 있다. 우리나라도 보육과 요양분야에서 많은 일자리가 만들어지고 있다. 또한 후기산업사회에서도 꾸준히 비숙련 노동이 필요한 제조업이 존재하고 있으므로 이러한 분야의 관련정보의 제공, 연계, 직업 상담과 직업 훈련 등과 관련된 많은 일자리가 만들어질 수 있는 것이다. 이를 위하여 지역사회복지기관이나 시설에서도 지역의 행정기관이나 기업들과의 민-관 협치(governance)를 통하여 더불어 일정부분

을 선도할 수 있을 것이다.

제 3 절 사회복지에서 정부와 민간단체(기관)의 관계

사회복지정책에서의 정부와 민간의 관계는 상호보완적 관계라 할 수 있다. 사회복지정책의 수립은 외형적, 공식적으로 정부의 일이지만, 이를 형성하는 과정에서 민간의 역할을 배제하고서는 정책의 형성을 생각할 수가 없다. 본질적으로 정부는 국민의 원하는 바를 모아서 수행하는 거대한 공익조직이기 때문이다. 국민의 사회복지 욕구가 발생하면 이를 충족시키기 위한 새로운 정책 수립이 요구되고, 변화하는 사회에서 새로운 문제가 발생되면 이를 해결하기 위한 새로운 정책이 필요하게 되는 것이다. 이러한 국민의 새로운 욕구와 문제를 주장하고 드러나게 하는 것이 민간단체의 역할이라고 할 수 있다. 여기서 새로운 정책이란 반드시 법이나 제도를 제정하는 것만을 의미하지는 않는다. 기존의 정책과 법률, 제도의 수정, 보완, 변화를 포함하는 것이다. 정부는 전 국민을 대상으로 한 보편적 서비스의 확대와 안정적인 재정을 기반으로 하여 서비스의 지속성을 보장받을 수 있는 장점이 있으나, 조직상의 한계로 인하여, 새로운 욕구에 즉각적으로 부응할 수 없고, 새로운 현상에 대하여 인지하고 있다 하더라도, 검증받지 않은 서비스를 쉽게 일반화할 수 없기 때문에 즉각적인 조치를 취할 수 없는 단점을 가지고 있다. 반면에 민간단체는 새로운 욕구와 문제에 대하여 창의성과 융통성을 발휘하여 창조적인 서비스 프로그램을 개발할 수 있는 장점이 있으나, 재정적인 불안정으로 인하여 서비스의 지속성을 보장하기 어려운 단점이 있다. 따라서 민간기관의 창의성과 융통성, 정부의 조직력과 재정적 안정성이 만나면, 보다 질 높은 서비스를 보다 많은 시민들이 안정적으로 제공받을 수 있는 장점이 있기 상호보완적이 되어 최선의 정책을 실현할 수 있게 되는 것이다. 따라서, 현대사회에서는 국민의 의사를 조직적으로 반영할 수 있는 민간단체의 역할이 점점 커지고 있다. 사회복지정책 관련 민간단체는 지역사회주민 단체부터 사회복지단체나 기관, 각종 시민단체 등 비영리 단체와 영리를 목적으로 하는 기업이나 상업적 이익단체로 구분할 수가 있는데, 여기서는 비영리 민간단체와 관련한 부분만을 다루기로 한다.

사회복지에서 정부-민간의 관계는 사회복지 서비스를 제공하는데 있어서의 역할관계에서 살펴볼 수가 있다. 헌법에서 보장한 국민의 기본권과 평등권, 행복추구권, 생존권을 제공하기 위해서 누가(주체), 누구에게(할당), 무엇을, 얼마만큼(급여), 어떻게(전달체계) 제공하는가에서 찾아보아야 한다. 특히 요보호대상자에게 사회복지서비스를 제공하는 일은 1차적으로 필요한 일인 것이다. 여기서 정부-민간의 관계의 입장에서 논의되어야 할 사항은 누가(주체)와 이를 가능하게 하는 재원의 문제이다.

사회복지대상자에게 서비스를 제공하는데 있어서 주체는 정부와 민간사회복지기관, 단체이다. 정부가 대상자에게 직접 서비스를 제공하는 방법과 민간에게 위탁하는 방법, 민간과 역할을 나누어 담당하는 방법, 전적으로 민간에게 맡기는 방법의 네 가지로 나누어 생각할 수 있다.

첫째, 정부가 직접 담당하는 경우는, 정부의 재원을 가지고 정부의 조직을 통하여 국민에게 직접 서비스를 제공하는 것이다. 정부의 사회부조 예산으로, 공무원인 사회복지 전문요원을 통하여 서비스를 제공하고 있는 국민기초생활보장을 대표적인 예로 들 수 있다.

둘째, 정부가 민간에게 위탁하는 방법은, 정부가 재원을 마련하여 정책을 수립하고, 이에 따르는 재원을 제공하면서, 그 운영을 민간에게 위탁하는 경우이다. 인가된 사회복지기관, 사회복지시설 등 최근 사회복지 서비스를 제공하는 데 있어서 가장 많은 경우에 해당한다. 현실에서는 이 경우의 변형으로 정부가 재원의 대부분을 제공하고, 민간기관이 일부를 담당하는 방법이 일반적이다.

셋째, 정부와 민간이 역할을 나누어 담당하는 방법은 대상, 혹은 분야를 구분하여 어떤 대상과 영역은 정부가 담당하고, 다른 대상과 영역은 민간이 담당하도록 구분하는 것이다. 과거에 전통적인 사회복지 서비스가 요보호대상자에 국한되어 있을 때, 생활보호대상자 등에게 정부는 최저 생계비만 제공하고, 그 이상 필요한 사회복지서비스는 민간에게 맡기던 경우나, 정부의 활동을 요보호 주민에게 국한시키고 일반 국민의 복지에 관하여는 관여하지 않았던 형태가 그것이다. 그러나 정부의 책임과 역할기대가 큰 현대사회에서 이러한 유형을 찾아보기는 어려울 것이다.

넷째, 사회복지서비스를 전적으로 정부가 관여하지 않고 민간에게 전적으로 맡기는 경우는 두 가지 경우가 있다. 하나는 정부의 예산과 조직의 부족으로 인하여 정부가 포함하지 못하는 경우이고, 또 하나는 기존의 법과 제도에서 벗어난 새로운 욕구와 문제가 발생하여 새로운 서비스의 수요가 있을 때이다. 많은 비인가 사회복지시설, 단체의 활동이 여기에 포함된다. 특히 육아원, 양로원 등 대부분의 요보호대상자 시설은 이 유형으로 시작하여 국가의 위탁형태로 변환되었다. 또한 후자는 이전에 가정폭력이나 성폭력 문제가 법제화되지 않았을 때, 여성단체에서 서비스를 제공하였던 경우를 예로 들 수 있다.

글레네스터(Glennester)는 사회복지의 공급과 재원의 측면에서 사회복지유형을 공적, 사적 영역으로 구분하여, 〈표 7-1〉과 같이, (1) 공적 공급-공적 재원, (2) 공적 공급-사적 재원, (3) 공적 공급-혼합 재원, (4) 사적 공급-공적 재원, (5) 사적 공급-사적 재원, (6) 사적 공급-혼합 재원으로 구분하기도 하였는데(현외성, 2000 : 95), (1)의 경우는 공무원이 직접 사회복지서비스를 제공하면서 국가가 직접 운영하는 것이고, 현대사회에서는 (2)의 형태는 존재하지 않으며, (3)의 경우도 찾아보기 어려운 형태이다. (4)나 (6)의 형태는 국가와 민간기관과의 계약이나 위탁운영의 형태로 가장 많이 존재하고 있다. (5)의 경우는 비인가단체, 기관, 시설의 경우, 또는 영리를 목적으로 한 서비스의 유형이라 할 수 있다.

〈표 7-1〉 사회복지 재원-공급별 유형 구분(Glennerster)

<table>
<tr><th colspan="2" rowspan="2">구 분</th><th colspan="4">급 여 공 급 주 체</th></tr>
<tr><th colspan="2">공 적</th><th colspan="2">사 적</th></tr>
<tr><td rowspan="2">재원부담
주체</td><td>공적</td><td>공적 공급/
공적 재원</td><td rowspan="2">공적 공급/
혼합 재원</td><td>사적 공급/
공적 재원</td><td rowspan="2">사적 공급/
혼합 재원</td></tr>
<tr><td>사적</td><td>공적 공급/
사적 재원</td><td>사적 공급/
사적 재원</td></tr>
</table>

출처: 현외성, 2000 : 95.

위에서 설명한 바와 같이 사회복지 영역에 있어서는 정부와 민간이 상호보완적인 관계를 유지하고 있는 경우가 보편적이다. 우리나라에서는 대부분의 사회복지기관, 시설은 정부의 지원금에 의존하고 있기 때문에, 정부의 지도, 감독을 매우 강하게 받고 있는 실정이다. 이는 자율적이고 독립적인 민간단체, 시민단체로서의 정책활동을 활발하게 전개하기가 어려운 여건이었다는 것을 의미한다. 따라서 그동안 사회복지정책에 대한 사회복지기관, 시설의 개입활동은 대부분 절차적인 방법에 의하여 이루어져 왔고, 그 영향력도 크지 않았다고 할 수 있다. 따라서 다른 시민사회 단체와 같은 사회운동적인 성격은 매우 적었다. 이는 민간 사회복지기관, 시설과 그 종사자들의 앞으로의 과제라 할 수 있다.

제 4 절 사회복지 민간단체의 정책결정단계에의 참여방법

1. 정부기구의 각종 위원회 참여

정부기구의 사회복지 관련 위원회의 참여는 가장 일반적이고 효과적인 민간참여의 방법이다. 위원회는 해당 분야의 전문가가 개별적으로 위촉받아 위원회에 참여하여 정책결정에 영향을 미치는 것이 일반적이었으나, 최근에는 시민단체를 대표하여 참여하는 경우가 늘어나고 있다. 또한 위원회에는 해당분야의 전문가뿐만 아니라, 이해 당사자인 일반시민의 참여도 늘어나고 있는 추세이다.

보건복지부에는 사회보장심의 위원회, 재해구호대책위원회, 아동복지위원회, 보육위원회, 정신보건심의위원회, 의료보험심의위원회, 국민연금심의위원회 등 25개의 위원회가 설치되어 있고(보건복지부, www.mohw.go.kr), 시・도별, 시・군별, 읍・면・동별 지방자치단체에도 대부분 해당 위원회가 설치되어 있다.

2. 건의, 청원, 질의

사회복지와 관련된 이슈에 대하여 정부의 정책 입안이 있기 이전에 사회단체의 의견을 개진하여 정책입안의 자료가 되도록 하는 방법이다. 정책을 형성하는데 있어서 가장 좋은 방법은 입법 관계자, 정책결정자들과 의사소통을 하는 것이다. 정책사안(이슈)에 관한 구두, 또는 서면으로의 현황 및 실태, 문제, 대안 등을 구체적으로 설명하고 설득하는 것이다. 예를 들면 정부 예산이 입안되는 시기에 시민사회단체의 사회보장 예산에 대한 의견서를 작성하여 기획예산처에 전달하고, 보건복지가족부 등 해당 정부 부처와는 간담회를 통하여 시민과 시민단체의 의견을 반영하고 논의하는 방식을 말한다. 로비 활동도 여기에 해당한다.

또한 현재 시행되고 있는 정책이나 제도, 법률 중 문제가 되는 부분을 지적하여 수정되도록 요구하거나, 법률 개정 혹은 필요한 법률의 제정을 위한 입법 청원을 하는 방법도 여기에 해당한다.

한편, 정부가 법에 따라 복지행정을 시행하는 과정에서 행정상의 문제가 있거나, 해석상의 문제가 있을 때 질의서를 통하여 문의하거나, 시정을 요구하는 경우도 있을 수 있다.

3. 사회적 쟁점 주도, 합의 형성

사회에서 발생하게 되는 문제를 정의하고, 이슈화하는 것으로부터 시작한다. 국민에게 영향을 미치는 사회문제의 실태를 파악하여, 이를 해결하기 위한 방안을 제시하고, 관련된 이해관계 집단과 교섭하며, 지속적으로 평가하여 수정, 보완을 거칠 수 있는 의제를 마련하는 것이다(전재일 · 배일섭 · 정영숙, 2000 : 64). 이 방법은 다양한 이익집단의 이해관계 때문에 사회에서 쉽게 합의가 이루어지지 않는 문제들을 다룬다는 점에서 위의 건의나 청원, 질의 형태의 방법보다 복잡하고, 논의의 열기가 뜨거운 이슈들에 관한 것이다. 특히 이익집단간 상반되는 이해관계를 국민 다수의 입장에서, 혹은 사회적 약자의 입장에서 정리하고 조정할 수 있다는 점에서 매우 중요한 역할을 할 수 있다. 이 과정에서는 매우 전문적인 분석과 논리적인 주장이 필요하기 때문에 해당 분야의 전문가들이 적극적으로 참여하는 경우가 대부분이다. 사회복지 분야에서는 최근 건강보험 통합, 국민연금 확대 등의 이슈를 크게 다루어 쟁점화하고, 사회적 합의를 이룬 바 있다.

4. 여론 형성

사회에서 이슈가 되는 모든 문제에 대하여 국민의 여론을 형성하고 반영한다. 사회복지 영역에서는 주로 정부를 대상으로 사회복지정책과 서비스의 질과 양을 높이고 확대하고, 행정상의 공평성과 효율성을 높이는 활동을 하는 것이다. 그러기 위하여 국민의 사회복지 인식을 높이는 홍보활동이 주를 이룬다. 공청회, 기자회견, 서명 활동, 집회 활동 등이 그것이다.

한편, 헤인즈와 미켈슨은 정치영역에서 사회복지사들이 사회복지정책에 영향을 미치는 기술과 방법을 다음과 같이 기술하고 있다(현외성, 348).

(1) 정보제공을 통한 영향력 행사-자료제시, 증언, 전문가의 견해피력 및 문서를 통한 의사소통
(2) 클라이언트에게 권한 부여-옹호자, 평가자, 자문가 역할, 투표 참여
(3) 로비 활동-대면을 통한 로비, 서신, 전화, 증거 제시
(4) 조직화를 통한 영향력 제공-연합전략 중요
(5) 대중매체의 활용-다양한 매체를 필요에 따라 활용
(6) 관료조직의 모니터링-법률과 행정원칙에 따라 적절하게 움직이고 있는지 관찰
(7) 정치위원회를 통한 영향력 행사
(8) 각종 캠페인 활동
(9) 정치가로서 사회복지사가 직접 활동하여 정책에 영향력 행사

제 5 절 민간단체의 사회복지정책 참여 활동 사례

1) 참여연대 사회복지위원회-국민복지 기본권 확보 운동-공익소송 운동

참여연대는 1994년 발족하여 시민참여, 시민연대, 시민감시, 시민대안이라는 4대 활동방향을 잡고 활발하게 활동하는 대표적인 시민단체이다. 사회복지 영역에 관한 활동은 사회복지위원회를 중심으로 사회복지 예산의 확보와 사회보장의 올바른 시행을 주장하는 활동으로 이루어진다(최수남, 2001). 현재 국민복지수급권 확보운동으로 공익소송운동을 실행하였고, 시민합의회의에 참여하여 매년 사회복지 예산에 관한 정부와의 간담회와 의견서를 제출하고, 국민연금 기금운용체계 개선 공청회, 연금개혁 심포지움을 여는 등 정책결정에 영향을 미치는 활동을 하고

있다.

참고로, 일본에서 1957년에 있었던 '아사히 소송운동'은 공익소송의 좋은 예라 할 수 있다. 일본의 아사히 소송은 당시 공적부조제도인 생활보호사업의 생계급여 수준을 일본 헌법상의 생존권 규정에 비추어 건강하고 문화적인 최저생활을 유지하기에 적절치 못하다는 내용으로서, 당시 후생성 장관을 피고로 한 행정소송운동이었다. 이 소송 과정에서 사회복지전문가들에 의한 생활보호대상자들의 생활조사, 욕구조사를 실시하고, 생활보호사업의 급여 수준이 적합한지가 분석, 오랜 기간 동안 논의되었고, 국민들은 급여수준이 열악함을 알게 되는 등(현외성 : 354), 사회복지가 사회의 중요한 이슈가 되었고, 이를 근거로 하여 획기적인 사회복지 대안이 마련되었던 것이다.

2) 한국여성단체연합-성폭력 범죄의 처벌 및 피해자 보호 등에 관한 법률 제정(1993) 등 한국여성단체연합은 1987년에 창립하여, 남녀평등, 여성복지, 민주·통일사회 실현, 여성운동 단체간의 협력과 조직적 교류를 도모하고 있는 여성단체이다.

1989년에 한국여성의 전화에서 성폭력 관련법 입법 공청회 개최하고, 성폭력특별법 제정 추진위원회 결성한 것을 받아서, 1991년에 여성연합이 성폭력특별법 제정 추진위원회를 다시 결성, 참가한 후 1993년에 제정하게 함으로써, 일반인들의 성폭력에 대한 인식을 변화시키고, 성폭력이 범죄라는 인식을 확산시켰으며, 고소율을 높임으로써 성폭력을 추방하는데 크게 기여하였다(변현주, 2001).

성폭력 특별법이 제정되기까지, 여성계는 성폭력 범죄의 심각성을 적극 홍보하고, 법률 제정을 위한 가두서명, 진정서 제출, 재판 방청 등을 통하여 적극적으로 법 제정의 사회적 환경을 조성하였다.

또한, 매 맞는 아내 문제에 관심을 쏟아, 아내구타, 가정폭력 추방운동을 벌이고, 매 맞는 아내들을 위한 상담활동과 쉼터를 개설하여 운영하였고, 결국 가정폭력방지법 제정(1997)을 추진하여 성공하였다.

그 밖에 여러 여성단체연합은 많은 여성단체들과 연대하여 가족법 제정(1989), 남녀고용평등법 개정(1989, 1998, 2000, 2001), 영유아보육법 제정(1990), 여성발전기본법(1995), 남녀차별 금지 및 구제에 관한 법률 제정(2000)에 기여하였고, 최근에는 성매매 방지법 제정 운동을 벌이고 있다.

제6절 결 언

우리나라 사회복지 발전에 민간의 역할이 지대한 것을 부인할 사람은 아무도 없다. 복지국가를 지향한다고 하는 현재에도 민간의 헌신적인 서비스 활동이 없이 우리나라의 사회복지를 생각할 수가 없는 것이다. 그러나, 최근 급속도로 변화하는 사회에서, 특히 능력을 기반으로 경쟁과 효율이 중요시되는 신자유주의가 지배하고 있는 이 시대에 사회복지기관, 단체는 상대적으로 시민단체로서의 민간단체 활동에 제한을 받아온 것도 사실이다. 기초생활보장법에 의하여 제공되는 생계보호는 현실적인 최저생활비 수준에 이르지 못하고, 대다수 근로자는 낮게 책정되어 있는 최저임금으로 인하여 고통을 받고 있으며, 요보호대상자들은 열악한 환경에서 인권을 제대로 보장받지 못하고 있는 현실, 자본주의의 필연적인 결과인 사회적 불평등이 더욱 커지고, 빈곤의 악순환이 더욱 더 심화되어 가는 사회적 현실을 극복하는 대안은 사회복지가 될 수밖에 없다. 사회적 약자를 위한 정책과 조치는 어떠한 이념을 기본으로 국가를 운영하더라도 현대사회에서는 필연적으로 추진하여야 하는 사회적 의무인 것이다. 그러므로, 거시적 차원에서 사회복지를 발전시키는 일은 제도적, 정책적 노력이 없이는 불가능한 것이다. 따라서, 우리나라 국민의 빈곤, 질병, 무지, 나태, 불결로부터의 자유, 깨끗한 환경에서 건강하게 민족의 문화유산을 향유할 수 있게 하는 사회복지의 발전을 위하여 사회복지시설, 기관, 단체와 사회복지 실천가들은 보다 적극적으로 사회복지정책활동을 하는 것이 필요하다.

참고문헌

김종일(2006), 『지역사회복지론』, 청목출판사.
덴츠총연, 제진수 옮김(1999), 『NPO-지속가능한 사회를 위한 시민 경영학』, 삼인.
문진영(2001), 『사회복지와 NGO』.
박상필(2001), 『NGO의 개념적 논의』.
변현주(2001), 한국여성의 전화 안양지부, 조효제 엮음, 『NGO와 사회복지』, 성공회대학교 시민사회복지대학원.
우수명(2001), 『사회복지기관 및 단체, 시설의 분류』.
위클리 경향 209호 2009. 01. 20.
전재일 · 배일섭 · 정영숙(2000), 『사회복지정책론』, 형설출판사.
조효제 엮음(2001), 『NGO와 사회복지』, 성공회대학교 시민사회복지대학원.
조희연 편(2000), 『한국 시민사회단체(NGO)의 역사, 현황과 전망』, 김동춘 외, 『NGO란 무엇인가』, 아르케.
조희연 편, 『NGO 가이드: 시민사회운동과 엔지오 활동』.
최남수(2001), 『시민의 힘으로 세상을 바꾸는 참여연대』.
현외성(2000), 『사회복지정책강론』, 양서원.
Taylor-Gooby, Peter(2004), *New Risks, New Welfare.* Oxford Univ. Press.

8
chapter

사회복지정책의 분석과 평가*

제 1 절 사회복지정책의 분석

사회복지정책을 연구하고 실천하는 데 있어 가장 중요한 영역 중에 하나가 구체적으로 정책을 분석하는 것이다. 정책분석을 하고자 하면 우선 정책분석의 개념을 명확히 알아야 하고, 정책분석의 여러 유형을 이해해야 하며, 나아가 정책분석을 위한 틀을 실제 적용할 수 있는 능력이 있어야 한다.

1. 사회복지정책 분석의 의의 및 개념

정책분석이란 용어는 학자마다 그 개념에 있어 다소 차이가 나고 실제 적용에 있어서도 폭넓게 사용되기 때문에 명확히 정의하기가 어렵

*이혜경 : 평택대학교 사회복지학과 교수

다. 현대 사회에서 '정책'은 보편적인 사회현상이 되었으며, 그에 대한 분석적 접근방법도 다양하게 발전하였기 때문에 더욱 정책분석에 대한 개념 정의를 내리는 것이 어렵다고 할 수 있다.

우선 몇몇 학자들의 정의를 살펴보면, Dror(1971)는 정책분석이란 "복잡한 정책문제에 대응하여 바람직한 정책대안을 찾아내고 고안하기 위한 방법론"이라고 정의하고 있으며, Quade(1982)는 정책분석이란 "사회문제에 대한 보다 나은 해결방안을 찾기 위한 응용 연구의 한 형태"라고 규정하고 있다. 한편 Stokey와 Zeckhauser(1978)는 정책분석을 "합리적인 정책 결정자가 정책문제를 구조화하여 목표를 설정하며 이를 달성하기 위한 최선의 수단을 발견하는 논리적 과정"이라고 정의하고 있다(현외성, 2000 : 271에서 재인용). 그리고 H. Burch는 정책분석이란 "정책과 정책이 형성되는 과정에 대한 체계적 평가"라고 정의하고 있다(안치민 역, 2000 : 272에서 재인용). 이들 정의를 종합해 볼 때 정책분석이란 "최상의 정책대안을 찾아내기 위해 정책의 전체 과정에 대한 체계적 분석을 하는 과학적 방법"이라고 정의될 수 있다.

따라서 정책분석은 구체적으로 다음과 같은 성격을 지닌다(현외성, 2000 : 272).

① 정책분석은 정책목표 및 정책목표의 달성 수단을 명확하게 규정한다는 점에서 목적 지향적이다.

② 정책분석은 사회과정의 여러 요인이 정책현상에 상호 관련되어 있다는 점에서 체계적이다.

③ 정책분석은 정책시행을 예측하고 서술할 뿐만 아니라 필요한 조치를 제언한다는 점에서 행위 지향적이다.

④ 정책분석은 정책목표를 달성하기 위한 방법을 구체적으로 검토한다는 점에서 조작적 성격이 강조된다.

⑤ 정책분석은 다양한 성격을 지닌다.

⑥ 정책분석은 문제의 접근방법에 있어 다학문적 성격을 지닌다.

효과적으로 정책을 분석하기 위해서는 다방면의 지식이 필요하다. 하나의 정책 분석틀을 알아서 적용하는 정도로는 정책분석을 할 수 없고, 정책의 결정과정, 정치학, 여론, 공공재정, 사회복지제도의 구조와 기능, 경제학 등에 대한 폭넓은 이해가 필요하며 또한 조사 방법에 대해서도 알아야 한다(안치민 역, 2000 : 272).

정책분석가가 정책분석시 주의해야 할 점은 첫째, 대안들에 대한 검토는 조사도구에 의해 체계적인 방식으로 행해져야 하며 둘째, 분석결과는 실제로 이용될 수 있도록 구체적이고 실현가능해야 한다는 것이다(전남진, 1987 : 264). 구체적으로 정책분석가의 역할을 살펴보면 다음과 같다(전남진, 1987 : 265-266).

① 정책분석가는 정책에 대해 객관성을 유지하면서도 해당 정책에 대해 설득력 있는 옹호자가 되어야 하는데, 그 이유는 정책 결정자에게 간단하게 정책을 설명하고 옹호할 수 있어야 하기 때문이다.

② 정책 분석가는 자신이 분석한 내용의 정책 반영여부는 자신의 권한 밖이라는 것을 인식해야 한다.

③ 정책 분석가는 프로그램을 수행하는 기관이 기관 자체의 대안들을 고려하지 않으려는 경향이 있다는 것을 고려해야 한다.

④ 정책 분석가는 분석이 직접적인 실행과 연계되기 위해서는 상위기관 및 협력기관까지 분석 범위를 넓혀야 한다는 것을 인지하고 있어야 한다.

⑤ 정책 분석가는 장기적인 안목에서 실현가능한 대안을 제시하여야 한다.

⑥ 정책 분석가는 정부 외부에서 행해진 학술적 정책분석은 즉각적인 정책대안으로 채택될 가능성이 적다는 것을 알아야 한다.

⑦ 정책 분석가는 분석이 끝난 후에도 정책분석 결과가 어떻게 활용되는지를 계속 주시해야 한다.

2. 사회복지정책 분석의 유형

사회복지정책을 분석하는 여러 유형 중에서 가장 일반적으로 사용되는 것이 3Ps이다(N. Gilbert & P. Terrell, 1998). 3Ps란 과정(Process) 연구, 산출(Product) 연구, 수행(Performance) 연구의 첫 글자 'P' 세 개를 지칭한다. 물론 세 분석적 접근방법은 상호 관련되어 있고 때로는 중복되기도 하며 수행 연구는 실제에 있어 평가와 일치한다.

1) 과정 연구

과정 연구(studies of precess)는 세 가지 분석적 관점 중 시간적으로 가장 먼저 이루어진 부분에 대한 분석이다. 과정연구는 사회정치적, 기술·방법론적 변인에 따른 사회복지정책 형성과정의 역동성에 초점이 있다. 따라서 정치학과 사학이 과정분석의 주요 이론적 기반이 된다. 과정분석은 계획과 관련된 자료가 정책형성에 어떻게 영향을 미치는가, 그리고 행정부, 정치권, 및 각 이익집단간의 관계가 정책형성에 어떻게 영향을 미치는가에 관심을 갖고 있다.

따라서 과정 연구는 정책결정과 관련된 정치적·기술적 투입을 파악하는 사례연구의 형태를 많이 띠게 된다. 이 사례연구에 있어서 연구목적에 따라 분석의 깊이가 다양할 수 있고, 또한 분석대상의 기간도 다양할 수 있다. 즉 어떤 국가의 사회복지정책의 형성과정 전체를 분석할 수도 있고 특정 사회복지정책을 선택하여 깊이 있게 분석할 수도 있다.

비록 분석하고자 하는 '기간(time)'에 있어 차이가 나더라도, 과정 연구는 일반적으로 정책이 결정되는 사회·경제적 환경을 일차적으로 분석하고, 나아가 정책과정의 각 단계에 참여하고 있는 관련자들의 목표, 태도, 동기 등을 분석한다. 즉, 과정연구에 있어서는 초기에 사회문제가 발생되고, 그 문제가 이슈화되고, 정책문제 채택되어 정책화하는 각 단계에서 거시적·미시적 두 차원에서의 분석이 병행되어야 하는 것이다

(N. Gilbert & P. Terrell, 1998 : 14-15).

과정 분석이 '과연 과학적인 분석 방법인가?'에 대해 논란이 되고 있다. 왜냐하면 과정 분석은 자칫 잘못하면 연구자의 관점, 가치, 혹은 편견이 개입될 소지가 있기 때문이다. 그러나 과정 분석을 통해 사회복지정책 형성에 영향을 주는 사회적, 정치적, 경제적인 배경 요인 등을 파악할 수 있는 장점이 있다.

2) 산출 연구

산출 연구(studies of product)는 정책선택에 관한 것으로 프로그램, 관련 법률, 기획안 등을 분석하는 것이다. 산출연구는 '선택'에 그 초점이 있는데, ① 정책을 구성하고 있는 선택의 형태 및 내용은 무엇인가? ② 이러한 선택을 하는데 있어 어떠한 option(조건)을 제외시키는가? ③ 이러한 선택을 지지하는 가치, 이론, 가설은 무엇인가? 등을 분석하는 것이다 즉, 산출 연구는 정책 과정을 통하여 선택된 정책의 내용을 특정 기준이나 분석틀을 통해 분석하는 것이다(N. Gilbert & P. Terrell, 1998 : 15).[1)]

3) 수행 연구

수행 연구(studies of performance)는 산출된 정책 실천과정의 효율성과 실천결과의 효과성을 평가하는 것이라 할 수 있다. 수행 연구는 과정 연구나 산출 연구에 비하여 분석대상이 명확하기 때문에 보다 객관적이고 구조적인 분석이 가능하다. 수행연구를 일반적으로 '평가'라고 한다. 사회복지정책을 평가하기 위하여 조사방법론을 활용한 양적·질적 자료를 수집함으로써 측정이 가능하며 이런 방법론은 사회과학의 여러 분야에 기초하고 있다.

수행 연구를 하는데 있어 두 가지 질문을 던질 수 있다. 첫째, 프로그램이 어떻게 얼마나 효율적으로 잘 수행되었는가? 둘째, 프로그램의

1) '3. 산출 연구를 위한 분석틀' 참조

효과성은 어떠한가? 첫 번째 질문과 관련하여서는 ① 프로그램이 무엇으로 구성되어 있는가? ② 대상 집단에 제대로 전달되었는가? ③ 비용은 얼마나 들었는가? 등을 분석하는 것이다. 둘째 질문인 효과성과 관련하여서는 프로그램 실시 전·후의 측정치를 비교하여 개입의 효과를 측정하는 것이다(N. Gilbert & P. Terrell, 1998 : 15-16).

3. 산출연구를 위한 분석틀

사회복지정책의 내용을 분석하기 위한 분석틀을 개발한 학자에는 D. Gil(1976), C. Priogmore와 C. Atrherton(1986), M. DiNitto(1995; 2000), Gilbert와 Terrell(1974 ; 1986 ; 1993 ; 1998) 등 여러 명이 있다. 각 모형마다 강조점은 다소 차이가 나지만, 대부분 유사한 요소들이 포함되어 있다. 이 중에서 실제로 가장 많이 활용되고 있는 Gilbert와 Terrell의 분석틀을 소개하고자 한다(N. Gilbert & P. Terrell, 1998 : 55-79).

1) 분석틀의 4 요소 : 선택의 차원

분석틀을 구성하기 위해서는 우선 다음과 같은 4가지 질문을 던져봐야 한다.

① 사회적 할당의 기초는 무엇인가? '누구에게'의 문제
② 할당된 사회적 급여의 형태는 무엇인가? '무엇을'의 문제
③ 급여의 전달을 위한 전략은 무엇인가? '어떻게'의 문제
④ 급여의 재원조달을 위한 방법은 무엇인가? '어디에서'의 문제

이러한 4 차원의 선택은 정책 대안, 가치, 이론이란 3 축에 의해 분석될 수 있다. 즉, 산출된 정책이란 ① 4 차원에서 선택되는 정책 대안, ② 정책 대안을 지지하는 사회가치, ③ 정책 대안을 지지하는 이론 등

3측면에서의 상호작용의 결과라고 할 수 있다.

(1) 할당과 급여

할당과 급여는 '누가 무엇을 받는가?'의 문제이다. 우선 할당은 복지급여를 누구에게 제공할 것인가라는 급여대상의 선정과 관련되어 있다. 급여 대상자를 선정하기 위해 일반적으로 소득 및 자산 상태, 연령, 자녀 유무, 직업, 가족 규모, 성별 등의 기준들이 사용되고 있다.

급여는 급여 대상자에게 무엇을 제공할 것인가의 문제이다. 전통적인 급여 형태는 현금과 현물이었는데, 권력, 기회, 상환권 등 다른 형태의 급여도 존재한다. 따라서 급여에 관한 분석은 급여의 형태와 그 본질에 관한 것이다.

(2) 전달과 재원

전달은 급여의 전달방법에 관한 것이다. '누구에게', '무엇을'의 문제를 결정한 후에는 '어떻게' 전달할 것인가의 문제에 다다르게 된다. '어떻게 전달할 것인가?'라는 전달체계의 문제는 할당 및 급여에도 영향을 미친다. 왜냐하면 합리적으로 할당(급여대상)과 급여형태를 결정하기 위해서는 공정하고 전문적인 인력이 필요하기 때문이다. 예컨대 할당의 기준이 되는 자산조사를 실시하는 인력의 전문성과 공정성이 부족한 경우, 부정 급여자가 생길 수 있고, 나아가 '제도' 자체가 부패할 수도 있다.

재원은 '돈을 어디서, 어떻게 조달할 것인가?' 하는 문제로 재원조달의 형태와 원천에 대한 선택과 관련이 있다. 사회복지 재원은 크게 공공 부문의 재원과 민간 부문의 재원이 있고 다양한 수준의 혼합형이 존재한다.

2) 사회복지정책의 분배 정의

사회복지정책은 사회가치, 특히 '정의로운 분배에 관한 가치'의 영향을 크게 받는다. 사회복지정책이 그 사회에서 지지하는 가치에 기반하여 형성되기 때문이다. 평등, 공평성, 적절성이란 3가지 분배 정의(distributive justice)를 살펴보고자 한다(N. Gilbert & P. Terrell, 1998 : 66-73).

(1) 평등성

평등(equality)은 분배 정의를 실현하기 위한 중심 가치이다. 아리스토텔레스는 평등을 수량적 평등(numerical equality)과 비례적 평등(proportional equality)으로 구분했다. 수량적 평등이란 모든 사람에게 똑같은 처우를, 즉 모든 사람에게 같은 몫을 나누어 주는 것을 의미한다. 비례적 평등은 유사한 사람에게 동등한 처우를, 즉 개인의 업적과 성과에 따른 처우를 의미한다. 그러나 아리스토텔레스식으로 이렇게 평등의 개념을 양분하여 광의로 사용할 경우개념상 혼란이 올 수 있다. 따라서 평등은 수량적 평등의 의미로만 한정하여 사용하고 비례적 평등은 '공평성'에서 다루는 것이 바람직하다.

(2) 공평성

공평성(equity)은 비례적 평등의 개념인 '공정한 처우'를 의미한다. 즉, 일을 반만 한 사람에게는 보상도 반만 해야 한다는 가치이다. 공평성이란 분배 정의에 의하면 사람들에게 주어지는 보상은 그가 사회에 기여한 바에 비례해야 하며 사회에 기여할 수 없는 사람들에 대한 고려는 예외적인 것에 한정해야 한다는 것이다. 퇴역군인들을 우선적으로 처우하는 정책이나 실업보험 등은 그들이 이전에 사회에 기여한 바에 비례하는 '공평한 불평등(equitable inequality)'의 원칙에 입각한 것이다.

공공부조에 있어 공평성의 원칙은 1834년 영국의 개정 구빈법에서 확인된 '열등처우의 원칙(the doctrine of less eligibility)에서 그 유래를 찾아볼 수 있다. '열등처우의 원칙'이란 공공부조 수급자의 생활수준이 스스로 일해서 살아가는 노동자의 생활수준에 비해 열등해 한다는 원칙으로, 빈곤한 노동자들의 노동 동기를 유기하기 위해서 강조되어 온 원칙이다. 즉 열등처우 원칙의 기저에는 열심히 일하는, 즉 사회에 대한 기여하는 노동자에게 더 많은 몫을 배분해야 한다는 공평성의 가치가 내재해 있는 것이다.

사회주의 국가에서는 공평성보다는 평등을, 자본주의 국가에서는 평등보다는 공평성이란 분배 정의를 더욱 강조한다.

(3) 적절성

적절성(adequacy)은 급여 수준이 육체적·정신적으로 인간다운 삶을 보장할 수 있는가에 초점이 있다. 단 적절성의 구체적 기준은 역사적으로 변해 왔다. 예를 들어, 중세에는 농노들에게 생산활동에 참여할 수 있을 정도의 건강과 생계수준을 보장해 주는 것이 적절성의 기준이었다. 그러나 현대에 와서는 적절성의 기준이 인간의 기본 욕구를 충족시킬 수 있는 정도의 최저임금, 혹은 빈곤선 등으로 구체화되었으며 점차 경제적 측면뿐만 아니라 정신적 측면도 강조되고 있다(N. Gilbert & P. Terrell, 1998 : 72-73). 그러나 현대 국가의 적절성 기준도 그 사회의 이념과 경제 수준에 따라 차이가 난다. 즉 무엇이 기본적 욕구인가가 사회마다 다른데, 국가에 따라서는 기본 생계비나 의료뿐만 아니라 '레저나 휴가'를 공공부조에 있어 주요 적절성의 범위에 포함시키기도 한다.

3) 사회복지정책 분석에 있어 개인주의와 집합주의

개인주의와 집합주의란 사회문제 및 정부의 역할에 대해 서로 대조적인 두 가지 관점이 존재해 왔다. 개인주의는 정치적 보수주의와 일맥상통하는데 개인의 능력과 자율적 선택을 강조하며, 집합주의는 사회구조적인 측면과 정부의 역할을 강조한다. 일반적으로 개인주의는 자본주의 사회에서 강조되는 사회가치이고 집합주의는 사회주의 사회에서 강조되는 사회가치라고 할 수 있다(N. Gilbert & P. Terrell, 1998 : 17-19). 그러면 개인주의와 집합주의라는 사회가치가 구체적 정책내용인 산출(product)을 분석하는데 있어 어떻게 적용되는지를 살펴보고자 한다.

〈표 8-1〉에서 보듯이, 할당, 급여, 전달, 재원이라 4가지 선택차원에 따라 개인주의적 가치를 지향할 수도 있고, 집합주의적 가치를 지향할 수도 있다. 동일 정책이라 할지라도 할당에 있어서는 개인주의인 '비용 효과성'을 지향하고, 재원에 있어서는 집합주의인 '중앙집권'을 지향할 수 있다.

〈표 8-1〉 선택의 차원에 따른 가치

개인주의	선택차원	집합주의
비용 효과성	← 할당 →	사회적 효과성
선택의 자유	← 급여 →	사회통제
불일치의 자유	← 전달 →	효율성
지방분권	← 재원 →	중앙집권

자료: N. Gilbert & P. Terrell, 1998, p.73

(1) 할당 : 비용 효과성과 사회적 효과성

할당, 즉 급여 대상에 있어 개인주의적 가치는 '비용 효과성(cost effectiveness)'이고 집합주의적 가치는 '사회적 효과성(social effectiveness)'이다. '비용 효과성'이란 가장 필요로 하는 사람에게 급여를 집중함으로써 비용을 절감해야 한다는 원칙을 반영한 것이다. 즉 수급자를 선정하는 데 있어 자산조사 등 엄격한 기준을 적용하기 때문에 사회복지 수급자와 비수급자, 빈민과 빈민이 아닌 자로 사회를 분리하는 결과를 야기한다.

'사회적 효과성'이란 급여 대상자 선정에 있어 모든 사람을 대등한 사회 구성원으로 처우하여 비용 절감보다는 사회통합 같은 사회적 효과를 더 중시하는 원칙에 기반한다. 따라서 보편주의적 할당원칙에 입각하여, 수급자 선정과정에 개인의 자산상태 등이 노출되지 않는 특징이 있다(N. Gilbert & P. Terrell, 1998 : 74).

현행 국민기초생활보장제도는 모든 신청자에게 엄격한 자산조사를 통해 급여를 제공하므로 기본적으로 할당에 있어 비용 효과성을 추구한다고 볼 수 있다. 비용 효과성을 추구할 때 가장 문제가 되는 것은 수급자에게 가해지는 '낙인감(stigma)'이다. 급여가 꼭 필요한 사람들조차도 낙인감 때문에 급여를 신청하지 않게 되고, 의료 등에 있어서는 나중에 도리어 비용이 더 많이 들 수도 있는 것이다. 즉 비용 효과성을 추구할 경우 수급자의 낙인감이 문제이고, 사회적 효과성을 추구할 경우에는 급여가 꼭 필요하지 않은 사람까지도 급여 대상자로 선정되므로 자원이 낭비되는 문제가 있다. 이 할당에 있어 '선별주의(비용 효과성)이냐, 혹은 보편주의(사회적 효과성)이냐'의 논쟁은 사회복지 고전적인 쟁점이라고 할 수 있다.

(2) 급여 : 선택의 자유와 사회통제

급여형태에 있어서 개인주의적 가치는 '선택의 자유(freedom of choice)'이고 집합주의 가치는 '사회통제(social control)'이다. '선택의 자유'란 수급자가 선호하는 형태의 급여가 주어져야 한다는 것으로 일반적으로 현금으로 제공될 때 가장 수급자의 자유가 보장된다고 할 수 있다. 한편 '사회통제'는 급여의 형태를 제한하여 정책의 목표를 달성하는 것에 일차적 관심이 있다. 예를 들어 수급자의 건강증진이란 정책목표를 갖고 있다면 의료 서비스로 급여가 제공되는 것이다. 따라서 사회통제를 위한 급여 형태에는 의료서비스, 주택, 식료품, 상담 등이 있다.

(3) 전달 : 불일치의 자유와 효율성

전달체계에 있어 개인주의적 가치는 '불일치의 자유(freedom of dissent)'이고 집합주의적 가치는 '효율성(efficiency)'이다. '불일치의 자유'란 전달체계가 개방적이며, 수급자에게 선택의 여지가 있고, 민주적으로 운영되어야 한다는 것이다. 한편 '효율성'은 효율적으로 정책목표를 달성하는데 그 초점이 있다. 따라서 효율성을 추구할 경우 개별 수급자의 의사는 무시되고 전달체계가 관 주도, 전문가 주도로 관료화될 가능성이 있다(N. Gilbert & P. Terrell, 1998 : 75).

(4) 재원 : 지방분권과 중앙집권

재원에 있어 개인주의적 가치는 '지방분권(local autonomy)'이고 집합주의적 가치는 '중앙집권(centralization)'이다. 이는 재원조달의 책임이 지방정부에 있는가, 중앙정부에 있는가의 문제로, 일반적으로 사회복지 서비스의 재원은 지방정부 책임하에, 공공부조의 재원은 중앙정부의 책임하에 두는 국가가 많다.

제 2 절 사회복지정책의 평가

1. 사회복지정책 평가의 개념

1) 정책평가의 의미

점차 정책평가에 대한 관심과 중요성이 증대되고 있다. 정부 부처는 정규적으로 정책평가 보고서를 발행하여 ① 비용이 얼마나 들었는지, ② 수급자 현황은 어떠한지, ③ 서비스의 효과는 어떠했는지를 밝히고 있다. 국회 상임위에서도 각 정책이 국민에게 인기가 있는지, 없는지를 지속적으로 검토하고 있다. 특정 정책이 정책목표를 잘 달성하고 있는지, 잘 조직화되었는지, 효율적으로 운영되고 있는지, 국민들에게 인기가 있는지, 재정상태가 건전한지를 체계적으로 파악하기 위해서는 객관적이고 과학적인 정책평가가 이루어져야 한다(D. M. DiNitto, 2000 : 414-416).

정책결과를 좀더 체계적으로 파악하기 위해서는 현재 실시되고 있는 정책에 대해 다음과 같은 질문을 던져봐야 한다(D. M. DiNitto, 2000 : 414-416).

① 과연 정책이 사회 전반에 긍정적인 영향을 미치는가?
② 정책혜택을 받지 못한 사람은 누구인가?
③ 정책을 실행하는데 드는 비용과 사회적 편익과는 어떤 관계가 있는가?
④ 정책을 실행하는데 투입되는 인적·물적 자원으로 더 큰 효과를 노릴 수 있는 다른 대안은 있는가?

정책평가란 이런 질문들에 대해 구체적인 해답을 찾는 과정이라고 할 수 있다. 정책평가에 대한 여러 정의가 있다. 우선, D. Nachmias는 정책평가란 "현재 시행중인 정책이 달성하고자 하는 목표와 관련하여 이 정책이 대상집단에 미치는 효과를 객관적, 체계적, 실증적으로 검토하는 것"이라 정의하고 있다. 또한 C. Weiss는 정책 평가를 "정책에 대해 보다 나은 결정을 내리기 위해 프로그램의 결과에 대한 객관적 자료를 수집하는 과정"이라고 정의하였으며,W. Dunn은 정책평가란 "정책결과에 대해 신뢰할 수 있고 타당한 자료를 수집하기 위해 과학적 방법을 활용하는 접근법"이라고 규정하고 있다((D. M. DiNitto, 2000 : 416).

국내 학자들의 견해를 살펴보면, 우선 송근원·김태성(1995)은 정책평가란 "정책활동에 관한 평가이며, 따라서 정책활동의 가치를 파악하기 위해 어떤 기준에 의해 정보를 수집, 분석, 해석하는 활동"이라고 정의하고 있다. 정책활동의 범위를 어느 정도로 잡느냐에 따라 좁은 의미의 정책평가와 넓은 의미의 정책평가가 있을 수 있다. 우선, 좁은 의미의 정책평가는 정책집행의 결과에 대한 평가, 즉 정책이 원래 목표를 얼마나 달성했는가를 평가하는데 초점이 있다. 한편, 넓은 의미의 정책평가는 정책과정 전반에 걸친 평가활동이며, 따라서 정책결정 이전부터 정책집행 이후까지의 모든 정책과정 속에서 이루어지는 정책활동에 대한 평가를 의미한다(송근원·김태성, 1995 : 171-173). 박정호(2001)의 경우, 사회복지정책의 평가는 사회복지정책의 수행(performance), 즉

성과에 관한 분석으로서 사회복지정책의 계획적 결과를 기술하고 검토하는 것이며 따라서 사회복지정책의 평가의 개념을 사회복지정책의 목표와 관련하여 사회복지정책의 효과를 검토하고 측정하는 것"이라 정의하고 있다(박정호, 2001: 178).

정책 평가에 대한 여러 학자들의 견해를 종합해 보면 다음과 같은 유사한 내용이 발견된다.

-특정 정책이 대상 집단에 미치는 장단기적인 효과를 파악하기 위해 그 정책을 체계적으로 검토하는 것
-정책목표 측면에서 대상 집단에 미친 효과를 객관적·체계적·실증적으로 검토하는 것
-정책의 내용, 집행, 그 영향을 추정하거나 사정하는 것
-어떤 정책의 과정이나 결과를 객관적 절차를 통해 판단하는 것

여러 정의에서 지적하는 정책평가에 있어 공통적 요소는 ① 정책 목표를 확인하고, ② 정책목표 달성을 위한 방법 및 수단에 대해 파악하고, ③ 정책을 수행하는데 든 비용을 산정하며, ④ 정책결과의 효용을 측정하는 것이라 요약될 수 있다. 따라서 정책평가란 "정책목표에 비추어 정책의 효과나 영향을 측정하고 검토하는 것"이라 간략히 정의할 수 있다.

2) 정책평가의 목적

사회복지의 규모가 커지면서 정책평가의 중요성도 증대되고 있다. 사회복지 규모를 측정하는 가장 일반적인 기준은 지출규모이고 사회복지 지출규모의 비약적인 증가로 인해 사회복지정책에 대한 체계적이고 객관적인 평가의 필요성도 더욱 강조되고 있다. 이렇게 정책평가의 필요성이 더욱 중시되는 상황에서 정책평가의 구체적 목적을 살펴보는 것이 요구된다. 일반적으로 정책평가의 목적을 (1) 평가대상 정책의 개선

을 위한 정보 제공, (2) 관련 이익집단에 대한 설득력 있는 자료의 마련, (3) 새로운 정책대안 개발을 위한 기초자료 제시, (4) 이론발전에 기여 등 네 가지로 나누어 살펴볼 수가 있다.

(1) 평가대상 정책의 개선을 위한 정보 제공

평가결과를 현 정책에 반영하여 정책 보완 및 수정의 참고자료로 활용할 수 있다. 즉, 정책평가를 통해 기존의 정책목표를 달성하고 프로그램의 질적 수준을 개선할 수 있는 정보를 얻을 수 있는 것이다. 정책평가는 기존 정책을 지속할 것인지 혹은 종료할 것인가를 결정하는데 기초자료를 제공하며, 계속할 경우 확대할 것인가 축소할 것인가, 정책을 수정할 경우 구체적으로 어떤 영역을 보완할 것인지 기준을 제시해 줄 수 있다.

(2) 관련 이익집단에 대한 설득력 있는 자료의 마련

점차 정책과 관련된 다양한 이익집단의 목소리가 커지고 있다. 이들 이익집단의 요구가 서로 일치하지 않을 경우, 객관적인 설득 자료가 필요하다. 정책평가 결과를 이들의 이해관계를 조정하고 합의를 도출해내기 위한 자료로 활용할 수 있다.

(3) 새로운 정책대안 개발을 위한 기초자료 제시

정책평가 과정을 통해 새로운 사회복지 욕구를 발견하여 그 문제를 해결할 있는 정책대안 및 프로그램을 개발할 수 있는 기회를 얻을 수 있다. 정책평가가 기존의 정책이 충족시키지 못하는 욕구를 발견하여 새로운 정책을 개발하는 기초자료를 제시할 수 있는 것이다.

(4) 이론발전에 기여

정책평가를 통해 정책에 관한 학문발전에 기여할 수 있다. 우선, 정책현상에 관한 자료를 축적하여 기존의 정책이론을 입증하거나 새로운 가설을 제시할 수 있다. 또한 정책평가와 관련된 방법론을 정교화하고 수정하는 데도 기여할 수 있다.

2. 사회복지정책 평가의 모형 및 분류

1) 정책평가 모형

여러 정책평가 모형이 있으나, 모든 모형을 자세히 소개할 수 없기에 간단히 모형의 특성만 기술하고자 한다. 〈표 8-2〉에서 보듯이, 현외성은 평가모형을 10가지로 요약하여 소개하고 있다. 이 모형은 J.C. Herman이 분류한 것으로 평가의 내용을 이해하고 평가자가 평가의 목적 및 가용 자료에 따라 적절한 평가모형을 선택하는 데 도움이 될 수 있다(현외성, 2000 : 314-315).

〈표 8-2〉 정책평가의 모형

모 형	강조점
① 목적 지향적 평가 (Goal-Oriented Evaluation)	정책목표를 달성한 정도를 평가: 가장 의미있는 평가라 할 수 있다.
② 의사결정 지향적 평가 (Decision-Oriented Evaluation)	의사결정자로 하여금 현명한 판단을 내릴 수 있도록 자료를 제공하는 평가
③ 대응적 평가 (Responsive Evaluation)	정책의 주요 관계자들의 관점과 관심사를 최대한 반영한 평가
④ 평가 연구 (Evaluation Research)	프로그램의 효과를 설명하고 그 요인을 구명하며 프로그램 효과에 대한 일반적 가설을 제시하는 평가
⑤ 탈 목적 평가 (Goal-Free Evaluation)	정책목표 달성여부를 염두에 두지 않고 현행 프로그램이 어떠한 결과를 야기했는지를 규정하고자 하는 평가로, 특히 서비스 이용자의 만족도나 욕구 충족도를 측정할 경우에 필요하다
⑥ '옹호-대립' 평가 (advocacy-Adversary Evaluation)	평가 수행과정이나 보고서 작성단계에서 해당 정책에 대해 최대로 '옹호적-비판적' 관점을 취하는 평가
⑦ 활용 중심적 평가 (Utilization-Centered Evaluation)	평가 결과물이 프로그램 운영자와 이용자들에게 최대로 활용될 수 있도록 설계된 평가
⑧ 영향 평가 (Impact Evaluation)	정책의 시행이나 과정보다는 프로그램의 파급효과에 초점을 둔 평가

⑨ 형성 평가 (Formative Evaluation)	초기 프로그램 개발 및 수정 과정에서 시행되는 평가로 자체평가적 성격이 강하다.
⑩ 총괄 평가 (Summative Evaluation)	프로그램 종료 후 정책 전반에 관한 평가로 자금지원기관 등 다양한 이해 당사자들을 위해 실시된다.

출처: J. C. Herman et al(1981); 김형식(1999) : 현외성(2000)에서 재인용

2) 정책평가의 분류

정책평가를 분류하는 기준은 학자마다 다소 차이가 나고, 앞서 소개한 정책평가 모형과 겹치는 경우도 있다. 예를 들어 봉민근은 평가자의 소속에 따라, 평가의 시기에 따라, 평가의 목적에 따라 그 유형을 구분하였으며(봉민근, 1997 : 209-212), 전재일은 정책평가의 유형을 평가체계, 평가범위, 평가시점, 평가주체, 정책단계에 따라 그 유형을 구분하였다(전재일 외, 2000 : 156-160). 한편 현외성도 기존의 형식적 분류기준과 여러 학자들의 분류를 살펴보고 평가시기, 평가목적 등에 따라 분류하였다(현외성, 2000: 316-319). 이들 견해를 종합하여 정책평가를 분류해 보면 〈표 8-3〉과 같다.

〈표 8-3〉 정책평가의 분류

평가유형	종 류	특 성
평가체계에 따른 유형	총괄평가	정책결과를 정책목표에 비추어 비교·분석하는 평가
	과정평가	정책집행이 성공적으로 추진되고 있는지를 파악하기 위한 평가
	통합평가	총괄평가 + 과정평가
	메타평가	평가설계부터 평가결과에 이르는 모든 과정을 점검하는 평가
평가범위에 따른 유형	단일평가	정책의 한 측면을 평가
	포괄적 평가	정책의 모든 측면을 평가
평가시점에 따른 유형	사전평가	정책형성 이전에 이루어지는 평가
	사후평가	정책종료 이후 이루어지는 평가
평가주체에 따른 유형	자체평가	정책 프로그램 담당자가 직접 자신들의 활동 전반에 대해 실시하는 평가: 장·단점-정책에 대해 많은 정보를 가지고 있으나 정책실패에 대해 책임회피를 할 가능성 있음
	내부평가	기관 내부의 책임자나 동료에 의해 실시되는 평가
	외부평가	정책담당 기관 외부의 평가자에 의해 이루어지는 평가: 장·단점-자체평가나 내부평가에 비해 공정성과 일관성 유지가 가능하나 정책에 관한 정보는 제한되어 있음

3. 사회복지정책 평가의 기준 및 절차

1) 사회복지정책 평가기준

이상적인 정책 평가는 다음과 같은 요소를 포함하고 있어야 한다((D. M. DiNitto, 2000 : 417-418).

(1) 정책 목표를 확인하고 그 우선순위를 정해야 한다.

(2) 정책 목표를 추진하는 데 동원된 방안을 찾아내야 한다.

(3) 정책의 대상집단이나 정책이 적용되는 상황을 파악해야 한다.

(4) 정책 대상집단이 아닌 집단에게 미칠 수 있는 간접 효과를 파악

해야 한다.

(5) 정책 대상집단 및 비대상집단에 미치는 장기적 효과를 측정해야 한다.

(6) 투여된 모든 인적·물적 자원이란 측면에서 정책에 소요된 비용을 측정해야 한다.

(7) 기회비용의 상실 등 특정 정책을 수행함으로 발생할 수 있는 모든 간접비용을 측정해야 한다.

이러한 원칙에 입각하여 Rossi와 Freeman이 합리적인 평가를 위한 기준을 단계별로 제시하고 있다(P. Rossi & H. Freeman in D. M. DiNitto, 2000: 417).

합리적 평가를 위한 기준

1. 프로그램 개념화 및 설계 단계
- 해당 정책에서 해결하고자 하는 사회문제가 적절히 개념화되었는가?
- 문제의 범위는 어떠하며 대상집단의 분포는 어떠한가?
- 프로그램은 정책목표를 달성할 수 있도록 설계되었는가?
- 프로그램에는 일관된 합리성이 존재하는가?
- 전달체계를 성공적으로 운영하기 위한 방안이 있는가?
- 계획된 비용은 얼마인가?
- 비용과 효용간의 관계는 어떠한가?

2. 프로그램 모니터링 단계
- 프로그램이 현재 대상집단에 잘 도달하고 있는가?
- 프로그램 설계시 작성해 놓은 '모니터링 항목'은 잘 점검되고 있는가?

3. 프로그램 종료 단계
- 프로그램이 정책목표를 달성하는데 효과적이었는가?
- 프로그램 결과가 다른 대안적 과정에 의해 설명될 수 있는가?
- 서비스를 전달하는데 든 비용은 어느 정도이고 프로그램 관련자에 대한 혜택은 무엇인가?
- 자원을 효율적으로 사용했는가?

2) 사회복지정책의 평가절차

평가절차에 관한 여러 학자들의 견해를 비교해 보면, 〈표 8-4〉에서 보듯이 유사한 절차를 보이고 있다.

〈표 8-4〉 사회복지정책의 평가절차

송근원 · 김태성(1995)	봉민근(1997)	현외성(2000)
평가의 목표설정	목표의 확인	욕구의 사정
↓	↓	↓
평가범위 설정	평가기준과 판정기준	정책 및 프로그램의 확인
↓	↓	↓
프로그램의 내용 파악	인과모형 설정	평가목표의 설정
↓	↓	↓
평가설계서 작성	적절한 연구설계	평가기준의 선정
↓	↓	↓
자료수집 및 측정	측정	평가방법의 설계
↓	↓	↓
분석 및 해석	자료의 수집	자료수집, 분석 및 해석
↓	↓	↓
보고서의 작성 및 제출	자료의 분석과 해석	보고서의 작성

이 중 송근원 · 김태성(1995)의 견해에 따라 '① 평가목표 설정→ ② 평가범위 설정→③ 프로그램의 내용 파악→④ 평가설계서 작성→⑤ 자료수집 및 측정→⑥ 분석 및 해석→⑦ 정책평가 보고서의 작성 및 제출' 등으로 정책평가의 절차를 살펴보고자 한다(송근원 · 김태성, 1995 : 183-194).

(1) 평가목표 설정

정책평가를 위해서는 우선 평가의 목표를 분명히 설정해야 한다. 평가목적에 따라서 평가자가 선정되고 평가기준을 정하며 평가 범위가 분명해지는 것이다. 따라서 평가의 목표를 분명히 설정하는 것이 정책평가의 방향을 결정해 주는 데 중요한 것이다.

정책평가는 ① 정책 프로그램의 효과를 향상시키기 위한 것, ② 정책의 책임성을 확보하기 위한 것, ③ 정책이론의 형성 등 그 목적이 다양하다. 이러한 여러 목적 중에서 현 평가가 어떤 목적인지를 분명히 하고 정책평가에 들어가야만 유용한 결과를 얻을 수 있다.

(2) 평가범위 설정

사회복지정책의 평가목표가 결정되면 이에 근거하여 정책평가의 범위를 몇 가지 측면에서 설정해야 한다. 첫째, 정책의 특정 측면만 평가할 것인지, 정책의 모든 측면을 포괄적으로 평가할 것인지, 더 나아가 관련 정책 및 상위 정책까지를 평가할 것인지 그 범위를 정해야 한다. 둘째, 평가의 기간 및 시점을 정해야 한다. 대개 외래 기관에서 평가기간을 한정하는데, 그 기간 한정이 평가목표와 관련하여 적절한지를 의논해야 한다. 또한 평가목적에 비추어 정책결정 시기부터 현재까지의 정책결과를 평가할 것인가, 아니면 특정 시점에서 특정 시점까지의 정책을 평가할 것인가도 결정해야 한다. 셋째, 평가의 공간적 범위를 정해야 하는데, 정책이 시행되는 전 지역을 평가대상으로 할 것인지, 아니면 잘 시행되고 있는 지역 한두 군데만 선정할 것인지, 혹은 실패한 지역을 선택할 것인지를 결정해야 한다. 이렇게 평가의 범위를 분명히 설정하고 평가를 실시해야만 나중에 외래 기관과 논란의 소지가 없다.

(3) 프로그램의 내용 파악

정책평가의 목표와 범위가 확정되면, 평가를 받을 프로그램의 내용을 파악해야 한다. 즉, 평가대상이 되는 사회복지 프로그램의 목표, 프로그램 내용(정책대상, 급여내용, 전달체계, 재정), 관련 이익집단, 정책결정과정 등에 관한 전반적인 정보를 수집해야 한다. 예를 들어, 정책목표가 어느 정도 구체화되었는지, 정책목표를 달성할 수 있는 정책수단이나 자원은 어떤 것이 있으며 활용여부는 어떠한지 등을 파악해야 한다. 또한 평가대상인 정책과 다른 정책과의 관계도 파악해야 한다. 특히 다른 부처 혹은 민간기관 등에서 유사한 대상으로 유사한 프로그램을 실시하여 서비스가 중복되고 있는지도 파악하여야 한다.

이렇게 프로그램의 내용을 전반적으로 파악해 봄으로써 정책평가의 필요성 여부를 결정할 수도 있고, 본격적인 정책평가를 위한 분석틀을 구성하는데 기초가 될 수 있다. 또한 프로그램의 내용을 명확히 파악하는 것이 정책을 평가하는데 필요한 측정기준이나 자료수집 방법 및 분석기법을 결정하는 데도 필요하기 때문에 본격적인 정책평가에 앞서서 반드시 이루어져야 하는 절차이다.

(4) 평가설계서 작성

정책평가를 위한 프로그램 내용이 파악되면, 그 프로그램이 영향을 받거나 영향을 미치는 과정에 관한 인과모형을 설정한다. 이런 평가를 위한 인과모형은 우선 어떤 결과가 발생했으며, 그 결과가 바람직한 것인가, 그리고 그러한 결과를 초래하는 데 영향을 미친 요인이 무엇인가 등을 규명하기 위한 분석틀로서의 의미를 지닌다. 이 인과모형은 평가설계의 형태와 평가기법을 결정하는 데 기초가 된다.

평가설계는 보통 실험설계, 준실험설계, 비실험설계로 나누어지는데 이들 가운데 어떠한 형태로 평가설계를 하여야 하는가는 적용가능성(시간적 제약, 인적 · 물적 비용, 정책 관련자나 수급자에게의 접근 가능성)을 고려하여 결정된다.

(5) 자료수집 및 측정

평가설계가 끝나면 평가에 필요한 자료를 수집해야 한다. 자료란 평가보고서에 직접 · 간접으로 사용되는 모든 정보를 말하는데, 직접 조사를 통하여 수집되는 일차적 자료와 기존 자료에서 가져오는 이차자료로 나눌 수 있다. 일반적으로 많이 사용되는 일차적 자료수집 방법은 관찰법, 면접법, 설문지를 통한 질문지법 등이 있다. 이들 가운데 어떠한 방법을 사용하여 자료를 수집할 것인지는 비용과 조사목적에 따라, 그리고 각 자료수집법의 장 · 단점을 고려하여 결정해야 한다. 2차자료에는 정부의 문서, 각종 통계자료, 다른 평가보고서 등이 있을 수 있는데, 이러한 2차자료를 분석하여 정책평가에 활용하는 경우도 많다.

자료를 수집할 때에는 평가에 필요한 부분을 정확하게 측정할 수 있어야 한다. 평가하고자 하는 현상을 양적으로 측정하기 위해서 일반적으로 척도를 사용한다. 척도는 측정수준에 따라 명목척도, 서열척도, 등간척도, 비율척도로 나눌 수 있는데 이들은 분석기법의 수준과 관련된다.

(6) 분석 및 해석

자료의 수집 및 측정이 끝나면 그것을 분석하고 그 의미를 해석해야 한다. 수집된 자료의 분석은 질적인 분석과 양적인 분석으로 나눌 수 있는데, 질적인 분석은 논증과 설득력을 바탕으로 하여 새로운 아이디어와 시각을 제시해 주는데 유용하다. 한편, 양적인 분석은 통계적 기법을 사용하거나 정책분석기법으로 개발된 여러 가지 분석기법에 의하여 이루어진다. 양적인 평가분석 기법들 가운데 어느 것을 사용할 것인가는 정책평가가 목표와 자료 측정수준 등에 의해 결정된다.[2)]

(7) 정책평가 보고서의 작성 및 제출

수집된 자료를 분석하여 해석한 후 이를 '평가보고서' 형태로 작성하여 의뢰 기관에 제출하여야 한다. 평가보고서를 작성할 때 유의할 점은 읽는 사람을 염두에 두어야 한다는 것이다. 즉, 평가보고서는 학술 논문이 아니므로 내용을 쉽고 간결하게 쓰고 그림이나 도표 등을 활용하여 읽는 사람이 잘 이해할 수 있도록 하여야 한다.

평가 보고서는 실용적인 목적으로 작성된 것이기 때문에 이의 효과적이 제출도 매우 중요하다. 평가정보를 필요로 하는 사람, 정책결정에 영향을 미치는 사람에게 평가보고서가 배포되어야 하며, 경우에 따라서는 관련자들을 모아 놓고 정책보고서 발표회 등을 개최할 수도 있고 언론에 보도자료를 보낼 필요도 있다.

---

2) 평가설계, 자료수집 및 측정, 자료분석 등의 구체적 내용은 '사회조사' 관련 교재를 참고하기 바란다.

참고문헌

박정호(2001), 『사회복지정책론』, 서울: 학지사.

봉민근(1997), 『사회복지정책론』, 서울: 학문사.

송근원 · 김태성(1995), 『사회복지 정책론』, 서울: 나남출판.

안치민 역(2000), 『사회복지정책의 이해』, 서울: 일신사.

전남진(1987), 『사회정책학 강론』, 서울: 서울대출판부.

전재일 · 배일섭 · 정영숙(2000), 『사회복지정책론』, 서울: 형설출판사.

현외성(2000), 『사회복지정책강론』, 서울: 양서원.

DiNitto D. M.(1995), *Social Welfare: Politics and Public Politics*, 4th ed., NJ: Prentice-Hall.

DiNitto D. M.(2000), *Social Welfare: Politics and Public Policy*, 5th Ed., Boston: Allyn & Bacon.

Gil, D.(1976), "A General Framework for Social Policy Analysis", in J. Tropman & W. Vasey(ed), *Strategic Perspectives on Social Policy*, NJ: Pergamon Press.

Gilbert, N. & Terrell, P.(1998), *Dimensions of Social Welfare Policy*, 4th Ed., Boston: Allyn & Bacon.

Prigmore, C. S. & Atherton, C. R.(1986), *Social welfare Policy: Analysis andFormation*, 2nd ed., MA: Lexington.

제3부

한국 사회복지정책의 실제

9
chapter

소득보장정책*

제 1 절 머리말

인간은 삶의 주기를 통하여 다양한 위험들에 직면하여 스스로 욕구(needs)를 충족하지 못하는 상황에 직면하게 된다. 이러한 위험의 범위는 논자에 따라 넓게 규정될 수도 있고 좁게 규정될 수도 있지만, 대체로 노동시장에서의 소득의 중단과 예외적인 지출(exceptional expenditure)을 초래하는 것들로 구분할 수 있다. 소득의 중단은 노령, 질병, 재해, 장애, 실업, 부양자의 사망 등으로 인해 발생하게 되며, 예외적인 지출은 아동양육과 출산[1] 등으로 인해 발생하게 된다. 이와 같이 노동시장에서의 소득이 중단되거나 기존의 소득만으로는 감당하기 어려운 지출이

* 강욱모 : 경상대학교 사회복지학과 교수

1) 출산을 예외적 지출로 간주하는 것은 베버리지의 사회보장 개념에서이다(Beveridge, 1942: 120). 그러나 출산은 예외적인 지출을 발생하는 것이 문제라기보다는 출산으로 인한 여성근로자의 소득의 중단이 문제되므로, 나라에 따라서는 출산을 소득의 중단을 초래하는 위험의 범위에 포함시키기도 한다(유길상 외, 1998: 6).

발생할 경우 스스로 욕구를 충족하지 못하면 빈곤상태에 빠질 수밖에 없다.[2)]

빈곤은 개인과 가족뿐만 아니라 지역사회와 국가 전체의 생활양식에도 위협을 줄 수 있기 때문에 모든 국가는 빈곤문제를 심각한 사회문제의 하나로 간주하여 해결책을 강구하고 있다. 빈곤문제를 해결하려는 국가정책은 크게 소득보장정책과 고용보장정책으로 구분된다. 소득보장정책은 노동시장에서의 소득만으로 빈곤에서 벗어나지 못하는 사람들에게 직접적인 소득이전정책을 통하여 빈곤문제를 해결하려는 정책이다. 반면에 고용보장정책은 현재 근로능력이 있는 사람들을 대상으로 하여, 그들의 소득획득 능력을 높여서 그들 스스로 빈곤에서 벗어나게 하는 정책이다.

이상적으로는 대상자의 잠재능력을 개발하여 생산적으로 유도하는 고용보장정책이 바람직할 것이다. 왜냐하면 소득보장정책은 빈곤을 일시에 완화해 주는 소극적인 정책일 뿐만 아니라 수혜자로 하여금 노동의욕과 저축동기를 약화시킬 수 있는 속성이 있고, 프로그램 운영에 많은 비용이 필요하기 때문이다. 그럼에도 불구하고, 현실적으로는 고용보장정책의 대상이 될 수 없는 근로능력이 없는 사람들이 많이 존재하고 근로능력이 있더라도 고용보장정책으로 실패하는 경우가 많기 때문에 소득보장정책은 필요하다. 오히려 현대의 복지국가들에서는 소득보장정책이 그 수혜자의 숫자나 비용 등에 있어서 엄청난 규모로 확대되어 고용보장정책보다 훨씬 더 중요한 프로그램으로 되어, 오늘날 빈곤정책이라 하면 주로 소득보장정책에 초점을 맞추는 경향이 있다.

그러나 복지국가 위기론이 대두된 이후, 빈곤정책의 중심은 소득보장정책에서 고용보장정책으로 이동하고 있다. 그 이유는 고용보장정책과 소득보장정책과는 상호보완관계에 있기 때문에 고용보장정책이 성공하면 할수록 소득보장정책에 의한 역기능이나 국가의 과부담 문제를 그

2) 따라서 빈곤은 "욕구(needs)가 충분히 만족되지 않은 상태"로 정의되기도 한다(Drewnowski, 1976).

만큼 줄일 수 있기 때문이다. 따라서 최근의 빈곤정책은 근로능력이 없거나 근로능력이 있어도 욕구를 스스로 충족하지 못하는 취약계층에 대해서는 국가가 소득보장제도를 통하여 기초보장을 제공함으로써 연대감을 갖게 하고 사회적 효용을 증대시키는 한편, 근로능력이 있는 빈곤계층에 대해서는 근로동기와 근로여건을 부여함으로써 자립을 통한 생산성 향상을 추구하고 있다. 우리 나라에서 현재 추진되고 있는 생산적 복지도 이러한 조치의 일환으로 볼 수 있다.

본 장에서는 소득보장정책에 관하여 살펴보고, 다음 장에서는 고용보장정책에 대해 살펴볼 것이다. 앞에서 살펴본 바와 같이, 소득보장정책을 "삶의 주기에 따라 누구에게나 나타날 수 있는 노령, 질병, 재해, 장애, 실업, 부양자의 사망, 출산, 아동양육 등의 다양한 위험으로 인하여 빈곤의 상태에 떨어지지 않도록 사회적 차원에서 보장하고, 이미 빈곤의 상태에 있는 사람들에게는 최저한의 생활을 보장하여 빈곤으로부터 탈피하도록 도와주는 국가의 각종 제도적 장치"로 정의할 때, 결국 소득보장정책은 경제적 불안정성(economic insecurity)에 대처하기 위한 사회적 수단으로 볼 수 있다. 경제적 불안정성은 개개인에게는 우발적으로 발생하지만 사회 전체적으로는 일정한 확률성을 가지고 발생하므로 예측가능하기도 하다. 따라서 예상되는 불안정성에 대비하여 각종의 소득보장제도를 준비함으로써 각자에게 발생할지도 모르는 위험에 계획적으로 대처하고 이러한 제도의 존재 자체가 현재의 삶을 근심걱정 없이 향유할 수 있도록 도와준다는 측면에서 소득보장정책의 필요성이 존재한다.

소득보장정책을 이렇게 정의할 때, 다음과 같은 몇 가지 관련 사항에 대한 고찰이 필요하다. 곧 어떠한 방법으로 소득을 보장할 것인가? 어느 수준까지 소득을 보장할 것인가? 왜 국가가 소득을 보장해야 하는가? 등에 관한 설명이 필요하다. 따라서 제2절에서는 이러한 의문에 대한 해답을 도출하고, 제3절에서는 우리 나라 소득보장정책의 현황과 문제점에 관하여 살펴볼 것이다. 그리고 제4절에서는 소득보장정책의 개선방안을 모색하고 제5절에서 결론을 도출하고자 한다.

제 2 절 소득보장정책 관련 사항

1. 소득보장 방법

빈곤의 해결 혹은 완화를 위한 소득보장 프로그램들은 매우 다양한데 이것들을 크게 세 가지로 분류할 수 있다. 곧 비기여·비소득/자산조사 프로그램(non-contributory and no means-tested program), 기여·비소득/자산조사 프로그램(contributory and no meanstested program) 그리고 비기여·소득/자산조사 프로그램(non-contributory and means-tested program)이 그것이다.

1) 비기여·비소득/자산조사 프로그램

이 유형에 속한 프로그램들은 한 나라 국민이면 누구나 인구학적인 일정 조건(노인, 아동, 장애인)만 갖추면 기여와 자산조사 모두를 하지 않고 급여를 지급하는 프로그램을 말한다. 이러한 프로그램들은 소득보장정책의 역사적 발전과정을 통해 볼 때, 일반적으로 가장 늦게 도입되었으나 가장 발전된 형태라고 할 수 있다. 왜냐하면 국민이 인간답게 살 수 있는 최소한의 소득을 보장받을 권리—이른바 사회권(social right)—를 가장 강하게 반영하고 있기 때문이다. 이러한 형태에 속하는 프로그램으로는 오늘날 선진 복지국가에서 실시하고 있는 가족수당(family allowance), 장애수당, 보편적 연금(universal pension) 등이 대표적인데, 현재 우리 나라에는 이러한 유형의 프로그램들을 가지고 있지 않다.

이러한 유형의 프로그램들의 장점들로는, 첫째, 급여를 하나의 권리로서 받기 때문에 인간의 존엄성 향상과 수급자와 납세자 사이의 연대의식을 증가시켜 사회통합을 달성할 수 있다. 둘째, 소득 혹은 자산조사를 하지 않고 단순히 인구학적인 조사만을 통하여 급여를 제공하기 때문에 프로그램의 운영비가 적다. 셋째, 급여의 수혜와 근로소득과는 상관관계가 없기 때문에 수혜자들의 근로의욕이 약화될 가능성이 매우 적다. 넷째, 가족의 세대주가 누구냐에 상관없이 급여를 하기 때문에 가족해체를 유발시킬 가능성이 적다. 끝으로, 가족의 세대주에 상관없이 그리고 경제적 욕구가 많은 가족에게 더 많은 급여를 하기 때문에 수평적 공평성이나 수직적 공평성의 목표를 달성할 수 있다. 반면에 이러한 프로그램들의 단점으로는 급여가 불필요한 계층에게도 주어지기 때문에 사회적 자원의 낭비를 초래할 수 있을 뿐만 아니라(Garfinkel, 1968 : 33-39), 제한된 예산으로 이러한 프로그램을 운영할 경우 급여수준이 낮아져 사회적 적절성을 달성하기 힘들다는 점이다. 또한, 다른 프로그램에 비해 평등의 가치—즉 소득재분배효과—를 달성하기도 힘들다. 따라서 이러한 프로그램들은 사회복지에 사용될 자원이 많은 경우에는 그 장점이 돋보이나, 그렇지 못한 경우에는 확대되는데 근본적인 한계가 있다고 할 수 있다. 실제로 최근 서구 복지국가들은 재정적으로 어려움에 봉착하자 이러한 프로그램을 축소하는 경향이 있다(김태성 · 김진수, 2001 : 20).

2) 비기여 · 소득/자산조사 프로그램

이러한 유형의 프로그램들은 흔히 공공부조라 불리는데, 소득보장정책으로서 가장 오래되었을 뿐만 아니라 20세기 이후 상기의 보편적 프로그램이나 후술할 사회보험이 성숙되기 이전에 대부분의 나라에서 가장 중요한 소득보장의 역할을 하였다. 또한 상기의 보편적 프로그램과 후술할 사회보험이 빈곤을 예방한다는 측면이 있는 반면에, 이 프로그램은 빈곤한 사람만을 대상으로 현재의 빈곤을 해결하려는 데 그 목표가 있다. 이러한 프로그램은 크게 두 가지 형태로 나눌 수 있다. 하나는 일정한 소득이나 자산수준 이하인 모든 사람에게 급여하는 일반적 공공부조(general public assistance)가 있고, 다른 하나는 일정한 소득이나 자산수준 이하이면서 동시에 특정한 인구집단(노인, 아동, 장애인)에 속하는 사람들에게만 급여하는 범주적 공공부조(categorial public assistance)가 있다. 이 가운데 특히 범주적 공공부조가 역사적으로 볼 때 대부분의 국가에서 중요한 역할을 해왔기 때문에 통상적으로 공공부조제도로 알려져 있다.

이러한 유형의 프로그램들의 장점으로는 첫째, 주어진 자원으로 가난한 사람들에게 집중적인 급여를 제공할 수 있기 때문에 경제적 효율성을 높일 수 있다는 점이다. 특히 범주적 공공부조 프로그램은 특정 대상에게만 급여를 지급하기 때문에 일정한 소득이나 자산수준 이하의 모든 사람들에게 급여를 지급하는 일반적 공공부조 프로그램에 비하여 대상효율성의 목표를 더 이룰 수 있다. 둘째, 제한된 비용에서 사회적 적절성의 목표를 달성하는 것이 다른 두 유형의 프로그램들에 비해서 쉽고, 또한 소득재분배의 효과를 달성하기도 쉽다. 반면에 이러한 프로그램들은 다음과 같은 단점이 있다. 첫째, 소득과 자산조사를 통하여 가난한 사람과 가난하지 않은 사람들을 분리하기 때문에 수혜자로 하여금 수치심을 느끼게 하여 인간의 존엄성을 훼손하는 한편, 일반대중(납세자)이 이러한 프로그램의 수혜자를 멸시하는 분위기를 유발시켜 사회적 연대감을 해칠 수 있다는 것이다(Feagin, 1974 : 923-931). 둘째, 소득보장 프로그램에서 나타날 수 있는 부정적인 측면들이 가장 크게 나타날 수 있다. 왜냐하면, 공공부조는 일정한 소득이나 자산 이하인 사람들에게 급여가 주어지기 때문에 근로나 저축동기를 약화시키거나, 소득을 낮게 신고하거나 탈세 등의 문제점들을 유발시킬 수 있기 때문이다. 셋째, 수혜자와 비수혜자를 구분해야 하는 작업이 필요하기 때문에 이러한 과정에 운영비용이 많이 들며, 또한 남용과 오용의 문제가 많이 발생하기 때문에 운영상의 비효율성 문제가 심각해질 수 있다. 끝으로, 범주적 공공부조프로그램은 특정 범주에 속한 사람들에게만 급여되기 때문에 가족구조를 불안정하게 할 가능성이 크다.

이러한 유형의 프로그램들은 상기의 보편적 프로그램들에 비하여 많은 문제점을 가지고 있지만, 주어진 사회복지 자원에 한계가 있는 경우에는 꼭 필요한 사람에게 적절한 수준을 급여하는 방법으로 선택할 수밖에 없는 프로그램이다. 이러한 경우에는 보다 많은 문제를 가진 범주적 공공부조 프로그램보다는 일반적 공공부조 프로그램을 택하는 것이 바람직하다고 할 수 있다(이두호 외, 1992 : 160).

3) 기여 · 비소득/자산조사 프로그램

이 유형의 프로그램은 일반적으로 '사회보험제도'로 불려지고 있는데, 현재 적용범위에 있어서나 급여액에 있어서 소득보장제도의 핵심을 이루고 있다. 사회보험제도는 사람들이 일생동안에 부딪치는 위험의 종류에 따라 네 가지 형태로 구분할 수 있는데, 노령 · 장애 · 사망의 위험에 대비한 국민연금, 질병에 대비한 의료보험, 실업에 대비한 실업(고용)보험, 그리고 작업 중 장애에 대비한 산업재해보상보험이 있다. 이러한 네 가지 사회보험 프로그램들은 국가들마다 약간씩 차이가 있지만, 기본적으로 일정기간의 보험료를 납부한 피보험자와 혹은 그 가족에게 급여를 하기 때문에 국가와 피보험자와의 "계약상의 권리"(contractual right)를 반영한다고 볼 수 있다(이두호 외, 1992 : 149).

이러한 사회보험 유형의 프로그램 특성은 일반적으로 상기의 두 가지 유형의 프로그램들의 중간에 위치한다고 볼 수 있다. 첫째, 인간의 존엄성과 국민연대의식을 높이는 면에서는 보편적 프로그램보다는 약하지만, 공공부조 프로그램보다는 강하다. 둘째, 공공부조 프로그램에 비하여 근로의욕을 약화시키는 효과가 적지만 보편적 프로그램에 비해서는 크다. 셋째, 공공부조 프로그램들에 비하여 소득재분배효과나 경제적 효율성 혹은 사회적 적절성의 목표를 이루는데 약하지만, 재원조달 방법이나 급여계산방법의 차이에 따라 보편적 프로그램에 비하여 이러한 목표를 이루는 데 강하다. 넷째, 프로그램을 운영하는 비용은 공공부조 프로그램에 비하여 적게 들지만, 보편적 프로그램들에 비하여는 많이 든다. 끝으로, 가족구조를 불안정하게 할 가능성이 적다. 다만 이러한 프로그램하에서 피보험자의 수급권이 이혼한 부인에게도 주어질 경우와 맞벌이 부부의 경우 보험급여액이 단일 소득자 가족(특히 여성 세대주 가족)에게 주어지는 급여액보다 상대적으로(보험료 납부액에 비해서) 적은 경우에는 가족구조를 불안정하게 할 가능성이 보편적 프로그램에 비하여 높다고 할 있다.

이러한 사회보험 유형의 프로그램들은 일반적으로 직접적인 국가재정부담이 비교적 적으면서, 전통적인 공공부조 프로그램들이 갖고 있는 많은 단점들을 피할 수 있어 오늘날 서구 복지국가들에서 가장 중요한 소득보장 프로그램으로 자리를 잡고 있다. 특히 이러한 프로그램은 빈곤을 미리 예방할 수 있기 때문에 빈곤이 발생한 후 해결하는데 드는 비용보다 결과적으로 사회적 자원이 적게 든다는 면에서도 효율적인 프로그램이라 할 수 있다. 따라서 국가재정으로 사회복지에 사용할 자원이 적은 나라에서는, 일차적으로 국가부담이 적은 형태의 사회보험 프로그램들을 확대하여 빈곤할 수 있는 사람들의 숫자를 줄인 후, 이것으로 안된 가난한 사람들에게 국가부담에 의한 공공부조 프로그램을 통해 집중적으로 급여를 하는 것이 바람직하다 할 수 있다.

2. 소득보장 수준

일반적으로 합의되고 있는 소득보장 수준은 그 나라 국민들에게 생활의 모든 측면에서 사회적으로 인정되고 있는 '최저생활의 보장'이다(George and Wilding, 1984: 8). 우리 나라도 헌법 제34조에서 "모든 국민은 인간다운 생활을 추구할 권리를 가진다"라고 규정하여 사회구성원 누구나 건강하고 안정된 생활을 영위하도록 최저한의 생활을 보장하고 있다. 따라서 소득보장 수준을 파악하기 위해서는 '최저한의 생활'(national minimum) 개념을 살펴볼 필요가 있다.

최저생활의 보장개념은 1800년대 후반과 1900년대 초반에 영국의 대표적 페이비안주의자인 시드니 웹(Sidney Webb)과 비아트리스 웹(Beatrice Webb)이 체계화한 '국민생활최저선'(national minimum)에 근거하는데, 웹 부부는 이 용어를 통해 자본주의의 생성기인 19세기 말과 20세기 초반의 상황에서 노동자와 노인, 아동 등 사회적 약자에게 국가가 제공해야 할 노동조건, 의료수준 등의 최저수준을 개념적으로 체계화시켰다.[3] 이러한 '국민생활최저선' 개념은 자유사회에 있어서의 사회보장계획 모델로서 국제적으로 커다란 영향을 준 영국의 베버리지 보고서의 정책목표로 설정됨으로써 근대 복지국가 형성에 큰 영향을 미치게 되었다.[4] 베버리지 보고서는 "국가와 개인의 협력에 의해 모든 국민에게 최저한도의 생활(national minimum)을, 다시 말해서 다른 자산이 없어도 생존에 필요한 최저한의 소득(minimum income needed for subsistence)을 권리로서 확보하는 것이다"(Beveridge, 1942 : para. 9), "인류의 본질적인 자유중의 하나인 결핍으로부터의 자유(freedom from want)를 획득하는 것이다"(Beveridge, 1942 : para 409), "경제적으로도 도덕적으로도 정당화될 수 없는 물적 결핍이라고 하는 치욕의 상태(scandal of physical want)를 제거하는 것이다"(Beveridge, 1942 : para. 455) 등으로 언급되는 '국민생활 최저선'을 정책적으로 구체화하려 하였다. 이러한 '최저생활 보장' 개념은 풍요로운 사회가 논의되던 2

---

3) '국민생활최저선'이란 용어는 Webb부부의 대표적 저서인 『산업민주주의론』(*Industrial Democracy*, 1887)에서 처음으로 제시되었다. 이 용어는 초기에 노동자 등 사회적 약자를 보호한다는 측면보다는 국민의 육체적, 정신적 자질을 높여 생산성을 제공한다는 '국민적 효율'의 개념으로 제시되었으나, 나중에는 사회 활동의 모든 영역에서 가장 혜택을 덜 받는 사람을 보호하기 위한 정책체계로 규정되었다(박광준, 1990). 1910년대 영국의 '전국궁핍방지위원회'(The National Committee for the Prevention of Destitution-Webb 부부에 의해 1909년 결성된 '전국 구빈법 철폐위원회'의 후신)가 발간한 팜플렛에서는 국민생활최저선의 영역을 최저임금제, 8시간 노동제, 그리고 아동영양, 주거, 의료의 최저수준 및 실업 방지 등 6개 영역을 설정하고 있다(The National Committee for the Prevention of Destitution, 1913).

4) 베버리지 보고서는 기존 복지제도의 조직과 행정구조를 개편함으로써 '국민생활최저선'의 이념을 구체적인 제도 속에서 정책적으로 구체화하려는 시도였다(Fraser, 1984).

차 대전 이후 복지국가의 황금시기에도 국가에 의한 소득보장 수준의 이념으로 남아 복지국가의 핵심적 요소 중의 하나로 인정되었다.

이와 같이 복지국가의 황금시기에도 국가에 의한 소득보장 급여의 대전제가 '최저 생활'의 보장에 한정된 이유는 대체로 세 가지 논점에서 살펴볼 수 있다. 첫째는, 자본주의 체제의 기본 질서가 자기책임의 원칙을 전제로 하고 있다는 점에서 찾을 수 있다. 곧 자본주의 체제에서는 '최저 생활'은 국가가 보장하지만, 이 수준을 상회하는 생활부분은 각자가 임의적인 '자조'활동, 즉 자유권이나 노동권을 행사하여 자주적으로 확보되어야 한다는 것을 전제하고 있는 것이다. 이러한 사실은 국가에 의한 사회보장이 제도적으로 확보해야 할 최저생활의 내용을 소득보장으로 한정하고, 그 수준은 "그 외에 자산이 없더라도 그 급여의 양은 생존에 필요한 최저한 소득으로 적당하다"(Beveridge, 1942 : para 307)라고 한 베버리지 보고서가 단적으로 말하고 있는 것이다. 구체적으로 "사회보장은 어떤 최저한도까지의 소득보장(security of income up to a minimum)을 의미한다"(Beveridge, 1942 : para 300)라고 했을 때, 소득보장은 "인간의 행복을 위한 지급액으로서는 극히 불충분한 것이기 때문에, 그것만을 생활재건의 유일하고 주요한 수단으로서 추진하는 것은 거의 실행할 가치가 없는 것으로 생각된다"고 할 수 있는 것이다(Beveridge, 1942 : para 440).

둘째, 국가의 소득보장정책에 의해 보장되는 '최저 생활'의 내용은 그 하한선이 되는 최저한도의 생활(national minimum)의 경우에 있어서도 고정적·절대적인 수준이 아니라 경제적·사회적 조건의 규정에 따라 부단히 변화하는 상대적인 개념으로서 파악된다는 점이다. 이는 라운트리(Rountree)가 19세기 이래의 빈곤조사에서 사용해 온 '빈곤선(Poverty line)'을 사회보장의 국민최저한으로 채용한 베버리지도 그 수준에 대한 평가는 "시간에 따라 변화하는 것이어서, 일반적으로는 상향적인 변화를 보이는 것이다"(Beveridge, 1942 : para 27)라고 인정한 점에서도 알 수 있다.

끝으로, 소득보장제도에 의해 보장되는 "최저 생활" 수준은 한 국가의 일정한 시기의 최저임금 수준에 의해 규정되는데, 원칙적으로 최저임금 수준 이상이 될 수 없다는 점이다. 왜냐하면 국가에 의한 소득보장은 기본적으로 어떤 이유에 의해 일시적으로(실업이나 상병 또는 출산 등) 혹은 영구적으로(노령이나 폐질 또는 사망 등) 스스로 필요한 욕구를 충족할 수 없을 때 최저생활을 보장하는 것인 반면에, 최저임금은 취업시의 생활 최저한을 보장하기 때문이다. 만약 소득보장 수준이 최저임금의 수준을 상회하면 소득보장제도가 노동능력자의 근로의욕이나 소위 '자립・자조의 정신'을 해칠 뿐만 아니라 임금수준의 저하를 한층 더 조장하게 되어 사회붕괴를 초래할 것이기 때문이다(변재관 외, 1998 : 70). 베버리지 보고서가 "실업 또는 노동 불가능기간에 취업시의 가득금액(earning during work)과 동등하거나 그 이상의 액수를 지급하는 것은 위험하므로, 고용보장을 위해서는 취업기간 중 소득과 취업중단 기간 중 소득간의 차이가 모든 사람에게 있어 가능한 한 커야 한다"(Beveridge, 1942 : para. 412)고 한 것은 이러한 의미에서였다.

이와 같이 최저생활수준의 보장이 대부분의 국가에서 소득보장제도의 핵심적인 요소였다. 그러나 몇몇 국가에서는 최저수준보장 이상의 적정수준(adequate level)의 보장을 정책목표로 설정하고 그것을 구체적으로 정책화하는 경향을 발견할 수 있는데, 대표적인 경우가 스웨덴, 노르웨이 등 스칸디나비아 3개국이다. 에스핑 엔더슨(Esping-Andersen)은 2차 대전 이후 스칸디나비아 3개국의 복지정책 발전과정을 두 단계로 설명하면서, 1950년대에 보편적이고 평등한 정액급여(flat-rate benefits)를 제공하는 사회보험시스템의 구축이라는 정책목표가 1960년대를 기점으로 적정한 급여수준(adequate benefit standards), 평등, 예방적 사회정책, 수급자격의 강화를 보장하는 쪽으로 강조점이 이동했다는 점을 지적하고 있다(Esping-Andersen, 1985). 즉 1960년대를 기점으로 북유럽에서는 복지제도의 정책목표가 "최저수준"의 보장에서 "적정수준"의 보장으로 이동했다는 것이다.

한편, 소득보장 수준의 설정에 있어서 보장의 성격이 결과적 빈곤에 대한 개입인지 혹은 빈곤원인의 예방을 위한 개입인지에 따라 두 가지 보장수준이 존재하게 된다. 보장의 성격이 결과적 빈곤에 대한 개입일 경우에는 주로 무기여를 특징으로 하는 공공부조제도에 의하여 이루어지고, 보장수준은 최저생계비 개념에 입각한 최소한의 수준이며, 보장의 궁극적 책임은 국가에 있다. 그러나 보장의 성격이 빈곤원인의 예방을 위한 개입일 경우에는 사전적 기여를 특징으로 하는 사회보험 형태 혹은 무기여로 귀속적 욕구에 따른 수당 형태 혹은 법적 규제형태로 이루어지며, 보장수준은 사회경제적 조건과 국가 및 가족의 역할에 대한 사회적 가치에 기반한 사회적 합의에 의하여 적정수준에서 결정된다(변재관 외, 1998 : 89-90).

이상에서 살펴본 바와 같이, '소득보장 수준'은 경제적·사회적 조건의 규정에 따라 부단히 변화하는 상대적인 개념으로서 파악되고 있는데, 죠지와 윌딩(George & Wilding)도 영국 사회에서 논의되는 '국민생활최저선'의 개념이 상대적 성격을 갖고 있음을 지적하고 있다(George & Wilding, 1984 : 10).

3. 소득보장의 책임 주체

오늘날 대부분의 선진 산업국가들에서는 국가가 국민들의 최저생활의 보장을 주로 책임지고 있다. 우리 나라도 헌법 제34조 제2항에서 "국가는 사회보장·사회복지의 증진에 노력할 의무를 진다"고 규정하고, 이를 구체화시키기 위해 제정된 사회보장기본법 제2조에서 "사회보장은 모든 국민이 인간다운 생활을 할 수 있도록 최저생활을 보장하고 국민 개개인이 생활의 수준을 향상시킬 수 있도록 제도와 여건을 조성하고 그 시행에 있어 형평과 효율의 조화를 기함으로써 복지사회를 실현하는 것을 기본 이념으로 한다"고 하여 최저생활 보장을 국가의 책임으로 규정하고 있다. 따라서 왜 국가가 최저생활 수준을 책임져야 하는지에 관하여 살펴볼 필요가 있다.

국가가 국민들의 최저생활수준의 보장, 즉 생존권의 보장을 책임지게 된 것은 자본주의 경제체제의 발전과정에서 찾을 수 있을 것이다. 왜냐하면 국민생존권의 사회적 보장이라는 이념은 자본주의 발전의 특정단계에서 등장한 역사적 개념이기 때문이다. 비드마이어(Widnaier)에 의하면 "기본적으로 사회정책적 요구는 (자본주의) 경제발전에서 형성되며, 두 가지 중요한 근원에서 생겨난다. 하나는 생산정책적 필연성 즉, 생산과정에서 노동의 효율적이고 효과적인 수용을 위해 생산요소인 노동 영역에 적절한 조건 및 필연적 창출과 유지에서 사회정책은 요구된다. 다른 하나는 사회운동과 노동운동 및 그의 사회윤리, 그리고 그와 결합된 정치사회적 역학관계에서 사회정책적 요구는 비롯된다"고 주장하고 있다(Widmaier, 1976 : 48 ; 윤여덕 편저, 1995 : 24에서 재인용). 이러한 주장에 따르면, 국가에 의한 생존권 보장은 자본주의 사회틀 안에서의 생산력의 발전수준과 생존권을 요구하는 주체의 사회적 역량에 의해 규정된 것이다.

자본주의 확립기의 자유경쟁단계에 있어서는 자유방임주의가 표방하는 사회책임에 의한 생존권 보장이라는 이념이 국가차원의 정책과제로 될 수 있는 여지가 전혀 없었다. 왜냐하면 빈곤은 개인의 책임이며 태만·부주의·무분별 등의 개인적 악덕의 결과로 여기는 지배계급의 이데올로기가 사회의 지도적 이념으로서 수용되어 있었기 때문이다. 따라서 무산 임금노동자들에게 이미 항상적인 위협이 되고 있던 빈곤과 생활불안의 문제들은 자기 책임으로 대처해야 할 사적인 문제로 여겨져서, 자조노력에 태만한 빈민들에 대해서 사회적 구제비용을 들이는 것은 자본주의적 생산에 있어서의 공비일 뿐만 아니라 자기책임의 방기를 조장하는 반사회적 행위로 인식되었다.

그러나 자본주의 체제가 성숙됨에 따라 이러한 자유방임주의적 빈곤관은 그 타당성을 잃고 정책전환이 불가피해졌다. 먼저, 19세기 말 영국에서의 일련의 사회조사—부스(C. Booth)의 런던조사, 라운트리(B. S.

Rowntree)의 요크 조사 — 를 통해 노동자계급의 심각한 빈곤문제가 폭로되면서, 이러한 빈곤의 원인이 고용불안정과 저임금으로 인한 생활자기책임 원칙을 고수하기 위한 물적 조건이 없어져 버린 결과라는 것이 확실해졌기 때문이다. 그 결과 노동운동이 조직적·사회적 역량을 발휘했다. 따라서 지배계층 사이에서 노동계급의 생활문제는 자유권을 토대로 하는 자본주의 질서의 유지·존속과 관련된 중대한 사회문제라는 상황인식이 생겨나게 된 것이다.

빈곤문제에 관한 지배계층의 상황인식을 변화시킨 요인은 대체로 몇 가지로 분석할 수 있다. 첫째, 자본가들의 이익을 위해서는 건강하고 잘 훈련된 노동력의 지속적인 공급이 필요하다는 인식이다. 곧 근로자들이 제대로 먹지 못하여 영양상태가 나쁘거나 질병을 제대로 치료를 받지 못하거나 교육과 훈련을 제대로 받지 못하게 되면, 결국 현재 근로자들의 노동생산성이 낮아질 뿐만 아니라 이러한 가정에서 자라나는 아동들의 인적자본의 질도 낮아져 미래의 생산성도 낮아지게 될 것이라는 인식이다. 둘째, 한 나라에 가난한 사람들이 많아지게 되면, 경제적 안정의 측면에서도 국가발전에 해가 된다는 인식이다. 곧 빈곤한 사람들은 구매력이 없기 때문에 그 규모가 늘어날수록 산업활동이 위축되고 불경기가 장기간 지속될 가능성이 커진다는 것이다. 셋째, 가난한 사람들이 많으면 개별적으로는 범죄행위가 늘어나고, 집단적으로는 폭동행위가 많아지게 되어 자본주의 기본질서에 커다란 위협이 되고, 사회가 불안정해지게 됨으로써 국가발전에 해가 된다는 인식이다.

이와 같이 모든 국민의 최저소득을 국가가 책임져야 하는 당위성은 자본주의 경제체제의 발전과정에서 야기되는 여러 문제들을 사적영역에 맡겨 해결할 수 없다는 데서 찾을 수 있다.[5] 따라서 생존권 보장이

5) 자본주의 경제체제가 야기하는 문제들을 사적영역이 해결하지 못하는 이유는 다음과 같은 몇 가지 점에서 찾을 수 있다. 첫째, 무임승차의 문제이다. 즉, 빈곤문제 해결이 설사 각 개인에게 이익이 된다는 것을 안다고 하더라도 개별적인 사람들은 자발적으로 가난한 사람들을 지원하려고 하지 않을 것이다 왜냐하면 내가 도와주지 않아도 누군가에 의해 도움을 받을 수 있을 것이라는 이른바 무임승차(free rider)현상이 발생하기 때문이다. 이렇게 되

국가의 책무로 등장하게 된 것은 자본주의 발달과정에서 일어나는 여러 가지 문제들을 자본주의 사회질서의 틀 속에서 해결하려는 하나의 수정원리로써 등장하게 된 것이다.[6]

제 3 절 우리 나라 소득보장체계 및 제도현황

1. 소득보장 체계

앞에서 살펴본 바와 같이, 소득보장 방법에는 크게 비기여 · 비소득/자산조사 프로그램인 보편적 프로그램,[7] 기여 · 비소득/자산조사 프로그램인 사회보험제도, 그리고 비기여 · 소득/자산조사 프로그램인 공공부조제도가 있다. 사회보험제도는 가입자의 소득수준에 따라 위험을 할당하고 위험이 발생한 당사자에게는 상실된 위험의 정도에 따라 적절하게 보상하는 제도인데, 현재 우리 나라에는 국민연금, 건강보험, 산재보험, 고용보험, 노인장기요양보험의 5대 사회보험과 공무원 · 군인 · 사립학교 교원 등 특수직역 종사자를 대상으로 하는 공무원연금, 군인연금, 사립학교교원연금 등 특수직역연금이 있다. 한편 공공부조제도는 사회보험의 수단으로 포괄되지 못한 대상자들에 대한 보상수단으로써 일반적으로 사회보험제도를 보완하는 역할을 수행하는데, 국민기초생활

면 가난한 사람들을 돕는 행위가 사회적으로 바람직한 양으로 이루어지지 않는 것이다. 둘째, 사적영역에 의존할 경우 사회적으로 부각되는 계층이나 눈에 잘 보이는 계층에 대한 집중적인 지원이 이루어지는, 이른바 수혜의 불평등 현상이 일어나기 때문이다. 셋째, 대부분의 사람들이 자발적으로 미래에 발생하는 위험에 충분히 대비하지 않을 뿐만 아니라 설사 대비한다고 해도 미래에 발생하는 위험에 대한 정보가 부족하기 때문이다.

6) 이와 같이 자본주의 사회의 질서의 근본원리인 자유권의 일부로서 등장한 생존권 보장의 이념은 실제 헌법상의 규범(1919년의 바이마르 · 독일헌법 제151조 1항)이 된 후에 국가정책의 고유한 목적으로 보편화되기 시작했다.

7) 현재 우리 나라에는 이러한 유형의 프로그램을 도입하고 있지 않다.

보장제도와 기초노령연금제도가 대표적이다.

한편, 우리 나라의 소득보장제도를 위험 유형별로 살펴보면 〈표 9-1〉과 같다. 먼저, 실업의 위험에 대비한 소득보장제도로는 고용보험제도의 실업급여제도가 있으며, 법정퇴직금제도도 이러한 기능을 일부 수행하고 있다. 또한 실업상태는 아니지만 최저한의 생계유지에도 미치지 못하는 보수를 받을 위험을 막기 위한 최저임금제도가 있다.

둘째, 질병의 위험에 대비한 제도로 국민건강보험제도와 국민건강보호제도가 있으나, 우리 나라의 국민건강보험에는 질병 중 상실될 소득의 보전기능을 수행하는 상병수당제도는 없다. 다만 근로기준법에 의하여 사업주는 병가 중에도 병가 직전소득의 일정비율만큼을 일정기간 지급토록 하고 있다.

〈표 9-1〉 소득상실 유형별 관련 소득보장제도

소득상실 및 위험유형	관련제도 및 급여	급여대상
빈 곤	기초생활보장제도의 생계급여	전 국민
노 령	국민연금제도의 노령연금	전 국민
	공무원 · 사립교원 · 군인연금의 퇴직연금	공무원, 사립학교교원, 군인
장 해	국민연금의 장해연금	전 국민
	공무원 · 사립교원 · 군인연금의 장해연금	공무원, 사립학교교원, 군인
	산재보험의 장해보상연금	근로자
사 망	국민연금의 유족연금	전 국민
	공무원 · 사립교원 · 군인연금의 유족연금 · 유족보상금	공무원, 사립학교교원, 군인
	산재보험의 유족보상연금	근로자
질병 · 사고	산재보험의 휴업급여	근로자
실 업	고용보험의 구직급여	근로자
저임금	최저임금제도	근로자
노령+빈곤	기초노령연금제도	65세 이상 노인의 60%(2009년 1월 1일부터는 70%)
장해+빈곤	장애인 생계보조수당	기초생활보장 대상 중증 · 중복장애인

셋째, 사고의 위험에 대비한 제도로는 산업재해보상보험제도가 있으며, 이에 의하여 업무상 재해에 따른 상처의 치료기간 중에 휴업급여가 지급된다.

넷째, 노령시의 소득상실을 보전하여 주는 소득보장제도로는 국민연금제도와 특수직역 연금제도가 있다.

다섯째, 장애는 선천적인 것과 후천적인 것으로 나눌 수 있는데, 후천적인 것은 질병 또는 사고에 의하여 발생한다. 선천적인 장애의 위험에 대비한 소득보장제도는 없고, 후천적 장애에 대비한 소득보장제도로는 국민연금의 장애연금제도와 산재보험의 업무상재해에 기인한 후유장애인을 위한 장애보상제도가 있다.

여섯째, 부양의무자의 조기사망에 대비한 소득보장제도로는 국민연금의 유족연금급여, 산재보험의 유족연금급여가 있다.

마지막으로, 위의 각종 위험에 대해 공적인 소득보장제도로부터 보호를 받지 못하였거나, 충분히 보호받지 못한 대상자들이 일정한 기준 이하의 재산 및 소득수준 상태로 전락하였을 때 보호하여 주는 공공부조제도인 국민기초생활보장제도와 기초노령연금제도가 있다.

2. 사회보험제도

우리 나라에서 사회보험이 처음 도입된 것은 1960년의 공무원연금법이나, 일반 국민계층을 포괄적인 대상으로 접근한 제도는 1963년의 산업재해보상보험이 최초이다. 우리 나라의 사회보험제도는 1995년 7월부터 고용보험이 도입되어 연금보험, 의료보험, 산재보험과 함께 4대 사회보험의 외형적 체계를 갖추게 되었다(〈표 9-2〉 참조).

〈표 9-2〉 우리 나라 사회보험 체제 및 현황

제 도 명	도입시기	대 상 위 험	보장형태	가입 대상수
국민연금	1988	노령, 장애, 사망에 대한 소득손실	소득보장	1인 이상 사업장, 농어민, 농어촌자영자
공무원연금	1960	노령, 장애, 사망에 대한 소득손실(산재포함)	소득보장	공무원
군인연금	1960	노령, 장애, 사망에 대한 소득손실(산재포함)	소득보장	장기하사관 이상
사립학교교직원 연금	1973	노령, 장애, 사망에 대한 소득손실(산재포함)	소득보장	사립학교 교직원
국민건강보험	1977	질병에 의한 비용손실	의료보장	전국민
산업재해보상보험	1964	업무상 재해로 인한 소득손실 및 비용손실	소득보장 및 의료보장	모든 근로자
고용보험	1995	실업에 의한 소득손실, 실업예방	소득보장, 비용보전	모든 근로자
노인장기요양보험	2008	노인성질병에 대한 장기요양급여 지급	요양보장	65세 이상 및 65세 미만 자로서 치매·뇌혈관성질환을 가진 자

1) 공적연금제도

(1) 개요

우리 나라의 공적연금제도는 국민연금과 특수직역연금으로 구분할 수 있으며, 특수직역연금은 공무원연금, 사립학교교원연금, 군인연금의 3가지 연금으로 구성되어 있다. 일반 국민을 대상으로 한 보편적인 공적연금제도인 국민연금제도는 1988년에 도입되어 10인 이상 사업장종사자를 적용대상으로 시작되었다. 그 이후 1992년 5인 이상 사업장종사자, 1995년 농어촌자영자에 대한 적용 확대를 계속하여, 만 11년만인 1999년 4월 도시자영자에 대한 적용 확대를 통하여 비로소 국민연금이 전국민을 포괄하는 전국민 연금으로 거듭나게 되었다. 2003년 7월 1일부터는 근로자 1인 이상을 고용하는 전사업장으로 확대되었을 뿐만 아니라 1개월 이상 고용되는 임시·일용직 근로자 및 월 80시간 이상 근무하는 시간제 근로자도 포함되게 되었다.

공무원연금은 1960년부터 제도가 시행되어 40년의 역사를 가지고 있다. 공무원연금은 퇴직, 사망 및 공무로 인한 부상·질병·폐질에 대한 소득상실에 대하여 급여를 지급하고 있다. 급여 종류로는 장기급여로 퇴직연금, 장해연금, 유족연금이 있다.

군인연금제도는 1960년 국가 및 지방공무원을 비롯하여 군인을 대상으로 하는 공무원연금제도를 통해 도입되었으나, 1963년 군인의 신분과 복무성격의 특수성을 고려하여 장교 및 장기복무하사관을 대상으로 하는 군인연금제도로 분리 운영되어 왔으며, 급여종류, 급여산식, 부담률은 공무원연금과 동일하다.

사립학교교원연금은 1973년에 관련법이 제정되어 1975년부터 시행되고 있으며, 사립학교교직원의 퇴직, 사망 및 직무상 질병·부상·폐질에 대한 소득상실에 대하여 급여를 지급하고 있다. 사립학교교원연금은 공무원연금에 포함된 국·공립교직원과 그 수준을 일치시키기 위해 보험료부담방법을 제외한 제도내용을 공무원연금과 동일하게 구성하였다. 사학연금은 교육부 관할하에 사학연금관리공단에서 담당하고 있다.

공적직역연금간에는 연계제도가 마련되어 있어 퇴직한 공무원·군인 또는 사립학교교직원이 타 직역연금의 적용대상으로 임용될 때는 본인이 원하는 바에 따라 종전의 해당연금법에 의해 재직기간 또는 복무기관에 합산할 수 있도록 되어 있다.

(2) 적용 대상

① 국민연금

국민연금 가입대상은 국내에 거주하는 국민으로서 18세 이상 60세 미만인 자이다. 다만 공무원연금법, 군인연금법 및 사립하교교직원연금법을 적용받는 공무원, 군인 및 사립학교 교직원, 그 밖에 대통령령으로 정하는 자는 제외한다(국민연금법 제6조).

가입자는 사업장가입자, 지역가입자, 임의가입자 및 임의계속가입자로 구분한다(국민연금법 제7조). 사업장가입자는 사업의 종류, 근로자의 수 등을 고려하여 대통령령으로 정하는 사업장(당연적용사업장)의

18세 이상 60세 미만인 근로자와 사용자는 당연히 사업장가입자가 된다.[8] 지역가입자는 사업장가입자가 아닌 자로서 18세 이상 60세 미만인 자는 당연히 지역가입자가 된다.[9] 임의가입자는 사업장가입자, 지역가입자에 해당하는 자 외의 자로서 18세 이상 60세 미만인 자로서 보건복지가족부령으로 정하는 바에 따라 국민연금공단에 가입을 신청하면 임의가입자가 될 수 있다. 임의가입자는 보건복지가족부령으로 정하는 바에 따라 국민연금공단에 신청하여 탈퇴할 수 있다. 끝으로 임의계속가입자는 국민연금 가입기간이 20년 미만인 가입자로서 60세가 된 자 또는 대통령령으로 정하는 직종에 종사하거나 종사하였던 근로자로서 특례노령연금 수급권을 취득한 자에 해당한은 자로서 법 제6조에도 불구하고 65세가 될 때까지 보건복지가족부령으로 정하는 바에 따라 국민연금공단에 가입을 신청하면 임의계속가입자가 될 수 있다. 이 경우 가입 신청이 수리된 날에 그 자격을 취득한다. 한편, 임의계속가입자는 보건복지가족부령으로 정하는 바에 따라 국민연금공단에 신청하면 탈퇴할 수 있으며, 사망한 때, 국적으로 상실하거나 국외로 이주한 때, 탈퇴신청이 수리된 때, 대통령령으로 정하는 기간 이상 계속하여 연금보험료를 체납한 경우에는 해당하게 된 날의 다음 날에 그 자격을 상실한다.

---

8) 다만, 공무원연금법, 사립학교교직원연금법, 또는 별정우체국법에 따른 퇴직연금, 장해연금 또는 퇴직연금일시금이나 군인연금법에 따른 퇴역연금, 상이연금, 퇴역연금일시금을 받을 권리를 얻은 자와 국민기초생활보장법에 따른 수급자는 제외한다. 한편, 국민연금에 가입된 사업장에 종사하는 18세 미만 근로자는 자기가 원하면 사용자의 동의를 받아 사업장가입자가 될 수 있다(국민연금법 제8조).

9) 다만, 다음 각 호의 어느 하나에 해당하는 자는 제외한다(국민연금법 제9조). 1. 다음 각 목의 어느 하나에 해당하는 자의 배우자로서 별도의 소득이 없는 자. 가. 제6조 단서에 따라 국민연금 가입 대상에서 제외되는 자. 나. 사업장가입자, 지역가입자 및 임의계속가입자. 다. 별정우체국 직원. 라. 노령연금 수급권자 및 퇴직연금 등 수급권자. 2. 퇴직연금 등 수급권자. 3. 18세 이상 27세 미만인 자로서 학생이거나 군 복무 등의 이유로 소득이 없는 자(연금보험료를 납부한 사실이 있는 자는 제외한다). 4. 국민기초생활보장법에 따른 수급자. 5. 1년 이상 행방불명된 자. 이 경우 행방불명된 자에 대한 인정기준 및 방법은 대통령령으로 정한다.

② 특수직역 연금

공무원연금제도의 가입자는 2005년 말 기준 98만6천 명으로 도입 당시인 1960년의 23만 명에 비해 약 4배 정도 증가하였다. 사립학교교원연금의 가입자는 1975년 초기 약 4만여 명에서 2006년 말 현재 250천 명으로 5배 넘게 증가하였다.

(2) 급여 내용 및 수준

① 국민연금

국민연금의 급여종류별 수급요건과 급여수준은 〈표 9-3〉과 같다. 노령연금의 수급권은 20년 이상 가입하고 60세에 도달한 자에게 주어지지만, 감액노령연금 및 조기노령연금의 연금수급을 위한 최소가입기간 요건은 10년이며, 조기노령연금의 경우 55세부터 수급이 가능하다. 유족연금은 가입자의 가입기간에 따라 기본연금(20년 가입기준 노령연금액)의 40-60%를 수급할 수 있으며, 장애연금은 장애정도에 따라 기본연금의 60-100%를 수급할 수 있다.

〈표 9-3〉 국민연금의 급여종류별 수급요건과 급여수준

급여유형		수급요건	급여수준
노령연금	노령	• 가입기간 20년 이상이며 60세에 달한 때(단, 특수직종 근로자는 55세)	기본연금액 +부양가족연금액
	감액	• 가입기간 10년 이상 20년 미만인 자로 60세(특수직종근로자는 55세)에 달했을 때	기본연금액의 1000분의 500+부양가족연금액(단, 가입기간이 10년을 초과하면 그 초과하는 1년마다 기본연금액의 1000분의 50에 해당하는 금액을 더함)
	재직자	• 가입기간이 10년 이상이고 60세 이상 65세 미만인 자로서 소득이 있는 업무에 종사하는 경우(단, 특수직종근로자는 55세 이상 65세 미만)	가입기간 등에 따라 노령연금액에서 부양가족연금액을 제외한 금액에 수급권자의 연령별로 다음 각호의 비율을 곱한 금액. 1. 60세인 자는 1000분의 500 2. 61세인 자는 1000분의 600 3. 62세인 자는 1000분의 700 4. 63세인 자는 1000분의 800 5. 64세인 자는 1000분의 900

〈표 9-3〉 이어서

급여유형		수급요건	급여수준
노령연금	조기	• 가입기간 10년 이상이고 55세 이상인 자가 소득이 있는 업무에 종사하지 않을 때	가입기간에 따른 노령연금액 중 부양가족연금액을 제외한 금액에 수급연령별로 다음 각호의 구분에 따른 비율을 곱한 금액에 부양가족연금액을 더한 금액. 1. 55세부터 지급: 1000분의 700 2. 56세부터 지급: 1000분의 760 3. 57세부터 지급: 1000분의 820 4. 58세부터 지급: 1000분의 880 5. 59세부터 지급: 1000분의 940
장애연금		• 가입기간 중에 발생한 질병 또는 부상으로 완치 후에도 신체 또는 정신상의 장애가 남은 때	장애1등급: 기본연금액+부양가족연금액 장애2등급: 기본연금액의 1000분의 800+부양가족연금액 장애3등급: 기본연금액의 1000분의 600+부양가족연금액 장애4등급: 기본연금액의 1천분의 2500에 해당하는 금액을 일시보상금으로 지급
유족연금		• 노령연금 수급권자, 가입기간이 10년 이상이었던 가입자, 장애2급 이상의 장애연금수급자 등의 사망 • 가입기간 10년 미만이었던 가입자가 가입 중 발생한 질병 혹은 부상으로 가입중의 초진일 또는 가입자 자격을 상실한 후 1년 이내의 초진일부터 2년 이내에 사망	가입기간에 따라 40%(10년 미만) 50%(10년 이상 20년 미만) 60%(20년 이상) 지급(다만, 노령연금 수급권자가 사망한 경우의 유족연금은 사망한 자가 지급받던 노령연금액을 초과할 수 없음)
반환일시금		• 가입기간 10년 미만인 자가 60세에 달했을 때 • 사망 • 국적상실 또는 국외이주 • 특수직역연금의 적용을 받게 된 때	연금보험료에 이자를 가산한 금액
사망일시금		• 가입자 또는 가입자이었던 자가 사망한 때 유족연금에서 규정한 유족에 해당된 유족이 없는 경우 배우자, 자녀, 부모, 손자녀, 조부모, 형제자매, 4촌 이내 방계혈족 중 가입자 혹은 가입자이었던 자에 의해 생계를 유지하던 자	반환일시금 상당액

② 특수직역연금

공무원연금, 사학연금, 군인연금 등 3개 특수직역연금은 급여종류, 급여산식, 수급요건이 거의 동일하다. 특수직역연금은 연금수급요건이 20년 이상 가입한 경우이며, 1995년도 특수직역연금법 개정이후 신규가입자에게는 60세에 도달한 경우라는 연령조건이 추가적으로 적용된다. 특수직역연금 급여의 종류와 수혜요건은 〈표 9-4〉와 같다.

〈표 9-4〉 특수직역연금 급여 종류와 수혜 요건

종류			수혜조건
장기급여	퇴직급여	퇴직연금	· 20년 이상 재직하고 퇴직한 때 지급
		퇴직연금 일시금	· 20년 이상 재직후 퇴직한 공무원(사학교원, 군인)이 퇴직연금에 갈음하여 일시금으로 지급받고자 할 때 지급
		퇴직연금 공제일시금	· 20년 이상 재직후 퇴직한 공무원(사학교원, 군인)이 20년을 초과하는 재직기간중 일부기간을 일시금으로 지급받고자 할 때 지급
		퇴직일시금	· 공무원(사학교원, 군인)이 20년 미만 재직하고 퇴직한 때 지급
	유족급여	유족연금	· 20년 이상 재직한 공무원(사학교원, 군인)이 재직중 사망한 때 지급 · 퇴직연금 또는 장해연금수급자가 사망한 때 퇴직연금액 또는 장해연금액의 70% 지급
		유족연금 부가금	· 20년 이상 재직한 공무원(사학교원, 군인)이 재직중 사망하여 유족연금을 청구한 때 유족연금일시금의 25% 지급
		유족연금 특별부가금	· 퇴직연금 수급권자가 퇴직 후 3년 이내에 사망한 때 지급
		유족연금 일시금	· 20년 이상 재직한 공무원(사학교원, 군인)이 재직중 사망하여 유족연금에 갈음하여 일시금으로 지급받고자 할 때 퇴직연금일시금과 동액 지급
		유족일시금	· 20년 미만 재직한 공무원(사학교원, 군인)이 사망한 때 퇴직일시금과 동액 지급
		유족보상금	· 공무상 질병 또는 부상으로 인하여 재직중 사망하거나 퇴직 후 3년 이내에 그 질병 또는 부상으로 인하여 사망한 때 지급

〈표 9-4〉 계속

종류			수 혜 조 건
장기급여	장해급여	장해연금	· 공무상 질병 부상으로 폐질상태로 되어 퇴직한 때 또는 퇴직 후 3년 이내에 그 질병 또는 부상으로 폐질상태로 된 때 폐질의 정도(1급-14급)에 따라 보수연액의 80-15% 지급
		장해보상금	· 장해연금에 갈음하여 일시금으로 지급받고자 할 때 장해연금액의 5배 지급
		퇴직수당	· 공무원(사학교원, 군인)이 1년 이상 재직 후 퇴직 또는 사망한 때 지급
단기급여	공상급여	공무상 요양비	· 공무상 질병·부상으로 인하여 요양기관에서 요양을 할 때 지급
		공무상요양 일시금	· 공무상 요양비를 받는 실제요양 기간이 2년을 경과하여도 그 질병 또는 부상이 완치되지 아니한 때 지급
	부조급여	재해부조금	· 공무원(사학교원, 군인)이 수재·화재 기타 재해로 인하여 재산상의 손해를 입은 때 지급
		사망조위금	· 공무원(사학교원, 군인) 또는 공무원(사학교원, 군인)의 배우자, 직계존속 및 배우자의 직계존속이 사망한 때 지급

2) 산업재해보상보험

(1) 개요

산재보험은 산재근로자에게 확실한 생활을 보장하기 위하여 국가가 책임을 지는 의무보험으로 역사적으로는 사용자의 산재근로자에 대한 근로기준법상 형사책임과 보상책임을 담보하기 위한 제도로서, 국가가 산업재해보상보험법상 적용대상이 되는 사업주로부터 소정의 보험료를 징수하여 법령이 정하는 바에 따라 산재근로자에게 보상하는 사회보험이다. 산업재해로부터 근로자를 보호하는 방법은 산업재해 자체를 예방하는 것이 가장 바람직한 것이나 이미 발생한 산업재해로 인하여 부상 또는 그 후유증으로 장해가 발생한 경우 그리고 산재로 사망한 경우는 그 산재근로자나 가족을 보호하고 보상해 준다는 점에서 산재보험이 중요한 의미를 지닌다. 산재보험은 1963년 우리 나라의 사회보험 중 가장 먼저 도입된 이래 여러 차례의 개정을 통해 적용대상과 급여수준을 확대해 오다, 마침내 2000년 7월부터 적용대상을 5인 미만 사업장으로 확대되어 사회안전망의 사각지대를 해소하게 되었다.

(2) 적용대상

우리 나라 산재보험은 산업재해보상보험법 제6조에 의하여 근로자를 사용하는 모든 사업 또는 사업장에 적용하도록 되어 있다. 따라서 정부투자기관은 물론 정부출연기관, 종교단체, 정치단체, 아파트자치회, 비영리법인(노동조합, 각종 사회단체 등)도 근로자를 1인 이상 고용하는 한 산재보험에 당연 적용된다. 다만, 위험률, 규모 및 장소 등을 참작하여 대통령령으로 정하는 사업은 적용제외하고 있다.[10] 이외에 적용특례 및 제외가 되는 경우를 구체적으로 명시하고 있다.[11]

(3) 급여 내용 및 수준

산업재해보상보험법의 적용을 받는 사업 또는 사업장 소속 근로자가 업무상 사유로 인하여 부상·질병·장해 또는 사망한 경우에 이를 회

10) ① 농업·임업(벌목업 제외)·어업·수렵업 중 상시 5인 미만의 근로자를 사용하는 사업, ② 가사서비스업, ③ 건설공사 중 총공사금액이 2천만원 미만인 공사 또는 주택건설촉진법에 의한 주택사업자, 기타 건설산업기본법에 의한 건설업자가 아닌 자가 시공하는 공사로서 연면적이 330㎡ 이하인 건축물의 건축 또는 대수선 등에 관한 공사, ④ 공무원 연금법 또는 군인연금법에 의하여 재해보상이 행하여지는 사업, ⑤ 선원법 또는 사립학교교원연금법에 의하여 재해보상이 행하여지는 사업, ⑥ 제②호 내지 제⑤호의 사업외의 사업으로서 근로자를 단속적으로 사용하여 상시근로자의 수가 1인 이상이 되지 않는 사업(개정 2000. 6. 27).

11) 그 내용을 살펴보면, 첫째, 산재보험이 적용되는 사업에서 현장실습을 하고 있는 학생 및 직업훈련생 중 노동부장관이 정하는 현장실습생은 1998년 1월 1일부터 산재보험법을 적용함에 있어 당해사업에 사용되는 근로자로 보아 산재보험법을 적용한다. 둘째, 산재보험이 적용되는 사업의 보험가입자가 소속 근로자를 대한민국 이외의 지역에서 행하는 사업에 근로시키기 위하여 파견하는 자에 대하여 공단에 보험가입신청을 하여 승인을 얻은 경우 적용대상이 된다. 셋째, 1994년 이후 중소기업협동중앙회장이 추천하는 연수생에 한하여 적용하여 왔으나 1998년 2월 23일부터 대한건설협회가 추천하는 연수생도 산재보험을 적용받는다. 끝으로, 보험가입자로서 50인 미만의 근로자를 사용하는 사업주는 공단의 승인을 얻어 자기 또는 유족을 보험수급자로 하여 산재보험에 가입가능하다(2000년 7월 1일 신설).

복시키거나 소득을 보장하고 그 가족의 생활보호를 위하여 지급되는 급여이다. 보험급여의 종류와 내용은 〈표 9-5〉와 같다.

〈표 9-5〉 산재보험 급여종류별 조건 및 수준

급여종류	정 의	지 급 요 건	급 여 내 용	급여형태
요양급여	업무상 부상 또는 질병에 걸렸을 때 의료기관에서 상병의 치료에 소요되는 비용을 지급하는 현물급여, 다만 부득이한 경우 요양비지급	① 산재보험이 적용되는 사업장의 근로자일 것 ② 업무상 부상 또는 질병일 것 ③ 부상 또는 질병이 4일 이상의 요양을 요할 것	진찰, 약제 또는 진찰재료와 의지 기타 보철구의 지급, 처치·수술 기타의 치료, 의료기관에의 수용, 개호, 이송	일시금
휴업급여	부상 또는 질병으로 인하여 취업하지 못한 기간에 대한 피재근로자와 그 가족의 생활보호를 위하여 임금대신 지급하는 급여	① 요양으로 인하여 4일 이상 취업하지 못한 경우, ② 임금을 받지 못하는 경우	미취업기간 1일에 대하여 평균임금의 70/100상당액	일시금
장해급여	업무상 재해의 치유 후 당해 재해와 인과관계가 있는 장해가 남게 되는 경우 그 장해의 정도에 따라 지급하는 급여	업무상 재해가 치유된 후 장해등급 제14급 장해 잔존시	장해정도에 따라 평균임금의 1,474일부터 55일분 상당액	일시금
		업무상재해가 치유된 후 장해등급 제1-7급 장해 잔존시(제7급은 연금 또는 일시금 중 선택가능)	장해 정도에 따라 평균임금의 329일분부터 138일분 상당액	연금
간병급여	요양급여를 받는 자 중 치유 후 의학적으로 상시 또는 수시로 간병이 필요하여 실제로 간병을 받는 자에게 지급하는 보험급여	요양급여를 받는 자가 치유 후에도 장해등급 제1-2급에 해당하는 자 중 시행령 별표 7의 규정에 해당하는 자	노동부장관이 고시하는 금액.(단, 수시간병급여의 대상자에게 지급할 금액은 상시간병급여 지급대상자에게 지급할 금액의 2/3에 해당하는 금액)	일시금
유족급여	피재근로자의 사망 시 그 유족의 생활보장을 위해 지급하는 급여	업무상 사망 또는 사망으로 추정되는 경우	•기본금액: 급여기초연월액의 47%에 상당하는 금액 •가산금액: 유족보상연금수급자격자 1인당 급여기초연액의 5%에 상당하는 금액의 합산액(단, 그 합산금액이 20%를 넘을 때는 20%에 상당하는 금액)	연 금 지 급 원칙

〈표 9-5〉 계속

급여종류	정 의	지 급 요 건	급 여 내 용	급여형태
장의비	근로자가 업무상 사유로 사망한 경우 그 장제에 소요되는 비용에 대하여 지급		•장의비 최고금액: 전년도 장의비 수급권자에게 지급된 1인당 평균장의비 90일분 + 법 제36조 7항에 따른 최고보상기준금액의 30일분 •장의비 최저금액: 전년도 장의비 수급권자에게 지급된 1인당 평균장의비 90일분 + 법 제36조 7항에 따른 최저보상기준금액의 30일분	일시금
상병보상연금	2년이 경과하여도 치유되지 아니하고 요양이 장기화됨에 따라 해당 피재근로자와 그 가족의 생활안정을 도모하기 위하여 휴업급여 대신에 보상수준을 향상시켜 지급하게 되는 급여	•당해 부상 또는 질병이 2년이 경과되어도 치유되지 않을 경우 •부상 또는 질병의 정도가 폐질등급 제1-3급에 해당할 것	•1급: 평균임금의 329일분 •2급: 평균임금의 291일분 •3급: 평균임금의 257일분	연금
특별급여제도	업무상 재해를 입은 사람의 직업재활을 위하여 그 근로자가 요양을 받는 기관이나 요양종결 후에 심리상담, 직업재활에 필요한 정보제공, 그 근로자의 직업욕구나 직업능력 등을 고려한 직업평가, 직업복귀계획 수립의 지원이나 그 밖에 필요한 지원을 함		•장해급여를 받는 자 중 취업을 위하여 직업훈련이 필요한 자에 대하여 실시하는 직업훈련에 드는 비용 및 직업훈련수당 •업무상의 재해가 발생할 당시의 사업장에 복귀한 장해급여자에 대하여 사업주가 고용을 유지하거나 직장적응훈련 또는 재활운동을 실시하는 경우에 각각 지급하는 직장복귀 지원금	

3) 고용보험

(1) 개요

고용보험제도란 근로자가 실직하였을 경우 실직근로자 및 그 가족의 생활안정과 재취업을 촉진하는 사회보험제도이다. 이러한 고용보험은 실업의 예방, 고용촉진 및 근로자의 직업능력의 개발·향상을 도모하고 국가의 직업지도·직업소개 기능을 강화하며 근로자가 실업한 경우에 생활에 필요한 급여를 실시함으로써 근로자의 생활의 안정과 구직활동을 촉진하여 경제·사회발전에 이바지함을 목적으로 한다(고용보험법 제1조). 고용보험제도는 1993년 12월 고용보험법이 제정, 1995년 7월 1일부터 상시근로자 30인 이상 사업장에 적용되기 시작하였다. 이후 IMF의 영향으로 실업이 급증함에 따라 1998년 1월 1일부터 상시근로자 10인 이상, 동년 3월 1일부터 상시근로자 5인 이상 사업장, 10월 1일부터는 상시근로자 4인 이하의 농업·임업·수렵업 등 일부 업종을 제외하고는 근로자 1인 이상을 고용하는 전사업장으로 적용범위를 확대하여 제도를 도입한 지 4년에 전체 근로자로 가장 단기간에 대상범위를 확대하였다.

(2) 적용대상

고용보험의 적용대상은 근로자를 사용하는 모든 사업장이며 적용단위는 사업 또는 사업장이다. 다만, 산업별 특성 및 규모 등을 고려하여 대통령령으로 정하는 사업에 대하여는 적용하지 아니한다. 적용제외 근로자는 ① 65세 이상인 자, ② 소정근로시간이 대통령령으로 정하는 시간 미만인 자, ③ 국가공무원법과 지방공무원법에 따른 공무원 다만, 대통령령으로 정하는 바에 따라 별정직 및 계약직 공무원의 경우는 본인의 의사에 따라 가입할 수 있다. ④ 사립학교교직원연금법의 적용을 받는 자, ⑤ 그 밖에 대통령령으로 정하는 자이다(고용보험법 제109조).

(3) 급여 내용 및 수준

고용보험의 급여는 고용안정·직업능력개발사업, 실업급여, 육아휴직급여 및 산전산후휴가급여 등이 있는데, 소득보장정책과 관련되는 급여는 실업급여이다. 실업급여사업은 근로자가 실직하였을 경우 일정기간 동안 실직자와 그 가족의 생활안정을 위한 소득보장과 실직자에게 구인·구직정보를 체계적이고 종합적으로 제공하기 위하여 지원하는 제도로서, [그림 9-1]에서 보는 바와 같이 구직급여와 취직촉진수당으로 나누어진다.

[그림 9-1] 실업급여 세부사업 종류

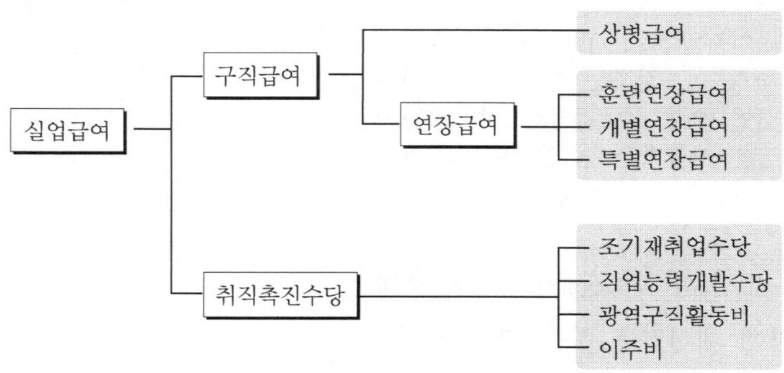

먼저 구직급여는 피보험자의 실업기간 중 생활안정을 위하여 지급되는 구직급여가 있으며, 실업시 질병·부상 또는 출산으로 취업이 불가능하여 구직활동을 할 수 없을 경우 지급되는 상병급여와 재취직을 위한 직업능력개발훈련을 받을 필요가 있다고 인정되는 근로자에게 지급되는 훈련연장급여, 구직급여의 종료 시까지 직업안정기관장의 직업소개에 3회 이상 응하였지만 취업을 하지 못하고 있는 재취직지원자를 위한 개별연장급여, 그리고 대통령이 정하는 사유에 의하여 수급기간을 연장하는 특별연장급여 등이 있다. 구직급여의 수급요건, 지원수준 및 기간은 〈표 9-6〉과 같다.

〈표 9-6〉 구직급여 수급요건, 및 지원수준

수급요건	지원수준
•이직일 이전 18개월간 피보험 단위기간이 통산하여 180일 이상 •근로의 의사와 능력이 있음에도 불구하고 취업하지 못한 상태에 있을 것 •이직사유가 수급자격의 제한사유에 해당하지 아니할 것 •재취업을 위한 노력을 적극적으로 할 것 •수급자격인정신청일 이전 1개월 동안의 근로일수가 10일 미만일 것 •최종 이직일 이전 기준시간의 피보험 단위기간 180일 중 다른 사업에서 수급자격의 제한 사유로 이직한 사실이 있는 경우에는 그 피보험단위기간 중 90일 이상을 일용직근로자로 근로하였을 것 •피보험자가 이직일 이전 18개월 동안에 질병·부상, 그 밖에 대통령령으로 정하는 사유로 계속하여 30일 이상 임금의 지급을 받을 수 없었던 경우에는 18개월에 그 사유로 임금을 지급받을 수 없었던 일수를 가산한 기간을 기준기간(3년을 초과할 때에는 3년)으로 함	•구직급여는 대통령령으로 정하는 바에 따라 실업의 인정을 받은 일수분을 지급함(법 제56조 1항) •구직급여의 산정기초가 되는 임금일액이 8만원을 초과하는 경우에는 8만원을 해당일금액으로 함(시행령 제68조 제1항)

또한 취직촉진을 위한 수당에는 실업급여 수급기간 내에 안정된 직장에 재취직을 하는 경우 보너스적 성격으로 지급되는 조기재취직수당이 있으며 실업기간 중 직업능력개발훈련을 받는 경우 훈련시 필요한 교통비, 식대 등의 비용을 지급하는 직업능력개발수당, 수급자가 자신이 살고 있는 지역외의 먼 지방으로 구직활동을 하는 경우 지급되는 광역구직활동비, 마지막으로 수급자가 재취업으로 거주지를 이전하거나 지시한 훈련을 받기 위하여 이사를 하게 되는 경우 이사비용으로 지급되는 이주비 등이 이에 해당된다. 취업촉진수당의 수급요건, 지원수준 및 기간은 〈표 9-7〉과 같다.

〈표 9-7〉 취업촉진수당 수급요건, 및 지급수준

종 류	수 급 요 건	지원수준
조기재취직 수당	•소정급여일수의 1/2 이상 남기고 취업한 경우 •6개월 이상 계속고용이 확실한 직업에 재취업	•소정급여일수를 2/3 이상 남기고 재취업: 구직급여일액에 미지급일수의 2/3를 곱한 금액 •소정급여일수를 1/3 이상 2/3 미만 남기고 재취업: 구직급여일액에 미지급일수의 1/2을 곱한 금액 •소정급여일수를 1/3 미만 남기고 재취업: 구직급여일액에 미지급일수의 1/3을 곱한 금액
직업능력 개발 수당	•지방노동관서의 지시로 직업훈련 등을 받는 경우	훈련기간 중의 교통비, 식대 등
광역구직 활동비	•광역구직 활동 시	•운임과 숙박료로 나누어 산정 •운임은 실비로 지급 •숙박료는 노동부장관이 정하여 고시하는 금액을 기준으로 계산함
이주비	•지방노동관성의 소개로 취업 지시에 의한 훈련을 이유로 주거이전 •1년 이상 취업으로 관할 지방노동관서장이 이주필요 인정 •사업주가 이전비용을 지급하지만 미달 시	•이주비는 이주거리에 따라 노동부장관이 정하여 고시하는 금액으로 하되, 동반가족수별로 노동부장관이 정하여 고시하는 비율에 따라 증감함

자료: 고용보험백서, "알기 쉬운 고용보험", 노동부.

4) 국민건강보험

(1) 개요

국민건강보험은 질병, 부상이라는 불확실한 위험의 발생과 분만, 사망 등으로 인해 개별가계가 일시에 과다한 의료비를 지출함에 따라 겪게 되는 어려움을 덜어 주기 위해 국가가 법으로 정하여 실시하는 사회보장제도로서 보험가입자 전원에게 소득과 재산에 따라 보험료를 부과하여 보험급여를 줌으로써 국민의 경제적 부담을 덜어 주고 보건을 유지, 향상시켜 주는 제도이다. 우리나라 건강보험은 1963년 제정된 의료보험법의 제정으로 시작되는 것 같았으나 경제적 자원의 부족으로 시작되지 못하다, 이후 1976년 의료보험법을 전면 개정하고 1977년 7월 1일부터 실시되었다. 1977년 7월 1일부터 500인 이상 사업장근로자와 공업단지근로자를 강제적용(486개 조합설립)시켰고, 1979년 강제임의적용의 병행과 당연 적용의 범위를 단계적으로 확대할 수 있도록 하는 내용으로 전문 개정되었다. 공・교 의료보험을 제공하여 1979년 1월부터 공무원 및 교직원 의료보험을 실시하였고, 동년 7월에 300인 이상 사업장근로자까지 적용범위를 확대(29개 지구공동조합설립)하였다. 직장의료보험은 이후 1981년 1월에 100인 이상 사업장 근로자, 1982년 7월에 도시지역까지 확대 적용하여 전국민 의료보험에 의료보험적용을 확대하였으며, 약국의료보험은 1989년 10월 1일부터 적용되었다. 또한, 1997년 12월 국민의료보험법이 제정・공포되어 227개 지역조합과 공・교 공단이 통합되었고, 2000년 7월부터는 국민건강보험법 시행으로 140개 직장조합과 국민의료보험관리공단이 통합되어 전국민이 단일한 보험자가 운영하는 통합보험 체제하에서 건강보험의 새로운 발전의 계기가 마련되었다.

〈표 9-8〉 가입자종별 구분

구 분	직장가입자		지역가입자
	일반근로자 사업장	공교 사업장	
가 입 자	상시 1인 이상의 근로자를 사용하는 사업장에 고용된 근로자와 그 사용자	공무원 및 교직원으로 임용 또는 채용된 자	지역가입자와 그 피부양자 및 의료보호대상자를 제외한 자
피부양자	직장가입자의 배우자, 직계존속, 직계비속 및 배우자, 형제, 자매		

(2) 적용대상

국민건강보험의 적용대상은 모든 국민으로 의료보호대상자는 제외한다. 국민건강보험의 적용대상은 〈표 9-8〉에서 보는 바와 같이, 직장가입자와 지역가입자로 구분한다.

(3) 급여내용 및 수준

건강보험의 급여는 제공형태에 따라 〈표 9-9〉에서 보는 바와 같이 현물급여와 현금급여로 구분할 수 있다. 현물급여는 가입자 및 피부양자에게 요양기관을 통하여 직접 의료서비스를 제공하는 것으로 요양급여와 건강검진이 있다. 현금급여에는 요양비, 장제비, 본인부담액보상금, 장애인보장구급여비 등이 있다.

〈표 9-9〉 급여의 종류 및 수급권자

급 여 종 류		수 급 권 자	비 고
현물급여	요양급여 건강검진	가입자 및 피부양자 가입자 및 피부양자	법정급여 법정급여
현금급여	요양비 장제비 본인부담액보상금 장애인보장구급여비	가입자 및 피부양자 사망시 그 장제를 행하는 자 장애인복지법에 등록한 장애인	법정급여 임의급여 임의급여 법정급여

5) 노인장기요양보험

(1) 개요

노인장기요양보험제도는 65세 이상의 노인 또는 65세 미만의 자로서 치매·뇌혈관성질환 등 대통령령으로 정하는 노인성 질병을 가진 자에게 장기요양급여를 지급함으로써 노후의 건강증진 및 생활안정을 도모하고 그 가족의 부담을 덜어줌으로써 국민의 삶의 질을 향상하기 위한 제도이다. 2009년 5월 기준 노인장기요양보험의 이용자 수는 등급 인정자 259,456명 중 78%에 해당하는 202,429명이다.[12] 한편, 이들에게 서비스를 제공하는 요양시설은 2,016개소, 재가요양시설은 12,935개소로

12) 22%의 등급이용자는 본인부담금에 대한 지불능력이 없는 등으로 인해 서비스를 이용하지 못하고 있다.

총 14,951개소이다. 요양시설 이용자는 62,677명(24.2%), 재가요양시설 이용자는 138,811명(53.5%), 그리고 현금급여를 받는 이용자는 1,004명(0.4%)이다.

(2) 적용대상

노인장기요양보험 급여를 신청할 수 있는 대상은 65세 이상의 노인과 65세 미만의 노인성 질병을 가진 국민으로 정하며, 요양급여를 받을 수 있는 자는 신청대상자 중 일상생활에 상당한 장애가 있어 6개월 이상 타인의 지속적인 도움이 필요하다고 인정을 받은 자로 규정하고 있다. 특히, 65세 이상과 최중증[13]의 국민들로 적용대상을 한정하고 있어 적용대상이 매우 제한적인 한계를 갖고 있다. 또한, 요양등급을 받았다고 해도 본인부담금액이 재가급여 15%, 시설급여 20%로 정해져 있어 본인부담능력이 곧 보이지 않는 적용대상의 가이드라인이 되고 있다.

(3) 서비스 내용

노인장기요양보험제도에서 제공하는 서비스 내용은 시설급여, 재가급여로서 방문요양, 방문목욕, 방문간호, 주·야간보호, 단기 보호, 기타 재가급여, 그리고 특별현금급여를 제공하고 있다. 이들 급여 중 노인장기요양보험제도는 시설급여 대상자의 경우 가족부양기능을 '완전대체' 하고 있으며, 재가급여의 경우 '부분대체' 기능을 수행하고 있다. 서비스 비용부담은 다른 사회보험제도와 마찬가지로 이용자부담방식을 채택하고 있는데, 시설급여는 비용의 20%, 재가급여는 비용의 15%를 부담하면 법정 서비스를 받을 수 있다. 또한, 이용할 수 있는 급여범위가 사전적으로 규정되어 있기 때문에, 그 이상의 서비스를 구매하기 위해

13) 등급판정을 위한 '장기요양 인정 평가지표 항목과 욕구사항'은 신체기능(기본적 일상생활기능), 인지영역, 문제행동 또는 행동변화, 간호영역, 재활영역으로 구성되어 있으며, 이 평가항목을 바탕으로 요양인정 점수는 1등급 95점 이상, 2등급은 95점 미만 75점 이상, 3등급은 75점 미만 55점 이상이다. 1등급은 심신의 기능상태 장애로 일상생활에서 전적으로 다른 사람의 도움이 필요한 자로 평가되고, 2등급은 일상생활에서 상당부분 다른 사람의 도움이 필요한 자, 3등급은 부분적으로 다른 사람의 도움이 필요한 자로 이해된다.

서는 일반시장가격을 적용하고 있는 민간서비스를 이용해야 하는데, 이러한 급여비용은 서비스유형마다 상이하고, 이용하고 있는 재가서비스의 조합에 따라서 본인의 부담금은 달라진다.

(4) 재원

노인장기요양보험제도의 재원은 보험료, 국가보조금 및 이용자부담금으로 조달하는 것으로 되어 있는데, 이 중에서 보험료의 비중이 전체재정의 약 60%를 차지하고 있다. 보험료는 건강보험료와 연동되어 있어서 건강보험료의 징수수준에 따라서 장기요양보험재정이 영향을 받게 되어 있다. 국가보조금은 기존 기초생활수급자 등 의료급여수급자에 대한 비용을 주로 부담하게 되어 있다. 그리고 본인부담금은 법정급여에 대한 부담률이 시설서비스는 20%, 재가서비스는 15%로 되어 있고, 그 중에서 차상위에 해당하는 저소득계층은 법정본인 부담률을 50% 경감하는 것으로 되어 있다.

〈표 9-10〉 노인장기요양보험제도의 주요 내용

구 분	내 용
근거법	2007. 4. 27 법률 제8403호 2007. 9. 27 대통령령 20287호, 2007. 10. 17 보건복지부령 418호
가입자	국민건강보험 가입자, 의료급여 수급자
보험자	국민건강보험공단
보험급여 내용	○현물급여 • 시설급여: 노인요양시설급여 및 노인요양공동생활가정급여 • 재가급여: 방문요양급여, 방문목욕급여, 방문간호급여, 주야간호급여, 단기보호급여, 기타급여(재활, 복지용구 제공 등) ○현금급여 • 가족요양비: 도서벽지 거주, 천재지변 발생, 신체정신상의 이유 • 특례요양비: 비장기요양기관에서의 서비스수급 시 • 요양병원 간병비: 요양병원 입원 시
서비스 수급조건	○65세 이상 경우, 원인불문하고 장기요양 신청 가능 ○65세 미만 경우, 특정의 노인성질환(치매, 중풍 등) 보유조건 ○신체기능 등 장애정도, 서비스 필요도에 따른 장기요양등급(1, 2, 3등급) 구분(단, 등급 외는 복지예방등급으로 분류)하여 별도의 서비스를 제공하고, 1, 2차에 걸쳐서 등급을 결정

〈표 9-10〉 이어서

구 분	내 용
서비스 수급조건	○서비스이용가능의 월 한도 급여액 설정 • 노인요양시설급여액: 등급별 1일 29,020~38,310원 • 노인전문요양시설급여액: 등급별 1일 38,970~48,120원 • 방문요양급여액: 1회당 10,680~39,500원, 시간당 차등, 야간 및 휴일, 심야 가산 • 방문목욕급여액: 1회당 39,590~71,290원, 차량이용여부 감안 • 방문간호급여액: 1회당 27,360~43,260원, 시간당 차등 • 단기보호급여액: 등급별 일당 35,230~42,490원 • 복지용구 연간 한도액: 1,500,000원 ○특별현금급여: 가족요양비 150,000원 ○재가급여 월 한도액: 등급별 760,000~1,097,000원 ○이용자본인부담액: 시설급여비용의 20%, 재가급여의 15%(단, 기초생활수급자는 무료이나, 저소득계층의 경우에는 1/2 경감)
재원조달	○국고부담, 보험료 및 이용자본인부담액 등으로 재원 구성 • 국고부담: 보험료 예상수입액의 20%, 의료급여수급자의 급여비용 등, 관리운영비 • 장기요양보험료: 건강보험료액의 4.05%(단, 법정장애인으로 급여 미수급자 결정시 보험료 전액 또는 일부 감면)
비고	2008년 장기요양인정자수 추계: 약 20만명

자료 : 노인장기요양보험법, 시행령, 시행규칙 등 보건복지가족부 내부자료 : 선우 덕 · 오지선, 2008: 34에서 재인용.

3. 공공부조제도

1) 국민기초생활보장

(1) 개요

경제위기 이후 저성장 · 고실업의 경제구조가 장기화되면서 실업가구를 포함한 저소득층의 생계유지 문제가 날로 심각성을 더해 가고 있는 상황에서, 가족이 건전하게 유지되고 사회의 건강한 토대로 기능하기 위해서는 가족의 건전한 유지를 뒷받침할 수 있는 제도적 장치가 필요하게 되었다. 이에 기존의 생활보호제도를 전면적으로 개정한 국민기초생활보장법을 제정하게 되었다. 국민기초생활보장법은 헌법 제34조에 근거하여 국가와 지방자치단체가 생활이 어려운 자에게 빈곤의 정도에 따라 필요한 급여를 행하여 법에서 정한 최저생계비수준 이상의 생활을 보장하고 자활을 조성하는 것을 목적으로 하고 있다(법 제1조). 이러한 목적은 국가의 재량에 의한 자선적 생활보호급여에서 법적인 보장을 받는 권리성 급여로 전환한 의미를 가지고 있다.

(2) 급여대상

수급자 선정기준은 소득인정액 기준과 부양의무자기준이 있다. 즉 수급자가 되기 위해서는 소득평가액[14]으로 산출된 소득인정액이 최저생계비 이하이어야 하고, 부양의무자 기준을 충족시켜야 한다. 부양의무자 기준은 부양의무자가 없거나 부양의무자가 있어도 부양능력이 없나 또는 부양받을 수 없는 자이어야 한다. 부양의무자의 범위는 수급권자의 배우자, 수급권자의 1촌의 직계혈족(부모, 아들, 딸), 수급권자의 1촌의 직계혈족의 배우자(며느리, 사위)이다. 한편, 조건부 수급자는 국민기초생활보장수급권자 중에서 18세 이상 62세 이하의 수급자로서 근로능력이 있는 자에 해당한다.

(3) 급여내용

급여의 종류로는 생계급여, 주거급여, 의료급여, 교육급여, 해산급여, 장제급여, 자활급여가 있는데, 생계급여를 기본으로 하고 필요에 따라 다른 급여를 병합하여 지급하고 있다.

소득보장제도로서의 생계급여는 일반생계급여, 긴급생계급여, 시설생계급여로 구분되는데, 일반생계급여는 의료·교육·자활급여특례자와 에이즈쉼터거주자·노숙자 쉼터 또는 한국갱생보호공단시설 거주자 등 국가 또는 지방자치단체로부터 생계를 보장받는 자를 제외한 모든 수급자에게 해당된다. 일반생계급여액은 현금급여 기준에서 가구의 소득인정액과 주거급여액을 차감하여 산정한다.

---

14) 소득평가액 = (실제소득 - 가구 특성별 지출비용 - 근로소득공제) + 재산의 소득환산액(재산-기초공재액-부채) × 소득환산율.

〈표 9-11〉 최저생계비 및 현금급여 기준(2010년)

구분	1인 가구	2인 가구	3인 가구	4인 가구	5인 가구	6인 가구
최저생계비	504,344	858,747	1,110,919	1,363,091	1,615,263	1,867,435
현금급여기준	422,180	718,846	929,936	1,141,026	1,362,116	1,563,206

* 7인 이상 가구의 경우 1인 추가시 252,172원씩 증가(7인 최저생계비 2,119,607원)

조건부 생계급여는 근로능력이 있는 조건부수급자를 대상으로 자활지원계획에 따라 자활에 필요한 사업에 참가할 것을 조건으로 생계급여를 제공하나 자활사업 참여의 조건을 이행하지 않을 경우는 조건을 이행할 때까지 생계급여의 일부 또는 전부가 중단된다.

긴급생계급여는 주 소득원의 사망, 질병, 부상, 사고, 사업부도·파산 등이나 부 또는 모의 가출, 행방불명 등, 천재지변이나 화재 등으로 재산·소득상의 손실이 발생한 경우, 거주지 외의 지역에서 거주하고 있으나 소득이 없어 생계유지가 어려운 경우, 그리고 기타 시장·군수·구청장이 긴급생계급여가 필요하다고 인정하는 경우에 실시한다. 긴급생계급여 기간은 1개월로 하되, 필요 시 1월에 한하여 연장가능하며 생계비를 현금으로 지급하되, 다만 적당하지 않다고 인정되는 경우에는 현물로 지급한다.

시설생계급여는 기초생활보장수급자 선정기준에 의한 절차를 거쳐 수급자로 책정된 입소자에 한해 지급한다. 시설생계급여는 보장시설수급자 1인당 급여기준의 지급기준에 의거 보장시설별 예산 평성하고 주식비, 부식비, 연료비, 피복비 등을 현금으로 지급한다.

2) 기초노령연금

(1) 개요

기초노령연금제도는 노인이 후손의 양육과 국가 및 사회의 발전에 이바지하여 온 점을 고려하여 생활이 어려운 노인에게 기초노령연금을 지급함으로써 노인의 생활안정을 지원하고 복지를 증진함을 목적(기초노령연금법 제1조)으로 2007년 4월 25일 제정되었으며, 2008년 1월 1일부터 시행되고 있다. 기초노령연금제도는 국민연금제도와는 달리 기여 여부와 관계없이 제공되는 무기여 연금이며, 재원은 국가의 일반재정으로 마련된다. 이 제도가 시행됨에 따라 기존의 경로연금을 받던 노인들은 기초노령연금의 '당연지급대상'이 되기 때문에 별도의 기초노령연금을 신청할 필요가 없게 되었다. 기초노령연금은 65세 이상 노인 중 소득과 재산이 적은 하위 60%(2008년)의 노인에게 지급되며, 2008년도에는 전체 500만 노인 중 약 300만 명이 수급자가 될 것으로 예상된다.

(2) 대상자 선정기준

기초노령연금은 65세 이상인 자로서 소득인정액이 대통령령으로 정하는 금액 이하인 자에게 연금을 지급한다(기초노령연금법 제3조).[15) 우선 2008년 1월부터는 70세 이상의 노인이게 그리고 2008년 7월부터는 65세 이상 노인에게도 지급한다. 한편, 국가는 2008년 7월 1일 이후 최초로 연금을 지급하는 때는 수급자가 65세 이상인 자 중 100분의 60 수준이 되도록 하고, 2009년 1월 1일 당시 수급자가 65세 이상인 자 중 100분의 70 수준이 되도록 한다(기초노령연금법 부칙 제3조 2항). 65세 이상 전체 노인 중 소득과 재산이 적은 하위 60%를 선정하는 기준은 노인가구의 소득과 재산을 조사하여 월소득인정액[16)]이 노인 단독가구의 경우 40만원 이하, 노인부부가구의 경우 64만원 이하이다.

(3) 급여수준

연금액은 국민연금법 제51조 제1항 제1호에 따른 금액의 100분의 5에 해당하는 액수로 한다(기초노령연금법 제5조)고 되어 있어, 국민연금가입자의 소득(국민연금소득)이 오르면 그만큼 연금액도 올라가게

15) 기초노령연금법에 따라 연금을 지급받는 대상은 법 제3조에도 불구하고 2008년 6월 30일까지는 다음 각 호의 어느 하나에 해당하는 자로 한다. 1. 1937년 12월 31일 이전 출생한 자로서 소득인정액이 제3조에 따라 대통령령으로 정하는 금액 이하인 자. 2. 이 법 시행 당시 노인복지법에 따라 이미 경로연금을 지급받고 있는 자. 3. 65세 이상인 자로서 국민기초생활보장법에 따라 기초수급자인 자(기초노령연금법 부칙 제3조 1항).

16) 소득인정액이란 노인가구의 월소득과 재산가액에 연리 5%(금융자산의 경우 연리 8%)로 계산한 월액을 합한 금액을 말한다.

된다. 다만, 소득인정액과 연금액을 합한 금액이 법 제3조에 따라 대통령령으로 정하는 금액 인상인 경우에는 대통령령으로 정하는 바에 따라 연금액의 일부를 감액하여 지급할 수 있다(기초노령연금법 제5조 1항).[17] 이에 따라 2009년도에는 노인단독수급자의 경우 월 88,000원, 그리고 노인부부가 수급자이면 월 140,800원을 지급받는다.

한편, 기초노령연금법 제5조 제1항에 따른 연금액은 2028년까지 단계적으로 국민연금법 제51조 제1항 제1호에 따른 금액의 100분의 10에 해당하는 금액으로 인상되는데(부칙 제 4조의 2), 연금지급액의 조정에 따른 소요재원 대책, 상향조정의 시기 및 방법, 기초노령연금과 국민연금의 통합 등을 논의하기 위하여 2008년 1월부터 국회에 연금제도개선을 위한 위원회를 설치 · 운영하도록 하고 있다.

(4) 비용의 부담

연금은 다음 각 호의 구분에 따라 국가 또는 지방자치단체가 부담한다(기초노령연금법 제19조). 국가는 지방자치단체의 노인인구 비율 및 재정여건 등을 고려하여 100분의 40 이상 100분의 90 이하의 범위 안에서 대통령령으로 정하는 비율을 부담한다. 국가가 부담한 금액을 차감한 액수에 대하여는 특별시 · 광역시 · 도 또는 특별자치도 및 시 · 군 · 구가 상호 분담하되, 그 부담비율은 노인인구 비율 및 재정여건 등을 고려하여 시 · 도의 조례로 정하고, 미리 보건복지가족부장관과 협의하여야 한다.

17) 제1항에도 불구하고 본인 및 그 배우자가 모두 연금을 지급받는 경우에는 각각의 연금액에 대하여 100분의 20을 감액한다(기초노령연금법 제5조 2항).

제 4 절 문제점 및 개선과제

1. 사회보험제도

1) 공적연금

(1) 국민연금

소득보장제도로서의 국민연금제도의 문제점과 개선과제는 크게 네 가지로 구분하여 살펴볼 수 있다. 첫째, IMF 구조조정 이후 임시근로자, 파트 타임 근로자, 호출근로자, 독립도급근로자, 파견근로자, 용역근로자 등 고용계약 형태나 근로시간, 근로제공방식 등에 따라 다양하게 불리우는 비정규직 근로자들에 대한 문제를 해결하기 위하여 2000년 10월 1일부터 5인 이상 사업장의 임시직 일용직 근로자를 사업장 가입자로 편입하도록 하였다.[18] 이에 따라 425,000명의 비정규근로자들은 연금보험료 중 절반을 사업자가 부담하게 되어 이들 근로자의 부담이 줄어들었다. 이것은 한편 기업의 부담을 증대시키는 결과뿐만 아니라 정규직 근로자의 급여가 줄어드는 결과를 가져올 것이기 때문에 이에 대한 급여조정이 필요한 실정이다.

둘째, 국민연금의 재정 불안정 문제로서 국민연금이 적자가 나서 빈 깡통이 되어, 나중에는 소득보장 기능을 상실할 것이라는 우려이다. 국민연금은 현재의 보험료 부담 9%를 그대로 유지할 경우 2020년부터 적자가 발생하여 2031년에는 기금이 고갈, 매년 70조 이상의 적자가 발생하여 연금재정을 유지하는 것이 불가능해진다. 국민연금의 재정이 안

18) 즉 사업장가입자의 자격요건 중 현행 3개월 이상 계속 사용되는 자를 1개월 이상 계속 사용되는 자로 확대하고, 1개월 동안 80시간 이상 근로하는 시간제 근로자를 추가하였다(시행령 제2조).

정되기 위해서는 현재 국민연금보험료를 2025년 이후에는 약 20% 수준으로 상향조정하고, 연금 지급 개시 연령도 단계적으로 늦추어 65세로 연장하여야 재정안정이 가능하다(김태성 · 김진수, 2001: 234). 이렇게 되면 근로자의 경우 국민연금 부담 20%와 퇴직금 8.3%까지 합하면 근로자당 약 30%를 노후보장에 부담하는 결과를 초래해, 소득세와 다른 사회보험 부담을 고려할 경우 소득의 절반을 사회보험과 세금으로 납부하여야 하는 문제가 발생한다. 이는 기업으로서도 미래에 실제로 부담하기에는 너무 높은 수준이며, 농어민이나 자영자의 경우는 국민연금보험료 전액 20%를 본인이 부담하여야 하는 만큼 실제 납부와 징수는 거의 불가능해질 것이다. 따라서 현재 노후보장의 급여 수준을 유지하면서 재정의 건전성을 확보하는 것은 실질적으로 불가능한 것으로 평가할 수 있다.

셋째, 자영자 및 영세사업장 근로자 등에 대한 소득파악 미비로 소득파악이 용이한 근로자가 손해 보게 되어 있다는 것이다. 자영자 소득파악 미비의 문제는 특히 국민연금의 도시지역 자영자 확대과정에서 크게 부각되었는데, 1999년 4월 도시지역 자영자 소득신고 결과 도시지역 연금대상자로 소득신고를 한 대상자의 45.5%가 소득이 없다고 납부예외자로 신고하였으며, 신고한 경우에도 신고한 평균소득이 근로자들의 평균소득에 훨씬 못 미치는 결과를 보였다.[19] 이처럼 절반에 가까운 연금가입대상자가 납부예외자로 신고하고 신고한 경우도 매우 낮은 소득을 신고함으로써 도시지역 자영자 확대를 통해 보편주의적 연금을 달성하려는 시도를 실질적으로 무색케 하였을 뿐 아니라 재분배 요소를 강하게 가지고 있는 국민연금제도의 재분배 기능 자체를 소득신고

19) 현재 국민연금의 도시가입자의 평균 소득신고액이 95.6만원으로 근로자 138.6만원의 2/3(68%)에 불과한 수준이다. 또한 농어촌가입자는 약 20만 명이 줄어들고 있으며, 도시가입자도 처음 대상자로 예상했던 1,000만 명 중 40%에도 미치지 못하는 391만 여명에 불과한 것도 가입신청자가 자신의 소득을 정확히 신고하고 가입하려고 해도 중위수 이하의 신청자에 대해서는 가입을 받아 주지 않는 제도의 취지 자체를 무시한 운영을 하고 있기 때문이다.

의 성실성에 따라 이루어지도록 왜곡시킬 가능성을 부각시키고 있다.

끝으로, 새로이 부각되는 문제점으로 국민기초생활보장법의 도입으로 인하여 상당수의 연금급여 대상자가 국민기초생활보장법에 의한 생계보호대상자로 전락되어 공적연금으로서의 역할을 크게 상실하였다는 것이다.

(2) 특수직역 연금제도

특수직역연금의 가장 심각한 문제점과 개선과제는 재정불안정문제라 할 수 있다. 재정불안정 문제는 세 가지 연금제도에서 비록 시기의 차이는 있으나 공통적으로 나타나는 문제점이라 할 수 있다. 재정적자의 원인을 살펴보면 공무원연금은 법 개정 이전 보험료와 연금급여 수준의 차이가 30년 가입하는 경우 8.0배를 더 받도록 되어 있었고, 군인연금은 공무원연금과 비교하여 비율이 더욱 높게 되어 있었다. 따라서 공무원 연금은 2000년 적자가 발생하여 2001년에는 기금이 고갈되어 1.4조원의 적자가 나고 2010년에 가서는 3.7조에 이를 것이며 이후에도 계속 증가할 것으로 예상된다(김태성 · 김진수, 2001 : 260). 따라서 이들 특수직역연금의 급여수준을 적정수준으로 조정하는 문제가 시급한 과제로서 제기된다.

2) 산업재해보상보험

산재보험의 문제점과 개선과제는 우리나라 산재보험이 사회보험으로서 산재보험의 발전 방향보다는 사보험적인 경향으로 발전하여 왔다는 데서 찾을 수 있다. 이에 따라 차등요율제와 개별실적 요율제를 적용한 결과 지속적으로 세분화가 이루어져 왔다. 이와 같이 보험료율이 세분화되면 행정적 복잡성과 비능률성은 더 커지게 되어 사회보험으로서의 근본취지에서 벗어나게 된다. 또한 전국민에게 완전히 적용 확대되지 못함으로써 모든 국민에게 제도의 혜택을 제공하지 못하는 문제점을 노출하고 있다. 따라서 산재보험의 경우 제도의 전국민 확대를 통한 포괄성의 확보에 목표를 두고 전달체계의 개선을 도모하여야 할 것이다.

3) 고용보험

고용보험의 소득보장제로서의 문제점과 관련하여 지적되는 사항은 영세사업장 근로자와 비정규직 근로자가 실질적으로는 소외되고 있는 점이다. 또한 급여자격에 있어서 원인주의를 무리하게 적용하여 본인 의사에 의하여 이직된 경우 급여를 지급하지 않고 있는 점도 지적되고 있다. 그리고 실업급여에 있어서는 구직활동에 대한 구체적 방안 미흡, 실업급여의 생계보장 한계성, 조기재취직수당제도의 의미상실 등이 지적되고 있어 이에 대한 개선이 이루어져야 할 것이다.

4) 국민건강보험

국민건강보험의 경우, 외국의 급여와 종류 및 수준과 비교할 때 현금급여로서 상병수당이 설정되어 있지 않는데, 현물급여 중 미급여부분과 사후적인 치료뿐만 아니라 사전적인 예방에까지 급여의 범위를 확대하는 것이 시급한 실정이다(변재관 외, 1998 : 132-133).

5) 노인장기요양보험

노인장기요양보험제도는 장기요양보호를 필요로 하는 노인에 대한 사회적 보호서비스를 제도화함으로써 고령사회에 대비하기 위한 제도이다. 하지만 노인장기요양보험제도는 서비스 대상자의 제한성, 서비스 내용의 포괄성 부족, 본인부담의 과중, 장기요양서비스 제공시설의 부족, 이용자를 중심에 두는 서비스 전달체계와 서비스 질 향상을 위한 제도 미비, 지방자치단체의 관심 부족 등 여러 문제들이 노출되고 있기 때문에 이에 대한 정책적 해결방안이 필요한 실정이다.

2. 공공부조제도

1) 국민기초생활보장

국민기초생활보장제도는 초기에 경제위기로 인해 실업자가 대량으로 발생하면서 이들 중 상당수가 고용보험에서도 혜택을 받지 못하고 공공부조인 생활보호제도로부터도 혜택을 받지 못하는 문제가 발생하면서 이에 대한 대응책으로서 중요한 의의를 가진 것이었다. 하지만 부양의무자 기준을 그대로 두는 데에서 더 나아가 기준의 적용을 보다 엄격히 규정함으로써, 부양의무자와 관련해서는 부양의무자의 유무와 부양의무자가 있는 경우 부양능력의 유무 및 부양여부의 조사를 실시하도록 되어 자산조사 절차가 과거보다 더욱 복잡하게 되었으며 또 더욱 강화되었다. 이처럼 부양의무자와 관련하여 복잡하기 그지없는 기준을 만들고 이를 위해 부양의무자에 관련된 조사를 강화함으로써 이는 어떤 면에서 과거 생활보호제도의 인구학적 기준을 폐지한 효과를 상쇄하고 있다고 볼 수 있다. 여기에다 부양비 부담 규정까지 더해져서 사실상 국민기초생활보장제도는 가족책임원칙을 생활보호제도 때보다 오히려 더 강화하고 말았다(남찬섭, 2001 : 313). 따라서 공공부조로서 역할의 한계성을 극복하는 발전방안으로는 무엇보다 생활보호제도에서 현행 국민기초생활보장제도로 전환되면서 나타난 문제인 수급권자에 대한 까다로운 제한 규정과 급여수준의 상향조정이라 할 것이다.

2) 기초노령연금

2008년 1월부터 실시되고 있는 기초노령연금은 65세 이상 노인 60%(2009년에는 70%)에게 국민연금 전체 가입자 평균소득의 5%를 지급하고 이를 2028년까지 단계적으로 10% 수준으로 상향조정하도록 되어 있다. 본 제도가 향후 우리나라의 노후소득보장제도로서 기능과 역할을 담당하기 위해서는 다음과 같은 불분명한 점들을 개선할 필요가 있을 것이다.

먼저, 기초노령연금제도의 성격이 모호하다는 점이다. 기초노령연금제도는 저소득층 일부를 위한 공공부조로 보는 경우 대상자가 너무 보편적이고(65세 이상 노인의 70%에게 지급하는 제도를 공공부조라고는 할 수 없을 것임), 보험료를 납부하지 않는 사람들에게 급여가 지급된다는 점에서 사회보험제도로 보기도 힘들며, 소득과 재산 기준에 의하여 일부 노인을 제외한다는 점에서 사회수당제도와도 거리가 멀다는 점이다. 이러한 성격상의 불명료성은 기초노령연금제도의 향후 발전방향과 밀접하게 연관되는 문제로서, 중장기적으로 본 제도를 기초연금으로 발전시킬 것인지 아니면 최저보증연금으로 발전시킬 것인지에 대한 논쟁과 연결되기 때문이다. 기초노령연금제도를 기초연금으로 발전시킬 경우에는 현재의 급여수준 상향조정과 지급대상 범위의 확대와 함께 소득비례연금의 급여수준은 이에 상응하여 조정되어야 할 것이다. 반면, 최저보증연금으로 발전시킬 경우에는 급여수준과 대상 범위는 국민연금제도의 정착 정도에 따라 탄력적으로 변화시켜나가야 할 것이다(김용하, 2007: 42-43).

둘째, 기초노령연금은 65세 이상 노인의 70%에게 급여를 지급하는 제도로서, 소득과 재산이 일정 이상인 노인 30%를 대상자에서 제외하는 방법으로 대상자를 선정하고 있다. 하지만 현재와 같이 소득과 재산을 기준으로 일률적으로 대상자를 제외하는 방법은 노인들의 근로의욕을 감퇴시키거나 소득을 엄폐하게 할 우려를 낳게 한다. 나아가 소득 및 자산조사는 막대한 행정비용을 유발할 것이다.

끝으로, 기초노령연금제도 실시에 필요한 재원은 대상자 수와 급여수준의 상향에 따라 급속하게 증가될 것으로 예상되는데, 인구고령화가 극점이 되는 2070년경에는 GDP의 3%에 이르는 막대한 재원이 필요한 제도이다(김용하, 2007:43). 그럼에도 불구하고 지방자치단체에 재원의 일부를 부담시키는 현재의 재원조달 방식은 지방자치단체의 열악한 재정자립도를 감안할 때 엄청난 부담을 초래할 것이다.

제5절 결 론

우리 나라 소득보장체계가 가지고 있는 특징을 보면 첫째, 우리 나라는 소득보장제도의 기본 틀은 갖추고 있으나 각 제도가 개별적으로 입법화되는 과정에서 제도와 제도간의 연계성이 부족하다. 공공부조제도로서의 국민기초생활보장제도, 사회보험제도로서의 공적연금제도, 산재보험제도, 고용보험제도들이 소득보장제도로서 함께 공유해야 할 공통분모를 거의 가지고 있지 않고 있다. 둘째, 대상자에게 필요한 소득보장을 위한 적정한 급여수준에 대한 사회적 합의가 없다. 대상자의 요구수준은 높지만 수급자와 부담자의 형평을 위해서는 요구하는 대로 지급할 수 없으며, 예산의 한계가 있다 하여도 최소한의 보상선은 유지하여야 하는 것이다. 셋째, 안정적인 재원확보의 한계이다. 일반세원에 의존하고 있는 국민기초생활보장제도의 경우 재원한계로 적용대상이 제한되어 있으며, 국민연금의 경우도 고급여 저부담 구조의 장기적 재정불안의 문제를 가지고 있다. 따라서 새로운 재원조달방안의 마련 없이는 획기적인 제도개선은 기대하기 힘들다. 끝으로, 소득보장의 사각지대가 존재하여 전국민이 최저생활을 보장받기에는 아직 한계가 있다.

이러한 소득보장제도의 한계에도 불구하고 최저생활을 보장받을 수 있었던 것은 지속적인 경제성장에 따라 고용보장을 통하여 소득을 획득할 수 있었기 때문이다. 그러나 IMF사태를 계기로 경제가 고도성장에서 저속성장으로 전환되면서 고용의 확대를 통한 소득보장은 기대하기 힘들게 되었다. 더욱이 인구의 노령화, 이혼 등에 따른 가족 해체의 증가 등으로 복지수요는 급격히 늘어날 것으로 예상되고 있다. 이와 같이 자원의 공급측은 위축되는 반면 자원의 수요측이 팽창되는 양상이 나타나게 되면 심각한 수요초과 현상이 발생할 것이 예상되지만 이러한 수요초과 문제를 해결할 수 있는 소득보장체계는 아직 갖추어져 있지 않은 실정이다. 따라서 미래의 여건 변화에 탄력적으로 대응할 수 있는 체계적인 소득보장체계의 구축이 시급히 요구되고 있다.

참고문헌

김용하(2007), "기초노령연금, 제대로 가고 있는가?", 복지동향, 제109호.

김유선(2001), "비정규직 노동자 규모의 실태", 한국노동사회연구소, http://klsi.org.

김태성 · 김진수(2001), 『사회보장론』, 서울: 청목출판사.

남찬섭(2001), "김대중 정부 복지개혁의 평가: 수사와 실제", 한국사회보장학회 2001년 춘계학술회의 자료집.

노동부(각 연도), "알기 쉬운 고용보험", 고용보험백서.

박광준(1990), 『페이비안사회주의와 복지국가의 형성』, 서울: 대학출판사.

변재관 외(1998), 한국의 사회보장과 국민복지기본선, 서울: 한국보건사회연구원.

유길상 외(1998), 실업자사회안전망의 국제비교, 서울: 한국노동연구원.

윤여덕(1995), 『국가와 사회정책』, 서울: 민영사.

이두호 외(1992), 『빈곤론』, 서울: 나남.

Beveridge, W.(1942), *Social Insurance and Allied Services*, London: HMSO.

Drewnowski, J. (1976), *The Definition and Measurement of Poverty*, Hague: Institute of Social Studies.

Esping-Anderson, G.(1985), *Politics Against Markets: The Social Democratic Road to Power*, Princeton: princeton University Press.

Feagin, J. (1974), "America's Welfare Sterotypes", *Social Science Quarterly*, Vol. 52.

Fraser, D.(1984), *The Evolution of the British Welfare State: A History of Social Policy Since the Industrial Revolution*, London: Macmillan Education Ltd.

Garfinkel, I. (1968), "Negative Income Tax and Children's Allowance Program: A Comparison", Social Work.

George, V. & P. Wilding (1984), *Impact of Social Policy*, London: Routledge and Kegan Paul.

10
chapter

고용보장정책*

제 1 절 머리말

노동의 수요와 공급이 만나는 노동시장은 양측이 갖고 있는 특수성으로 인하여 일반상품과 같은 수요공급의 법칙이 그대로 적용되지 않는다. 먼저 노동시장에서 공급자인 근로자 측을 살펴보면, 미리 저축한 생계수단을 보유하고 있지 않는 한 반드시 고용되어야 하고 또한 단순 미숙련직을 제외하고는 직종간의 이동이 자유롭지 못하기 때문에 노동력의 공급은 임금수준과 상관없이 비탄력적이다. 또한 근로자에게는 일자리가 단순한 노동력 제공의 장소가 아니라 자신의 사회생활과 사회적 지위를 규정하는 직업으로서의 의미를 갖기 때문에 고용의 결정이 반드시 근로조건에 의해서만 이루어지지 않는다(이영희, 1992 : 249). 한편, 노동력의 수요측에서도 노동력의 공급이 풍부하거나 임금수준이 낮다고 하여 수요가 증대되는 것은 아니며, 그것은 근본적으로 생산력

* 강욱모 : 경상대학교 사회복지학과 교수

수준과 상품시장의 사정에 의존한다. 또한 노동력의 수요자는 이윤을 목적으로 생산활동을 하는데, 기업간의 경쟁 상태에 있기 때문에 노동력 자체에 대한 의존은 상대적이며 채산성에 따라 노동력을 기계와 같은 다른 생산수단으로 대체할 수도 있다. 이와 같은 노동시장의 수요와 공급의 특성으로 인하여 자본주의 경제는 완전고용을 보장하기 어렵다.

이러한 상황으로 실업이 발생하게 되면 근로자는 노동력 제공의 기회를 상실하게 되어 소득의 급격한 감소로 인한 근로자 자신뿐만 아니라 그 가족의 생활안정을 위협받게 된다. 또한 국가적으로 볼 때, 실업은 인적자원의 손실, 구매력 상실에 따른 국민소비수요를 감소케 하고 생산저하와 고용의 감소로 이어져 다시 실업을 확대시켜 국민경제를 더욱 어렵게 하고 국가경쟁력을 손상시킬 뿐만 아니라, 대량실업이 발생할 경우에는 사회불안을 증대시키고 국가질서를 위협하게 된다. 이와 같이 실업은 개인차원에서나 국가차원에서도 매우 심각한 영향을 미치기 때문에, 국가로 하여금 고용보장에 대한 책임을 떠맡게 하고 있다. 우리나라 헌법도 근로의 권리를 명확히 규정하여, 국가 또는 공공단체에 대하여 근로의 기회를 제공하도록 요구할 수 있는 불완전하나마 구체적 권리를 명시하고 있다. 이에 따라 1968년의 "자활지도에 관한 임시조치법"(법률 제2039호) 이래 고용보장이라는 국가의 책무를 준수하기 위한 노력을 기울이고 있다.

최근 들어 고용보장정책은 국가정책 우선순위에서 그 중요성이 한층 부각되고 있다. 그 이유는, 첫째 IMF 경제위기를 타개하기 위해 도입된 정리해고제, 파견근로제 등이 대량실업을 발생시켰기 때문이다. 둘째, 우리 정부가 추구하고 있는 생산적 복지의 기본골격이 소득보장정책에서 고용보장정책으로의 이동을 전제로 하고 있기 때문이다.[1] 생산

1) 생산적 복지구상은 전통적인 복지영역과 관련된 것으로서 국민기초생활의 보장, 사회보험제도의 내실화, 사회복지서비스의 확대를 제시하고 이러한 전통적인 복지영역에서 보다 확장된 의미를 갖는 프로그램들로서 고용안정, 근로생활의 질 향상, 노동참여복지의 증진과 산업민주주의의 실현, 사회적 연대에 바탕을 둔 취약계층 보호, 제3섹터형 자활사업의 확산, 지역사회중심의 민·관 협력 강화를 제시하고 있으며, 그 외에도 교육·문화 등에 관련

적 복지는 "배고픈 사람에게 생선을 주는 것은 그를 하루 먹일 수 있으나, 그들에게 생선 잡는 방법을 가르쳐 주면 영원히 먹고 살 수 있다"는 속담에서와 같이, 근로능력이 있는 저소득층들을 대상으로 그들이 노동시장에서 부딪치는 각종의 불이익을 해소하여 앞에서 살펴본 소득보장정책에 의존하지 않고 자립할 수 있게 해주는 것을 근본 목적으로 하고 있다. 셋째, 고용보장정책을 통하여 빈곤문제를 해결한다면 그만큼 소득보장정책의 역할이 줄게 되고, 따라서 소득보장정책이 안고 있는 여러 문제점[2])들도 줄게 되어 사회 전체로 볼 때 여러 가지 면에서 이익이 되기 때문이다. 끝으로, 급속히 증가하는 노인들에게 적절한 고용을 보장하는 것은 안정된 노후소득원을 확보해 주는 방편일 뿐만 아니라 노년에 겪게 되는 사회심리적 문제도 함께 해결할 수 있기 때문이다.

고용보장정책에 속하는 프로그램들은 매우 다양하나 크게 네 가지로 범주화시킬 수 있다(김기원, 2001 : 86). 곧, 고용안정(job keeping) 프로그램, 고용창출(job creation) 프로그램, 취업가능성(employability)제고 프로그램, 그리고 사회적 보호(social care) 프로그램이 그것이다. 따라서 본 장에서는 급격한 구조변화를 겪고 있는 노동시장의 환경변화 속에서 현행 고용보장정책의 문제점을 제시하여 새로운 고용보장정책의 필요성을 제기하는 데 그 목적을 두고자 한다. 제1절에 이어, 제2절에서는 우리 나라 고용보장정책의 현황을 위에서 제시한 네 가지 유형에 따라 살펴보고, 제3절에서는 새로운 고용보장정책의 확립을 위한 개선방안을 제시하고자 한다.

된 프로그램과 복지재정확충, 조세정의 실현 등을 제시하고 있다.

2) 소득보장정책의 가장 큰 문제점은 수혜자로 하여금 노동의욕과 저축동기를 약화시킬 수 있는 속성이 있을 뿐만 아니라 프로그램 운영에 많은 비용이 필요하게 되어 사회비용이라는 측면에서 비효과적인 것이다.

제 2 절 고용보장정책의 내용과 현황

1. 고용안정정책

고용안정정책은 산업구조조정이나 경기변동에 따른 고용조정과정에서 근로자의 지속적인 고용유지와 신속한 재취업 등의 효과가 나타날 수 있도록 사업주가 실시한 휴업, 근로시간단축, 훈련, 휴직, 인력재배치 등 기타 고용안정을 위한 조치를 취하는 경우 당해 사업주에게 필요한 지원을 하는 사업을 말하는데, 〈표 10-1〉에서 보는 바와 같이 지원의 성격에 따라 크게 고용조정지원, 고용촉진지원, 건설근로자 퇴직공제부금지원 등 3가지로 나눌 수 있다.

고용조정지원정책에는 경기변동 등의 이유로 근로자의 계속고용유지가 불가피할 경우 계속고용유지와 근로자의 신속한 재취업 등을 효과적으로 대처할 수 있도록 사업주가 실시하는 휴업, 근로시간단축, 훈련, 휴직 인력재배치, 사외파견 등의 지원을 하는 제도인 고용유지지원과 이직근로자 등을 업종간 이동의 원활화, 실업의 장기화 방지, 기업의 인력난 해소를 도모하기 위한 채용장려금, 그리고 1998년 신설된 제도로 당해 인력수급 및 인력활용의 효율화를 도모하기 위한 재고용장려금으로 나누어져 있다. 한편, 고용촉진정책에는 고령자의 고용기회를 확대하고 인력난 완화 및 고령자 복지증진을 위한 고령자고용촉진장려금과, 1999년 8월에 신설된 제도로 장기실업자의 재취업촉진을 위한 장기실업자고용촉진장려금 및 여성의 경제활동 참가율이 증가하면서 여성이 각 생애 단계에서 자유롭게 경제활동을 선택할 수 있도록 지원하는 여성고용촉진장려금 등이 있다.

〈표 10-1〉 고용안정사업의 사업별 급여 종류

고용안정사업	고용조정지원	고용유지지원금
		채용장려금
		재고용장려금
	고용촉진	고령자고용촉진장려금
		장기실업자고용촉진장려금
		여성고용촉진장려금
		고용촉진시설지원(직장보육시설지원금)
		직장보육시설설치비용자금
	건설근로자퇴직공제부금지원	

고용안정사업 세부사업별로 지원금액 및 지원인원, 그리고 지원건수 분포를 살펴보면, 고용유지지원금과 채용장려금 그리고 고령자고용촉진장려금의 비중이 매우 높게 나타나고 있으며, 타 지원금 또는 장려금의 비중은 상대적으로 미미한 수준을 보이고 있다. 특히 1997년 IMF 경제위기를 기점으로 이전 시기에는 고령자고용촉진장려금 등 고용촉진지원이 차지하는 비중이 매우 크며, 이후 시기에는 고용유지지원의 비중이 상대적으로 크게 증가하고 있다. 또한 1999년 이후 고용유지지원금의 활용비율이 낮아지고 있는 반면 채용장려금의 활용이 급격히 증가하고 있는 추세에 있다.[3] 이와 같이 고용안정사업은 IMF 경제위기 이후 고실업 시기에 중요한 실업대책인 동시에 적극적 노동시장정책의 하나로 작용했다. 특히 고용유지지원금의 경우 실업예방에 커다란 기여를 한 것으로 평가되고 있다.[4]

3) 전체지원인원 및 금액 중 고용유지지원금이 차지하는 비율이 1998년에는 각각 약 80%와 70% 정도이던 것이 1999년에는 약 50%, 45% 정도로 낮아지고 있다. 반면, 채용장려금(2001. 7. 1 이후 폐지)의 경우는 지원인원 및 금액이 1998년 각각 약 1% 미만이던 것이 1999년에는 약 15%와 40% 정도로 그 활용도가 높아지고 있다(유길상 외, 1998: 54).

4) 고용유지지원금의 실업예방 및 고용효과에 관한 연구결과에 따르면, 고용유지지원금의 순고용 유지효과는 약 20% 정도인 것으로 추정되며, 고용유지지원제도의 실업예방효과로 1998년의 경우 최대 675.3억원의 고용보험(실업

2. 고용창출정책

고용창출정책은 근로능력이 있는 사람들이 노동시장에서 일자리를 못 찾거나 찾아도 최저생활을 보장받을 수 없을 때 직접적으로 일자리를 개발하는 정책인데, 크게 공공부문에서의 고용창출과 민간부문에서의 고용창출로 구분하여 살펴볼 수 있다.

1) 공공부문에서의 고용창출

정상적인 노동시장에서 일자리를 찾지 못하는 사람들에 대하여 공공부문에서의 고용창출은 역사적으로 매우 오래되었는데, 직접적인 소득보장 정책보다 몇 가지 점에서 유리하다(Palmer, 1978; 이두호 외, 1992: 135에서 재인용). 첫째, 이러한 프로그램은 사회구성원들(특히 납세자)이 소득보장정책보다 받아들이기가 쉽다. 둘째, 소득보장정책이 가난한 사람들에게 의존심을 불필요하게 지속시켜줄 수 있는 것과는 반대로, 가난한 사람들의 고용을 통하여 그들의 생산기술을 향상시킬 수 있기 때문에 궁극적으로 자립의 기회를 더 넓힐 수 있다. 셋째, 이것은 수혜자로 하여금 일을 하게 하여 자기 만족감과 성취감 등을 갖게 하므로 가난한 사람들에 대한 사회심리적인 안정감을 주어 그들의 생산성을 높여준다. 넷째, 이것은 민간부문에서의 고용방법보다 남용과 오용을 줄일 수 있어 대상효율성(target efficiency)이 크다.

반면에 공공부문에서 고용방법은 다음의 단점이 있다. 첫째, 사회적으로 유용한 공공부문의 "좋은" 일자리의 창출에는 한계가 있다. 즉 주어진 경제에서 가난한 사람들에게 일자리를 주기 위하여 시장의 논리를 무시한 채 일자리를 만들게 되면 물가상승 등의 위험을 유발시킨다.

급여) 예산이 절감되었고, 실업률을 약 0.1-0.3%포인트 낮춘 것으로 추정된다. 산업별로는 제조업보다는 비제조업에서, 그리고 사업체 규모별로 보면 소규모 기업체일수록 고용유지지원금의 고용유지효과가 높은 것으로 나타나고 있다(김동헌 · 박의경, 2000).

둘째, 가난한 사람들을 공공부문에 고용함으로 인하여, 만일 공공부문의 고용 프로그램이 없었을 경우 그들이 정규적인 민간부문에 고용되어 생산할 수 있었던 재화는 사회 전체로 볼 때 손실이다(기회비용 측면에서). 특히 한 나라 경제의 실업률이 비교적 낮을 때 이러한 손실은 큰 반면, 실업률이 매우 높을 때는 이러한 손실이 작다. 셋째, 일반적으로 공공부문에서 만들어지는 재화나 서비스의 질이 민간부문의 그것보다 낮을 경우 경제적 효율성이라는 측면에서도 불리하다. 넷째, 이것을 운영하는 데는 민간부문에서의 고용방법보다 많은 비용이 든다. 끝으로, 공공부문의 고용을 통하여 만든 재화나 서비스가 정규적인 민간부문에서 만들어지는 그것들을 대체하게 되면, 민간부문의 노동시장에서의 고용과 임금체계에 혼란을 유발시킬 수 있다. 이러한 문제점들 때문에 가난한 사람들을 민간부문에 고용하는 방안들을 찾게 되었다.

2) 민간부문에서의 고용창출

민간부문에서의 고용창출은 기본적으로 민간부문의 사용자에게 보조(세제혜택)를 하여 가난한 근로자를 고용하게 하는 것이다. 이러한 고용은 두 가지 방법으로 이루어질 수 있다(Hamermesh, 1978 : 87-122 ; 이두호 외, 1992 : 136에서 재인용). 첫째, 정부가 민간기업에게 가난한 사람들을 고용하는 조건으로 보조(세제혜택)를 하면, 민간 기업측의 입장에서 보면 생산과정의 투입요소 가운데 노동의 가격은 상대적으로 낮아져 다른 투입요소를 대체하여 더 많은 노동을 사용하게 된다. 둘째, 정부의 보조로 인하여 민간기업은 더 많은 재화를 생산하도록 유인하고, 또한 낮은 노동비용은 소비자에게 낮은 상품가격의 형태로 이전될 수 있고 이것은 다시 상품에 대한 수요를 촉진시켜 고용을 확대할 수 있다. 그러나 이러한 효과는 단기적으로 강하게 나타날 수 있는 반면, 장기적인 효과는 약할 수 있다. 왜냐하면 타 지역에 있는 사람들이 이러한 정부보조 지역으로 이주해 올 가능성이 있기 때문이다.

3) 공공근로사업

우리 나라에서 실시하고 있는 고용창출정책으로는 공공근로사업이 대표적이다. 공공근로사업은 고용정책기본법 제28조의 규정에 근거하여 실시되고 있다. 동 규정에 의하면 대량실업의 문제가 발생하거나 발생할 우려가 있을 경우 노동부장관이 종합실업대책사업의 일환으로서 공공근로사업을 수행할 수 있도록 하고 있다. 공공근로사업의 참가자격은 신청일을 기준으로 18세 이상 65세 이하인 실업자 또는 일용근로자로서 소재지 관할 지방노동사무소에 구직등록을 한 사람으로 하고 있다.[5] 그리고 1999년 사업에서는 노숙자도 참가신청을 할 수 있도록 하고 있다.

공공근로사업은 IMF 경제위기 이후 실업률을 낮추는데 중요한 정책기제로 사용되었으며, 대량 실직노동자의 최소생계보장에 긍정적인 역할을 수행하였다.[6] 그럼에도 불구하고 공공근로사업은 그 대부분이 환경정화사업, 숲 가꾸기 사업 등 단순하고 생산성이 그리 높지 않는 사업에 편중됨으로써 저소득계층에 대한 소득보전과 실업률 안정이라는 정책적 의미 이외에 별다른 정책적 효과를 낳지 못하고 있다.

3. 고용가능성 제고 정책

구직자의 고용가능성 향상을 위한 직업훈련은 가장 기본적이면서 중

5) 공공근로사업은 다음과 같은 사람에 대해서 참가신청을 제한하고 있다. 구체적으로 실업급여 수급권자, 1세대 2인 이상 신청자, 재학생, 정기적인 소득이 있는 세대주의 배우자 그리고 농어민 또는 그 배우자는 공공근로사업 참가신청을 할 수 없도록 하고 있다.

6) "공공근로사업 참여자 추적조사자료" (한국노동연구원, 2000)에 기초한 연구결과에 따르면, 공공근로사업으로 유입된 비경제활동 인구와 기존의 취업자 중 공공근로사업으로 이동한 불안정취업 계층을 제거한 순 실업자 구제 효과는 1999년 상반기에 1.5%의 실업률 감소로 평가되고 있다. 또한 공공근로사업은 1998년 1단계부터 1999년 3단계까지의 기간에 사업참여자 가구 당 최저생계비를 62.3% 충족시켰으며, 사업참여자의 이전 직장 근로소득을 68.8% 보전하여 실업자 가구의 생계보호에 기여하였다(이종선, 2001: 348).

요한 고용보장정책으로 지적되고 있다. 왜냐하면 직업훈련은 거시적 관점에서 경제성장과 경제발전에 기여하고, 소득분배의 불평등을 해소하며, 생산성 향상과 임금상승에 기여하고, 노동시장의 고용을 개선하는데 기여할 뿐만 아니라(이종성 외, 1994), 미시적 관점에서 직업훈련에 참가하는 훈련생의 고용가능성의 증가, 직업능력의 향상, 소득상승, 가족의 안정성과 삶의 질 향상, 그리고 복지의존성 감소의 효과가 기대되기 때문이다(정원오, 1998).

실직자에 대한 직업훈련은 고용보험 적용사업장 실직자를 대상으로 하는 직업능력개발사업과 고용보험 미적용 실직자를 포함한 모든 실직자를 대상으로 하는 고용촉진훈련이 주축이 되고 있다.

1) 직업능력개발사업

직업능력개발사업은 기업 및 근로자의 직업능력개발사업 지원을 통해 인적자원의 질을 향상시키고 근로자 자신의 직무 능력 향상 노력을 유인하여 기업과 근로자 모두에게 급변하는 경제상황에 능동적으로 대처할 수 있게 함을 목적으로 한다. 과거 노동시장의 경향은 질보다는 노동력의 양과 저임금을 통한 경제성장 전략을 펼쳐왔다. 하지만 현대는 전문기술과 고급기술 혁신을 통한 경제발전을 주도해 나아가야 할 필요성이 강조되면서 기술인력의 양성, 개발, 관리가 핵심과제로 등장하고 있다. 이러한 경제환경 속에서 직업훈련 여건에 적극적으로 대처하기 위하여 1995년 고용보험법에 의한 직업능력개발사업이 도입되면서 직업훈련사업의 중점도 기능인 양성에서 근로자의 평생직업능력개발로 확대 발전되었다(김태성・김진수, 2001: 322).[7)]

고용보험제도에 명시되어 있는 직업능력 개발 사업은 〈표 10-2〉에서 보는 바와 같이, 사업주 지원 사업, 근로자 지원 사업, 건설근로자 직업

7) 고용보험법 도입 당시 직업능력개발사업과 직업훈련의무제의 이원화로 운영되었던 것을 직업능력개발, 향상에 관한 새로운 직업훈련제도 틀의 필요성이 제기되면서 근로자의 평생직업능력개발을 지원하는 새로운 직업능력 개발체제를 구축하기 위하여 1997년 직업훈련기본법을 폐지하고 근로자 직업훈련 촉진법을 제정하여 1999년 1월부터 시행하였다.

능력개발 지원 사업으로 구성된다. 먼저, 사업주 지원 사업에 관하여 살펴보면, 사업장 내에 직업훈련계획을 수립하여 지방노동관서장의 승인을 받은 후 실시하는 직업훈련, 사업주가 1년 이상 재직근로자를 대상으로 교육기관 및 지방노동관서장이 지정하는 교육훈련기관에서의 교육훈련 지원, 30일 이상 유급휴가를 부여하여 휴가기간 중 실시하는 훈련, 그리고 직업훈련 실시를 목적으로 직업훈련시설 및 장비를 설치하고자 하는 사업주나 사업주단체에게 지원하는 직업훈련 시설·장비 자금대부 등이 있다.

〈표 10-2〉 직업능력개발사업의 내용 및 지원요건

사업내용		지원요건
사업주 지원	사업 내 직업 훈련 지원	•직업훈련계획을 수립하여 지방노동관서장의 승인을 받은 후 직업훈련을 실시할 것 •직업훈련은 훈련과정에 따라 양성훈련, 향상·재훈련, 진직훈련을 실시할 수 있으며, 훈련방법에 따라 집체훈련, 현장훈련 가능
	교육훈련지원	•교육기관, 지방노동관서장이 지정하는 교육훈련기관에 재직근로자의 직무능력 향상을 위한 위탁교육을 실시할 것 •1년 이상 고용보험 피보험자로서 이직예정자를 대상으로 교육훈련을 실시한 기업 •외부강사를 초청하여 단기교육 실시 기업
	유급휴가 훈련지원	•30일 이상 유급휴가를 부여하고 휴가기간 중 임금을 지불했을 것(1년 이상 재직자에 한함) •교육훈련기관, 직업훈련기관에 개설된 과정에 근로자를 위탁, 훈련을 실시할 것
	직업훈련 시설·장비 자금대부	•대부: 사업 내 직업훈련, 인정직업훈련, 교육훈련을 실시하거나 실시하고자 하는 기업 또는 사업주 단체 •지원: 직업훈련시설 장비를 설치하고자 하는 우선 지원대상기업의 사업주 단체
근로자 지원	교육수강 비용 대부	•전문대학 이상의 학교에 입학하거나 재학 중인 근로자일 것(대학원 과정은 제외)
	실업자 재취직 훈련지원	•고용보험적용사업장에서 이직하고 구직 등록한 근로자로서, 취업을 위한 기능·기술 습득이 필요하다고 인정될 것과 실업재취직 훈련과정을 실시하는 훈련기관에 등록된 자
	수강 장려금	•이직 예정인 고용보험 피보험자가 50대 이상인 근로자로서 자비로 직업훈련이나 교육훈련기관 또는 고용촉진훈련학원에서 실시하는 훈련을 수강할 것(소정 일수의 80% 이상 출석)
건설근로자직업능력 개발지원		

한편, 근로자를 위한 지원제도는 실직한 고용보험 피보험자에게 재취업에 필요한 기능·기술의 습득을 위한 훈련기회를 제공하기 위한 지원금으로 실업자재취직훈련지원, 이직예정인 고용보험 피보험자가 훈련 또는 훈련수료 후 자비로 수강에 필요한 경비를 지출한 경우 근로자에게 지원하는 수강 장려금, 그리고 근로자들의 능력개발을 위한 전문대학 이상의 학교에 입학하거나 재학 중인 근로자에게 학자금을 제공하는 교육수강비용대부 등이 있다.

고용보험제도에 의한 직업능력개발사업은 IMF 경제위기에 따른 대량실업사태 시 실업자에 대한 소득보전과 직업훈련을 통해 실업으로 인한 충격을 완화하는 긍정적인 기능을 수행한 것으로 평가되고 있다(이병희·강순희, 2000).

2) 고용촉진 훈련

고용촉진훈련은 고용보험이 적용되지 않는 실업자, 생활보호대상자, 모자보호대상자, 영세농어민과 같은 저소득층에게 직업훈련 기회를 제공함으로써 취업능력을 제고시켜 이들의 자활기반을 돕고 나아가서는 직업안정을 도모하기 위한 제도이다(오영훈 외, 1999 : 1). 이와 같은 목적을 가지고 있는 고용촉진훈련은 고용정책기본법 제20조(고용촉진훈련의 실시) 및 근로자직업훈련촉진법 제16조(실업자 등의 고용촉진훈련), 동법 시행령 제12조(실업자 등의 고용촉진훈련 대상 등) 및 시행규칙 제10조(고용촉진훈련실시기관)의 규정에 근거하고 있다. 이에 근거하여 고용촉진훈련의 효율적인 실시와 관리 등에 관하여 필요한 사항은 고용촉진훈련시행규정에서 정하고 있다.

고용촉진훈련의 훈련직종은 원칙적으로 근로자직업훈련촉진법에 의한 훈련직종 중 취업 또는 전직이 용이하거나 성장이 유망한 직종으로서 당해 지역의 인력수급상황·훈련생의 희망직종 등을 고려하여 선정하되 제조업·건설업 등의 생산관련직종과 재취업이 용이한 직종을 우선적으로 선정하도록 하고 있다. 그러나 근로자직업훈련촉진법의 규정에 의한 훈련직종이 아닌 경우에도 고용촉진훈련을 위해 필요하다고 인정할 경우에는 고용촉진훈련직종으로 선정할 수 있도록 하고 있다.

4. 사회적 보호정책

사회적 보호는 고용보험법상의 실업급여와 국민기초생활보장법에 의한 자활지원사업을 통하여 실시되고 있다.

1) 실업급여

실업급여는 근로자가 실직하였을 경우 일정기간동안 실직자와 그 가족의 생활안정을 위한 소득보장과 실직자에게 구인·구직정보를 체계적이고 종합적으로 제공하기 위하여 지원하는 제도인데, 〈표 10-3〉에서 보는 바와 같이 구직급여와 취직촉진수당으로 나뉘어진다. 먼저 구직급여는 피보험자의 실업기간 중 생활안정을 위하여 지급되는 급여제도로 구직급여, 실업시 질병·부상 또는 출산으로 취업이 불가능하여 구직활동을 할 수 없을 경우 지급되는 상병급여와 재취직을 위한 직업능력개발훈련을 받을 필요가 있다고 인정되는 근로자에게 지급되는 훈련연장급여, 구직급여의 종료시까지 직업안정기관장의 직업소개에 3회 이상 응하였지만 취업을 하지 못하고 있는 재취직지원자를 위한 개별연장급여, 그리고 대통령령이 정하는 사유에 의하여 수급기간을 연장하는 특별연장급여 등이 있다.

〈표 10-3〉 실업급여 세부사업 종류

<table>
<tr><td rowspan="8">실 업
급 여</td><td rowspan="4">구 직 급 여</td><td></td><td>상병급여</td></tr>
<tr><td rowspan="3">연 장 급 여</td><td>훈련연장급여</td></tr>
<tr><td>개발연장급여</td></tr>
<tr><td>특별연장급여</td></tr>
<tr><td rowspan="4">취직촉진수당</td><td rowspan="4"></td><td>조기재취직수당</td></tr>
<tr><td>직업능력개발수당</td></tr>
<tr><td>광역구직활동비</td></tr>
<tr><td>이주비</td></tr>
</table>

또한 취직촉진을 위한 수당에는 실업급여 수급기간 내에 안정된 직장에 재취직하는 경우 보너스적 성격으로 지급되는 조기재취직수당이 있으며 실업기간 중 직업능력개발훈련을 받는 경우 훈련 시 필요한 교통비, 식대 등의 비용을 지급하는 직업능력개발수당, 수급자가 자신이 살고 있는 지역 외의 먼 지방으로 구직활동을 하는 경우 지급되는 광역구직활동비, 마지막으로 수급자가 재취업으로 거주지를 이전하거나 지시한 훈련을 받기 위하여 이사를 하게 되는 경우 이사비용으로 지급되는 이주비 등이 이에 해당된다.

2) 자활지원사업

(1) 개념

자활지원사업은 2000년 10월부터 시행된 국민기초생활보장법에 따라 근로능력이 있는 국민기초생활보장 수급자의 자활을 조성하기 위하여 자활에 필요한 금품의 지급 또는 대여, 자활에 필요한 기능습득의 지원, 취업알선 등 정보의 제공, 공공근로 등 자활을 위한 근로기회의 제공 등의 급여를 실시하는 것이다.

(2) 참여대상

자활지원사업에는 근로능력이 있는 수급자 중 자활사업 참여를 조건으로 생계급여를 지급받는 수급자는 의무적 참여대상자가 되며, 자활급여 특례자[8)], 차상위 계층[9)], 일반수급자 등도 본인의 의사에 따라 참여할 수 있다. 자활지원사업 대상자를 보다 구체적으로 살펴보면, 18세 이상 64세 이하의 국민기초생활보장 수급자 및 자활사업 참여를 희망하는 차상위 계층으로서 다음의 근로무능력자에 해당하지 않는 자이다: ① 장애인고용촉진 및 직업재활법 제2조 제2호의 규정에 의한 중증

8) 국민기초생활보장 수급자가 자활근로, 자활공동체(시 · 군 · 구 주관), 자활취업촉진사업(노동부 주관) 등 자활사업에 참가하여 발생한 소득으로 소득인정액이 선정기준을 초과한 자.
9) 국민기초생활보장 수급자가 아닌 자로서 소득인정액이 최저생계비의 120% 이하인 자.

장애인, ② 보건복지가족부장관이 정하는 질병 또는 부상에 해당하지 아니하는 질병·부상 또는 그 후유증으로 3월 이상의 치료 또는 요양이 필요한 자, ③ 임산부(임신 중에 있거나 분만 후 6월 미만의 여성), ④ 공익근무요원 등 법률상 의무를 이행중인 자, ⑤ 기타 근로가 곤란하다고 보건복지가족부장관이 정하는 자(제1호 중증장애인 범위에 해당하지 않는 장애인복지법상 4급 이내 장애인)이다.

(3) 사업내용

자활자원사업의 유형은 각 자활사업실시기관에 따라 다르다. 대개의 경우 사회복지관 등에서는 지역봉사활동, 정신보건시설 등에서는 재활프로그램, 그리고 시·군·구 및 민간기관에서는 자활근로에의 참여 등을 담당하고 있다. 자활지원사업 사업내용별 담당기관을 보다 구체적으로 살펴보면 〈표 10-4〉와 같다.

〈표 10-4〉 자활급여 종류 및 자활사업실시기관

<table>
<tr><th colspan="2">자활급여종류
(구체적인 사업지정)</th><th>자활사업실시기관</th><th>비고</th></tr>
<tr><td colspan="2">자활공동체사업</td><td>자활후견기관, 자활사업을 실시하는 민간위탁기관</td><td rowspan="10">지역여건, 예산 및 수용능력 등을 감안하여 대상자의 자활에 필요한 사업에 참여할 수 있도록 탄력적으로 운용</td></tr>
<tr><td rowspan="2">자활근로</td><td>시장진입형, 인턴형
사회적 일자리형</td><td>민간위탁기관, 시·군·구 등</td></tr>
<tr><td>근로유지형</td><td>시·군·구 등</td></tr>
<tr><td colspan="2">지역봉사</td><td>사회복지기관, 자원봉사센터, 시·군·구 등</td></tr>
<tr><td colspan="2">사회적응프로그램</td><td>정신보건센터 등 정신보건시설, 사회복지관, 대학연구소, 자활후견기관 등</td></tr>
<tr><td colspan="2">생업자금융자</td><td>시·군·구</td></tr>
<tr><td colspan="2">취업알선</td><td>고용지원센터</td></tr>
<tr><td colspan="2">직업훈련(창업훈련)</td><td>직업훈련기관</td></tr>
<tr><td colspan="2">직업적응훈련</td><td>고용지원센터, 직업적응훈련기관</td></tr>
<tr><td colspan="2">자활취업촉진사업 등</td><td>고용지원센터</td></tr>
</table>

한편, 자활지원사업은 참여자들의 환산된 근로능력 점수에 따라 사업내용이 차이가 나는데, 그 구체적인 내용은 〈표 10-5〉와 같다.

〈표 10-5〉 자활사업 대상자 사업종류

자활급여종류 (구체적인 사업지정)	선발방법 기준	근로능력 점수
직업적응훈련	•근로의욕 고취 및 직업적응훈련이 필요한 수급자 및 차상위계층	
취업알선	•근로능력과 욕구가 높아 노동시장에서의 취업이 가능한 자	70점 이상
직업훈련(창업훈련)		
자활취업촉진사업 등		
자활공동체사업	•자활공동체사업 참여욕구가 높은 자 •기술습득정도 · 노동 강도가 높은 사업 참여가 가능한 자	80점 이상
시장진입형 자활근로	•자활근로프로그램 참여욕구가 높은 자 •일용 · 임시직으로 작업경험이 있는 자	51-69점 이상
인턴형 자활근로		
사회적 일자리형 자활근로		
근로유지형 자활근로	•노동 강도가 낮은 사업 참여가 가능한 자 •간병 · 양육 등 가구여건상 관내 사업만이 가능한 자	41-50점 이상
지역봉사	•건강상태 · 연령상으로 노동 강도가 낮은 사업만이 가능한 자 •타 자활사업 대기자 등	40점 이하
사회적응프로그램	•알코올의존 및 우울증 등 정신건강상 문제가 있는 경우 •근로의지가 현저히 낮은 경우, 상습적인 조건 불이행자 등	점수와 무관
생업자금융자	•공동체 및 개인 창업을 희망하는 자	신청 시 심사 · 평가

(4) 운영체계

근로능력이 있는 저소득층에게 집중적이고 체계적인 자활복지서비스를 제공하여 자활의욕을 고취하고 자립능력을 향상시키기 위한 목적으로 전국에 지역자활센터를 설치하여 저소득층 자활 및 생산적 복지구현을 위한 핵심 인프라로서의 역할을 수행하도록 하고 있다. 향후 지역자활센터의 주된 사업은 자활공동체로 발전시키기 위한 배양기관으로서의 역할을 수행하는 것인데, 무료 간병도우미 사업, 음식물 재활용

사업, 집수리 도우미 사업, 청소 사업, 자원재활용 사업 등 5대 표준화 사업을 선정하고 있다. 자활공동체는 기본적으로 지역자활센터가 전담하여 지원할 것이다. 하지만 지역자활센터는 어디까지나 기술 및 경영관리 측면에서 지원하는 것이고, 보다 실질적인 지원은 지방자치단체를 통한 우선 위탁, 우선 구매 등 실제로 경영활성화를 촉진할 수 있는 분야에서 실시되어야 할 것이다.

제 3 절 문제점 및 개선 과제

1. 고용안정정책

고용안정 정책의 문제점으로는 우선, 고용유지지원금의 경우 중소기업의 활용도가 낮아 지원혜택이 대기업에 편중되었을 뿐만 아니라 소극적 고용안정 정책이라 할 수 있는 휴업지원에 치중하였다는 점을 들 수 있다. 하지만 IMF 외환위기로 경제환경이 악화되면서 기업들이 고용유지 및 고용촉진을 위한 노력으로 고용보험의 고용안정정책을 활용하게 되면서 휴업에 대한 지원금이 큰 폭으로 증가하였을 뿐만 아니라, 고용유지지원금 또한 큰 비중을 차지하고 있다.

또한 채용장려금의 경우 직업안정기관에 구인신청을 한 사업장 대다수가 채용장려금 지원을 요구하여, 예산상의 낭비는 물론 활용업체가 대부분 10인 미만인 소규모업체인 까닭에 임금대장 등 투명한 임금관리가 어려워 부정수급에 중요한 문제점으로 지적되고 있다(이종선, 2001 : 351). 끝으로, 제도상의 문제점으로, 고용안정사업의 경우 지원제도와 지원절차가 매우 복잡하고 추진과정에서의 잦은 변경으로 실무자조차 효과적인 업무처리가 힘들다는 지적이 제기되고 있다(이종선, 2001 : 351).

2. 고용창출정책

공공근로사업은 시행과정에서 여러 가지 문제점이 발견되고 있다. 먼저, 공공근로사업의 도입목적과 관련해 볼 때 실제적 대상집단이 되어야 할 가장·남성·중장년층 실직자 집단의 경우 참가실적이 부진한 반면, 비가장·여성·노령층이 상대적으로 높은 비중을 차지하고 있다. 이러한 문제점은 현행의 공공근로사업이 그 집행과정에서 대상집단의 수치심을 자극하여, 궁극적으로 중도탈락과 신청기피현상을 초래하고 있기 때문인 것으로 파악해 볼 수 있다(이정우, 1998: 176).

둘째, 공공근로사업은 적합한 사업영역 개발의 미숙으로 사회적 갈등과 재원의 낭비를 초래하고 있다. 공공근로사업은 그 대부분이 환경정화사업, 숲 가꾸기 사업 등 단순하고 생산성이 그리 높지 않는 사업에 편중됨으로써 저소득계층에 대한 소득보전과 실업률 안정이라는 정책적 의미 이외에 별다른 정책적 효과를 낳지 못하고 있기 때문이다. 실제로 공공근로사업 참여자 추적조사자료(한국노동연구원, 2000)에 따르면 공공근로사업 참여자의 (재)취업률은 26.5%에 머무르고 있는 실정이다. 따라서 공공근로사업에서 시작해서 영구적인 일자리로 전환되도록 촉진하기 위해서는 자활공동체 창업이나 상시적인 사회복지서비스 제공을 정부의 지원과 함께 연계하는 방안에 대한 모색이 시급한 과제로 제기되고 있다(황덕순, 2000).

3. 고용가능성 제고 정책

고용보험제도에 의한 직업능력개발사업의 가장 큰 문제점은 훈련을 받은 가난한 사람들이 실제의 노동시장에서 빈곤을 벗어날 수 있는 일자리를 잡는데는 노동시장의 구조적인 문제로 인하여 많은 어려움이 있다는 점이다. 이와 같이 직업훈련 근로자의 취업률이 매우 낮은 수치를 보이는 것은 경기변동 요인에 가장 큰 원인이 있겠지만 직업훈련내용과 과정이 실제 사업수요와의 연계가 부족하기 때문인 것으로 나타나고 있다(이병희 · 강순희, 2000). 가장 큰 문제점으로 지적되는 것은 직업훈련과 실제 사업수요와의 연계부족을 들고 있다. 이러한 문제점을 감안하여 정부는 IT 등 신 산업분야의 인력수요에 부응한 훈련을 보다 강화해 나가고 있으나, 이 또한 다른 문제에 직면하게 된다. 즉 당장 재취직기하기를 원하는 대다수 40대 이상의 실업자들에게 이러한 첨단직종의 직업훈련은 단기간에 적응하기가 매우 어려울 뿐만 아니라 곧바로 재취업할 가능성도 그리 크지 않다는 점과 실업자들의 훈련이 이러한 첨단직종에 집중되면서 전통적인 제조업분야나 3D업종 등에서는 인력난이 가중되는 인력수급상의 불균형 또한 심화될 것이라는 점이 지적되고 있다.

한편, 고용촉진훈련 또한 다양한 훈련대상으로 대규모 직업훈련을 추진하는 과정에서 여러 가지 문제점을 나타내고 있다. 즉 직업훈련 행정관리 중심의 운영으로 인한 실업자 지원체계의 미흡, 훈련생의 체계적인 관리 미흡, 직업교육훈련 경험이 일천한 직업교육 훈련기관들의 난립으로 인한 훈련의 질 저하, 교육훈련기관 및 실업자의 특성에 맞는 교육훈련 프로그램의 미흡, 그리고 직업훈련과 직업안정과의 연계를 위한 훈련정보 및 직업상담의 전문화 미흡(김병숙 외, 1998 ; 이선 외, 1998) 등 실업자 직업훈련을 실시하는 과정에서 나타나고 있는 공통적인 문제점들을 가지고 있다. 이들 문제점 중에서 특히 고용촉진훈련에서 나타나는 심각한 문제로는 상대적으로 더욱 낮은 취업률, 1/3에 가까운 높은 중도 탈락률(노동부, 1998), 훈련기관 당 평균 26명에 불과한 훈련위탁인원의 배정으로 인한 부실훈련의 상존 우려(노동부, 1999), 그리고 노동부와 지방자치단체간의 업무의 이원화 및 업무담당자의 담당업무에 대한 비전문성과 잦은 이동 등으로 인한 업무추진상의 문제점 등을 들 수 있다(오영훈 외, 1999: 2). 따라서 이러한 훈련 프로그램들이 가난한 사람들의 소득을 얼마나 올려서 빈곤을 벗어나게 했느냐에 관한 평가는 회의적이다. 즉 이들에게 훈련만을 시키는 것으로는 부족하고 중요한 것은 이들을 직접적으로 고용할 수 있는 방안을 모색하여야 할 것이다.

4. 사회적 보호정책

사회보호정책으로서의 자활사업의 문제점은 다음과 같다. 먼저, 자활사업에 참여하고 있는 대상자인 조건부 수급자는 근로능력이 부족하기 때문에 자활대상자로 책정될 수 있느냐에 대한 문제이다. 이러한 측면에서 볼 때, 자활사업은 노동능력을 가진 차상위계층을 주요 대상으로 하는 것이 타당할 것이다. 이와 함께 현행 분류방식의 문제를 지적하면, 첫째 자활복지의 대상자인 조건부수급자를 취업대상자와 비취업대상자로 점수로 분류하는 것은 비합리적이며 비현실적이다. 둘째, 일반수급자가 비취업대상자의 자활복지사업에만 참여할 수 있도록 하는 것은 선택의 기회를 제한하는 것이다. 셋째, 차상위계층은 자활후견기관사업에만 참여가 가능하도록 하고 있으나, 이는 차상위계층의 능력과 조건에 비추어 볼 때, 다양한 사업에 참여할 수 있는 기회를 근본적으로 차단하는 것이다(이성기, 2001 : 7).

또한, 조건부수급자들이 자활사업에 참여해도 추가소득이나 다른 형태의 인센티브가 없기 때문에 일할 의욕을 느끼지 못하고 자활사업에 참여하기를 기피하는 문제점이 있다. 2001년 5월 한국보건사회연구원에서 실시한 '자활사업 참가자에 대한 실태조사'에서는 조건부수급자 중 어떤 일자리도 주어진다면 기꺼이 참여하겠다는 의견이 응답자의 과반수를 차지하였다. 이는 우리나라의 노동윤리가 서구에 비하여 나아서가 아니라 기초생활보장의 수급액이 낮기 때문일 것이다. 즉 4인 가족 기준 월 96만원의 최저생계비가 너무 많다는 의견도 있지만, 실제 임금으로 지급되는 액수는 월 평균 35만원 수준에 불과하기 때문에 이 금액만으로 '복지 수혜에 안주하여' 살아갈 수는 없기 때문이다. 따라서 조건부 수급자들이 근로의지가 낮은 것은 이들의 근로의지를 살리지 못하는 현행 자활복지사업의 내용에 문제가 있다는 것을 의미한다. 즉 자활복지사업의 내용에 따라 참여할 의사는 있으나, 참여에 따른 근로유인제도가 없기 때문에 참여자들이 참여할 의욕을 느끼지 못하고 있는 것이다.

끝으로, 자활후견기관은 비취업 대상자를 중심으로 하는 자활공동체사업과 자활근로사업을 주도적으로 실시하고 있을 뿐만 아니라 다른 자활사업도 견인해 가는 핵심기관임에도 불구하고 지역사회의 인식은 낮고, 지방자치단체의 협조도 미미하며, 다른 민간단체와의 네트워크도 제대로 구축되어 있지 않은 상황이다. 또한 전담인력 4명의 인건비 지원으로는 현재의 자활사업은 물론 앞으로 기대되는 종합적이고 전문적인 자활서비스를 제공하기에는 역부족일 것이다.

자활사업에서 나타난 문제점들을 개선하기 위해서는 먼저, '소득공제제도'와 같은 근로유인제도를 도입할 필요가 있다. 둘째, 현재 전국적으로 추진되고 있는 간병인사업과 같은 자활사업에 적합한 직종을 개발할 필요가 있다. 셋째, 자활사업의 운영체계와 관련하여 가장 시급한 것은 전문인력과 예산의 확충이다. 끝으로, 현재 서울과 부산에서만 운영되고 있는 자활정보센터를 각 시·도에 설립하여야 할 것이다.

제4절 결 론

고용보장정책은 근로능력이 있는 사람들이 노동시장에서 부딪치는 각종의 불이익을 해소하여 소득보장정책에 의존하지 않고 자립할 수 있게 해주는 것을 근본 목적으로 하고 있다. 따라서 고용보장정책을 통해 빈곤문제를 해결하면 그만큼 소득보장정책의 부담을 줄일 수 있을 뿐만 아니라 소득보장정책이 갖고 있는 근로의욕 약화, 저축동기 약화,

프로그램 운영비의 과다 등과 같은 문제들을 줄일 수 있기 때문에 서구 국가에서는 복지국가 위기를 극복하는 방안으로 적극적으로 활용하게 되었다. 우리 나라에서는 IMF 경제위기를 맞아 대량실업문제와 고용불안 문제가 야기되자 여러 가지 고용보장정책을 적극적으로 추진하게 되었다. 정부가 추진하고 있는 고용보장정책의 내용은 대체로 고용안정정책, 고용창출정책, 취업가능성 제고정책, 그리고 사회적 보호정책으로 범주화시킬 수 있다. 대량실업 사태를 맞아 정부가 고용보장정책을 우선 순위에 올려 적극적으로 수용하고 있는 점에서는 바람직한 사항이다. 그러나 정부가 추진하고 있는 고용보장정책은 본 장에서 살펴본 바와 같이, 여러 가지 문제들을 안고 있다. 정부의 발표에 의하면 고용보장정책의 중점을 고용창출에 두겠다고 했지만, 실제는 실업자 생활안정에 집중되고 고용창출의 경우에도 그 효율성이 의문시되는 공공근로사업이 중심이며, 중소기업 지원을 통한 고용유지, 새로운 일자리 창출을 위한 정부투자 활동이나 재취업을 위한 직업훈련 사업 등은 미약하게 나타나고 있다. 또한 노동시간 단축을 통한 고용유지, 나아가 '제3섹터'방식 등을 통한 적극적 고용창출 시도는 없었다. 따라서 국가적 차원에서 개별 제도의 장단기적 효과를 충분히 사전검토하고, 업무수행에 있어서 국가와 사적영역간의 긴밀한 업무협조체계를 유지하면서 고용을 창출할 수 있는 보완적 장치도 함께 마련되어야 할 것이다. 결국 고용창출의 핵심 주체는 국가가 아니라 개인 기업이기 때문이다.

참고문헌

김기원(2001), "실업정책의 개별화 필요성에 관한 연구", 한국사회정책학회 2001년 추계학술대회 자료집.

김병숙 외(1998), "대량 실업하에서 직업훈련의 실태와 과제", 서울: 한국직업능력개발원.

노동부(1998), 1997 노동백서.

노동부(1999), 1999년 종합실업대책, http://www.molab.go.kr/naver/02.htm.

노대명 외(2004), "자활정책·지원제도 개선방안 연구", 서울 : 한국보건사회연구원.

오영훈·주인중·홍선이(1999), "고용촉진훈련 활성화 방안 연구", 서울: 한국직업능력개발원.
유길상 외(1998), "고용보험제도의 평가와 발전방향", 서울: 한국노동연구원.
이두호 외(1992), 『빈곤론』, 서울: 나남.
이병희·강순희(2000), "직업능력개발사업의 평가와 정책과제", 서울: 한국노동연구원.
이선 외(1998), "실업자 재취직 직업교육훈련기관 및 과정 1차 점검·평가보고서", 서울: 한국직업능력개발원.
이선 외(1998), "실업대책 직업교육훈련의 과제", 『21세기 직업전망과 직업교육훈련의 방향』, 서울: 한국직업능력개발원.
이성기(2001), "자활복지의 현황과 정책과제", 한국사회복지정책학회 2001년 추계학술대회 자료집.
이정우(1998), "대량실업시대 공공근로사업의 역할정립에 관한 연구", 『한국사회정책』, 제5집, 제2호.
이종선(2001, "한국의 신자유주의적 구조개혁과 적극적 노동시장정책: 평가와 과제", 한국사회복지정책학회 2001년 추계학술대회 자료집.
이종성 외(1994), "직업훈련투자의 경제성 분석과 정책방향", 천안: 한국기술교육대학교 산업기술인력연구소.
재정경제부(2001), 실업대책 추진상황 점검.
정영순 외(2001), "청소년 실업자를 위한 고용지원제도 비교연구", 『한국사회복지학』, 통권 46호.
정원오(1998), "저소득계층에 대한 직업훈련의 취업효과에 관한 연구", http://assw.welfare.net/library/paper/paper983.pdf.
황덕순(2000), "생산적 복지를 위한 노동정책의 기본방향과 과제", 생산적 복지를 위한 노동정책에 관한 정책토론회(2001. 2. 9) 발표문, 서울: 한국노동연구원.
한국산업인력관리공단(2001), 2001 종합실업대책, 한국산업인력관리공단 중앙고용정보원, http://www. work.go.kr.
Hamermesh, D. S.(1978), "Subsidies for Jobs in the Private Sector", In J. L. Palmer(Ed.),
Creating Jobs: *Public Employment Programs and Wage Subsides*, Washington, D. C.: The Brookings Institution.
Palmer, J. L.(Ed.)(1978), *Creating Jobs: Public Employment Programs and Wage Subsidies*, Washington, D. C.: The Brookings Institution.

11
chapter

의료보장 정책*

제1절 서 론

사회적 위험으로서 질병은 치료에 많은 비용을 필요로 하고, 근로를 할 수 없게 하여 소득의 결손을 초래한다. 이러한 질병이라는 사회적 위험에 대응하여 주로 국가의 책임 하에 국민들에게 다양한 의료서비스를 제공하여 국민건강의 회복, 유지 및 증진을 도모하며, 질병으로 인한 경제적 부담으로부터 국민을 보호하는 것을 의료보장이라 할 수 있다.

의료보장 제도는 각 나라에 따라 다양한 형태와 특징을 가지고 있다. 여기서는 주요한 형태와 특징을 중심으로 의료보장 제도를 유형화하였다. 또한 우리나라 의료보장의 현황과 문제점을 각 제도의 유형별로 살펴보고 그에 대한 해결 방안 및 주요 쟁점을 살펴보았다.

---

* 이준영 : 서울시립대학교 사회복지학과 교수

제 2 절 의료보장의 정의와 유형

1. 의료보장의 개념과 목적

1) 의료보장의 개념

'의료보장'이라는 용어의 정의에 대하여 세계보건기구(WHO)나 세계노동기구(ILO)는 물론이고 각국 전문가들 간에도 합의된 통설은 없다.[1)]

OECD는 '의료보장'과 유사한 개념으로 '보건의료체계(Health Care System)'라는 용어를 사용하는데, 한 국가 내에서 의료지식과 기술을 이용하여 건강의 증진, 질병의 예방 및 치료, 만성질환자 및 장애인에 대한 간호, 임종서비스, 공중보건의 제공 그리고 관련 행정 등을 목적으로 하는 개인과 기관의 활동으로 정의하였다. 그러나 이 정의는 보건의료서비스라는 현물급여만을 고려하고 있어 현금급여를 통한 소득의 결손에 대한 대비라는 측면을 고려하지 않고 있다는 문제가 있다. '의료보장'의 개념을 넓게 이해하려 한다면 보건의료서비스(health care service) 이외에도 질병으로 결손되는 소득에 대한 보장도 이 개념의 범주에 포함시켜야 할 것이다.

라세이(Lassey, 1997) 등도 의료보장과 유사한 개념으로 '건강보호체계(Health Care System)'라는 용어를 사용하였는데, 개념을 직접 정의하지 않고 그것을 구성하는 다양한 요소들을 제시함으로써 그 의미를 간접적으로 파악하고 있다.[2)] '건강보호체계'는 의료기관(Institution), 보

1) 정영호. 2000. "OECD 보건계정 및 국민의료비 지출 동향". 한국보건경제학회 2000년 추계 학술 발표, p. 65.
2) Lassey, M. 외. 1997. *Health Care System around the World-Characteristics, Issues, Reforms*. Prentice Hall. pp. 3-4.

건의료전문인력(Supporting Human Resource), 재정체계(Financing Mechanism), 정보체계(Information System), 관련 단체(Linking Organization) 그리고 관리구조(Management Structures) 등으로 구성된다고 보았다. 뢰머(Roemer, M. 1993)는 '의료보장'과 유사한 개념으로 '의료를 위한 사회보장(Social Security for Medical Care)'이라는 개념을 사용하였으며, 국가의료보험(NHI)과 국가의료체계(NHS)가 여기에 속하는 것으로 보았다.[3)]

이러한 논의들을 종합해 보면 의료보장은 질병으로부터 자유롭게 됨으로써 건강을 회복하고 수명연장을 도모하는 것과 관련된 서비스를 보장하는 것으로 보거나,[4)] 개인의 힘으로 해결하지 못하는 의료문제를 국가의 개입에 의한 사회적 연대책임으로 해결하고자 하는 사회보장의 한 형태[5)]라고 이해할 수 있다. 또한 각 국가별로 의료보장제도의 특징을 살펴본 결과, 각 나라마다 적용하고 있는 원리나 운영형태가 다르다는 것이 확인되었다. 여기서는 여러 나라들에서 대표적으로 실시하고 있는 의료보장제도의 유형들을 위주로 정리하였다.

2) 의료보장의 원칙과 목표

의료보장의 기본적 원칙은 1944년 제23차 ILO총회의 '국제노동기구의 목적에 관한 선언'에서 채택되었다. 즉 "모든 인간은 경제적 보장... 등의 권리를 보유하고, 보호를 필요로 하는 모든 자의 기본소득과 포괄적 의료를 제공하도록 하는 사회보장 조치의 확장이다"라고 밝히고 있다. 이에 따라 세계 모든 국가는 "필요로 하는 모든 사람들에게 의료가 제공되고, 그것은 수급자의 실제상의 또는 장래의 필요를 충족시키는데 충분한 것이어야 한다."는 것을 의료보장의 기본원칙으로 삼고 있다. 오늘날의 의료보장은 국가의 책임 하에 모든 국민에 대해 치료, 예방,

---

3) Roemer, M. 1993. *National Health Systems of the World.* Volume II. Oxford University Press. p. 91.

4) 문옥륜 외. 『의료보장론』, (신광출판사, 2000), p. 19.

5) 이두호 외. 『국민의료보장론』, (나남출판사, 1992), p. 207.

보건위생, 건강증진, 사회복귀 등 전체 보건의료의 종합적인 서비스를 목적과 내용으로 하고 있다.[6)]

의료보장의 목표를 질병치료 시 과중한 경제적 부담의 경감, 적정한 수준의 의료서비스 보장 그리고 접근용이성으로 보는 견해가 있다.[7)] 우선, 국민 개개인에게 질병의 치료에 따른 경제적인 부담을 덜어주기 위해 각 나라에서는 그 나라의 정치 경제체제에 부합하는 여러 가지 방안들을 모색해 왔다. 공산주의 국가나 사회주의 국가에서는 대개 의료를 사회화하고 국가가 모든 의료비를 부담하였다. 반면, 자유주의 국가에서는 이 문제를 해결하기 위해 의료보험(사회보험, 각종 상업보험 또는 각종 비영리 민간보험)을 도입해 왔다.[8)]

또한 의료를 쉽게 제공받도록 의료시설 및 의료인에 대한 지역적, 문화적인 접근성을 높이는 것도 목표의 하나이다. 일반적으로 의료수요는 거의 무한에 가까울 정도로 급등하나 의료자원의 공급은 이를 따라가기 어렵기 때문에 대부분의 국가들에서 국민에게 의료자원에 대해 충분하고 균등한 접근을 보장해주는 것이 중요한 목표가 되고 있다.

이러한 논의들을 고려하여 의료보장의 목표를 [그림 11-1]에서와 같이 크게 3가지로 설정할 수 있다. 첫째, 의료서비스의 질 확보, 둘째, 비용부담의 형평성 제고 그리고 셋째, 의료비의 적정 수준 유지이다. 다시 말하면, 높은 수준의 의료서비스를 보편적이고 공평하게 보장하되 그 비용을 국민경제가 부담하는데 무리가 없어야 한다는 것이다. 그런데 이 세 가지 목표들은 서로 매우 긴밀한 상호작용을 한다. 즉, 의료기술의 발전으로 인한 의료의 질적 수준 향상과 그에 따른 의료비의 상승 그리고 경제적 부담의 증가, 다른 한편으로, 국민의 건강욕구의 증대로 인한 의료수요의 급상승에 비례하는 의료비의 과다 지출 그리고 이에 비례하는 의료보험의 인상 등 악순환이 일어나게 된다. 심지어 이 목표들이 서로 상충 관계(trade-off)에 있을 수도 있기 때문에 의료

6) 문재우 외. 『의료보장론』, (고문사, 1990), p. 162.
7) 위의 책 p. 165.
8) 위의 책 p. 165.

보장정책을 수립하거나 평가할 때에는 어느 한쪽의 목표에 치우치지 않고 균형된 시각을 갖는 것이 중요하다.

[그림 11-1] 의료보장의 3가지 목표

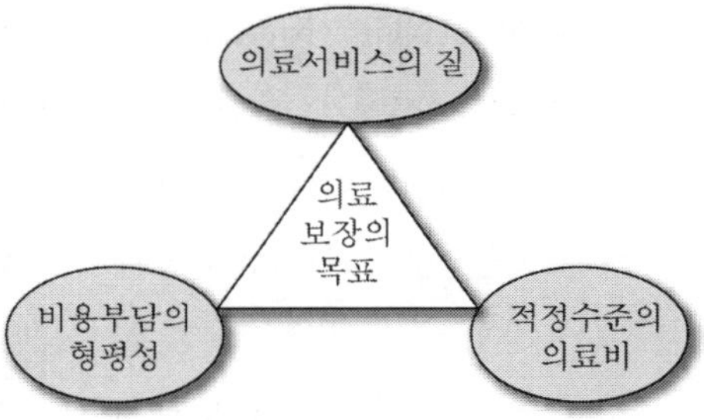

2. 의료보장제도의 유형과 특징

의료보장제도라 함은 전체 국민의 의료를 보장하는 국가제도를 통칭하는 의미로 사용된다. 전체 국민을 소득수준에 따라 저소득층, 중산층, 고소득층으로 나눌 수 있는데 일정 소득수준 이상의 중산층과 고소득층에 대한 의료보험 그리고 소득수준 이하의 저소득층에 대한 의료보호(Medical Assistance)가 대부분의 국가에서 주요한 의료보장제도로서 실시되고 있다.[9] 의료보장제도를 유지하는데 소요되는 경비를 자기 스스로 조달할 수 있는 사람에 대한 것과 스스로 조달할 수 없는 사람의 것으로 구분하여, 전자에 대해서는 우리나라의 '건강보험'과 같은 사회보험제도를 통해 보장하고, 후자에 대해서는 우리나라의 '의료급여'와 같은 공공부조제도를 통해 보장할 수 있다는 견해도 있다.[10]

그러나 이 두 제도 외에 영국식의 국가의료서비스(NHS: National Health Service))나 독일의 경우에서와 같이 공적 의료보험을 대체하는

9) 문재우 외. 앞의 책 p. 162.
10) 문옥륜 외. 앞의 책 p. 19.

민간보험, 그리고 국가가 일반 대중들에게 방역과 예방 등의 서비스를 제공하는 공중보건서비스(Public Health Service), 더 나아가 노숙자 등에 대한 의료구호 등도 의료보장의 범주에 포함되어야 할 것이다.

OECD는 의료보장제도의 형태를 크게 3종류로 구분하고 있다. 사회보험형태의 국민의료보험(NHI: National Health Insurance)[11], 조세에 의한 재원 조달을 통해 국민에게 무상으로 보건의료서비스를 제공하는 국가의료서비스 그리고 민간보험(PHI: Private Health Insurance)이 그것이다. 이 3가지 제도들 중 국민의료보험과 국가의료서비스는 공적 의료보장제도이다.[12]

여기서는 크게 6가지 형태의 의료보장제도를 다시 3가지 유형으로 분류하여 공적인 의료보장제도로서 의료보험, 의료보호, 국가의료서비스(NHS), 공중보건서비스 그리고 사적인 의료보장제도로서 민간보험(미국의 HMO와 싱가포르의 MSA), 마지막으로 혼합된 형태인 의료구호 등의 특징을 살펴보았다.[13]

1) 공적 의료보장제도

(1) 의료보험(National Health Insurance)

의료보험은 향후 질병이 발생될 경우에 대비하여 자신의 소득에서 보험료를 납부하고 그것에 기초하여 의료혜택을 받는 것이므로 자조적인 의료보장제도이다. 일정기간 동안 보험에 가입한 사람 중에서 그 일부만이 의료를 필요로 하게 되므로 보험에 가입한 사람들 전체가 의료를 필요로 하는 일부 사람들을 재정적으로 도와주는 결과가 된다. 따라서 의료를 필요로 하는 일부 사람들이 큰 경제적 부담 없이 의료를 받게 된다는 점과 의료의 필요는 예측할 수 없는 것이므로 그것이 갑자기 필요해질 경우 일시에 많은 비용을 부담하지 않아도 된다는 점에서

11) 공적 의료보험을 의미하는 용어로 'Social Health Insurance' 또는 'Public Health Insurance' 등과 같이 사용된다.
12) 김병환 외. 『건강보험의 이론과 실제』, (계축문화사, 2007), p. 69.
13) 〈표 11-1〉 참조.

착안한 제도이다.[14)]

일반적으로 의료보험과 의료보호를 의료보장제도라고 부르고 있으나 보다 개념을 넓게 잡으면 임금근로자에 대한 산재보험제도를 여기에 포함시키는 견해도 있다.[15)]

의료보험의 방식은 앞서 설명한 OECD에서 구분하고 있는 국민의료보험(NHI)으로 이해할 수 있다. NHI 방식은 의료비에 대한 국민의 자기 책임의식을 견지하되 이를 사회화하여 정부기관이 아닌 보험자가 보험료로 재원을 마련하여 의료를 보장하는 방식으로 비스마르크방식이라고도 한다. 이때 정부는 대체로 후견적 지원과 감독을 행하게 된다. 독일의 비스마르크가 창시한 이래 독일, 프랑스, 일본, 우리나라 등이 이와 같은 방식을 취하고 있다. NHI 방식을 채택하고 있는 나라에서는 조합원이 대표 의결기구를 통해 건강보험운영에 관한 의사결정에 참여함으로써 제도운영의 민주성을 기할 수 있고, 국민의 비용의식이 강하게 작용하며, 상대적으로 양질의 의료를 제공할 수 있다는 장점이 있다.[16)]

의료보험제도의 가입대상은 전국민이며 근로자, 공무원, 자영업자 등으로 구성된다. 급여의 내용은 치료 중심적인 것들로 현금급여와 더불어 의료서비스 등의 현물급여로 구성된다. 전달체계는 수요자인 가입자를 관리하는 관리체계와 의료서비스제공자를 관리하는 의료서비스공급체계로 나누어진다. 보험가입자의 관리는 조합이나 공단과 같은 별도의 조직을 통해 하게 되며, 의료서비스의 공급은 주로 민간 의료기관에 의해 이루어진다. 재정은 사용자와 가입자가 절반씩 부담하는 보험료로 충당하며, 부분적으로 국고의 지원을 받기도 한다.

(2) 의료보호(Medical Aid)

저소득층에 대한 국가의 지원제도인 공공부조의 일종으로 수급권자

14) 문재우 외. 앞의 책 p. 165.
15) 문옥륜 외, 앞의 책 p. 19.
16) 김병환 외. 앞의 책 p. 70.

에게 의료적 욕구의 충족을 위해 무상으로 의료서비스를 제공하는 제도를 말한다. 대표적으로 우리나라의 의료급여와 함께 미국의 메디케이드(medicaid) 등이 이에 해당한다. 일반적으로 미국의 의료보장체계는 민간의료보험이 주류를 이루고 있지만, 65세 이상의 노인과 장애인 그리고 빈민을 위한 일종의 의료보험(medicare)이 존재하고 있다.[17)]

의료보호 제도의 대상자는 저소득층, 노인, 장애인 등이며 급여체계는 무상의료서비스를 그 내용으로 한다. 전달체계는 지방자치단체가 수급권자를 관리하며 의료서비스의 공급도 보건소 등 공공의료기관이나 특정한 진료기관을 통해 이루어진다. 재정은 주로 조세를 통한 일반예산으로 충당한다.

의료보험제도는 자신이 납부한 보험료에 기초하여 의료혜택의 권리가 발생되는 것임에 비해, 의료보호제도는 국가가 무상으로 제공하는 시혜적 성격으로 수급권자에게 낙인감이 발생되거나 차별대우를 받게 될 우려가 있다.

(3) 국가의료서비스(NHS)

의료에 대한 사회보장 정책의 형태는 그 사회의 이념적 지향이나 사회보장정책의 기본방향에 따라 각기 다르게 나타난다. 즉, 의료에 대한 개인책임 또는 사회책임의 인식방향, 국가의 개입정도, 사회적 연대책임의 방법 등에 따라서 의료에 대한 사회보장 정책의 형태가 다양하게 나타나고 있다. 자유주의 이념을 강조하는 자본주의국가에서는 의료문제에 대해서도 국가의 개입을 가급적 회피하는 것을 사회보장정책의 기조로 삼고 있다. 한편 과거 평등주의 이념을 강조하는 사회주의국가들에서는 의료문제에 대해 국가가 전면적으로 개입하여 모든 국민에게 보편적인 의료서비스를 제공하는 것을 정책의 기조로 삼았었다. 이념적 지향에 있어 이와 같은 양 극단적 형태의 중간에 여러 가지 변형된 형태의 의료보장방식이 존재한다.[18)]

17) 최인덕. 2006. "외국의 민간의료보험정책 Ⅰ: 미국의 Medigap 정책". 『건강보험포럼』 5권 제 2호. 국민건강보험공단 건강보험연구원, pp. 103-115.

영국, 스웨덴 그리고 이탈리아 등은 사회주의 국가라 할 수는 없지만 이른바 국가의료서비스(NHS)를 통해 모든 국민들에게 보편적 의료를 보장하고 있다. NHS 방식은 국민의 의료 문제는 국가가 책임져야 한다는 관점에서 보험료의 형태로 재원을 마련하여 모든 국민에게 거의 무상으로 의료를 제공하는 방식이다. 일명 베버리지방식이라고도 불리는 NHS방식의 특징은 재정에 있어 사회보험방식과 유사하지만 의료공급을 국가가 직접 관장한다는 점에서 사회보험방식과 다르다.

NHS 방식을 채택하고 있는 나라에서는 소득수준에 관계없이 모든 국민에게 보편적으로 균등한 의료를 보장하고 있다. 여기서는 예방 중심적이며 포괄적인 의료서비스가 제공된다.

전달체계를 살펴보면 보험가입자의 관리는 정부에 의해 이루어지며, 의료기관의 상당부분이 사회화 내지 국유화되어 있어 의료서비스제공은 국가에 의해 고용된 의사들에 의해 이루어진다. 재정은 사회보장세의 형태로 부과되는 보험료로 충당된다.

(4) 공중보건서비스(Public Health Service)

공중보건서비스는 주로 지방자치단체의 책임 하에 지역주민을 대상으로 건강증진, 질병 예방, 방역 등 포괄적인 서비스로 이루어진다. 전달체계를 살펴보면 보건소나 보건지소 등을 통해 대상자의 관리나 의료서비스의 제공이 이루어지며, 재정은 조세를 재원으로 하는 지방자치단체의 일반예산으로 운용된다.

2) 사적 의료보장제도

(1) 민간의료보험(Private Health Insurance)

전 국민에 대한 의료보장제도라는 측면에서는 민간의료보험도 의료보장제도에 포함될 수 있다. 실제로 민간보험은 손해보험형 또는 생명보험형 그리고 실재손실보상방식 또는 정액보상방식 등 다양한 형태로

18) 이두호 외. 앞의 책 p. 208.

존재하고 있다. 국가에 따라서는 '의료보장'의 개념 차이가 있을 수 있는데 우리나라의 경우 '전 국민에 대한' 의료제도라는 의미보다는 '국가가 책임지는' 의료제도라는 의미가 강해서 민간의료보험은 의료보장제도에서 제외시키고 있다.[19] 독일의 경우 일정수준 이상의 소득이 있는 국민에 대해 의료보험의 가입이 강제되지 않아 민간의료보험이나 사회보험 중에서 선택적으로 가입할 수 있다. 이 경우 의료보장제도의 범위를 어디까지로 볼 것인가에 대한 의문을 제기할 수 있다.[20]

미국의 경우 현금급여나 현물급여에 있어 국가적 차원의 보편적 프로그램은 없다. 다만, 공공부조대상자와 연금수급자를 대상으로 한 메디케어(medicare)와 메디케이드(medicaid)만이 국가프로그램으로 운영되고 있고, 민간보험체계가 매우 발달되어 있다. 이렇듯 미국은 국가의 공적 의료보장체계가 구축되지 못한 거의 유일한 선진자본주의 국가라고 평가된다. 미국의 사회보장체계의 기초를 마련한 1935년 사회보장법 수립과정에서 의료보험안은 시행계획안에 포함되었지만 의사집단의 강력한 반발로 사회보장법체계 안에 포괄되지 못하였으며, 1965년 대빈곤전쟁(War on Poverty) 과정 중에 도입된 메디케어와 메디케이드만이 공공의료보장체계로 나타나고 있다. 메디케어는 노령연금수급자들을 대상으로 하며, 메디케이드는 주로 공공부조 수혜대상인 극빈자들을 대상으로 하는 프로그램이다. 따라서 대부분의 미국인들은 민간부문의 의료보험체계를 이용할 수밖에 없다. 그 결과 미국 의료보장체계에서 나타나는 특징 중 하나는 기업 복지(fringe benefit)의 차원에서 고용주가 피고용자들의 의료보험을 민간부문 의료보험체계와 계약 하에 제공하는 경우가 많다는 것이다.

나아가 민간부문에서도 민간보험회사뿐 아니라, HMO(Health Maintenance Organization와 같은 독특한 형태의 민간보험조직들이 최근 확대되는 경향을 보이고 있다. HMO는 1945년 가입시 선정한 지정의사에게

19) 문옥륜. 앞의 책 p. 20.
20) 문옥륜. 위의 책 p. 20.

일정액을 지불하고 포괄적 의료서비스를 제공하는 회원의 건강유지를 목적으로 하는 조직이었으나 1970년대 의료비 억제를 위해 이용자의 의료서비스 선택을 제한하는 방식으로 바뀌었다.

HMO회원은 HMO가 지정한 의료기관에서만 의료서비스를 받을 수 있으며 타기관에서 진료를 받으면 보험금은 지급하지 않는다. 최근 HMO가 확대되는 이유는 막대한 의료부담 때문이다. 기존의 민간보험 회사와 달리 HMO에 가입된 피보험자는 자유롭게 의사를 선택할 수 있는 권한을 갖는 것이 아니라 HMO에 가입된 의사들 중에서 의사를 선택해야 한다. 의사는 HMO로부터 환자 수에 기초하여 결제(capital fee)를 받거나 봉급을 받기 때문에 환자는 불필요한 입원이나 의료서비스를 제공받게 된다.[21)]

(2) 의료저축계정(MSA)

또 다른 사적 의료보장제도로 싱가포르의 의료저축계정(MSA: Medical Savings Account)은 정부가 강제하는 개인 소유 계좌로서 개인과 가족의 의료비 지출로만 사용하도록 용도를 제한하는 저축이다.[22)] 따라서 엄밀한 의미로 공공자금이 아니며 민간재원을 정부가 큰 틀에서 관리·통제하는 것이다. 주로 외래 및 입원 중 발생확률이 높은 일반 진료비에 대비하기 위한 용도로 사용되며 1984년 처음 시작되었다.[23)] 싱가포르 등에서 시행되는 이 제도는 각자가 강제적으로 일정액을 저축하고 질병에 걸릴 경우 그 계정에서 의료비를 부담하는 방식이다. 만약 의료비를 사용하지 않았다면 그 비용을 다른 목적에 사용할 수 있도록 한 제도이다. 이를 통해 개인들에게 의료비를 절감하기 위한 유인책을 줄 수 있다는 장점이 있다.

---

21) Gordon. 1988. 김진구 외. 2006. 『사회보장론』. 나남출판. pp. 180-182 재인용.
22) 양봉민 외. 1999, "재원조달 방식으로서의 MSA(Medical Savings Accounts)에 대한 고찰". 『보건경제연구』, 한국보건경제학회. 제5권, pp. 44-60.
23) 최기준 외. 2006. 『2006년 외국의 보건의료체계와 의료보장제도 연구』, 국민건강보험공단 건강보험연구원, pp. 347-442.

〈표 11-1〉 의료보장제도의 유형과 특징

	유 형	대상자 (수급자)	급여체계	전달체계	재 정
공적제도	의료보험 (독일, 한국)	보험가입자	치료 중심적 현물 급여 현금 급여	공단: 가입자 관리 민간의료 공급	보험료, 일부 국고지원
	의료보호 (한국, 미국)	저소득층	무상의료서비스 제공	지자체: 수급자 관리 진료지정 병원	조세
	NHS (영국, 스웨덴)	전 국민	예방 중심적 포괄적인 의료 서비스	국가에 의한 가입자관리 및 의료공급	보험료, 조세
	공중보건서비스 (한국 등)	전 국민	건강증진, 질병예방, 치료	지자체(보건소) 공중보건의사	조 세
사적제도	민간의료보험 (미국)	보험가입자	제3자 지불없이 현금으로 지급	HMO: 가입자 관리 민간의료 기관	가입자 또는 고용주의 보험료
	MSA (싱가포르)	MSA 제도 가입자	의료이용 시 97% 본인부담	금융회사: 가입자관리 민간의료기관	3가지 개인 저축구좌
기타	의료구호	노숙자, 소외 계층	무상의료, 응급 의료	정부(지자체) 및 민간	국가예산, 민간재원

그러나 이 제도는 사회보장제도의 기본목표인 소득재분배나 공동체적 위험분산의 효과를 충분히 발휘하기 어렵다. 또한 단지 재정적인 대책일 뿐, 의료의 이용에 따르는 정보의 비대칭문제에 대한 대책은 전혀 없다.

3) 의료구호(Emergency Care)

의료보장제도의 마지막 유형으로 의료구호제도를 살펴볼 수 있다. 모든 국가가 공적 의료보장제도의 특징을 완벽히 갖출 수 없기 때문에 부분적으로는 노숙자 및 행려자 등에 대한 의료사각지대가 존재할 수 있다. 이와 같은 계층들에게 긴급한 의료서비스를 제공하기 위하여 지방자치단체를 중심으로 운영되는 의료보장제도가 의료구호라고 할 수 있다.

우리나라의 경우 지난 1997년 외환위기 이후 노숙자들을 위한 의료구호제도가 시행되었다. 이는 주거의 불안정으로 인해 건강보험이나 공공부조(의료급여)의 대상이 되기 어려운 이들을 위해 중앙정부와 지방자치단체에서 재정을 마련해 지원하는 제도이다.

미국의 경우에는 공적 의료보장제도의 형태가 아닌, 민간에서 자발적으로 이루어지는 사적 의료보장제도의 형태로 의료구호제도가 시행된다. 또한 국제 사회에서 재난이 발생하거나 의료 서비스의 도움이 절실히 필요한 상황이 발생할 경우 다양한 형태의 의료서비스 제공이나 의료자원봉사활동 역시 의료구호의 형태로 볼 수 있다.

제 3 절 우리나라 의료보장의 현황

1. 우리나라 의료보장체계

이 장에서는 우리나라의 의료보장제도를 무엇으로 볼 것인가에 초점을 두고 살펴보고자 한다. 여기서는 아래의 〈표 11-2〉에서와 같이 우리나라의 의료보장제도를 크게 4가지로 구분하여 파악한다. 즉, 보험가입자들에게 질병, 부상 등의 사고가 발생한 경우에 요양 또는 요양비를 급여로 제공하는 의료보험인 국민건강보험과 저소득층에 대하여 국가가 무료로 진료를 제공하는 의료보호(medical aid)인 의료급여 그리고 비용의 전부를 국가가 부담하며 급여의 범위도 치료 뿐만 아니라 예방이나 건강증진도 포함하는 공공보건서비스(public health service) 등이다.[24] 이외에도 의료구호(emergency care)도 의료보장제도에 포함되어야 한다.

24) 신섭중. 『사회보장정책론』, (대학출판사, 1996), p. 221.

〈표 11-2〉 우리나라의 의료보장제도

	건강보험	의료급여	공공보건서비스	의료구호
수혜계층	근로자 및 자영자	빈곤층 (공공부조수급권자)	지역주민	노숙자 소외계층
관리운영 주체	국민건강보험공단	국민건강보험공단 지자체	보건소, 보건지소, 보건진료소	지자체
주요목표	진료	진료	1차 진료, 예방, 방역	긴급치료
재원	보험료, 국고보조, 본인부담	국고 및 지자체 출연금	국고 및 지자체 출연금 농어촌 특별기금	국가예산
의료공급자	지정 의료기관	지정 의료기관	공중보건의, 보건진료원, 간호사	지정의료 기관

우리나라는 2006년 기준으로 전 국민의 약 96.3%가 의료보험의 적용을 받고 있으며 약 3.7%가 의료급여 대상자이다.[25] 공공보건서비스는 모든 국민을 대상으로 하고, 의료구호는 노숙자, 행려자 등 사각지대에 있는 일부 취약 계층을 대상으로 한다. 우리나라 의료보장체계(Health Care System)의 구조를 도식화하면 [그림 11-2]와 같다.

2. 건강보험

1) 기본원리

건강보험은 사회보험으로서 질병 시에 필요한 의료서비스의 제공과 결손된 소득의 보충을 위하여 보험방식으로 대비하는 의료보장제도이다. 일반적으로 사람들은 각자가 직면하게 될 질병에 대하여 발생 시점이나 그에 따르는 위험의 크기를 예측할 수 없으므로, 질병의 평균적인 발생확률과 그에 따른 비용의 크기를 예상하여 각 시점에서 각자가 기

25) 국민건강보험공단. 통계정보시스템(http://www.nhic.or.kr) 참고.

대비용(보험료)만을 부담하면 충분한 보상을 받을 수 있다. 이것이 위험분산의 원리이다. 민간보험에서는 단지 위험의 크기와 확률에 따라 보험료를 부담하는 이른바 수지상응(equivalent)의 원리가 적용되지만, 사회보험에서는 소득의 크기에 따라 보험료를 다르게 부담하는 능력에 따른 부담의 원칙이 적용되기 때문에 소득재분배 효과를 갖게 된다.

[그림 11-2] 우리나라 의료보장체계(Health Care System)

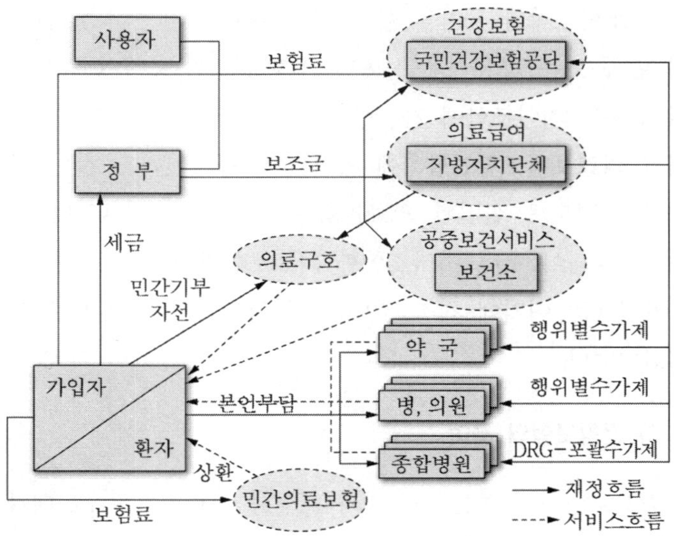

사회보험에서는 위험분산의 원리와 소득재분배의 원칙이 밀접한 관계를 갖게 되는데, 어느 한 시점에서 보면 의료보험을 통하여 고소득자로부터 저소득자에게로 또는 진료를 적게 받는 사람들로부터 진료를 많이 받는 사람에게로 소득재분배효과가 발생되지만 이것은 결국 모든 사람들을 위한 위험분산 제도로서 작용하게 된다. 즉, 인간의 생애주기(life cycle)를 살펴보면 어려서는 부양을 받아야 하고 젊어서는 건강하고 장년기에는 소득이 많으나 노년기에는 소득도 줄고 질병에 걸릴 가능성(morbidity)도 높아진다. 모든 인간들이 이러한 인생의 주기를 거치게 되지만 어느 한 시점에서 볼 때 각 개인은 다른 단계에 있게 되므로 서로 위험을 분산할 수 있게 되는 것이다.

2) 수혜대상자 및 관리기구

건강보험의 수혜대상자는 원칙적으로는 일정한 소득이 있어 보험료를 스스로 부담할 수 있는 모든 국민이다. 2006년 우리나라의 건강보험 가입자는 총 4천7백만 명으로 직장가입자(50%), 공·교가입자(10%) 그리고 지역가입자(40%)로 구분할 수 있다.[26] 건강보험 가입자의 관리와 보험조직의 운영을 살펴보면 1998년까지는 직장근로자는 각 직장에 단독 또는 공동으로 설치된 직장조합에, 농어민과 도시지역 자영자의 경우는 지역조합에 가입했었다. 직장조합과 지역조합은 다시 상급단체인 의료보험조합연합회에 속하였다. 공무원과 교사 등의 특수직역종사자는 별도로 설립된 의료보험관리공단에 가입했었다. 이와 같이 분리·운영되어 오던 지역조합과 의료보험관리공단이 1998년 통합되었고 2001년에는 여기에 직장조합이 통합됨으로써 국민건강보험공단으로 단일화되었다.

3) 건강보험의 급여

건강보험의 급여는 가입자가 보험료를 납입하고 그 대가로 건강보험으로부터 받게 되는 혜택을 의미하는데 크게 보면 〈표 11-3〉에서와 같이 현물급여와 현금급여로 구분된다.[27] 현물급여는 실제로 약품이나 보조기구 등을 주는 것도 있지만 주로 진찰, 처치, 재활, 입원 등과 같은 의료서비스를 말한다. 현금급여는 질병으로 인한 소득의 상실이나 예외적으로 환자가 직접 부담한 진료비를 보상해 주는 것이다. 우리나라의 경우 질병으로 인하여 가입자가 근로를 하지 못하여 소득을 얻지 못하는 경우에 지급하는 상병수당은 아직 없지만, 요양비, 본인부담금

26) 이재용·김창엽. 2007. 『2006 건강보험 통계연보』. 국민건강보험공단, pp. 6-7.
27) 공적 의료보험은 현물급여 방식을 중심으로 하지만, 민간 의료보험에서는 환자가 직접 진료비를 지불하고 보험에서는 그 비용을 보상해 주는 이른바 상환방식(reimbursement)을 주로 적용한다.

상환금 그리고 분만비 등의 현금급여는 지급된다.[28)]

〈표 11-3〉 건강보험의 급여 종류

급여의 종류		비고
현물급여	요양급여 건강검진	법정급여 법정급여
현금급여	요양비 장애인보장구급여비	법정급여 법정급여
	본인부담액 보상금	임의급여

자료: 이인재 외. 2006. 『사회보장론』. 나남, p. 329 참조하여 재구성

본인부담 상한제의 경우 2007년 7월 1일부터 확대 시행되는 것으로 진료기간 6개월 동안 발생한 건강보험적용 항목 중 본인부담액이 200만 원을 넘었을 경우 본인은 200만 원까지만 병원에 납부하고 나머지 금액 전부를 국민건강보험공단에서 부담하는 제도이다.[29)]

또한 급여는 법적으로 규정되어 건강보험에서 무료로 제공되는 법정급여와 보험관리기구의 보험재정 상태에 따라 제공하게 되는 임의급여(부가급여)로 구분된다. 법정급여의 범위가 포괄적일수록 가입자가 받는 혜택은 많아지나, 민간의료보험의 활동영역이 축소되는 이른바 구축효과(crowding effect)가 커진다.

4) 재원

건강보험의 재정은 보험료 수입, 국고보조금 그리고 담배부담금 등을 통하여 조달된다. 우리나라 건강보험의 재원을 정리하면 〈표 11-4〉와 같이 나타난다.

---

28) 장제비의 경우 2008년 1월 1일부터 폐지되었다.
29) 국민건강보험공단, 의료이용가이드, 인터넷(http://www.nhic.or.kr) 참고.

〈표 11-4〉 재원조달체계(2008년 기준)

<table>
<tr><th colspan="2">구 분</th><th>직장 근로자</th><th>농·어민·도시 자영자</th></tr>
<tr><td rowspan="3">재원조달</td><td>보험료</td><td>-보수월액의 5.08%
-사용자, 근로자가 각 50%씩 부담
-사용자가 원천징수하여 공단에 납부
-교직원은 본인, 학교경영자, 정부가 각 50%, 30%, 20%씩 부담</td><td>-소득, 재산(자동차 포함)의 등급별 적용점수를 합산한 보험료부과점수에 점수당 단가를 곱한 금액
-세대주가 자진납부 또는 보험자가 방문 징수</td></tr>
<tr><td>정부지원</td><td colspan="2">당해연도 보험료 예상수입액의 14%</td></tr>
<tr><td>담배부담금</td><td colspan="2">당해연도 보험료 예상수입액의 6%(단, 부담금 예상수입액의 65% 이내)</td></tr>
</table>

(1) 보험료

보험료는 직장근로자의 경우에는 근로자와 사용자가 절반 씩 분담하지만 지역가입자인 자영업자의 경우에는 전액을 단독으로 부담하게 된다. 건강보험은 가입이 강제되는 사회보험이므로 가입자는 보험료를 납부해야 하는 의무가 있으며 자발적으로 납부하지 않으면 조세와 같이 강제로 징수하게 된다.

현재 직장근로자의 보험료율은 근로자가 받는 표준보수월액의 2~8%를 부담하도록 하고 있다. 지역가입자의 경우는 대개가 자영업을 하는 사람들로서 그 소득을 파악하기 어려워 소득이외의 요소를 반영하여 보험료를 산정하는데, 이는 세대와 가족 수를 반영하는 기본보험료와 소득, 재산 및 자동차 등에 따라 달라지는 능력비례보험료로 구성된다.

직장가입자는 단지 소득에만 부과되지만 지역가입자는 가구 당 기본보험료나 가족 수에 따라 보험료를 납부하므로 형평성 문제가 제기되었다. 그리고 세대와 가족 수에 부과되는 기본보험료는 일종의 인두세로서 능력에 따른 부담의 원칙에 위배되어 소득분배의 역진성도 문제가 되고 있다. 그러나 소득이 정확하게 파악되지 않는 지역가입자 중에서는 직장가입자와 동일한 소득이지만 실제로 부담하는 보험료는 상대적으로 낮은 경우도 있을 수 있다.

2000년 의료보험이 통합되어 동일한 재산과 소득에 대하여 전국적으로 단일한 보험료를 부과하게 됨으로써 동일한 소득과 재산을 가지고 있어도 조합의 재정 상태에 따라 지역가입자의 보험료 부담이 달라지는 문제는 해소되었다.

한편, 우리나라 국민들의 건강보험료 부담수준이 선진국의 1/2에서 1/4수준에 불과하기 때문에 의료공급자들에 돌아가는 진료수가도 낮게 책정될 수밖에 없으며, 건강보험급여에서 제공하는 급여의 범위도 제한적일 수밖에 없고,[30] 낮은 수가 구조로 인하여 의료공급자의 진료행태가 왜곡되고 비급여 부문이 확대되어 환자들의 실질적인 부담이 커지고 있다는 문제점이 남아 있다.

(2) 국고보조

지역의료보험에 소요되는 재원은 주민이 부담하는 보험료와 국고보조로 조달하고 있다. 국가의 보조금은 농어민 등의 보험료 부담을 경감시켜 주고, 지역의료보험의 재정안정을 도모하기 위한 것이다. 지역조합에 대한 국고보조는 본래 국가가 담당해야 할 사회보험 관리업무를 조합이 대신 수행하고 있으므로 그에 따르는 비용을 국가가 부담한다는 것과 직장근로자나 공무원의 경우 사용자가 보험료의 절반을 분담하지만 자영업자의 경우는 단독으로 부담하기 때문에 임금근로자와 자영자간의 형평성을 고려한다는 취지로도 이해 될 수 있다.

국고부담금은 해당 년도의 보험급여 추계액과 관리운영 소요액을 기준으로 총 재정규모를 산정한 다음, 관리운영비와 보험급여비의 일부를 조합별로 지원하고 있다. 1988년 농어촌의료보험을 시행할 때 정부가 지역의료보험 소요재정의 절반을 부담한다는 약속에 따라 초기에는 50%를 지원하였으나 그 후 지속적으로 감소하여 1998년에는 28.2%(1조 759억원), 그리고 2000년에는 26.1%[31], 2004년에는 25.1%에 머물

30) 김연명. "의료보험통합의 성과, 쟁점 그리고 미래". 『한국사회복지의 현황과 쟁점』. (인간과 복지, 2000), pp. 119-120.

렀다.[32]

2007년부터는 당해연도 보험료 예상수입액의 14%는 정부지원으로, 6%는 담배부담금으로 마련된 건강증진기금에서 지원하고 있다.

국고지원의 문제는 단지 조합의 재정 상태에 따라 보조금을 지원하기 때문에 영세사업자는 물론 고소득 가입자에게도 정부가 보험료를 지원해 주는 효과가 발생하고 있다는 것이다.[33]

(3) 본인부담금

사회보험인 건강보험에서 급여는 무료로 제공되는 것이 원칙이지만 우리나라에서는 1977년 직장의료보험의 도입 당시부터 진료비 부담에 따른 재정압박을 우려해 급여비용의 일부를 환자가 부담하도록 하였다. MRI 및 CT 같은 고가의료장비와 지정 진료 및 상급병실료 차액 등이 급여항목에서 제외되었다. 이중 CT는 1996년 1월 1일부터 건강보험으로 급여혜택을 받을 수 있게 되었고, 2006년 6월부터 입원환자의 식대에 대하여 건강보험이 적용되었다. 건강보험의 급여항목에 포함되지 않은 비급여 항목은 환자가 전액을 부담하고, 급여비의 일부만을 지불하는 경우는 그 차액을 부담하게 된다.

또한, 〈표 11-5〉에서 보는 것과 같이 입원진료는 의료기관 종류별로 지역별 차이 없이 총 진료비의 20%를 본인이 부담하고 있다. 하지만 외래진료는 동네 병·의원을 이용하는 경우 대형병원을 이용할 때 보다 본인부담이 적어지며, 도시지역보다는 농어촌지역에서 본인부담이 적으며, 고령자(65세 이상)의 경우 또한 본인부담이 적어진다.[34]

---

31) 국민건강보험공단, 보험재정 및 대책, 2000.10.

32) 국민건강보험공단. 2005. 『국민건강보험재정건전화 특별법 이후의 재정안정화 방안』, p. 14.

33) 최병호. 1995. 『지역의료보험 국고지원방식의 평가와 개선방안』. 한국보건사회연구원, 연구보고서 pp. 95-17.

34) 국민건강보험공단, 의료이용가이드, 인터넷(http://www.nhic.or.kr)

〈표 11-5〉 건강보험의 본인부담(2008년)

		외래 진료	입원 진료
종합전문요양기관		진찰료 + 진찰료 외 진료비 50%	총 진료비의 20%
종합병원	동	총 진료비의 50%	
	읍·면	총 진료비의 45%	
병원	동	총 진료비의 40%	
	읍·면	총 진료비의 35%	
의원		총 진료비의 30%	

자료: 국민건강보험공단. 『국민건강보험법 시행령(2008)』에서 재구성

2006년 건강보험 환자들의 평균 본인부담률은 총 진료비의 35.7%로 추정되며, 외래진료의 경우 40.2% 그리고 입원진료의 경우 35.9%를 환자가 직접 부담하고 있다(〈표 11-6〉 참조).

〈표 11-6〉 건강보험의 보험자부담과 환자본인부담 비율 추정(2006)

(단위: %)

구분	총진료비	보험자부담	환자본인부담		
			소계	법정 본인부담	비급여 본인부담
총계	100.0	64.3	35.7	22.4	13.3
입원	100.0	64.1	35.9	14.2	21.7
외래	100.0	59.8	40.2	25.4	14.8

자료: 국민건강보험공단. 『2006년도 건강보험환자의 본인부담 진료비 실태조사』에서 재구성

결국 〈표 11-7〉에서 볼 수 있듯이 우리나라의 건강보험 실효보험요율은 다른 OECD회원국들에 비해 상당히 낮아서, 고액진료비로 인한 가정의 파탄이 초래되는 등 의료보장의 취지를 충분히 달성하지 못하고 있는 것으로 드러나고 있다.[35] 덧붙여 2007년 보건복지부 자료에 의하면 한국의 경우 보험료율은 2006년 기준, 4.48%, 급여율은 61.8%로 증가하였으나 여전히 주요 OECD 국가의 수준에 미치지 못하는 것

35) 한 설문조사에서는 응답자의 78.3%가 건강보험의 본인부담이 과중하다고 하였다. 참고, 김창엽. "건강보험의 과제: 보장성강화", 『복지동향』, 제23호. 2000.8. p. 27.

으로 분석할 수 있다.

〈표 11-7〉 주요 OECD 국가의 보험료율 및 급여율

(단위: %)

구분	일본	프랑스	독일	네덜란드	한국
보험료율	8.5	13.5	14	17.6	3.94
급여율	88	73	91	76	52

자료: 보건복지부. 보건복지백서. 2003

(4) 의료수가 및 진료비 지불제도

개별 의료행위에 대한 가격이라고 할 수 있는 의료수가는 지금까지는 정부가 물가상승률 등을 고려하여 결정하고 고시해 왔다.[36] 각 의사들이 받게 되는 진료비의 총액은 행위별수가제(fee for services)에 의하여 결정되는데 개별 의료행위의 수가에 각 의사들이 진료한 총진료량을 단순히 곱하여 산출한다.

현행 행위별수가제도 하에서는 의료서비스 제공량의 증대유인을 의료기관에 줌으로써 급격한 진료량 증가와 이에 따른 의료비용의 상승이 가속화되는 요인이 되었다. 또한 의료 서비스 공급형태의 왜곡, 수가관리의 어려움 그리고 의료기관의 경영효율화 유인장치 미비 등 많은 문제점들이 나타나고 있다.

이에 대한 해결방안으로 DRG(diagnosis related group)로 부르는 질병군별 포괄수가제도[37]를 도입하게 되었다. DRG분류체계에서는 모든 입원환자들이 주진단명, 기타진단명, 수술처치명, 연령, 성별, 진료결과 등에 따라 진료내용이 유사한 질병군으로 분류되는데 이때 하나의 입원환자 분류군을 DRG라고 부른다.[38] 5년간의 시범사업을 거쳐 2002년

36) 최근 제정된 『국민건강보험법』 제42조에서는 수가를 공단의 대표와 의료계의 대표 간의 협상을 통하여 결정하도록 하는 이른바 요양급여비용의 계약을 규정하고 있다.
37) 개별진료행위를 진단과 관련된 집단으로 묶어 진료비를 일괄 지불하는 방식.
38) 이용갑. 2003. "포괄수가제(DRG)의 도입과 보건의료 개혁" 『한국사회복지정책학회』 2003년 후기 학술대회. p. 235.

1월 1일부터 환자가 분만 등으로 입원할 경우 퇴원할 때까지의 진료받은 진찰, 검사, 수술, 주사 투약 등 진료의 종류나 양에 관계없이 요양기관별 종별(종합병원, 병원, 의원) 및 입원일수별로 미리 정해진 일정액의 진료비만을 건강보험에서 지불하는 제도로 시행되고 있다.

포괄수가제도의 도입을 통해 수가제도가 크게 변화하여 의료공급자 및 의료이용자뿐만 아니라 보험자에게도 많은 영향을 주게 되며, 진료비 심사 지급 등에 큰 변화가 초래될 것으로 기대하였다. 그러나 병원측이 DRG의 건수를 늘리고 건당 소요비용을 줄이기 위하여 건당 자원 및 시간의 투입을 감소시켜 의료서비스의 질이 저하되고 환자들의 만족도는 낮아지는 문제도 있다.[39)]

3. 의료급여(Medical Aid)

1) 제도의 발전 과정

의료급여는 공공부조제도의 일부로서 빈곤층에게 국가가 무료로 진료를 제공하는 의료보장제도이다. 다른 나라에서는 빈민만을 위한 특별한 의료보장제도가 없으며,[40)] 우리나라의 의료급여제도는 미국의 메디케이드(medicaid)와 흡사하다고 할 수 있다.

우리나라에서는 생활보호사업의 일환으로 1969년부터 빈곤층에 대하여 무료진료증을 발급하였다. 1977년 의료보험이 직장근로자들을 중심으로 도입될 때, 생활능력이 없어 의료보험에 가입하지 못하는 영세민을 위한 독자적인 의료보장제도로서 의료보호가 도입되었다.

그러나 의료보호제도에 대한 여러 문제가 제기됨에 따라 개선책으로 『의료보호법』을 개정하여 의료급여제도로 전환되었다. 2001년 10월 1부터는 시·군·구에서 자체적으로 의료급여증을 발급하고 있다. 시장·

39) 김진현. 2002. "DRG 지불제도 시범사업의 재평가: 평가방법론을 중심으로" 『보건경제연구』 제8권 제1호, pp. 59-90.

40) 김영모. 『현대사회보장론』. (한국사회복지정책연구소 출판부, 1999), p. 251.

군수・구청장의 업무 중 급여비용 지급, 요양비, 장애인 보장구 지급업무 등을 건강보험공단에 위탁하고 매월 20일까지 월별 예탁금 결정액을 건강보험공단에 예탁한다. 본인부담금환급금과 대불금은 현행대로 시・군・구에서 지급하게 되므로 시・군・구는 시・도로부터 해당 기금을 교부 받아 수급권자 및 의료급여기관에 지급한다.

2) 의료급여 수급권자

의료급여 수급권자는 〈표 11-8〉에서와 같이 두 종류로 구분된다. 1종 수급권자는 국민기초생활보장법에 의한 수급자 중 근로능력이 없는 자 만으로 구성된 세대의 구성원, 이재민, 의상자 및 의사자의 유족, 국내에 입양된 18세 미만의 아동, 국가유공자, 무형문화재, 북한이탈주민, 보호시설에서 급여를 받고 있는 자, 보건복지부 장관이 정하는 희귀난치성 질환자 또는 그가 속한 세대의 구성원 등이고, 2종 수급권자는 국민기초생활보장법상 수급자 중 1종 수급권자에 해당하지 않는 자이다.[41]

의료급여 수급권자의 진료비 본인부담에 있어 보호대상자별로 차이가 있다. 2007년 7월 1일부터는 새로운 의료급여제도가 시행되고 있는데, 주된 특징으로 1종 수급권자의 외래진료 시 본인부담금 도입 및 건강생활유지비 지원과 선택병의원제 도입이 있다. 건강생활유지비는 수급권자의 의료이용을 억제하려고 2007년부터 도입하였는데, 이는 의료이용 시 본인부담 비용을 충당하도록 한 것으로 의료를 이용하지 않으면 그 금액을 다른 목적으로 사용할 수 있다.

41) 보건복지부. 2006. 『의료급여사업안내』.

〈표 11-8〉 의료급여 제도

<table>
<tr><th colspan="2">수급권자 구분</th><th>의료급여 1종</th><th>의료급여 2종</th></tr>
<tr><td rowspan="2">본인부담</td><td>외래</td><td>-1인당 월 6,000천원의 건강생활 유지비 지원(단, 18세 미만, 임산부, 희귀난치성질환자, 장기이식환자 등은 본인부담 면제)
-본인일부부담금
1차 의료기관: 1,000원
2차 의료기관: 1,500원
3차 의료기관: 2,000원
약국: 500원
-CT, MRI 비용의 5%
-본인부담금이 월 2만원 초과 시 그 초과분의 50%, 월 5만원 초과 시 초과분의 전부를 지원함.</td><td>-1차의료기관: 방문 당 1,000원
-2,3차 진료기관: 외래 15%
입원 10%
-약국조제: 처방전 1매당 500원</td></tr>
<tr><td>입원</td><td>-급여 항목 전액무료(기금부담)
-비급여 항목 자부담</td><td>-급여 항목 본인부담: 15%
-비급여 항목 자부담</td></tr>
</table>

자료: 보건복지가족부, 「2010의료급여사업안내」, 2010. 1.

3) 진료체계

의료보호환자는 『의료급여법』 규정에 의하여 시·도 지사가 의료보호대상자수, 의료기관의 분포상황, 교통편의 등을 고려하여 정한 진료지구 내의 1차 진료기관(의원, 보건기관)과 2차 진료기관(병원, 종합병원급)에서 단계적으로 치료를 받고 2차 진료기관에서 치료를 할 수 없는 특수질환의 경우에는 보건복지부장관이 지정한 3차 진료기관(종합전문요양기관)에서 진료를 받도록 하고 있다.

4) 의료급여의 수가

과거에는 의료보험과는 별도로 고시하였으나 의료보호 수가가 의료보험의 그것보다 낮게 책정되어 의료기관 이용시 의료보호환자를 기피하는 현상이 발생하여 자유로운 의료접근이 제한되는 문제가 있어 2000년에 건강보험의 수가와 일치시켰다.

5) 의료급여의 재원

의료보호사업의 재원을 조달하기 위해 각 시·도에 의료보호기금을 설치·운용하고 있으며 이 기금은 국고보조금(서울 80%, 기타 20%), 지방출연금(서울 50%, 기타 20%), 결산잉여금, 기금운영으로 생기는 수익 및 기타 수입으로 조성하도록 하고 있다.

〈표 11-9〉 의료급여의 비용의 국고와 지방비 분담 비율

	서울특별시		광역시		도		
	시	자치구	광역시	자치구	도	시	군
지방비	50%	없음	20%	없음	14~16	6%	4%
국비	50%		80%		80%		
합계	100%		100%		100%		

자료: 보건복지부(2006).

4. 공공보건의료서비스

1) 공공보건의료서비스의 개요

공공보건의료서비스의 개념에 관한 정확한 정의는 발견하기 어렵다. 공공보건의료서비스는 수익성을 추구하는 민간의료기관에서 해결할 수 없는 급성전염병질환의 예방과 치료 그리고 사회취약계층 및 벽지주민의 건강문제를 국가가 보건소 등의 공공의료기관을 통하여 담당하는 것을 의미한다. 최근에는 공공보건의료서비스의 초점이 만성질환의 관리 및 재활사업으로 이동하고 있다.

2) 지역보건의료계획

지역주민의 건강욕구에 부응하는 지역보건의료사업을 개발함으로써 서비스의 질을 향상시키고 주민건강 향상을 도모하기 위하여 기초 및

광역자치단체 수준에서 지역실정에 맞는 보건의료사업에 대한 지역보건의료계획을 수립하도록 하였다. 이 계획의 특징은 보건사업에 대한 각종 계획을 종전의 상의하달방식(top-down)에서 탈피하여 지방자치단체가 주도적으로 계획을 작성한 후 중앙정부의 조정을 거쳐 지방자치단체에서 시행하는 하의상달방식(bottom-up)을 채택하였다는 것에 있다.[42)]

3) 지역보건의료기관

우리나라 지역보건의료기관은 〈표 11-10〉에서와 같이 보건소, 보건지소 그리고 보건진료원 등이 있다. 보건소는 지역주민에 밀착하여 민간의료기관이 제공하지 못하는 비영리적인 공공보건의료서비스를 제공하는 것이 임무이다.[43)] 그동안 보건소는 모자보건과 가족계획, 방역, 예방접종, 결핵 및 나병관리, 저렴한 진료서비스의 제공 등 주민전체를 대상으로 한 여러 가지 사업을 추진해 왔다.[44)]

〈표 11-10〉 지역보건의료기관 현황

(단위: 개)

계	보건소	보건지소	보건진료소
3,442	253	1,288	1,907

자료: 보건복지부. 2008.

42) 지역보건의료계획의 내용에는 지역보건의료계획의 목표, 지역현황과 전망, 지역보건의료기관과 민간의료기관의 기능분담 및 발전방향, 보건소 업무의 추진현황과 추진계획, 지역보건의료기관의 확충 및 정비계획, 지역보건의료와 사회복지사업간의 연계성 확보계획 등이 포함되어 있다(지역보건법시행령 제3조제1항).

43) 세계보건기구는 보건소의 역할에 대하여 ① 보건개발조직으로서의 역할 ② 보건체계와 지역주민간의 접점으로서의 역할 ③ 의료혜택 미비 계층 또는 고위험질병군에 대한 사업 ④ 지역 내 보건의료 활동의 통합·조절 ⑤ 보건의료자원의 합리적 운용 등을 들고 있다. 참고. WHO, Improving the performance of health centers in district Health Systems, WHO technical report series 869. 1997.

44) 장기원 외. 1998.『지역단위 공공보건의료기관 기능 개편방안』.한국보건사회연구원, 정책보고서 98-15, pp. 33-35.

보건지소는 지방자치단체의 조례로 설치할 수 있다. 보건지소에 지소장 1인을 두도록 되어 있는데 공중보건의사가 군 복무의무기간 동안 근무하게 되어 있다. 보건지소의 인력은 5명(공중보건의사, 진료보조원, 보건보조원, 공중보건치과의사, 치과위생사)으로 되어 있으며 보건지소의 업무는 특별히 규정되어 있지 않아 보건소의 업무를 근거로 수행되고 있다.

보건진료소는 농어촌 등 보건의료취약지역에서 보건의료서비스 이용의 접근성을 높이고 포괄적인 일차보건의료서비스 제공을 통한 주민의 건강수준을 향상시키기 위하여 설치되었다. 1차 진료를 전문적으로 담당하는 간호사인 보건진료원이 1명 배치되어 지역에 거주하면서 주민의 건강관리에 일차적인 창구역할을 수행하고 있다. 1인 인력으로 주민의 보건·복지 문제를 일선에서 통합적으로 해결하고 있으므로 자원운용의 효율성이 높다고 할 수 있다.[45)]

4) 공중보건의사의 배치

공중보건의사는 무의촌 지역의 해소와 국민의 의료균점을 통한 보건향상을 목적으로 병역법에 의거 보충역에 편입된 의사, 치과의사, 한의사를 계약직공무원으로 채용하여 각 시·도에 배치하며 의무복무기간은 3년이다. 공중보건의사 제도는 「국민보건의료를위한특별조치법」의 제정으로 1979년도에 시작되었으며, 군 보건소, 읍·면의 보건지소에 배치되거나 직접 지역·도서·벽지 및 의료취약지역의 의료기관 등에 배치되어 지역주민에 대한 보건사업과 진료기능을 수행하고 있다.

5) 공공보건의료서비스의 재정

『보건소법』에서 보건소의 설치비 및 부대비 등의 필요한 경비는 2/3이내에서 국고보조금으로 하고, 매년도 운영비에서 있어서는 1/2이내에서 지원하도록 규정하고 있으며(제9조제2항), 보건복지가족부에서는 이

45) 장기원 외. 위의 책 p. 42.

들 지역에 대한 시설 및 장비보강을 위하여 매년 예산을 지원하고 있다. 특히 1994년에는 우루과이라운드(UR) 타결 이후 열악한 농어촌지역의 보건의료서비스개선을 위하여 신설된 농어촌특별세에서 재원을 마련하고 있다.

6) 보건과 복지의 연계 및 통합의 시도

사회취약계층인 저소득층 주민들의 건강문제는 단순한 질병의 문제라기보다는 복합적인 요인으로 구성되어 있으므로, 이들에게는 포괄적이고 효율적인 보건복지서비스가 필요하다. 따라서 저소득층의 보건문제는 복지서비스와 별개로 분리하여 접근하기가 곤란한 점이 많다. 일상생활을 스스로 하지 못하는 사람에게 질병치료만 한다고 해서 그 사람이 건강해질 수 없기 때문에 공공보건의료서비스와 복지서비스의 연계는 지역주민의 욕구를 효과적으로 충족시키기 위하여 필수적으로 요구된다.[46] 1995년부터 1999년까지 서울 관악구 등 전국 5개 지역(서울 관악구, 대구 달서구, 경기 안산시, 강원 홍천군, 전북 완주군)의 보건소 내에 복지사업담당부서를 신설한 보건복지사무소를 시범사업으로 운영하였다. 종전 읍·면·동에서 개별적으로 수행되던 복지업무가 시·군·구 단위의 보건복지사무소에서 집중 처리됨으로써 생활보호대상자 선정의 공정성 및 지원의 신속성이 제고되고 생활보호대상자 생계비, 노령수당, 자녀학비, 자녀양육비 등 각종 복지급여의 통합지급이 가능해져 대상자의 편익을 도모할 수 있었다. 보건과 복지전문인력 간 업무연계를 통해 복지대상자에 대한 포괄적·효율적인 서비스를 제공할 수 있는 여건이 마련되었다고 평가된다.

7) 방문간호사업

전 국민 의료보험 실시(1989년)이후 국민의 의료 이용이 증대됨에 따라 종합병원에 대한 환자 집중 현상이 일어났으며, 만성퇴행성질환은

46) 이성기 외. 1995.『보건복지사무소 모형개발 및 1차년도 운영 평가』. 한국보건사회연구원. 연구보고서 95-30.

계속 증가하여 입원기간의 장기화로 인하여 입원을 요하는 환자가 적시에 입원치료를 받지 못하는 문제가 발생하였다. 이에 대한 해결방안이 가정간호사업인데, 일차적으로 입원하고 있는 환자 중 가정간호만으로 치료가 가능한 환자에게는 조기 퇴원을 유도하고 주치의의 처방에 의거 환자의 가정 내에서 가정간호를 받도록 하였다.

최근에는 의료비 부담능력이 없는 저소득층 대상자와 지리적으로 접근이 어려운 지역주민에 대해서는 보건소 중심의 방문간호 사업체계를 개발하여 시행하고 있다. 특히 맞춤형 방문건강관리사업으로 2007년부터 간호사, 물리치료사 등 2,000명의 전문인력을 충원하여 전국 보건소에서 취약계층 약 80~100만 가구를 대상으로 보건의료서비스를 제공하고 있다. 간호사 1명당 500가구 정도의 지역을 담당하는데 관할 보건소에 신청하면 간호사가 직접 방문하여 건강문제 및 거동 상태 등을 파악한다. 거동이 불편하여 집중관리가 필요한 경우 향후 장기요양보험의 간병, 수발 및 간호서비스를 제공한다.

5. 의료구호

우리나라의 의료구호제도는 1997년부터 노숙자들을 위해 시행되어 왔다. 노숙자는 비위생적이고 열악한 환경에 노출될 가능성이 높고 영양상태 또한 좋지 못해 의료적 위험에 처하게 될 확률이 훨씬 높을 것으로 생각된다. 또한 대부분 주거지가 일정하지 않고 가족들과도 연락이 단절된 경우가 많아 공공부조의 대상으로 신청 및 수혜를 받기까지는 현실적으로 어려움이 많을 것이다. 따라서 이러한 상황에서 노숙자가 의료적 위험에 처했을 때 중앙 정부, 지자체 또는 민간의 재원을 지원하는 제도가 의료구호제도인 것이다.47)

의료구호제도의 특징을 간략히 살펴보면, 관리운영주체는 주로 지방

47) 남기철. 2004. "노숙인 의료구호비 중단과 도덕적 해이" 『복지동향』. 제68호. pp. 48-49.

자치단체이다. 의료구호의 주요 목표는 응급치료를 제공함으로써 가족과 의료비용이 없는 상황에서도 치료를 신속히 제공받을 수 있도록 하는 것이다. 재원은 국가예산으로 마련되며, 의료공급은 지정 의료기관에서 이루어진다.

최근 우리나라에서는 이주노동자 중 불법체류자 및 그들의 자녀 그리고 결혼이주여성들이 점차 증가하고 있다. 이들은 열악한 생활여건으로 인해 자칫 의료보장의 사각지대에 처할 수 있다. 따라서 이들을 위한 제도의 마련이 요구된다.

6. 우리나라 의료보장의 실태

우리나라는 국민총생산(GDP) 대비 국민의료비 지출이 경제협력개발기구(OECD) 국가 중에서 가장 낮은 것으로 나타났다.[48] 'OECD 헬스 데이터 2007'에 따르면 2005년 우리나라의 GDP 대비 국민의료비 지출 비율은 6.0%로 OECD 회원국들 가운데 최하위였다.[49] 이는 폴란드 6.2%, 멕시코 6.4%, 슬로바키아 7.1%, 체코 7.2%, 터키 7.6% 등 보다 낮을 뿐 아니라 OECD 평균인 9.0%에도 미치지 못하는 수준이다. 각국의 물가수준을 반영한 구매력평가환율로 따져본 우리나라 국민 1인당 의료비 지출액은 1천318달러로 미국(6천401달러), 룩셈부르크(5천352달러), 노르웨이(4천364달러)와 큰 차이를 보였을 뿐더러 OECD 평균인 2천759달러보다 밑돌았다.

48) 보건복지부. 2007. "우리나라의 보건의료 실태 분석 결과", 보건복지부 보도자료.

49) OECD 아시아 사회정책센터, 『한 눈에 보는 OECD 보건지표 2007』. 2008.

〈표 11-11〉 OECD Health Data 요약표

구 분		OECD	KOR	최대		최소	
건강상태	1. 평균수명(년)	78.6	78.5	82.0	일본	71.4	터키
	2. 영아사망률(출생1,000명당)	5.4	5.3	23.6	터키	2.3	아이슬란드
	3. 암에 의한 사망률(인구 십만명당)	170.6	162.3	244.8	헝가리	137.8	핀란드
	4. 뇌혈관질환에 의한 사망률(″)	60.4	95.8	129.5	헝가리	29.2	스위스
	5. 허혈성심질환에 의한 사망률(″)	101.8	34.9	266.8	슬로바키아	29.5	일본
	6. 건강상태가 양호생각 비율(%)	68.6	47.4	89.6	뉴질랜드	34.4	슬로바키아
보건의료자원	7. 총 병상 수(인구 천명당)	5.6	7.9	14.1	일본	1.7	멕시코
	8. 활동의사(″)	3.0	1.6	4.9	그리스	1.5	터키
	9. 의료기술 : CT스캐너 (인구 백만명당)	20.6	32.2	92.6	일본	3.4	멕시코
	10. 의료기술: MRI 장비(″)	9.8	12.1	40.1	일본	1.3	멕시코
	11. 의대졸업자(인구 십만명당)	10.1	9.0	20.4	벨기에	5.5	캐나다
보건의료이용	12. 의사의 외래진료(국민 1인당)	6.8	11.8	13.8	일본	2.5	멕시코
	13. 입원환자 1인당평균 입원일수(일)	9.9	13.5	36.7	일본	4.0	멕시코
	14. 생존태아 천명당 제왕절개건수	239.3	352.3	393.0	멕시코	136.4	네덜란드
보건의료비용	15. 국민의료비 GDP 대비(%)	9.0	6.0	15.3	미국	6.0	한국
	16. 공공지출 비율(%)	72.5	53.0	90.6	룩셈부르크	42.8	그리스
	17. 가계지출 비율(%)	19.3	37.7	51.2	멕시코	6.9	프랑스
	18. 의약품지출 비율(%)	17.2	27.3	31.9	슬로바키아	8.9	룩셈부르크
	19. 1인당 국민의료비 지출($)	2,759.0	1318.0	6,401.0	미국	586.0	터키
비의료	20. 주류 소비량(1인당, ℓ)	9.5	8.1	15.5	룩셈부르크	1.3	터키
	21. 흡연인구 비율(%)	24.3	25.3	38.6	그리스	15.9	스웨덴
	22. 과체중과 비만인구 비율(%)	47.6	30.5	69.2	멕시코	23.3	일본

주) 본 자료는 각 국의 통계작성 사정에 따라 2005년 기준으로 이용 가능한 가장 최근자료로 구성되었음.

자료: 보건복지부, "우리나라의 보건의료 실태 분석 결과", 보건복지부 보도자료, 2007.08.17.

그러나 한 나라의 보건수준을 나타내는 만 1세 미만 영아의 사망률(영아사망률)은 출생아 1천 명 당 5.3명(2002년)으로, OECD 회원국의 평균 영아사망률 5.4명과 비슷한 수준이었다. 아울러 2005년 우리나라

평균수명은 78.5세로 OECD 평균 78.6세에 근접한 것으로 나타나 경제사회발전에 따른 환경과 영양개선, 위생의식 향상, 의료기술의 발전 등에 힘입어 우리나라의 건강수준이 상당 수준 향상된 것으로 분석됐다. 또한 우리나라의 암 사망률도 10만 명당 162.3명(2004년)으로 OECD 평균 170.6명보다 낮았다. 허혈성 심질환 사망률 역시 10만 명당 34.9명(2004년)으로, OECD 회원국 중 가장 낮은 일본의 29.5명(2004년)에 이어 두 번째로 낮은 국가로 나타났다.

국민 1인당 의사에게 외래 진찰을 받은 횟수는 연간 11.8회로 OECD 평균인 6.8회 훨씬 넘어섰고, 총 병상수는 인구 1천 명당 7.9병상으로 OECD 평균 5.6병상보다 많았다. 하지만 활동의사 수는 인구 1천 명당 1.6명으로, OECD 평균 3.0명보다 적었다.

이를 종합해 보면 우리나라의 1인당 의료비 및 국민의료비는 경제협력개발기구(OECD) 국가 중 가장 낮은 수준이지만 평균수명 · 영아사망률 등 국민건강 수준은 OECD 국가의 평균 수준 이상인 것으로 나타났다.

제 4 절 우리나라 의료보장의 주요 쟁점 및 개혁 방안

한국의 의료제도는 적은 투입으로도 선진국 수준의 성과를 보이고 있다는 점에서 효율성이 높은 것으로 볼 수 있으며, 공적 의료보장을 통해 비용을 최소화하면서도 필수의료에 대한 접근성을 보장하고 있는 것으로 평가된다. 그럼에도 불구하고 아직도 개선되어야 할 점들이 적지 않다. 여기에서는 우리나라 의료보장제도와 관련된 주요 쟁점을 살펴보고 개혁을 위한 방안들을 살펴본다.

1. 단일보험료부과체계 개발 및 새로운 부과기준의 검토

1980년대 말부터 의료보험통합운동이 지속적으로 있어 왔고 1999년 7월에 마침내 의료보험의 통합이 이루어져 국민건강보험으로 명칭도 바꾸고 통합된 보험을 관리하기 위한 조직으로 국민건강보험공단이 출범하였다.

그러나 직장가입자와 지역가입자의 보험료 산정방식에서 차이가 있어 양 집단 간에 보험료 부과의 형평성 시비가 지속적으로 일어나고 있어 진정한 의미로 건강보험의 통합이 달성되었다고 하기에 어려운 실정이다. 직장근로자의 경우에도 피부양자가 재산이 있는 경우에는 보험료가 부과되지 않지만 지역가입자의 경우는 모든 가족의 재산에 대해 보험료가 부과된다는 점에서 불합리하다고 볼 수 있다. 따라서 직장근로자와 지역가입자인 자영업자 간에 형평성에 부합하는 보험료부과체계의 개발이 시급하다.

장기적으로 보험가입자인 근로자의 소득 중 근로소득이 차지하는 비중이 점차 줄어들고 재산소득이나 기타소득의 비중이 늘어나는 경향이 있다. 이러한 이유로 능력에 따른 부담이라는 사회보험의 원칙이 지켜지고 있는지에 대한 회의가 있을 수 있다. 또한 이른바 '고용 없는 성장(jobless growth)'이라는 새로운 상황의 도래로 고용이 점차 줄게 되어 근로소득을 안정적으로 획득할 수 있는 가능성이 축소되고 이는 다시 보험료 부과의 원천을 축소시키게 될 것이다.[50)]

따라서 보험료부과의 형평성을 제고하고 보험재원의 안정적 확보를 위해서라도 근로소득 위주의 보험료 부과방식을 모든 소득에 대해 종합적으로 부과하는 방식으로 전환할 필요가 있다. 그렇게 된다면 근로자나 자영업자 어느 한쪽에 유리하거나 불리하지 않은 단일보험료 부

50) 이준영. 2005. "의료보험재정에서의 국가책임". 『한국사회복지학』, 제57권 제4호, pp. 332-334.

과체계가 될 수 있다.[51]

2. 수가지불제도의 개혁

의료보험환자의 진료를 위하여 지불된 보험급여비가 1991년부터 1998년 사이에 연평균 약 17% 정도씩 증가해 왔다.[52] 의료보험통합과 의약분업의 시행 이후 건강보험의 급여가 증가하여 의료비 상승으로 인한 건강보험공단의 재정적자가 사회적 이슈가 되었다.[53]

과거 추세를 바탕으로 국민의료비를 장기 예측해 보면 우리 경제가 앞으로 8%의 높은 성장을 지속할 경우 2010년에 1인당 의료비 지출이 161만1,483원으로 늘어나고, 2020년에는 무려 419만5,086원으로 증가할 것으로 추산된다.[54] 이에 따라 GDP에서 의료비가 차지하는 비중도 2020년에는 현재 5.5%에서 8.0%로 올라간다. 결국 의료비가 경제 전체에 부담을 주는 수준까지 급증할 수 있을 것이다.

현재 우리나라에서는 행위별수가제(fee for services)에 따라 의사들의 진료비를 지불하고 있는데, 이 제도 하에서는 진료비에 대한 통제가 충분히 이루어질 수 없다. 왜냐하면 의사들이 진료를 많이 하면 할수록 자신들의 수입이 증가할 것이므로 불필요한 진료를 과다하게 할 수 있는 유인이 있기 때문이다. 그동안 정부가 물가상승률 등을 고려하여 진료수가를 결정함으로써 의료비의 과도한 상승을 억제하려고 시도해 왔으나, 이러한 일종의 가격통제 정책은 행위별수가제 하에서는 진료량을 통제하는 적절한 방법이 없으면 의료비 억제의 효과를 거두기 어렵다.

따라서 진료의 가격 뿐만 아니라 진료의 양을 통제하는 방식을 모색해야 한다. 이러한 방식으로 총액예산제의 도입을 검토해야 한다.[55]

---

51) 신영석 외. 2007.『건강보험료 부과체계 개선방안 및 재원확보방안』. 국민건강보험공단/ 한국보건사회연구원. 용역보고서. 2007-07.

52) 이준영. 2000. "한국의료보험제도 운영방식의 전환",『의료복지서비스와 의료정책』, 신라대학사회과학연구소 사회과학 논총, p. 293.

53) 조선일보, "올 적자 1조1,200억". 2001년 8월 6일.

54) 김종면. 의료비지출의 장기예측, 한국조세연구원, 2000.12.

3. 차상위 계층에 대한 의료보장

의료문제로 인해 중산층과 준 빈곤층이 완전 빈곤층으로 전락하게 되는 것은 우리나라 의료 현실이 안고 있는 중요한 문제점으로 지적되고 있다. 정부와 민간의 각종 통계에 따르면, 상대적으로 열악한 여건으로 건강문제를 안고 있는 저소득층의 상당수가 의료비 부담이 과중해 건강보험의 사각지대에 놓여 있는 실정이다. 실제로 2007년 건강보험공단이 국회에 제출한 자료에 따르면 건강보험료를 석 달 이상 연체해 의료 서비스를 받을 수 없게 된 세대가 38만 4천 건(세대)이나 되는 것으로 나타났다. 이로 인해 건강보험료 징수체계를 비롯한 의료 시스템을 현실에 맞도록 보완해 의료사각지대를 줄이는 정책이 절실하다는 지적이 설득력을 얻고 있다. 특히 저소득층의 경우, 갑자기 경제적 능력을 상실하면서 동시에 입원을 요하는 중증 질환을 앓는 가족구성원이 생기는 경우, 빈곤에서 빠져나오기가 더욱 어렵게 될 것이다.[56]

최근 보험료를 내지 못하는 계층들을 의료급여의 수급자로 전환하였다가 이들의 의료이용이 지나치게 급증하자 다시 이들을 건강보험의 가입자로 전환하였으며, 동시에 의료급여 수급자들에 대한 본인부담제도를 도입하기도 하였다. 또한 이들에게 일정액을 지급하여 의료이용 시 본인부담으로 사용하도록 하되 사용되지 않은 금액을 다른 용도로 쓸 수 있도록 하여 의료이용을 억제하려는 정책도 실시하였다. 일부 지방자치단체에서 체납자들을 의료급여 수급자로 전환하지 않고 건강보험료를 대납하여 건강보험의 가입자 신분을 유지하도록 하기도 하였다.

55) 권순만. 1999. "의료비 총액예산제도에 관한 시론". 『보건경제연구』, 한국보건경제학회, 제5권, pp. 155-165.

56) 서상덕. 2006. "한국사회와 가난 5-가난한 이들의 의료문제", 2006.7.18, 월간 『인권연대』

4. 민간의료보험의 도입

최근 의료비의 급격한 상승으로 건강보험의 재정문제가 제기되고 공보험의 취약성이 대두됨에 따라 민간의료보험에 대한 논의가 있어 왔다.[57] 그리하여 의료보장개혁위원회(1944), 의료개혁위원회(1996) 그리고 규제개혁위원회(2000) 등은 공보험 급여에서 제외되고 있는 의료서비스에 대하여 보충적 민간보험을 확충할 것을 건의하였다. 이와 관련하여 보험료에 대한 세제혜택을 부여하고 보험료 산정에 필요한 질병관련 통계를 민간보험사에 제공하는 방안 등이 검토되었다.[58]

지금까지 제시된 방안들은 사회보험을 완전히 폐지하고 민간보험으로 전환하자는 것이 아니라 오히려 크게 3단계로 구분된 의료보험 체계를 계획하고 있다. 첫째, 질병의 치료에 필수적인 진료는 기본적으로 사회보험에서 보장을 해주고, 둘째, 가벼운 질병의 진료는 환자의 본인부담을 늘려서 비용에 대한 인식을 강화함으로써 의료수요를 억제하자는 것이며, 마지막으로 현행 건강보험의 급여에서 제외되고 있는 특급병실 및 고가장비에 의한 진료 등 비급여 부분들은 민간의료보험을 통하여 제공한다는 것이다.

이와 같은 건강보험의 재편은 의료저축계정의 도입과 본인부담공제(deductible)제도를 중심으로 하여 불필요한 의료수요를 억제하고 환자의 선택을 가능하도록 하여 보험자간의 경쟁을 촉진하고 서비스를 개선하는 효과를 기대할 수 있다는 것이다.[59]

---

57) 김창엽. 2000. "민간의료보험의 역할: 그 한계와 영향", 『건강보험동향』, 국민건강보험공단, 2001. 1월, p. 40.

58) 최병호. 2000. 『국민건강보험과 민간의료보험의 보완적 발전방안 연구』, 한국보건사회연구원, 용역보고서 2000-55. p. 47.

59) 권순원. "의료저축계정(Medical Savings Accounts)의 도입 가능성에 대한 소고", 『보건경제연구』, 한국보건경제학회, 제5권, 1999. pp. 39-40. 양봉민 외. "재원조달 방식으로서의 MSA(Medical Savings Accounts)에 대한 고찰", 『보건경제연구』, 한국보건경제학회, 제 5권, 1999. pp. 58-59. 장동민, "민간의료보험제도의 도입 방안 연구", 『보건경제연구』, 한국보건경제학회,

2008년 출범한 이명박 정부는 의료보험의 민영화와 건강보험의 진료기관 당연지정제의 폐지는 추진하지 않겠다는 의지를 거듭 밝혔으나, 의료산업을 육성하여 경제를 성장시킨다는 것을 기본전략으로 내세웠다. 이를 위해 의료기관의 영리법인화를 추진하고 있다. 그런데 우려할 일은 이러한 의료공급의 민영화가 결국 건강보험의 민영화로 연결될 수 있다는 점이다. 자신의 비용으로 영리병원을 이용하는 환자의 경우 고가의 영리병원 진료비 부담을 위해 민간보험에 가입하거나 건강보험의 필요성에 회의를 가지게 될 가능성이 있기 때문이다.

건강보험의 민영화가 환자의 비용의식을 고취시켜 의료수요를 억제할 수 있을 것인지는 의문이다. 왜냐하면 의료수요 자체가 비탄력적이며 의료에 대한 정보의 비대칭으로 공급자에 의하여 의료수요가 창출되므로 소비자의 합리성을 전제로 한 의료수요정책으로는 그 효과를 기대할 수 없기 때문이다. 또한 환자가 비용을 의식하여 의료수요를 억제할 수 있다고 하더라도 그것이 반드시 바람직한 결과만을 가져오는 것은 아니라고 본다. 즉, 필수적 진료와 불필요한 진료의 판정에 있어 어려움이 있고, 예방효과의 감소로 병을 키우게 되어 더 많은 사후비용을 초래할 수도 있기 때문이다.

의료보험에서 경쟁이 도입되면 사회적 위험이 분산되지 않고 위험이 선별되고 역선택(adverse selection)의 우려가 있다. 민간보험은 수익성을 높이기 위하여 질병가능성(이환율)이 낮고 소득이 높은 사람들만을 유치하려 할 것이다. 그로써 의료의 차별화가 일어나고 위험분산이 불가능하게 된다. 그러므로 민간 의료보험의 도입은 신중히 검토되어야 한다.

5. 노인장기요양보험의 성공적 정착

전 세계적으로 고령화로 인한 장기요양에 대한 급속한 수요 증가는

제5권, 1999. pp. 83-90.

특히 고령화율이 높은 선진국들에서 장기요양체계의 전반적인 개혁 및 재정비를 요구하고 있다. 1980년대 이후 고령화 선진국에서는 요양보호 노인의 자립생활을 지원하기 위한 '요양보호의 사회화'가 공통의 고민이자 주요한 과제였다.

우리나라에서는 가족의 수발에 전적으로 의존하거나 만성질환이나 장애를 가진 노인에 대한 요양부담이 본인이나 가족의 비용부담으로 해결되고 있다. 이러한 현실은 심각한 사회적 위험으로 대두되고 있으며, 향후 사회적 위기를 초래할 가능성이 많아지고 있다. 따라서 노인요양문제를 보편적인 위험으로 인식하고, 다른 사회보험과 마찬가지로 장기요양의 문제를 보험방식으로 대처함으로써 민간의 요양비용 부담의 위험을 분산하고 가족해체를 예방할 필요가 있었다.[60]

이미 독일에서는 1995년부터 노인을 위한 사회장기요양보험이 시행되고 있으며 일본에서도 2000년부터 노인을 위한 별도의 개호보험제도를 도입하였다. 우리나라에서도 2008년 7월 1일부터 65세 이상의 노인과 노인성질환을 가진 65세미만의 사람들을 위한 장기요양보험제도가 도입되어 실시되고 있다.

그러나 요양보험의 도입에 따라 다양한 문제점들이 나타나고 있다.[61] 첫째, 제도 운영체계상의 문제점으로 연령 및 급여한도액의 수급범위의 제한에 따른 문제, 재정상 본인 부담액이 있어 이로 인한 이용자의 비용부담 문제, 현재의 낮은 수가기준으로 인한 수가기준의 적정성 문제, 중앙집권형 운영체계로 인한 지역사회 내 노인문제와 이용자의 다양한 욕구가 파악되지 못하는 문제 등이 발생하고 있다. 둘째, 제도의 수행에 필요한 전문인력의 수급문제 및 전문인력의 제도화 문제, 인력배치 기준의 비현실성 문제 등이 있다. 셋째, 서비스 측면의 문제점으로는 서비스의 중복, 민간 서비스 제공기관의 증가로 인한 서비스의 질 저하, 장기요양보호제도의 사후치료적인 특성으로 인한 예방사업

60) 보건복지가족부. 2008. 『보건복지가족백서』

61) 김진수. 2007. "노인장기요양보험의 성공적 정착을 위한 과제", 『한국노년학회』 춘계학술대회, pp. 3-19.

부족의 문제점 등이 지적되고 있는 상황이다.

따라서 우리나라 장기요양보험제도의 성공적인 시행을 위해서는 다양하게 나타나고 있는 문제점에 대한 체계적이고 구체적인 해결 방안의 마련이 필요하다.

제 5 절 결론 및 제언

의료보장제도의 개혁을 생각할 때는 항상 의료서비스 질, 비용부담의 형평성 그리고 의료비의 적정수준 유지라는 세 가지 목표를 균형된 시각으로 고려해야 한다.

우선, 비용부담의 형평성과 관련하여 특히 지역가입자의 소득을 정확하게 파악하는 것이 매우 중요하며, 이는 정확한 소득에 근거한 보험료를 부과하여야 직장근로자와의 형평성문제가 해소될 수 있을 것이기 때문이다. 그리고 의료보호 대상자들에 대한 차별대우와 낙인효과가 심각하므로 건강보험과 의료급여의 통합을 고려하여야 한다. 지역가입자에 대한 국고보조가 저소득층의 보험료를 지원하기 위한 것이라면, 국민기초생활보장수급권자의 의료급여에 소요되는 재원으로 보험료를 대납해 줄 수도 있을 것이다. 이것이 가능하다면 건강보험과 의료급여를 분리하여 운영할 이유가 없다고 본다.

둘째, 의료서비스의 질과 관련해서는 환자의 만족도를 높이는 것이 가장 중요하다. 먼저 수요측면에서는 본인부담을 대폭 감소하여 재정적 부담을 축소하고 필요한 서비스를 편리하게 받도록 기타 사회복지서비스와의 연계를 통하여 포괄적인 욕구 충족이 되도록 하여야 한다. 이를 위하여 소비자인 보험가입자들의 권한을 강화할 수 있는 방안이 강구되어야 한다. 그러나 소비자의 선택권 강화는 시장원리에 기초하여 다수의 보험자들 중에서 선택하는 것에 있기보다는 단일한 관리조직이라 하더라도 관리책임자를 선택할 수 있도록 하여야 한다는 것이다. 예를 들면, 국민건강보험공단의 이사장을 가입자들이 선출하도록 함으로써 가입자들의 의견을 효과적으로 반영하고 정부나 다른 이익집단과의 협상에서 공단의 위상을 강화할 수 있을 것이다. 그 다음으로 공급 측면에서 보면 새로운 의료기술이 지속적으로 도입되어야 하고 의사를 비롯한 의료공급자들의 사기가 높아야 한다. 이를 위해서는 의료행위에 있어 그들의 전문성에 기초한 자율성을 최대한 보장하여야 한다.

셋째, 의료비를 적정수준으로 유지하기 위해서는 주치의제도 및 방문간호제도와 보건의료서비스의 1차 진료기능을 강화하여야 할 것이다. 그리고 현행 행위별수가제를 총액예산제로 전환하는 것을 검토해야 한다. 총액예산제를 전면적으로 도입하는 데는 여러 가지 문제가 있으므로 단계적으로 도입하여야 할 것이며, 이를 위하여 의료기관의 진료행위 및 경영상태 등에 대한 정보가 충분히 확보되어야 한다.

문제는 앞에서 제시한 세 가지 의료보장의 목표가 서로 상충관계(trade-off)에 있고, 그 배후에는 각 집단의 이해관계가 얽혀 있다는 것이다. 국민은 세금 및 보험료를 더 많이 부담해야 할지도 모른다. 그러나 의료서비스의 질이 높아지고 본인부담이 줄어든다면 더 많은 보험료를 기꺼이 부담할 수도 있을 것이다. 의료공급자는 총액예산제에 대하여 찬성하지 않는다. 그러나 그 대가로 의료행위에 대한 자율성을 얻을 수 있다면 찬성할 수 있을지도 모른다. 예를 들어, 의료비 총액을 통제할 수만 있다면 심사평가원을 의사단체에 맡겨 개별 진료에 대한 심사를 자체적으로 하도록 하여도 될 것이다.

따라서 한국 의료보장제도의 가장 시급한 과제는 우리 사회가 부담할 수 있는 적정 국민의료비 수준에 대한 사회적 합의를 도출하고 이를 지키기 위한 관련 이해집단 간의 대타협(big deal)을 이루는 것이다.

참고문헌

국민건강보험공단(2005.9.7. 2005b),『국민건강보험재정건전화 특별법 이후의 재정안정화 방안』.

_____________(2008), 『2006년도 건강보험환자의 본인부담 진료비 실태조사』.

권순만(1999), "의료비 총액예산제도에 관한 시론",『보건경제연구』, 한국보건경제학회, 제5권. pp. 155-165.

권순원(1999), "의료저축계정(Medical Savings Accounts)의 도입 가능성에 대한 소고",『보건경제연구』, 한국보건경제학회, 제5권, pp. 39-40.

김병환 · 윤병준 · 윤치근 · 이준협(2007),『건강보험의 이론과 실제』, 계축문화사.

김연명(2000), "의료보험통합의 성과, 쟁점 그리고 미래",『한국사회복지의 현황과 쟁점』. 인간과 복지, pp. 117-149.

김영모(1999),『현대사회보장론』, 한국사회복지정책연구소 출판부.

김종면(2000), 의료비지출의 장기예측, 한국조세연구원.

김진수(2007), "노인장기요양보험의 성공적 정착을 위한 과제",『한국노년학회』, 춘계학술대회. pp. 3-19.

김진현(2002), "DRG 지불제도 시범사업의 재평가: 평가방법론을 중심으로",『보건경제연구』, 제8권 제1호. pp. 59-90.

김창엽(2000), "건강보험의 과제: 보장성강화",『복지동향』, 제23호, pp. 27-30.

______(2001), "민간의료보험의 역할: 그 한계와 영향",『건강보험동향』, 국민건강보험공단. pp. 39-48.

남기철(2004), "노숙인 의료구호비 중단과 도덕적 해이",『복지동향』, 제68호. pp. 48-49.

문옥륜 · 박세택 · 이재형 · 조형원 · 노운영 · 우영국 · 최재욱 · 신영전 · 하수호(2000), 『의료보장론』, 신광출판사.

문재우 · 김기훈 · 원용혁 · 이상락(1990),『의료보장론』, 고문사.

보건복지부(1999, 2003, 2007),『보건복지백서』.

__________(2006),『의료급여사업안내』.

__________(2007), "우리나라의 보건의료 실태 분석 결과", 보건복지부 보도자료.

서상덕(2006.7.18), "한국사회와 가난 5-가난한 이들의 의료문제", 월간『인권연대』.

선우덕(2000), "노인장기요양보호정책의 기본방향에 관한 일고찰",『보건과 복지』, 제3집. pp. 144-161.

신영석 · 신현웅 · 황도경 · 이준영 · 최균 · 김용하 · 김진수(2007),『건강보험료 부과체계 개선방안 및 재원확보방안』. 국민건강보험공단/한국보건사회연구원. 용역보고서. 2007-07.

신섭중(1996),『사회보장정책론』, 대학출판사.

양봉민 · 한은하 · 강성욱 · 김선영(1999), "재원조달 방식으로서의 MSA(Medical Savings

Accounts)에 대한 고찰", 『보건경제연구』, 한국보건경제학회. 제5권, pp. 44-60.

의료개혁위원회(1997), 『의료부문의 선진화를 위한 의료정책과제』.

의료보장개혁위원회(1994), 『의료보장 개혁과제와 정책방향』.

이두호 · 차흥봉 · 엄영진 · 배상수 · 오근식(1992), 『국민의료보장론』, 나남.

이성기 · 김성희 · 박인아(1995), 『보건복지사무소 모형개발 및 1차년도 운영 평가』, 한국보건사회연구원. 연구보고서 95-30.

이용갑(2003), "포괄수가제(DRG)의 도입과 보건의료 개혁", 『한국사회복지정책학회』, 2003년 후기 학술대회. pp. 231-283.

이인재 · 류진석 · 권문일 · 김진구(2007), 『사회보장론』, 나남출판사.

이준영(2000), "한국의료보험제도 운영방식의 전환", 『의료복지서비스와 의료정책』, 신라대학사회과학연구소 사회과학 논총, pp. 289-313.

______(2005), "의료보험재정에서의 국가책임", 『한국사회복지학』, 제57권 제4호. pp. 321-342.

이재용 · 김창엽(2007), 『2006 건강보험 통계연보』, 국민건강보험공단

장기원 · 장기원 · 박영택 · 이우백(1998), 『지역단위 공공보건의료기관 기능 개편방안』, 한국보건사회연구원, 정책보고서 98-15.

장동민(1999), "민간의료보험제도의 도입 방안 연구", 『보건경제연구』, 한국보건경제학회, 제5권, pp. 83-90.

정영호(2000), "OECD 보건계정 및 국민의료비 지출 동향", 한국보건경제학회 2000년 추계 학술 발표, pp. 61-105.

최기준 외(2006), "2006년 외국의 보건의료체계와 의료보장제도 연구", 국민건강보험공단 건강보험연구원, pp. 347-442

최병호(1995), 『지역의료보험 국고지원방식의 평가와 개선방안』, 한국보건사회연구원, 연구보고서 95-17.

______(2000), 『국민건강보험과 민간의료보험의 보완적 발전방안 연구』, 한국보건사회연구원, 용역보고서 2000-55.

최인덕(2006), "외국의 민간의료보험정책Ⅰ: 미국의 Medigap 정책", 『건강보험포럼』, 5권 제2호, 국민건강보험공단 pp. 103-115.

OECD. 2007. *Health Data*.

Gorden, Margret S.(1998), *Social Security Policy in Industrial Countries: A Comparative Analysis*, Cambridge University Press.

Lassey, Mary & William Lassey & Martin Jinks(1997), *Health Care System around the World - Characteristics, Issues, Reforms*. Prentice Hall.

Roemer, Milton(1993), *National Health Systems of the World*. Volume II. Oxford University Press.

WHO(1997), *Improving the performance of health centers in district Health*

Systems, WHO technical report series 869.
______(2000), *World Health Report 2000.*

OECD 아시아 사회정책센터(2008), "한 눈에 보는 OECD 보건지표 2007".
조선일보, "올 적자 1조1,200억..." 2001년 8월 6일.

12
chapter

사회복지서비스정책*-노인 · 장애인 · 여성

제 1 절 노인복지정책

우리나라는 2009년(7월 1일 기준) 65세 이상의 노인인구가 5,193천명으로 총 인구의 10.7%를 차지하여 고령화 사회에 진입하게 되었다(통계청, 2009). 인구구조의 급속한 고령화와 함께 1960년대 초기부터 본격화되기 시작한 산업화가 가져온 가족구조의 변화, 여성의 사회참여 증가, 전통적 노인부양의식의 약화 등 사회구조적 변화는 노인문제를 심각한 사회문제로 부상시키고 있다. 특히 의학의 발전에 따른 평균수명의 연장은 한편으로 상대적으로 병약한 사람들이 장애와 만성질환을 지닌 채 노년까지 생존하는 경우가 더 많아졌으며, 다른 한편으로는 노인들을 과거보다 훨씬 신체적으로 활력 있게 만들고 있어 노후의 생산활동의 가능성을 확대시키고 있다. 그런데 노인은 과거 가족과 사회에서 존경과 대우를 받으며 안정된 역할과 지위를 보낼 수 있었던 반면

* 김영란 : 숙명여자대학교 정책 · 산업대학원 사회복지학 전공 교수

오늘날 사회변화에 따른 역할상실, 빈곤문제, 의료 및 주택문제, 고독과 소외문제를 안겨주고 있다. 그러나 노인은 이러한 어려움을 변화시킬 수 있는 상황을 만들기에는 개인적으로 무력하며 사회적 차원에서의 대책이 요구된다. 따라서 본 절에서는 노인의 개념과 노인문제, 노인복지의 필요성, 우리나라의 노인복지정책의 현황 및 문제, 그리고 고령사회를 앞두고 노인복지정책의 방향을 살펴보고자 한다.

1. 노인의 정의 및 노인문제

1) 노인의 정의

노인의 의미는 개인의 자각에 의한 판단이나 나이에 따른 개념, 사회적 역할 또는 기능상태에 따라 여러 가지로 정의되고 있다. 일반적으로 노인이란 생리적 및 신체적으로 쇠퇴기에 있는 사람, 심리적인 면에서 정신기능과 성격이 변화하고 있는 사람, 사회적인 면에서 지위와 역할이 상실되어 가는 사람이라고 정의하고 있다(Breen, 1960). 따라서 노인은 다양한 차원에서 정의될 수 있으나 제도적으로 65세 이상을 노인으로 규정하는 경우가 많으며 하나의 표준이 되고 있다. 우리나라에서도 노인을 행정적, 법적으로 65세 이상의 인구로 규정하고 있다. 한편으로는 60세 이상을 노인으로 보는 시각도 있는데 현실적으로 대부분의 직장인들은 55세 전후에 퇴직하는 경우가 많고 국민연금 수혜연령도 60세로 규정하고 있음을 기반으로 하고 있다.[1)] 최근에 들어와서 '노인이 된다는 것은 병들거나 무능력해진다는 가정'이 신화로 여겨짐에 따라(Giddens, 1997 : 189) 노인을 더 이상 동질적인 집단으로 보지 않

1) 고령자 또는 노인의 범위는 법령에 따라 상이함
- 노인복지법(제28조, 33조2) : 주로 60세 또는 65세 이상인 자를 노인에 대한 복지 도모 대상으로 규정
- 국민연금법(제61조) : 노령연금 수급권자를 60세가 된 때로 봄
- 고용상 연령차별금지 및 고령자고용촉진에 관한 법률 시행령(제2조) : 고령자는 55세 이상, 준고령자는 50세 이상 55세 미만인 자

는다. 뉴가튼(Newgarten, 1996)은 노년기를 65세를 기준으로 세 개의 하위집단으로 구분하고 있는데, 65-74세가 노년전기, 75세-84세를 노년후기, 85세 이상을 최고령기로 나누고 노년생활이 각각 다르다고 간주한다. 따라서 노인들은 더 이상 동질집단이 아니며 노년기의 시기에 따라 노인들의 생활양상과 욕구가 상이한 것으로 보고 있다.

2) 노인문제

현대사회에서 노인문제는 노인의 신체적, 심리적, 사회적인 변화와 관련지어 설명할 수 있다. 첫째, 경제적 문제로 소득이 부족하거나 없어서 인간다운 생활을 하기 어렵다는 점이다. 노인들은 급속한 산업화 과정에서 나타나는 산업구조의 변화와 과학적 생산기술의 발달로 인해 조기에 직업일선에서 물러나게 되었다. 이로 인해 소득상실을 초래하였을 뿐만 아니라 개인적으로 사회변화에 미처 대응하지 못했고 연금제도의 미성숙으로 사회적으로 노후준비를 하지 못함에 따라 경제사정을 더욱 어렵게 만들고 있다.

둘째, 건강보호문제로 질병 및 사고로 인해 다른 사람으로부터 간호보호를 받아야 하지만 이를 제대로 받을 수 없다는 점이다. 의료 및 보건기술의 발달로 국민의 평균수명이 크게 연장되었으나 다른 한편으로 노인들은 질병과 건강보호에 어려움을 겪고 있다. 따라서 연장된 생존기간 동안 삶의 질이 악화될 수 있다. 대체로 노인지병은 장기적이고 만성적이며 합병증의 증세로 발생한다. 2005년 65세 이상 노인들 중 만성질환을 1가지 이상 가진 노인은 90.9%로 1994년의 85.9%보다 5%가 증가하였으며 이 중 36.3%가 수단적 일상생활 수행능력(IADL), 일상생활수행능력(ADL), 간호처지, 인지기능, 문제행동 영역에서 1가지 이상의 제한을 받고 있는 것으로 나타났다(정경희 외, 2005). 또한 노인치매 유병률은 2008년 현재 8.4%이며 2010년에는 8.8%, 2020년에는 9.7%로 계속 상승할 것으로 전망되었으며, 환자수도 2050년까지 20년마다 2배씩 증가할 것으로 추정된다(보건복지가족부, 2008).

셋째, 역할상실과 여가활동문제로 노인들이 가정이나 사회에서 뚜렷이 할 일이 없고 무료하게 시간을 보내는 것이다. 노인은 직업역할의 상실과 함께 지위와 권위는 크게 저하되었으며(Pampel, 2000 : 177), 특히 조기정년퇴직제도로 인해 50대 중반부터 사회적 의미에서 노인이 되기 시작하여 긴 여가시간의 문제에 직면하게 되었다. 우리 사회에서 대부분의 노인들은 여가시간을 유용하게 보내기 위한 교육을 받지 못했을 뿐만 아니라 경험부족으로 인해 노년기에 들어 새로운 여가활동에 참여하는 문제에 어려움을 겪게 된다.

넷째, 노인들의 소외와 고독감의 문제로 그 원인으로는 역할상실을 들 수 있는데 이는 인간관계의 단절 및 고립으로 이어져 생활의욕의 상실과 고독감을 가중시킨다. 은퇴를 전후한 노인들이 상실감으로 인한 신체적 질병 또는 정서적 부적응현상이 나타나기도 한다(최순남, 1997 : 375). 고령자들의 감정적 문제에 가장 많은 영향을 끼치는 요인들로는 노인들을 기피하는 사회적 배척현상, 배우자 상실 및 친구들의 범위 축소, 인간에 대한 존경심의 감소와 상실, 그리고 자신에 대한 혐오감을 들 수 있다(Simon De Beauvoir, 1994 : 333).

2. 노인복지의 필요성

현대사회에 들어와서 노인복지는 주요노인문제와 함께 사회 환경적 요인에 의해 그 필요성이 증대하게 되는데 다음과 같은 몇 가지 차원에서 고찰해 볼 필요가 있다.

1) 노인인구의 증가와 평균수명의 연장

우리나라의 노인인구는 절대수 뿐만 아니라 전체인구에 대한 노인인구의 비율이 계속 증가하고 있다. 1960년 이후 출산율의 감소의 영향을 받아 연소인구(14세 이하의 인구)의 증가율은 둔화되고 노인인구(65세 이상의 인구)가 상대적으로 증가하고 있다. 2009년 7월 현재 65세 이상 노인인구는 5,193천명으로 총인구의 10.7%를 차지하고 있어 이미 고령화사회에 진입하였다.[2] 이미 2000년 65세 이상 인구비율이 7.2%에 이르렀으며 향후 2018년에는 14.3%로 고령사회에, 2026년에는 20.8%가 되어 초고령사회에 도달할 것으로 전망된다(통계청, 2007).

이는 고령화와 저출산이 동시진행하고 있는데서 기인하는데 2007년 현재 평균 수명은 79.6세이며 남자는 76.1세, 여자는 85.7세로 2000년 평균 74.9세이며 남자 71.0세, 여자 78.6세와 비교할 때 4~5세의 증가를 보이고 있다. 반면, 출산율은 2008년 합계출산율 1.19명, 2005년 1.08명, 1999년 1.42명, 2000년 1.17명으로 계속 떨어지고 있다. 인구 대체수준인 2.1명에 미치지 못하고 있다(통계청, 2009).

이러한 상황은 결과적으로 노령화지수의 상승을 초래하는데 우리나라의 노령화지수(연소인구 100명에 대한 65세 이상 인구의 비율)는 2009년 현재 63.5로 유년인구(0~14세) 100명당 노인인구가 64명에 이르고 있다. 그런데 2010년에는 67.7로 증가될 것이며, 2016년에 이르면 노령화지수가 100.7로 노인인구가 유년인구를 추월할 것으로 보인다. 노인인구 증가와 평균수명 연장은 개인과 사회의 맥락에서 많은 의미를 내포하고 있다. 일차적으로 새로운 문제와 욕구를 가진 노인의 수를 증가시키고 동시에 전체인구에서 생산인구 비율을 저하시킴으로써 노인들의 문제를 해결하고 예방하기 위한 사회적 비용을 증가시켜 노인부양부담을 증가시키게 된다. 생산인구(15-64세)가 65세 이상의 노인인구를 부양해야 하는 노인부양지수는 1990년 7.4%에서 2007년 13.8%, 2010년 15.0%로 계속 증가 추세에 있으며, 2020년에는 21.7%로 증가될

2) 고령화사회란 인구구조가 변화되어 유소년인구의 비율이 저하되고 생산인구가 정체, 저하되면서 고령자인구가 증가되어 비중이 높아지는 상태를 말한다. UN은 전체인구 중 65세이상 인구비율이 7% 이상~14% 미만인 사회를 고령화사회(aging society), 노인인구의 비율이 14% 이상~20% 미만인 사회를 고령사회(aged society), 노인인구의 비율이 20% 이상인 사회를 초고령사회(super-aged society)로 분류하고 있다. 그런데 우리나라 인구고령화속도는 이미 고령사회에 들어선 선진국의 인구고령화속도(프랑스 125년, 미국 65년, 일본 25년이 소용됨)에 비해 급속하게 진행된 것으로 약 25년 정도 소요되었다.

전망이다. 노인 1명을 부양하는데 소요되는 생산가능인구는 2009년 6.8명으로 2010년 6.6명, 2020년 4.6명으로 점차 줄어들 것이다[3](통계청, 2009).

2) 가족제도의 변화와 노인부양기능의 약화

우리나라는 산업화, 도시화가 진전되면서 핵가족화가 급증하고 세대간 동거의식에 변화가 나타나고 있다. 이러한 요인은 자녀와 별거하여 생활하는 노인단독가구의 비율을 크게 증가시키고 있다. 2005년 노인주거형태를 보면 60세 이상 노인 혼자서 혹은 노부부만 따로 사는 경우는 전체 노인의 59.1%로 나타났다. 이러한 비율은 1990년 23.8%, 1994년 41%, 1996년 53%에 비해 크게 증가한 것으로 노인의 소외 및 고독문제와도 연관된다.

2000년에 65세 이상 인구 중 30.8%가 3세대 이상이었다. 10년 전에 비해 1세대 가구는 크게 증가(11.8%)한 반면, 3세대 이상 가구는 매우 감소하였다. 연령별로 보면 65-69세 연령층은 1세대 가구에 70세 이상은 3세대 이상 가구에 가장 많이 분포되어 있다. 노인 1인 가구는 1985년 26.0%에서 2000년 31.8%(70만 6,580가구)로 2005년 33%로 증가하였다(통계청, 2008).

그런데 노인가구 문제는 자녀와의 별거자체가 아니라 그것이 생계를 위협을 의미하는 생활 즉 빈곤의 문제와 연결된다. 국민기초생활보장 수급자중 노인의 비율이 매우 높은 것으로 나타났는데, 2004년 12월 기준 국민기초생활수급장 중 65세이상 노인의 비율은 26%에 이르고 있다. 이는 1999년 20.5%에 비해 약 5% 증가한 것으로 월소득 40만원 이하가 전체노인의 63.4%나 되는 것으로 나타났다(정경희 외, 2005). 그리고 우리나라 단독가구 증가, 평균가족원 수 감소 등 소가족화현상은 가족의 부양기능 약화를 의미하는 것으로 가정에서 노부모를 부양

3) 노년부양비=(65세이상인구/15~64세인구)* 100, 노령화지수=(65세이상 인구/0~14세인구), 100 노인 1명당 생산가능인구=(15~64세인구/65세이상 인구)

하고 있는 수발자의 과중한 부담을 나타낸다.

3) 여성의 사회참여증가

노인을 위한 부양은 전통적으로 여성가족원이 담당해 왔다. 그런데 여성들의 경제활동에 참여로 인해 가족의 노인부양능력이 더욱 약화되고 있다. 현재 여성의 취업률은 2007년 48.3%로 미혼여성은 47.0%, 기혼여성은 48.7%로 1980년 미혼여성 49.1%, 기혼여성 35%에 비해 여성의 사회참여율이 증가하고 있으며 특히 미혼여성보다 기혼여성의 참여율이 증가하고 있다(한국여성개발원, 2007). 현재 재가의 보호가 필요한 노인에게 가족은 아직도 중요한 주부양자(primary caregiver)이며 그 중 대부분은 여성으로 85%를 차지하고 있다(시사저널, 2000, 6.22). 앞으로 여성의 사회진출이 높아짐에 따라 가족에 의한 부양기능능력이 더욱 약화될 전망이며 가족을 대체할 수 있는 사회적 부양 시스템이 필요하다.

4) 노친부양의식의 변화

경로효친사상은 그 자체로 노후복지제도가 될 수 있지만 사회환경의 변화와 함께 경로의식도 달라지고 있다. 자녀들은 과거 전통적인 가족주의 가치관에서 부부와 자녀만을 중심으로 한 핵가족단위의 생활체계로 변화하고 있으며 가족보다 개인을 더 중시하는 경향으로 바뀌어가고 있다. 특히 현재 젊은 세대들은 부모와의 동거보다는 별거를 기대하고 있으며, 노후생활에 대한 노인층의 의식도 변화하고 있는데 60대 노인중 73%가 자식과의 동거를 희망하지 않고 있다(장인협 · 최성재, 1992). 심신이 건강하고 경제력이 있는 노인들은 자녀와 따로 살면서 자율적인 생활을 유지하고자 하는 추세이다. 결과적으로 노인단독가구가 급증하고 있어 이들의 자립적인 노후생활을 유지할 수 있는 준비와 사회적 지원이 필요하다.

3. 우리나라의 노인복지정책

노인복지는 노인이 인간다운 생활을 영위하면서 자기가 속한 가족 및 지역사회에 적응하고 통합할 수 있도록 필요한 자원을 제공하는 공적 및 사적 차원에서의 조직적인 제반활동이라고 할 수 있다(장인협 · 최성재, 1987 : 266). 우리나라는 노인문제의 부상과 함께 공적 노인부양 및 노인복지정책의 필요성에 대한 국민인식도가 높아짐에 따라 1981년 노인복지법이 제정, 공포되었고 노인복지제도의 발전을 위한 기반을 마련하였다. 1991년 고령자 고용촉진법의 제정되었고, 1997년 노인복지법 전면개정 되었으며 2000년 일부개정을 거쳐서 2004년 1월 노인복지법이 개정되었다. 여기서 긴급전화 및 노인보호전문기관의 설치 운영 등 노인학대 예방을 위한 법적 근거를 마련하였다. 2005년 5월 〈저출산 · 고령사회기본법〉이 제정되었으며 2008년 7월부터 공적 노인요양보장제도를 실시하였다. 이러한 법 · 제도의 변화로 노인문제에 대한 제도적 대응이 보다 구체화되는 양상을 보이고 있다. 현행 노인복지는 빈곤, 주거, 건강, 역할 및 지위상실, 고독과 사회적 소외 등 노인문제와 관련하여 소득보장 및 고용보장, 주거보장, 의료보장, 여가 및 교육보장, 기타 노인복지서비스 등으로 구성되어 있는데 각 부문별 노인복지정책의 현황을 고찰해 보기로 하겠다.

1) 소득보장 및 고용보장정책

노인소득보장제도는 '노령'에 따른 소득상실의 위험에 대비한 소득보장제도를 총칭하는 것으로 대표적인 것으로 연금제도를 들 수 있으며 빈곤선이하의 노인층에게 지급되는 공공부조, 경로연금제도 등의 직접적 소득보장과 간접적 소득보장제도로서 고용보장제도로 고용증진 및 생업지원제, 노인참여사회지원의 일환인 직종개발과 보급, 각종 세제감면제도 등 고용보장으로서의 간접적 소득보장으로 구분할 수 있다.

(1) 직접적 소득보장

첫째, 연금제도에는 일반국민을 대상으로 하는 국민연금제도와 공무원연금, 군인연금, 사학연금 등 특수직역연금제도가 있다. 2008년 현재 공적 연금수급자는 125만 2천명으로 65세이상 노인의 25%가 공적 연금을 받고 있다(통계청, 2009). 현재 노령계층 중 노후소득보장의 중심축인 공적 연금을 통해 소득을 보장받고 있는 경우는 일부에 불과하다. 특히 국민연금의 경우 완전노령연금의 수급시기는 2008년으로 현재 대부분의 노인들은 사실상 국민연금의 혜택을 받을 수가 없다.

둘째, 공공부조의 경우, 2000년 10월부터 생활보호제도에서 명칭이 개정된 국민기초생활보장제도가 운영되고 있다. 2008년 국민기초생활보장제도에 의한 생계급여나 자활급여를 받고 있는 65세 이상 노인은 38만 2천명으로 수급률은 7.6%이다. 수급 노인은 전체 국민기초생활수급자의 26.5%를 차지한다(통계청, 2009).

셋째, 기초노령연금의 경우, 생활이 어려운 노인에게 경제적 생활안정을 지원하고 복지를 증진시키기 위해 제공하는 연금이며, 소득과 재산이 일정수준이하인 65세 이상 노인에게 지급된다.(기초노령연금법 제1조, 제3조). 2008년 12월 기준 기초노령연금 수급률은 57.5%이다(보건복지가족부, 2008).

(2) 간접적 소득보장

간접적 소득보장은 노인들에게 지출을 줄여준다는 의미로서 첫째, 경로우대제도의 경우 1980년부터 시행된 것으로 65세 이상의 전체노인을 대상으로 국가 또는 지방자치단체의 수송시설 및 고궁, 박물관, 공원 등의 공공시설을 무료로 또는 이용요금을 할인하는 혜택을 주고 있다.

둘째, 고용 증진 및 생업지원의 경우, 노인의 취업기회 확대를 위해 1981년부터 노인의 구인 · 구직 알선을 위한 노인인력은행 및 노인에게 소득 및 여가활용의 기회제공을 위해 노인공동작업장을 운영하고 있다.

노인인력은행은 2004년 취업지원센터로 명칭이 변경되었고 2009년 9

월 현재 252개의 센터가 운영되고 있다. 그리고 1992년 7월부터 실시된 고령자고용촉진법에 의해 55세 이상의 고령자를 대상으로 20개의 고령자 적합 직종을 선정하여 이 직종에 대해 고령자의 우선취업을 권장하고 있으며 특히 300인 이상 사업장에 대해 3%이상의 고령자를 고용하도록 권장하고 있다.[4] 그러나 이는 강제규정이 아니고 권장규정으로 법적 구속력이 약하고 그 시행효과는 매우 낮다. 그리고 노인의 생업지원을 위해 공공시설안의 매점이나 자동판매기의 설치 등에 있어 65세 이상 노인을 우선적으로 해야 함을 의무적으로 규정하고 있다.

또한 1986년부터 노인의 적성과 능력에 맞는 일거리를 마련하여 노인에게 소득기회 및 여가선용의 기회를 제공하기 위하여 노인공동작업장을 설치, 운영하고 있다. 2002년 전국 545개소의 노인공동작업장이 있으며, 작업장 설치에 소요되는 예산을 국가와 지방자치단체가 각각 50%를 지원해 주고 있다. 그리고 2004년부터 노인일자리 사업이 실시되고 있다. 이 사업은 노인복지법 제23조, 제23조의2 및 저출산고령화기본법 제11조에 근거를 둔 것으로 노인복지법 제23조는 '노인 적합 직종의 개발 및 보급시책을 강구하고 근로능력 있는 노인에게 일할기회를 우선적으로 제공하도록 노력하여야 한다'는 것이며, 제23조 2항은 노인의 능력과 적성에 맞는 일자리의 개발·보급과 교육훈련 등을 전담할 기관을 설치·운영하거나 법인·단체 등에 위탁할 수 있다'는 근거가 있으며, 저출산고령화기본법 제11조에서는 '노인에게 적합한 일자리창출 등 안정된 노후생활을 할 수 있도록 필요한 조치를 강구하여야 한다는 내용을 담고 있다(보건복지가족부, 2007). 이러한 노인 일자리 사업은 2007년도 115,644개의 일자리를 창출하였으며, 2008년도에는 126,370개의 일자리를 창출함으로써 일정정도 성과를 보이고 있다(한국

4) 현재 우리나라에서 고령자적합 직종은 1차 지정 : 매표, 검표원, 주차장관리원 등 20개 직종, 2차지정 : 사서보조원, 복지관보조원, 간병인 등 20개 직종, 3차 지정 : 소독·방역원, 조직원 환경감시원 등 20개 직종 등이 있다. 노인이 되어 증가하는 것은 감식력, 리듬의 규칙성, 요령, 시간엄수, 면밀하고 주의 깊은 집중, 열성, 규율, 신중성, 인내심 등으로(Simon de Beauvoir. 1994 : 313), 이런 특성을 고려하여 새로운 직종을 개발할 필요가 있다.

노인인력개발원).

노인 일자리 사업의 유형은 〈표 12-1〉과 같다

〈표 12-1〉 2009년도 노인일자리 사업 유형

<table>
<tr><th colspan="2">구분</th><th>정의</th><th>인건비(월)/참여기간</th><th>교육 및 부대경비</th><th>국고 보조</th></tr>
<tr><td rowspan="3">공공분야</td><td>공익형</td><td>지방자치단체 및 공공기관에서 공공서비스 향상을 목적으로 업무영역(환경, 질서유지, 시설관리 등) 및 지역사회 현안 문제해결 등을 위해 창출된 일자리로서 공공의 이익에 부합하고 사회적으로 유용성이 강한 일자리</td><td>20만원/7개월</td><td>11~13만원</td><td rowspan="5">50%
(서울:30%)</td></tr>
<tr><td>교육형</td><td>경험과 교육을 통해 습득한 지식을 가진 노인이 다양한 계층을 대상으로 자신의 경륜과 지식을 전달함으로써 세대 간 문화전승의 효과를 살리고 교육대상자의 능력을 향상시키는 일자리</td><td>20만원/7개월</td><td>13~15만원</td></tr>
<tr><td>복지형</td><td>사회 · 경제 · 문화적 소외계층을 대상으로 제공되는 사회서비스 중 노인적합형일자리를 창출 · 제공하여 사회서비스 확대를 도모하고 서비스이용자의 사회적응 및 안정적 생활을 유지할 수 있도록 지원하는 일자리</td><td>20만원/7개월</td><td>13~15만원</td></tr>
<tr><td rowspan="2">민간분야</td><td>시장형</td><td>노인에게 적합한 업종 중 소규모 창업 및 전문직종 사업단을 공동으로 운영하여 창출되는 일자리로서 일정기간 사업비 또는 참여자 인건비를 일부 보충지원하고 추가 사업소득으로 연중 운영하는 일자리</td><td>-</td><td>130만원</td></tr>
<tr><td>인력파견형</td><td>수요처의 요구에 의해서 일정 교육을 수료하거나 관련된 업무능력이 있는 자를 해당수요처로 파견하여 근무기간에 대한 일정 보수를 지급받을 수 있는 일자리</td><td>-</td><td>15만원</td></tr>
</table>

*출처: 한국노인인력개발원 홈페이지

셋째, 각종세제혜택의 경우, 가정에서 노인봉양의식을 제고하고 부모와 동거하는 자녀의 경제적 부담을 덜어주고자 하는 목적아래 공무원을 중심으로 노부모봉양수당이 월 15,000원이 지급되고 있으며, 노부모동거가족에 대한 세금감면혜택(주택상속공제, 상속세인적공제) 및 주택자금 할증지원 혜택이 제공되고 있다.

2) 의료보장정책

우리나라의 경우 1989년 전국민의료보장시대의 개막으로 누구나 의료보험 또는 의료보호의 혜택을 받을 수 있게 되었다. 따라서 노인만을 대상으로 한 의료보장제도는 없다. 노인의료급여일수가 이전에는 연간 21일의 제한이 있었으나 1997년부터 365일 연중진료가 가능하게 되었다. 현행의료보험에서는 65세 이상 단독가구 중 보험료 부담이 어려운 가구에 대한 보험료를 반으로 감액하고, 70세 이상 노인에 대한 치료비는 본인부담을 2천원으로 경감하는 조치를 취하고 있다. 그리고 저소득층 노인인구를 위한 의료보호 및 의료부조가 시행되고 있다. 거택보호 및 시설보호대상 노인은 의료보험법에 의거 1종 의료보호대상자로서 병원외래 및 입원비용이 전액 무료이다. 자활보호대상 노인은 2종 의료보호대상자로 외래비용은 진료당 1만5천원이고 입원비용은 20%를 본인이 부담하게 되어있다. 그리고 노인들의 질병을 조기에 진단하고 예방하려는 측면에서 무료건강진단도 1983년부터 실시되고 있는데 65세 생활보호 대상 노인 중 희망자를 대상으로 2년 1회 이상 실시하고 있다. 65세 이상 노인의료비는 계속 증가 추세에 있다. 2008년 현재 건강보험의 노인의료비는 10조 4,904억원으로 2006년에 비해 15.5%가 증가한 것으로 전체 의료비 증가율 8.6%를 크게 상회하였다(통계청, 2009).

이와 함께 그동안 노인의 보살핌을 담당했던 가족기능의 변화에 따라 노인에 대한 장기요양보호(LTC: Long-term Care)의 문제가 부상되고 있다. 주요 선진국은 이 문제에 대응하여 각종의 사회적 보호제도를 실시하고 있다. 우리나라도 최근 2008년 7월 1일부터 노인 장기요양보험제도를 시행하고 있다. 이 제도는 고령이나 노인성 질병 등으로 인하여 목욕이나 집안 일 등 일상생활을 혼자서 수행하기 어려운 노인들에게 신체활동 · 가사지원 등의 급여를 제공하여 노후생활의 안정과 가족의 부담을 덜어주어 국민의 삶의 질을 높여주고자 하는 것으로 사회적 연대원리에 의해 제공하는 사회보험제도이다. 노인 장기요양보험의 필요성은 첫째, 인구고령화로 치매, 중풍 등 수발보호 필요노인의 급격한 증가, 둘째, 노인수발비용이 월 100~250만원으로 노인 가정에 과중한 부담 셋째, 치료의 목적보다는 노인을 돌볼 수 있는 가족이 없어 의료기관에 장기입원 조치 등 불필요한 입원으로 노인 의료비용의 증가 넷째, 저출산, 핵가족화, 여성의 사회활동 확대 등으로 가족 수발의 한계 등을 들 수 있다(보건복지부, 2008. http://www.mu.go.kr). 이 제도의 운영재원은 건강보험과 함께 청구되는 노인 장기요양 보험료와 중앙정부 및 지방자치단체의 부담금, 서비스 대상자들의 본인부담금 등으로 구성된다. 현재 건강보험 가입자들의 경우 매월 보수월액의 0.35%를 장기요양보험료로 내야 한다. 이 보험은 만 65세 이상이거나 65세미만이라도 치매, 뇌혈관 질환 등의 노인병을 가진 성인을 대상으로 심사를 거쳐 간병, 수발, 가사지원 등을 받을 수 있다.[5] 그런데 이 제도는 비용의 전액을 지원받는 것이 아니라 재가서비스는 지원비용의 15%, 시설서비스는 20%를 본인이 부담해야 한다. 7월부터 시행된 노인 장기요양 보험제도는 10만명 정도 서비스를 받게 된다. 그런데 현재 수발을 필요로 하는 치매, 중풍, 와상 등의 노인은 65세 이상 노인 중 53만 명으로 수발이 필요한 노인의 18%만이 서비스를 받게 된다. 따라서 앞으로 노인 장기요양 보험제도의 정착을 위해서는 요양시설의 확대를 통해 다수의 노인들이 제도의 보호를 받도록 해야 할 것이다.

5) 노인복지서비스가 기초생활보장자나 차상위계층 등 저소득층 위주의 정책이라면 노인장기요양보험은 수발이 필요한 모든 노인을 대상으로 한다. 건강보험이 질병이나 부상에 대한 의료서비스인 반면 노인요양보험은 질병과는 상관없이 제공되는 수발서비스라는 점이 다르다(정동우, 2008 : 15).

3) 노인의 주거보장정책

노후생활을 지원해 주는 주거시설로는 대표적으로 양로시설,노인공동생활가정,노인복지주택을 들 수 있다.

(1) 양로시설: 노인을 입소시켜서 급식과 그 밖에 일상생활에 필요한 편의를 제공함을 목적으로 하는 시설로서 노인주거복지시설의 한 종류로 분류된다(노인복지법 제31조).[6] 기초생활수급대상노인의 경우 무료로 이용가능하며, 도시근로자 월평균소득 이하 가구노인은 실비시설을 이용할 수 있다. 도시근로자 월평균소득 이상 가구노인(60세 이상)은 유료양로시설 이용이 가능하다(2008년 노인복지사업안내).

(2) 노인공동생활가정: 노인에게 가정과 같은 주거여건과 급식, 그 밖에 일상생활에 필요한 편의를 제공하는 것을 목적으로 주거복지시설로서(노인복지법 제31조), 양로시설과 비교할 때 입소정원에는 다소 차이가 있으나 제공되는 서비스의 내용이나 이용 자격기준 등은 거의 유사하다(보건복지가족부, 2008년 노인실태보고서).

(3) 노인복지주택: 노인에게 주거시설을 분양 또는 임대하여 주거편의, 생활지도, 상담 및 안전관리 등 일상생활에 필요한 편의를 제공함으로 목적으로 하는 시설을 말한다(노인복지법 제31조). 노인복지주택에는 60세 이상 노인이 입소가능하며, 배우자가 60세 미만이라도 60세 이상 노인과 함께 입소할 수 있다(노인복지법 제33조).

4) 노인복지서비스 정책

노인복지서비스는 노인인구를 대상으로 제공되는 사회적 서비스를 의미하며 노인의 사회적, 심리적 적응, 자아발달을 위한 욕구충족, 그리고 일상생활의 당면문제 해결 등을 위한 비물질적 서비스를 말한다. 노인의 역할상실 및 여가문제, 노인의 고독 및 소외문제를 해결하고 예방하기 위한 정책으로 노인여가복지서비스, 재가노인복지서비스가 있다.

---

6) 양로시설은 입소정원이 10명 이상인 시설이며, 노인공동생활가정은 입소정원 5명 이상 9명 이하의 주거복지시설이다(2008년 노인보건복지사업안내).

(1) 노인여가복지서비스

현재 우리나라의 노인의 여가복지시설로는 노인복지회관, 경로당, 노인교실, 노인휴양소 등이 있다. 1989년 노인복지법개정으로 인해 지역 독지가 또는 종교단체 등에 의해 설치되었던 경로당 및 노인교실이 법정화되었고 노인휴양소가 새롭게 규정되었다. 1997년에는 노인복지시설로 분류되었던 노인복지관이 노인여가복지시설로 전환되어 규정되었다.

① 경로당은 지역노인들이 자율적으로 친목도모, 취미활동, 공동작업장 운영 및 각종 정보교환과 기타여가활동을 할 수 있도록 하는 장소를 제공함을 목적으로 하는 시설로 현재 57,930개소가 운영되고 있다. ② 노인휴양소는 노인들에 대하여 심신의 휴양과 관련한 위생시설, 여가시설 기타 편의시설을 단기간 제공함을 목적으로 하는 시설로 현재 전국에 4개소가 설치되어 있다. ③ 노인복지관은 무료 또는 저렴한 요금으로 노인에 대해 각종 상담에 응하고 건강의 증진, 교양, 오락 기타 노인의 복지증진에 필요한 편의를 제공함을 목적으로 하는 시설로 228개소가 운영되고 있다. ④ 노인교실은 노인들에 대하여 사회활동 참여욕구를 충족시키기 위해 건전한 취미생활, 노인건강유지, 소득보장 등 기타 일상생활과 관련한 학습프로그램을 제공하는 시설이다. 노인교실은 여가 및 교육을 복합적으로 실시하기 위한 것으로 현재 1,260개소가 운영되고 있다(보건복지부, 2009).

(2) 노인재가복지서비스(Home Care Service)

재가복지서비스는 도움이 필요한 대상자들을 일정시설에 수용하지 않고 가정에서 방문서비스를 받거나 또는 지역사회내 재가복지센터로 통원하게 하여 일상생활을 위한 서비스와 자립할 수 있는 프로그램을 제공하는 것이다. 현재 실시되고 있는 재가노인복지시설로는 가정봉사원 파견시설, 주간보호시설, 단기보호시설 등이 있으며 방문요양서비스, 주 · 야간 보호서비스, 단기보호서비스, 방문목욕서비스 등이 있다.

① 방문요양서비스는 가정에서 일상생활을 영위하고 있는 노인으로

서 신체적, 정신적 장애로 어려움을 겪고 있는 노인에게 필요한 각종 편의를 제공하여 지역사회 안에서 건전하고 안정된 노후를 영위하도록 하는 서비스를 제공함을 목적으로 하는 시설로 현재 1,111개소가 운영되고 있다.

② 주·야간보호서비스는 부득이한 사유로 가족의 보호를 받을 수 없는 심신이 허약한 노인과 장애노인을 주간 또는 야간 동안 보호시설에 입소시켜 필요한 각종편의를 제공하여 이들의 생활안정과 심신기능의 유지, 향상을 도모하고 그 가족의 신체적, 정신적 부담을 덜어주기 위한 서비스를 제공함을 목적으로 하는 시설이며, 현재 621개소가 운영되고 있다.

③ 단기보호서비스는 부득이한 사유로 가족의 보호를 받을 수 없어 일시적으로 보호가 필요한 심신이 허약한 노인과 장애노인을 보호시설에 단기간 입소시켜 보호함으로써 노인 및 노인가정의 복지증진을 도모하기 위한 서비스를 제공함을 목적으로 하는 시설이다. 현재 운영되고 있는 단기보호서비스 시설은 217개소이다.

④ 방문목욕서비스는 목욕장비를 갖추고 재가노인을 방문하여 목욕을 제공하는 서비스를 제공하는 시설을 말한다. 현재 349개소가 운영중이다(보건복지가족부, 2009년 노인복지시설현황).

4. 고령사회와 노인복지정책의 방향

앞으로 우리나라는 2018년 노인인구가 전체인구의 14.3% 이상을 차지하는 고령사회에 진입하게 되며, 2026년에는 20.8%로 초고령사회에 빠르게 진입할 것으로 전망된다(통계청, 2007). 그러나 노동시장에서 조기퇴직제의 확대, 가족의 부양기능약화, 여성의 사회참여증가 등 급격한 사회변화에도 불구하고 전반적인 복지수준의 미흡하며 노인복지시설의 미비와 노인복지서비스에 대한 인식부족으로 인해 노인문제는 더욱 더 심화될 수 있다. 21세기 고령사회를 앞두고 노인복지정책의 방향에 대해 다음과 같이 살펴보고자 한다.

1) 노인복지의 정책모형을 구축함에 있어 '선가족보호, 후국가보장'의 잔여적 노인복지모형에서 벗어나야 한다. 1997년 노인복지법의 개정으로 노인을 위한 소득보장제도, 의료보장제도, 노인복지서비스제도 등의 틀을 갖추기 시작하였으나 실제적 내용에서는 1차적 책임을 가정에 두고 있으며 다만 저소득층노인을 대상으로 선별적인 보호를 제공해왔다. 앞으로 정책모형은 국가를 주체로 하여 복지수혜범위를 전노인계층으로 확대해야 한다.

2) 다양한 노인욕구에 부응하는 노인복지정책을 추진해야 한다. 노년층은 동질적인 집단이 아닌 연령, 계층, 성, 건강정도 등에 따라 노령화의 의미와 결과도 달라진다. 따라서 노인층을 세분화하여 욕구에 따른 복지정책을 모색해야 한다.

3) 위와 같은 노인복지정책의 방향을 기반으로 소득보장 및 의료보장 뿐만 아니라 노인복지서비스를 제공해야 한다.

첫째, 소득보장의 경우 근로능력을 상실한 고령인구층이나 저소득층의 경우는 공공부조 및 경로연금의 수급범위를 확대하고 비용을 현실화함으로써 실질적인 소득보장의 기능을 강화하고, 건강하고 젊은 노인층은 근로를 통해 소득할 수 있도록 취업기회를 제공해야 한다. 현재 고령자 고용촉진법에 규정된 고령자 적합직종에는 공공기관부터 노인을 의무적으로 채용하도록 하는 임의규정을 강제규정으로 전환함으로써 법적 구속력을 갖도록 해야 한다. 그리고 고령자 직업훈련프로그램 개발, 고령자 적합직종 개발 등과 함께 노인을 위한 취업정보체계를 활성화해야 한다.

둘째, 의료보장의 경우 의료보험의 본인부담률을 완화시키고 노인건강진단을 사회수당으로 전체노인에게 확대 적용해야 할 것이다. 의료보험 및 의료보호 적용시 노인성질환의 특성을 고려해야 하며 노인의 안경, 보청기, 틀니 등을 의료보장제도내에서 지급하도록 해야 한다. 셋째, 노인복지서비스의 경우 노인단독가구의 증대에 따른 가정봉사원서비스

제도의 확대 및 전문성제고를 위한 유급 가정봉사원 자격제도가 활성화되어야 하며, 위급시 복지관련기관과 연락할 수 있도록 노인가구에 SOS시스템을 마련해야 한다.

넷째, 실업산업의 경우 민간영리단체의 노인복지제도에의 참여에 따라 정부는 실버산업 운영기업 선정, 서비스의 질적 관리문제 등에 대해 통제, 감독함으로써 노인이 소비자로서 부당한 피해를 받는 일이 없도록 입법적, 행정적으로 보호할 필요가 있다.

제 2 절 장애인 복지정책

우리나라의 급속한 성장이면에서 다양한 사회적 위험(social risks)들이 크게 늘어나면서 시민의 일상적 삶의 안전이 크게 위협을 받고 있다. 산업재해, 환경오염, 대형사고, 신종질병 등은 산업화이전에는 쉽게 찾아볼 수 없는 현상으로 위험사회의 단면을 보여주고 있다. 2008년 12월 말 우리나라의 장애인수는 2,247천명으로 2000년부터 11.2%씩 증가하는 등 지속적인 증가추세를 보이고 있다. 전반적으로 후천적 원인이 90%로 가장 높았는데, 특히 후천적 원인 중 질환(55.6%)이 사고(34.4%)보다 21.2% 포인트 높게 나타나 인구고령화에 따른 질환의 후유증으로 장애가 발생하는 비율이 높게 나타났다. 이러한 사실은 어느 정도 장애의 예방이 가능하다는 것을 보여주는 것으로 건강증진과 사고예방에 대한 정책적 관심이 높아져야 함을 시사하고 있다(한국보건사회연구원, 2008).

그러나 장애인의 보호 수발인은 배우자, 자녀, 부모 등 가족이 대부분(94%)으로 장애인보호는 주로 가족을 통해 이루어져 왔다. 그러나 증가하는 장애인에 대한 문제는 핵가족화에 따른 가족기능의 약화 등으로 개인이나 가족보다는 사회와 국가가 주도적으로 해결해야 할 정책적 과제로 부상하게 되었다. 우리나라는 UN이 세계장애인의 해로 정한 1981년 심신장애인 복지법을 제정한 후 다양한 장애인관련 법률제정과 장애인복지법 개정을 통해 소득부문, 교육부문, 의료부문, 생활환경부문, 시설보호 등 각 분야에서 장애인복지정책을 실시하고 있다. 본 절에서는 장애인에 대한 정의 및 범위, 장애인의 실태, 장애인복지정책의 현황 및 문제점을 살펴본 후 앞으로 새로운 위험의 증가에 따른 장애인복지정책의 방향을 모색해 보고자 한다.

1. 장애인의 정의 및 장애인의 범위

1) 장애인의 정의

일반적으로 장애인은 신체 또는 정신의 장애로 인해 생활이 불편한 사람으로 이해된다. 우리나라의 경우 장애인복지법에 의하면 '장애인은 신체적 · 정신적 장애로 하여 장기간에 걸쳐 일상생활 또는 사회생활에 상당한 제약을 받는 자'로 규정하고 있다. 여기서 신체적 장애란 주요 외부신체기능의 장애, 내부기관의 장애 등을 말하고, 정신적 장애는 정신지체 또는 정신질환으로 발생하는 장애를 말한다.

그런데 장애의 정의는 한 나라의 사회 문화적, 경제적 여건 및 수준에 따라 다르기에 간단하게 정의하기는 어려우나 대체로 신체 또는 정신의 기능저하, 이상상실 또는 신체일부의 훼손 등을 지칭하는 의학적 수준으로 보는 협의의 개념과 세계보건기구(WHO)의 국제장애분류(ICIDH : International Classification of Impairments, Disabilities and Handicaps)에서 규정한 기능장애, 능력장애, 사회적 불리 등의 세 측면을 모두 포함하는 광의의 개념으로 나누어진다(박옥희, 1998 : 9-10). 이는 장애의 정의에 기능적 장애 뿐만 아니라 사회적 불리(handicap)도 포함하는 것으로 '장애는 개인과 그 환경간의 관계에서 파악되어야 함'을 의미한다. 여기서 기능장애(Impairments)는 심신의 구조적 · 기능적 손상자체를 의미하고, 능력장애(Disabilities)는 손상에 의한 개인적 차원에서 일상생활의 활동에 나타나는 이차적 장애를 의미하며, 사회적 불리(Handicaps)는 손상과 능력장애로 인해 사회적 차원에서 경험하는 불이익으로 편견, 차별 등을 의미한다. 최근에는 기능장애, 활동장애(activities), 참여장애(participation)라는 새로운 차원의 장애개념을 제시하고 있는데 이러한 개념은 장애인에게 있어서 사회참여의 중요성을 반영한 것이라고 할 수 있다(전용호, 2000 : 36-37).

2) 장애인의 범위

한 사회에서 '장애'가 실정법상 어떻게 정의되고 있느냐 하는 것은 그 나라의 장애인 출현율, 장애인의 수, 복지서비스의 필요성, 서비스에 필요한 사회, 경제적 비용 등에 중대한 영향을 미치게 된다. 그 동안 우리나라에서는 장애인의 범위는 지체장애, 시각장애, 청각장애, 언어장애, 정신지체 등 5종류에 한정하였으나 1999년 장애인복지법의 개정으로 지체장애, 뇌병변장애, 발달장애(자폐증), 신장장애, 심장장애 등을 추가하여 그 동안 주로 신체장애에 국한해왔던 장애범주를 정신장애와 내부장애까지 10종류로 확대되었다.[7] 그리고 장애의 정도에 따라 1-6등급으로 구분하고 있다. 뇌병변장애는 노인인구의 증가에 따른 것으로 기존의 지체장애와는 별도로 분리하여 '뇌졸중, 뇌성마비, 외상성 뇌손상 등 뇌의 기질적 병변에 기인한 신체적 장애로 보행 또는 일상생활 동작에 제한을 받는 자' 를 말한다.

그런데 장애인의 범주와 기준은 그 나라의 정치, 경제, 사회적 제반 여건과 특히 복지수준에 따라 각기 다르게 규정하며 관리하고 있다. 각 나라마다 장애인 인구구성은 차이가 있는데 현재 우리나라의 장애인인구와 관련하여 장애출현율(인구 천명당 장애인인구)은 2005년 현재

7) 앞으로 확대예상 장애범주에는 호흡기장애, 만성간질환, 만성알코올 및 약물중독장애, 기질성 뇌증후군, 기타 정신발달장애, 소화기장애, 비뇨기장애, 치매, 외부기형, 만성통증, 간질 등 경련장애, 암 등이 포함된다. WHO에서는 운동 및 감각장애, 정신지체, 정신질환, 만성알코올 및 약물남용, 만성 심혈관 및 폐질환, 만성위장손상, 피부질환, 암, 만성통증, 노인 등 여섯 가지 장애를 장애인의 범위에 포괄시키도록 권장하고 있다.

4.59%이다. 세계보건기구에서는 전체 세계인구의 약 10%를 장애인으로 추정하고 있고 미국(2000) 19.3%, 독일(2003) 10.2%, 일본(2000) 4.7%, 영국(2004) 19.7%로 외국의 장애인구와 우리나라는 큰 차이를 보이고 있는데 이는 나라마다 장애인의 범위와 기준에 차이가 있기 때문이다(보건복지부, 2006).

2. 장애인의 실태

우리나라는 장애인복지법 제 31조와 동 법 시행령 제 18조에 근거하여 장애인구 및 장애출현율과 함께 장애인의 생활실태 및 복지욕구를 파악하여 장 · 단기 장애인 복지정책 수립 및 시행을 위한 기초자료를 제공하고 있다. 장애인복지법에서는 매 3년마다 장애인실태조사를 실시하는 것으로 규정하고 있다(한국보건사회연구원, 2008). 조사내용은 장애출현율, 장애별특성, 장애진단 및 치료, 일상생활지원, 재활보조기구, 보육 · 교육, 취업 및 직업생활, 경제상태, 결혼생활, 여가 및 사회활동, 생활만족도 및 차별경험, 복지서비스 등 11개 분야에 대해 조사하고 있다. 우리나라에서 장애인은 비장애인에 비해 소득, 의료, 교육 등의 측면에서 상대적으로 낮은 상태에 있다고 할 수 있다.

1) **장애발생 원인** : 2006년 현재 우리나라에서 장애 발생의 원인은 정신지체를 제외하고 대부분이 예방 가능한 각종질환 및 사고 등 후천적 원인에 의한 것으로 지체장애의 96.7%, 시각장애의 93.2%, 청각장애의 87.2%가 후천적 원인에 의해 발생되었다(한국보건사회연구원, 2008). 특히 지체장애의 경우 36.6%가 교통사고 및 산업재해, 가정내 사고, 기타사고 등 각종사고에 의한 것으로 나타나고 있다. 반면 선천적인 원인이 1.6%, 원인미상이 1.2%, 출산시 원인이 0.1%로 나타났다(통계청, 2005(b)).

장애인 유형별로 보면 지체장애인이 가장 비율이 높고 뇌병변장애인, 시각장애인, 발달장애인 순으로 나타나고 있는데 지체장애와 시각, 청각장애의 경우, 연령이 증가함에 따라 출현율이 증가하는 경향을 보이고 있다(한국보건사회연구원, 2008). 또한 중복장애의 비율은 21.5%로 지체장애와 청각장애, 뇌병변장애와 언어장애의 중복비율이 높은 것으로 나타난다. 중복장애인중 2가지가 중복된 경우 79.1%이고, 3가지 이상 장애가 중복되는 경우는 20.1%이다.

2) **장애인의 경제적 실태** : 2008년 장애인가구의 월 평균 소득분포에 따르면, 50~99만원이 24.8%로 가장 많고, 그 다음이 100~149만원으로 16.3%이다. 전체 장애인가구의 절반 이상이 월 150만원 미만의 소득을 벌고 있는 것으로 나타났다. 장애인가구의 월 평균소득은 181.9만원이다. 반면, 2008년 현재 장애로 인한 추가비용은 월평균 약 159천원이며, 주로 의료비 (57.3%),재활보조기구 구입 유지비 (36.8%), 교통비 (17.8%)로 지출하고 있는 것으로 나타났다(장애인고용촉진공단, 2009).

3) **교육실태** : 우리나라 장애인의 교육수준을 보면 학교를 다니지 않은 경우가 16.5%이며, 초등학교 졸업이 33%, 고등학교 졸업이 24.4%, 중학교가 15.9%의 순으로 나타났으며, 2005년 조사결과와 유사한 것으로 보여진다(한국보건사회연구원, 2008). 장애인 중 3.2%가 특수학교를 졸업했거나 현재 특수학교를 다니고 있는 것으로 나타났다. 2005년 취학형태를 보면 일반학교 38.8%, 일반학교 특수학급 35.1%, 특수학교 26.1%이며 일반학교 취학비중은 학년이 낮을수록 높은 것으로 나타났다(보건복지부, 2005).

우리나라는 헌법 31조에 명시된 '능력에 따라 교육받을 권리'는 정신적 · 육체적 능력에 상응한 적절한 교육을 받을 권리로 해석되므로 장애인의 장애유형 및 정도에 맞는 교육을 받을 권리가 헌법적으로 보장된 것이다. 그러나 장애인의 교육실태를 보면 장애인은 최소한의 교육받을 권리도 보장되지 못하고 있다(윤점룡, 2005).

4) **경제활동** : 재가장애인들의 경제활동 상태를 보면 15세 이상 장애인중 학생과 주부를 제외한 취업장애인의 비율은 36.2%이다. 취업중인 장애인의 경제활동분야를 보면 단순노무직에 종사하는 비율은 34% 가

장 많은 비율을 차지하고 있으며, 그 다음으로 농업 및 어업근로자가 많은 것으로 나타났다(장애인고용촉진공단, 2009). 기능근로자는 12.3%, 서비스 및 판매종사자는 16.1%로서 취업구조가 열악한 것으로 나타났다. 취업장애인의 월평균 소득 157.2만원으로 상용종업원(2005년 2/4분기)의 월평균 임금 301.9만원의 52.1%에 불과하다. 그리고 장애인 가구 중 국민기초생활보호대상자의 비율은 13.1%로 비장애인 가구의 국민기초생활보호대상자 비율 6.8%에 비해 2배정도 높게 나타났다(통계청, 2005(b)).

5) **장애인들의 여가 및 사회활동** : 우선 사회활동의 경우, 장애인의 63.8%가 집밖활동에 불편을 느끼고 있다. 특히 뇌병변장애(68%), 자폐성장애(72.9%), 지적장애(49.2%)를 가진 장애인이 집밖활동의 불편 정도가 심한 것으로 나타났다. 장애인이 집밖 활동시 불편을 느끼는 원인은 지체장애와 장루 · 요루장애의 경우 '장애인 관련 편의시설이 부족'이란 응답이 65.7%와 65.1%로 가장 많았고, 지적장애(75.3%), 자폐성장애(71.7%), 정신장애(64.8%)의 경우 '외출시 동반자가 없어서'라는 응답이 많았으며, 안면장애는 '주위 사람들의 시선 때문에'(93.7%) 집밖 활동시 불편하다고 응답하였다. 그리고 대부분의 여가시간을 활용하는 방법으로서 비디오나 유선방송을 포함한 TV시청이 36.1%로 가장 높게 나타났다(한국보건사회연구원, 2008).

3. 우리나라의 장애인복지정책

장애인복지는 재활(rehabilitation)의 개념으로 이루어지는 것으로 장애인의 손상된 능력 회복 뿐만 아니라 잔존능력을 개발하는 것이다. 따라서 장애인복지는 장애인의 사회복귀 뿐만 아니라 장애인이 계속적으로 직업을 가지고 경제적으로 자립하는 것을 목표로 하고 있다. 우리나라는 장애인의 증가와 함께 장애인문제가 부상함에 따라서 1981년 심신장애자 복지법을 제정하고 정부조직에 장애인 복지전담부서를 설치하고 장애인과 관련된 각종 법령과 제도를 정비하였다. 그 후 장애인의 무고용제('90), 특수교육진흥법 전면개정('94), 장애인·노인·임산부 등의 편의증진에 관한 법률제정('97), 장애인 복지발전 5개년 계획(1998-2002)수립 및 시행('97.12), 장애인복지법 개정('99.1), 장애인의 고용촉진 및 직업재활법('99.12)을 제정함으로써 장애인의 복지확대, 특수교육강화, 고용촉진 등을 통해 장애인의 완전한 사회참여와 평등의 보장을 장애인 복지정책의 기본방향으로 삼고 있다.

여기서는 장애인복지정책을 소득, 의료, 고용, 생활환경, 재가복지서비스 정책을 중심으로 다루고자 한다.

1) 소득보장정책

장애인에 대한 소득보장정책은 장애인들이 일상생활을 영위함에 있어 필요한 소득을 보충시켜 주는 것으로 직접적인 소득보장정책인 사회보험에서의 장해연금 또는 장해일시(보상)금, 공공부조의 일환으로 실시되는 생활보호사업과 장애수당과 금전적 지출을 감면해 줌으로써 장애인의 생활안정을 도모하는 조세감면 및 이동요금 할인 등을 통한 간접적 소득보장정책 등이 있다.

(1) 직접적 소득정책

① 사회보험중 국민연금제도는 특수직역에 종사하지 않는 일반국민들이 가입기간중에 산업재해가 아닌 다른 이유로 장애를 입은 경우 지급되는 급여로 장애일시보상금과 장애연금 두 종류가 있다. 장애일시보상금은 장애등급4급(국민연금법상 장애등급을 말함)에 해당하는 경미한 장애를 입은 경우에 지급되는데 기본연금액의 225%가 지급된다. 장애연금은 장애등급 1-3급에 해당하는 장애를 가진 경우 지급되는데 등급에 따라 기본연금액의 100%, 80%, 60%에 가급연금액(배우자나 자녀, 부모의 부양가족이 있는 경우에 기본연금액에 더해서 지급되는 연금)을 더한 금액이 지급된다.

산재보험의 경우 산업재해를 당한 노동자가 산재보상보험제도에 의해 받을 수 있는 급여는 요양급여, 휴업급여, 장해급여, 유족급여, 상병보상급여, 장의비, 특별급여가 있다. 요양급여는 산재로 인한 부상 또는 질병의 치료를 위해 요양비를 지불하는 것으로 치료비전액이 지불된다. 휴업급여는 산재로 인한 요양으로 취업하지 못한 기간에 지급되는 것으로 1일당 평균임금의 70%이다. 장해급여는 산재로 인한 부상, 질병 후 장해가 남았을 경우에 지급된다. 유족급여는 재해근로자가 사망한 때로 연금은 유족 수에 따라 연소득의 52-67%를 지급하며, 장의비는 재해근로자가 사망시 평균임금의 120일분을 지급하며 상병보상연금은 2년이상 장기 요양하는 재해근로자가 폐질자로 판정된 경우 휴업급여 대신지급하며 장해급여 1-3급과 동일하다. 특별급여는 보험가입자의 고의, 과실로 인한 재해시 민사배상에 갈음하여 유족특별급여와 장해특별급여를 지급한다.

② 공공부조 : 장애인을 위한 공공부조로는 생활보호제도와 장애수당, 그리고 장애인 자립자금 대여 등이 있는데 첫째, 생활보호제도의 경우, 그동안 심신장애로 인하여 근로능력이 없는 자를 대상으로 거택보호의 경우 생계보호, 자활보호, 교육보호, 해산보호, 장제보호, 의료보호를, 자활보호의 경우 생계보호와 장제보호를 실시하였다. 생활보호제도는 소득이 없는 장애인들의 생활안정에 기여할 수 있는 제도였으나 1999년 현재의 범주를 없애고 보충급여형식으로 도입한 국민기초생활보장법으로 대체되었다.

둘째, 장애수당의 경우, 기초생활수급대상 또는 차상위계층 등 저소득 장애인가구의 생활안정을 도모하기 위한 것으로 지급대상은 국민기초생활보장법에 의한 기초생활수급자 또는 차상위계층 장애인으로 하고 있다. 그리고 장애등급이 1급 또는 2급인 자 그리고 3급 정신지체 또는 발달장애인(자폐)으로서 다른 장애가 중복된 자와 장애등급이 3~6급인 경증장애인이다. 장애수당은 기초생활수급자의 경우 중증은 월 13만원, 경증은 월 3만원을 지원한다. 또한 18세미만 장애아동 부양수당은 기초생활수급자의 경우, 1급 중증은 월 20만원, 경증은 월 10만원를, 차상위계층의 경우 중증은 월 15만원, 경증은 월 10만원을 지원하고 있다. 장애아동수당을 지급받던 대상자가 만 18세가 되는 경우 만 18세가 되는 날이 속한 다음 달부터는 장애수당 지급한다(보건복지가족부, 2010년 장애인복지사업안내).

* 차상위 계층 : 국민기초생활보장 수급권자에 해당하지 아니하는 계층으로서 소득인정액이 최저생계비의 100분의 120 이하인 계층
* 부양의무자 : "1촌의 직계혈족 및 그 배우자" 중 장애인이 속한 개별가구(「국민기초생활보장법」 상 개별가구)에 속하지 아니하는 자
* 2010년 최저생계비 및 차상위 계층 기준

(단위 : 원/월)

가구규모	1인 가구	2인 가구	3인 가구	4인 가구	5인 가구	6인 가구
최저생계비	504,344	858,747	1,110,919	1,363,091	1,615,263	1,867,435
차상위 기준	605,123	1,030,496	1,333,103	1,635,709	1,938,315	2,240,922

※ 차상위 계층 7인 이상 가구는 1인 증가시마다 302,606원씩 증가

*출처: 보건복지가족부, 2010년 장애인복지사업안내

1999년 장애인 복지법이 전면 개정되면서 생계보조수당은 낙인을 줄 수 있다는 이유로 장애수당으로 명칭이 변경되었다. 그런데 장애수당은 장애인가구의 소득수준이 일반가구의 50%에 불과하고 장애에 의한 추가비용이 소요된다는 점을 고려한다면 소득기회의 상실을 실질적으로 보장하지 못하고 있다.

셋째, 장애인 자립자금 대여로 자활자립이 가능한 저소득장애인에게 자립자금을 대여해 줌으로써 자활자립 및 생활안정을 도모하는데 목적에 두고 있다. 대여자금 종류로는 생업자금, 취업에 필요한 지도 및 기술훈련비, 기능회복훈련에 필요한 고가의 재활기기 구입비, 고가의 사무보조기기 구입비, 기타 시 · 도지사가 장애인재활에 필요하다고 인정하는 비용 등이 있다. 그 외에도 공공기관이나 시설 내 매점, 자판기 등의 장애인에게 우선 허용하도록 하여 경제적 자립을 기하고 생활안정을 위해 배려하고 있으며 저소득장애인의 중 · 고등학교자녀들에게 수업료, 입학금 전액을 지원하여 이들이 교육을 받을 수 있는 기회를

부여하고 있다.

(2) 간접적 소득정책으로 첫째, 세금감면으로 소득세, 상속세, 자동차 특별소비세, 자동차세 등등에 대한 세금감면이나 면세가 있으며 둘째, 요금감면으로 전화요금, 철도 및 도시철도요금, 항공요금, 주차료, 이동통신요금, 고속도로통행료 할인이 있으며 고궁, 박물관, 공원 등 공공시설 이용요금 면제 및 TV수신료 면제 혜택이 있다.

2) 의료복지정책

장애인 의료보장제도는 사회보험제도인 의료보험과 공공부조제도인 의료보호제도, 저소득장애인에 대한 의료비지원과 보장구 무료교부사업 등이 있다.

첫째, 의료보험제도는 장애인 본인 또는 가구원이 일정률의 보험료를 납부하고 의료서비스 이용시 현물 또는 현금으로 급여를 받는 제도이다. 장애인과 관련하여 1997년부터 지체장애인용 지팡이, 시각장애인용 저시력보조기, 청각장애인용 보청기, 언어장애인용 전기후두 등 4종의 보장구에 대해 의료보험(보호)급여를 실시하여 의료보호대상자에게는 구입가 전액을, 의료보험대상자에게는 상한액 범위 내에서 구입비의 80%를 지원하고 있으며 1998년부터는 급여대상 품목에 휠체어, 흰지팡이, 지체장애인용 목발 등 3종이 추가되었다.

둘째, 의료보호제도는 거택보호, 자활보호 및 시설보호대상자에게 국가재정으로 의료혜택을 부여하는 제도로서 장애인의 경우 생활보호대상자로 책정된 자에 한하여 의료보호혜택을 받을 수 있다.

셋째, 장애인 의료비지원제도로 생활이 어려운 저소득장애인의 의료비를 지원함으로써 생계안정을 도모하고 의료보장의 실현을 위한 것으로 지원대상은 의료급여법에 의한 의료급여 2종 수급권자인 등록장애인, 국민기초생활보장법에 의한 수급자 중 근로능력세대의 등록장애인, 2009. 4. 1부터 건강보험의 차상위 본인부담 경감대상자로 전환된 차상위 의료급여 2종 수급권자였던 만성질환자, 18세 미만 아동은 계속해서

장애인의료비지원 대상이 된다. 반면, 장애인 의료비는 장애인에게만 지원되므로 당해 장애인과 세대를 같이하는 비장애인인 가족원은 지원 대상이 아니다(보건복지가족부, 2010년 장애인복지사업안내).

넷째, 보장구 무료교부 제도는 1982년부터 생활이 어려운 저소득장애인에게 보장구의 제조, 구매, 수리, 검진 및 적응훈련비를 지원함으로써 이들의 신체적 기능을 보완하고 생활능력을 향상시켜 장애인의 자활·자립을 도모하는데 목적을 두고 있다. 교부대상자는 등록한 지체장애인으로 국민기초생활보장법상의 수급자 및 차상위계층으로서 장애인 중 취업활동 등을 위해 보장구 장착이 필요하다고 인정되는 경우이다. 교부되는 보장구는 1,2급 지체, 뇌병변 심장장애인을 위한 욕창방지용 매트, 시각장애인을 위한 음향신호기의 리모콘과 음성탁상시계, 청각장애인을 위한 휴대용 무선신호기과 진동시계, 뇌병변장애인, 근육병 등 지체장애인 1,2급을 위한 자세보조용구, 워커, 식사보조기구와 기립보조기구 등이다.

3) 고용정책

장애인 복지의 궁극적 목표는 모든 장애인이 자기능력의 최대한으로 개발하여 적성에 맞는 직업을 가지고 사회적, 경제적 활동에 참여하여 자립을 도모하는 것이라고 할 수 있다. 여기에는 고용보장과 직업재활(직업훈련)을 들 수 있다.

첫째, 고용보장의 경우, 일반사업장에서 비장애인과 같이 고용되는 일반고용정책과 그렇지 못한 장애인을 대상으로 하는 보호고용정책으로 나누어 볼 수 있다. 일반고용의 경우, 정부는 1990년 '장애인고용촉진 등에 관한 법률'을 제정하여 상시근로자 300인 이상을 고용하고 있는 사업장에서는 고용인원의 2%이상을 장애인으로 고용할 것을 의무화하였으며, 불이행시에는 의무고용인원에 미달하는 인원수만큼 고용부담금을 납부하도록 하였다. 장애인 의무 고용률은 1991년 1%, 1992년 1.6%, 1993년부터 1995년까지 2%로 점차 확대되어 왔으며, 2008년 현재는 2%이다. 2009년 장애인 고용촉진 및 직업재활법을 개정하여 법 공공기관 중 공기업 및 준정부기관의 장애인 의무고용률을 2010년부터 국가 및 지방자치단체와 동일하게 3%로 상향조정하기로 하였다. 또한 국가 및 지방자치단체의 경우 소속 공무원 정원의 2%이상을 장애인으로 고용하도록 노력하여야 한다고 규정하고 있다. 단체에서 장애인의무고용률 2%를 초과한 경우 초과 고용된 장애인 1명당 월 60만원의 고용장려금을 지원하는 등 장애인고용을 높이기 위해 노력하고 있다.

장애인 고용촉진 등에 관한 법률에 의하면 장애인 의무고용미달인원 1인당 당해연도 최저임금의 60%에 해당하는 부담금(2008년 현재 1인당 500,000원)을 납부해야 한다. 반면 의무고용을 초과하여 고용하거나 의무고용 비해당기업이 장애인을 고용할 경우 1인당 60만원의 지원금을 지급하고 있다. 그런데 대상사업체가 고용부담금에도 불구하고 장애인을 고용하지 않고 있는데 그 이유는 장애인고용은 생산성저하, 산업재해 발생우려, 노무관리에 대한 부담, 시설 및 장비투자에 대한 추가비용의 부담으로 경제적으로 비효과적이라는 인식과 능력고용부담금 수준이 최저임금의 60%로 낮은 수준에 있기에 부담금 납부를 선호하고 있다. 보호고용의 경우, 일반기업체에 취업하기 어려운 중증장애인을 위한 보호고용제도는 1986년 장애인복지시설내의 자립작업장 설치운영계획에서 의해 22개의 보호작업장이 설치되면서 본격화되었다. 장애인을 위한 보호고용시설로는 정부에서 운영비를 지원하는 장애인근로시설과 장애인수용시설에 주로 부설되어 있는 보호작업장이 있다(보건복지부, 2006).

2005년 현재 장애인재활시설, 장애인종합복지관, 사회복지관 등에 장애인보호작업장(117개소)을 부설 · 운영하도록 지원하여 현재 2,627명의 장애인이 일하고 있다. 장애인복지의 궁극적 목표는 모든 장애인이 자기능력을 최대한 개발하여 적성에 맞는 직업을 가지고, 사회 · 경제활동에 참여하여 자립 · 자활을 도모하는 것이다. 장애인 이용시설 등에 장비를 보강하여 직업훈련을 강화하고, 일반기업에 취업이 어려운 장애인들의 일터를 마련해 주기 위해 현재 8개소의 장애인근로시설이 운영·지원되고 있다. 이 시설에 고용되어 일하는 장애인은 대부분 지체장애인으로 중증장애인이 많다. 그리고 장애인수용시설의 경우 대부분이 시설수용장애인이고 재가장애인은 소수이다. 우리나라의 중증장애인은 대체로 보호작업장 고용형태에서 일하고 있는데 직종은 단순 임가공, 목공 및 목공예, 봉제 및 수예, 원예 및 농축산을 주로 하고 있다.

둘째, 직업훈련의 경우, 장애인 고용을 촉진하기 위해서 가장 필요한 정책으로는 장애인에 대한 교육·훈련 및 자격제도라고 할 수 있다. 장애인에 대한 직업훈련은 국가와 지방자치단체의 고용촉진 훈련과정, 일반직업훈련원, 특수학교, 장애인 복지시설, 산업재활원, 장애인전문직업훈련원 등에서 실시하고 있다. 훈련내용이 공예, 농업, 제빵, 조립, 안마 등 전통적인 직종을 중심으로 훈련하고 있고, 전기·전자나 자동차, 컴퓨터와 같은 고숙련을 요구하는 직종에 대한 직업훈련이 잘 시행되고 있지 않다(유동철, 2000 : 306).

4) 생활환경정책

장애인의 생활환경정책으로 장애인의 이동권과 건물접근권 및 정보통신권을 들 수 있다. 이동권 및 건물접근권의 경우, 정부는 1997년 '장애인, 노인, 임산부 등의 편의증진 보장에 관한 법률'을 제정 공포하여 장애인 등이 생활을 영위함에 있어 다른 사람의 도움 없이 안전하고 편리하게 시설 및 설비를 이용하고 정보에 접근하도록 보장함으로써 이들의 사회활동참여와 복지증진과 함께 접근권의 권리를 명시하고 대상시설을 도로, 공원, 공공건물 및 공중이용시설, 공동주택, 교통수단, 통신시설 등의 시설로 규정하고 있다.

그리고 장애인의 정보통신권은 1995년 정부가 발표한 '정보화촉진 기본계획'에서 장애인을 위한 정보시스템 개발 및 정보이용 혜택을 부여하는 것도 선언적 차원에서 밝히고 있다. 장애인과 관련된 정보복지를 보면 컴퓨터 통신 이용요금 50% 할인제도 및 청각장애인을 위한 단말기 보급과 재활정보센터 운영을 들 수 있다. 그리고 통신분야의 접근성은 통신기기의 접근성, 수화통역, 매스미디어의 접근성으로 통신기기의 경우 장애인복지법에 의해 장애인용 공중전화대와 우체통만을 대상시설로 규정하고 있으며 수화통역의 경우 1997년 수화통역사 제도가 시행되고 있다. 그리고 매스미디어의 접근성에서 현재는 일부 TV프로그램에서만 자막방송과 수화방송이 실시되고 있으며 장애인대상 정규프로그램이 라디오, TV방송으로 실시되고 있다.[8]

5) 재가복지서비스부문의 경우, 정부에서는 장애인이 집에서 생활하면서 치료와 교육, 직업훈련서비스 등을 받을 수 있도록 통원 가능한 이용시설을 설치, 운영하는 것을 지원하고 있다. 현재 운영되고 있는 장애인 이용시설로는 장애인종합복지관, 장애종별복지관과 장애인종합복지관에 부설된 재가복지봉사센터와 주간 및 단기보호시설 등이 있다. 그리고 가정에서 보호하기 어려운 장애인을 지역사회의 소규모 주거시설에서 생활지도교사의 도움을 받아 사회적 자립을 수행하는 공동생활가정(Group Home)도 운영되고 있다.

4. 위험사회와 장애인복지정책의 방향

앞으로 우리사회는 과학기술문명이 만들어내는 새로운 사회적 위험의 출현과 함께 후천적 장애인, 중도장애인의 수는 증가할 것으로 예상된다. 따라서 이들에 대한 사회복귀와 재활대책을 강화하는 등 장애인복지는 새로운 전환을 모색해야 한다. 즉 장애인복지정책은 장애인의 욕구에 맞는 조건의 평등을 기반으로 하며, 인간으로서 보통 정상적인 생활을 할 수 있는 사회의 실현을 지향하며, 지역사회 내에서 다른 사

8) 2008년 현재 장애인의 정보기기 보유율은 휴대폰 67.1%, 컴퓨터 53%, 인터넷 51.4%이며, 2005년에 비해 각각 11.9%, 3.1%, 2.9% 포인트 증가하였다. 반면, 사용률은 휴대폰 66.7%, 컴퓨터는 26.7%, 인터넷은 25.7%로 컴퓨터와 인터넷의 경우 보유율에 비해 사용률이 절반 수준에 불과하다(장애인고용촉진공단, 2009).

람들과 함께 생활해 나가도록 한다는 장애인의 평등성, 정상화, 통합화를 기반으로 해야 한다. 이를 위해서는 첫째, 장애인의 완전한 사회참여와 평등을 보장하는 것으로 생활능력이 없는 중증장애인에 대해서는 국가가 적극적인 보호를 실시하고 자립이 가능한 장애인에 대해서는 치료, 교육, 취업 등 장애유형에 알맞은 재활시책과 자립기반을 확충해 나가야 한다. 특히 장애인의 직업훈련에 있어는 사양직종이 아닌 장애인의 기능에 맞는 훈련을 모색해야 한다.

둘째, 부문별 장애인복지정책으로 소득보장강화 차원에서 장애수당의 상향조정 및 장애유형별 장애로 인한 추가비용 지원의 차등화 및 내실화를 기해야 한다. 그리고 장애정도와 유형별, 개별화된 직업재활프로그램 체계 구축 등 직업재활사업강화와 함께 의료보장 및 고용보장을 실현하도록 해야 한다.

셋째, 장애인복지정책의 발달을 제한하는 가장 큰 요인은 복지재정의 취약성이라고 할 수 있다. 사회보장예산중 장애인 복지서비스예산이 차지하는 비율은 약 2%수준이며 국가예산중에서는 0.13%에 불과하다. 이러한 복지재정의 빈약으로 대부분의 무료서비스는 저소득층장애인에 국한된 것으로 급여내용도 기본적 욕구를 충족시키는 정도에 머물러 있다. 앞으로 장애인복지는 민간영리 및 비영리부문의 복지기여가 필요하기도 하나 장애인복지의 1차적인 주체로서 국가는 장애인복지를 위한 복지재정을 확대해야 할 것이다.

넷째, 장애예방사업 강화로 사후적인 장애인복지대책에 앞서 무엇보다도 우선 장애발생 예방대책이 강화되어야 한다. 출생전 원인에 의한 장애발생 예방 및 출산후 장애예방사업, 학교보건사업의 강화, 사회교육적 예방대책(약물중독의 폐해에 관한 교육 및 관리·규제)을 강화해야 하며, 후천적 장애발생의 차단과 교통사고 안전대책 및 응급구조 체계를 대폭 개선하고 재해율을 선진국 수준인 0.5%이하로 낮추도록 해야 할 것이다.

다섯째, 정보사회에 따른 장애인의 정보통신접근권과 관련된 복지정책을 확대해야 한다. 정보통신기술의 발달은 장애인의 이동 및 의사소통의 어려움 등으로 사회적으로 고립되어 있던 장애인들의 사회적 소외감을 줄일 수 있게 한다. 그러나 이러한 편익은 정보통신에의 접근과 이용이 불가능한 사람에게는 치명적인 불이익이 된다. 접근불가능성은 사회경제적 지위에 의한 장벽, 정보통신상품의 복잡한 설계 등 여러 가지 장벽으로부터 기인한다. 정보통신시스템이 단지 정보접근의 수단 뿐만 아니라 다양한 사회활동의 직접적인 매개가 된다는 점에서 앞으로 장애인을 위한 정보통신기술에 적극적인 투자를 해야 할 것이다.

제 3 절 여성복지정책

현대에 들어와서 여성의 교육수준 향상 및 의식변화, 그리고 사회참여증가 등은 전반적인 사회제도의 변화를 가져옴으로써 사회지형을 바꾸어 놓고 있다. 지금까지 사회제도 및 각종 정책은 남성은 생계부양자(breadwinner)로서 사회적 역할을 담당하고 여성은 경제적 의존자이면서 보살피는 자(caregiver)로서 가정역할을 담당한다는 이분법적 성역할관을 기반으로 해왔다. 사회복지정책의 경우도 여성은 피부양자로서 가정에서 아동, 심신장애인, 노인 등을 보살피는 역할을 맡고 있다는 전제아래 여성복지는 고려대상으로 삼지 않았다. 그런데 여성의 활동과 권리의식이 빠르게 발전하면서 사회복지정책에 커다란 변환을 가져오고 있다. 우리나라는 1990년대 중반이후 '여성복지'라는 이름으로 여성복지정책을 시행하고 있다. 그러나 여성복지는 뿌리깊게 존재하는 공식적, 비공식적인 성차별과 가부장제로 인해 사회복지관련 법이나 제도에 있어 여성의 특수성을 적절하게 반영하지 못한 채 전반적인 복지체계에서 주변화되고 있다. 앞으로 여성복지정책은 여성은 임신, 출산 그리고 양육의 재생산기능 등 신체적, 생리적 특성에 의해 특수한 상황에 놓여 있다는 전제아래 성차이(gender difference)를 기반으로 한 성평등(gender equality)한 복지정책이 되어야 한다. 본 절에서는 여성복지에 대한 정의 및 여성복지정책의 필요성, 우리나라 여성복지정책을 살펴보고 나아가 성평등사회와 여성복지정책 방향을 다루고자 한다.

1. 여성복지의 정의 및 필요성

1) 여성복지의 정의

우리나라에서 여성복지라는 용어가 사용된 것은 1990년대 중반이후부터이다. 근대적 의미의 사회복지가 시작된 1950년대 이후 '여성복지' 라는 용어를 사용하기 이전에 '부녀복지'로 사용해 왔다. 여성복지는 여성을 바라보는 시각이나 이데올로기가 다양하고 국가와 시대에 따라 다양하게 변화되어 왔으며 여성이란 용어에는 독립적인 개인으로서의 역할, 보호자로서의 역할, 그리고 의존자로서의 역할이 기대되고 있기 때문에 한마디로 정의하기가 어렵다. 우리나라에서도 학자들간 다양한 정의(한국여성개발원, 2000 ; 이혜경, 1990; 이상덕, 1996; 김미혜, 1997)가 있으나 일반적으로 '여성복지란 여성이 국가와 사회로부터 인간의 존엄성과 인간다운 생활을 할 권리를 동등하게 보장받음으로써 여성의 건강, 재산, 행복의 조건들이 만족스러워지는 상태를 의미하며 동시에 가부장적 가치관과 이에 기초를 둔 법, 기타 사회제도를 개선하여 양성평등의 사회를 실현하려는 정책적, 실천적 차원의 모든 노력을 포함하는 개념'으로 정의할 수 있다.

따라서 여성복지는 부녀복지라는 아름아래 복지대상이었던 요보호여성 뿐만 아니라 일반여성까지 모두를 포함하는 포괄적 개념으로 변화되었다. 즉 여성복지는 모든 여성에 관한 복지전반을 포함하는 것을 가리키는데 그 범주는 사회보장의 요소인 공공부조, 사회보험, 사회복지서비스에 의한 여성의 복지급여로서 기존의 사회복지에 내재한 성차별을 타파하고자 하는 제도개선을 포함한다.

2) 여성복지의 필요성

오늘날 산업사회 구조의 다원화와 사회변동으로 인한 여성문제의 부상, 여성의 사회참여에 따른 역할가중 및 다양한 여성의 욕구 증가 등에 의해 여성복지의 필요성이 증가하고 있는데 이를 구체적으로 살펴보고자 한다.

첫째, 사회적 위험의 증가와 빈곤의 여성화 : 현대사회에서 산업재해 및 대형사고 등으로 인한 배우자와의 사별, 대량실업에 의한 생계유지자 부재, 노동능력을 상실한 배우자를 가진 여성의 증가, 이혼의 급격한 증가 등에 따라 여성가구주가 늘어나고 있으며 이들의 상당수가 빈곤층으로 편입되고 있다. 특히 IMF구제금융후 빈곤의 여성화현상은 가속화되고 있는데 노동시장의 유연화과정에서 여성은 1차적으로 일자리를 잃거나 자영업의 파산으로 절대빈곤층으로 편입되고 있는데 이러한 여성의 빈곤화를 저지할 수 있는 사회적 대안이 부재한 상황에 있다.

둘째, 노동시장에서 여성의 주변화 : 여성들의 노동시장에서 위치는 대부분이 저임금직 및 하위직에 편중되어 있다. 여성의 평균임금은 남성의 60%에 불과하며 노동시장의 분화와 더불어 여성은 임시직, 일용직, 파트타임직 등 비정규직으로 전환하고 있다. 2007년 통계청 '경제활동인구조사'에서 전체 비정규직 근로자 8,785천명 중 남성은 4,315천명으로 47.4%.를 차지하는 반면 여성은 4,479천명으로 67.5%로 나타났다(통계청, 2007(b) ; 김유선, 2007). 대부분의 비정규직 여성의 임금은 정규직과는 달리 단기고용계약, 모성보호부재, 사용자의 편의적 해고 등으로 복지혜택을 받지 못하거나 고용불안에 시달리고 있다. 열악한 노동조건은 비단 비정규직 여성들만의 문제는 아니다. 여성노동자의 71.7%가 5인미만 사업장에 집중해 있는데 이들에게는 근로기준법의 핵심적인 내용인 퇴직금, 연월차휴가, 등의 조항이 적용되지 않고 있다. 특히 여성노동자들의 경우 영세사업장, 무등록공장에서 일하고 있기에 고의적, 상습적인 임금체불로 인한 고용불안과 생계위협의 문제가 심각하다.

셋째, 여성의 경제활동참여증가 : 여성의 경제활동참여율은 2007년 현재 53.9%이며, 2001년 48.6%, 2002년 49.7%, 2003년 48.9%에 비해 점차 증가추세를 보이고 있다(통계청, 2007(b)). 그런데 여성들은 경제참여에도 불구하고 가사노동, 수발자 역할을 하고 있어 2중, 3중의 부담을 안고 있다. 여성의 경제활동양상을 보면 결혼과 함께 20대 후반에 직장을 그만두고 막내자녀가 초등학교에 들어가는 30대 후반이나 40대 초반에 다시 노동시장에 나오는 M자형을 보이고 있다. 여성의 지속적인 사회참여를 위해서는 가사노동 및 자녀양육의 사회화를 위한 사회적 지원이 필요하다.

넷째, 여성의 의식과 욕구의 변화 : 최근 우리나라는 여성의 인권 내지 복지권에 대한 인식이 향상되어 인간다운 삶을 요구하는 의식의 변화가 이루어지고 있으며 평등, 참여, 합의의 민주적 가치관이 사회의 중심가치로 확립되어 감에 따라 여성에 대한 다양한 불평등 의식을 타파하려는 노력이 이루어지고 있다. 그리고 여성들은 핵가족화 현상에 의한 가족규모 및 기능의 축소, 기계화에 따른 가사노동 부담의 감소, 여성의 교육기회의 확대 등으로 인해 여성의 전통적인 역할과 갈등하고 있으며 자아실현을 하고자 하는 욕구를 증대시키고 있다. 이러한 욕구는 해결하기 위해서는 여성의 능력개발, 사회참여확대방안 등 사회적 지원체계 구축이 필요하다.

다섯째, 성개방풍조에 따른 요보호여성의 증가로 자본주의사회가 성장함에 따라 성상품화가 사회문제로 부상하고 있다. 특히 여성을 남성의 성적 도구로 삼고자 하는 인신매매와 매매춘 등이 확대되고 있으며 성개방풍조의 파급에 따른 미혼모도 증가하고 있다. 따라서 점차 매매춘여성 및 미혼모, 가출여성 등 요보호여성 문제가 증가되고 있으며 이들의 사회복귀를 위한 사회적 지원이 필요하다.

2. 우리나라의 여성복지정책

여성복지정책은 여성을 위한 정책이나 법, 제도와 관련된 정부의 정책으로서 사회복지정책의 한 분야로 간주되는데 그 근거로는 산업화에 따른 사회적 위험성, 여성취업을 둘러싼 비형평성, 여성에 대한 낙인, 여성의 생활의 질이라는 측면이다(김상균, 1984 : 135). 우리나라의 여성복지정책은 요보호여성을 대상으로 한 부녀복지사업을 중심으로 시작되었다. 1980년대 후반이후 남녀고용평등법(1987), 모자복지법(1989), 영유아보육법(1991) 등 일련의 여성관련복지법이 제정되었다. 특히 1995년 여성발전기본법의 제정으로 여성의 지위를 향상시키고 헌법에 규정된 남녀평등이념을 국민생활의 모든 영역에 확대 적용할 수 있게 되었고 여성복지개념을 확대하여 모든 여성에게 보편적 복지혜택을 가져올 수 있도록 하는 기반을 마련하는 계기가 되었다. 본 절에서는 여성복지정책을 사회보험, 공공부조와 함께 사회복지서비스 및 복지관련 정책으로서 여성복지서비스와 여성고용관련 복지정책 등으로 나누어 다루고자 한다.

1) **사회보험**: 사회적 위험을 분산하는 사회보험은 불확실성에 관한 문제를 해결하는 기능을 하며 사회구성원의 심리적, 경제적 안전을 사회가 단위되어 보장하게 된다. 사회보험은 여성의 사회적 위험에 대한 보장정도 및 여성노동의 기여도에 대한 인정정도와 관련된다.

첫째, 국민연금은 여성의 노후생활보장과 관련되는 것으로 남편과 아내 및 피부양자녀의 가족부양원칙을 수용하고 있다. 따라서 여성이 연금제도에 의해 노후생활을 보장받으려면 노동시장에 직접 참여하여 자격요건을 갖추거나 아니면 남편이라는 부양의무자를 가져야 한다. 즉 현행 국민연금제도는 가족주의 원칙에 기초한 1소득자 1연금으로 전업주부의 경우 자신의 가사노동에 대한 보상으로 독자적인 연금수급권을 획득할 수 없고 대신 남편의 연금액에 일정 금액이 추가되는 가급연금액(spouses' benefit)을 받게 된다. 배우자의 가급급여액은 1998년 연 99,930원에서 1999년도 연 150,000으로 증액했으며, 2006년 4월부터 2007년 3월까지 지급되는 배우자의 가급연금액은 연 195,910원이며, 이를 12개월로 나누어 매월 16,320원씩 지급되고 있다(한국여성정책연구원, 2007).

사별한 여성의 경우 남편에게 직접 지급되는 노령연금액의 60%미만(가입기간이 10-20년은 45%, 20년 이상은 50%)이 지급되며 가입기간에 따라 연금액의 차이는 크다. 이혼여성의 경우 이혼시 그 혜택은 자동적으로 말소되었으나 1999년 국민연금법에 배우자연금분할제도가 도입되어 배우자의 연금가입기간중의 혼인기간이 5년 이상인 자가 이혼시에 배우자가 60세에 도달하여 노령연금수급시 상대배우자는 1/2균분하여 분할 지급하도록 개정되었다. 그러나 연금분할에 있어 별거나 재혼시 지급이 정지되기에 여성은 남성의 경제적 의존자라는 전제를 고수하고 있다.

둘째, 산업재해보상보험의 경우 근로자의 업무상 재해 및 질병에 대해 치료 및 보상급여를 제공하는 것으로 전체근로자를 대상으로 하고 있다. 현재 산재보험의 적용범위가 4인 이하의 사업장에서 적용하고 있는데 여성과 관련지어 볼 때 아직도 많은 여성이 개인서비스업에 종사하고 있으며 가내부업 등 비공식부문의 경제활동에 종사하고 있어 미적용계층에 속하고 있다. 이런 점에서 여성은 남성에 비해 산재보험혜택에서 소외되고 있다.

셋째, 의료보험의 경우 여성은 피고용인 자격으로 피보험자가 되거나 피부양자로서 보험의 적용을 받고 있다. 의료보험의 급여는 현물급여와 현금급여로 구분할 수 있는데 대부분 현물급여도 되어 있고 현금급여는 취약하다. 따라서 상병수당이 없고 분만수당 등이 지급되지 않고 있으며, 2000년부터 임산부의 산전산후 진찰에 건강보험이 적용되고 있으나 초음파검사, 기형아검사 등은 여전히 적용항목에서 제외되고 있다.

우리나라의 선천적 장애인비율이 4.4%이며, 출산시 원인이 2.3%로 나타나고 있음을 고려할 때(김승권 외, 2001), 제외항목에 대한 보험적용혜택을 확대할 필요가 있다.

2) **공공부조** : 이 정책은 빈곤층을 대상으로 이들의 최저생활 수준을 국가가 유지할 수 있도록 하는 것을 목적으로 하는 제도이며 공공부조제도의 핵심은 생활보호사업이다. 그런데 2000년 국민기초생활보장법이 통과되어 최저생계비이하의 모든 국민에게 최저의 생계를 보장하도록 하였다. 이 법에 따르면 종전의 거택보호와 자활보호 구분을 없애고 근로능력 여부와 연령 등에 관계없이 최저생계비 이하의 모든 가구에 소득과 최저생계비 차액만큼의 생계비가 지원된다. 그런데 기존의 생활보호대상자중 여성노인과 빈곤모자세대가 차지하는 비율이 남성에 비해 높게 나타나고 있다. 따라서 국민기초생활보장법은 그 시행에 있어 근로능력이 없는 여성노인과 가사와 취업을 병행해야 하는 여성가구주를 위한 정책적 지원이 함께 모색되어야 한다.

3) **여성복지서비스 및 여성고용관련복지정책** : 여성복지서비스는 여성을 주대상으로 하는 사회복지서비스이다. 우리나라 여성복지서비스의 주된 대상은 빈곤모자가정, 미혼모, 매매춘여성 등 요보호여성 뿐만 아니라 일반여성을 위한 복지서비스와 근로여성을 위한 영유아보육과 관련한 서비스로 이루어진다.

(1) 요보호여성을 위한 복지서비스는 상담사업과 시설보호사업을 들 수 있다.

첫째, 상담사업 : ① 여성복지상담의 경우 여성복지상담소는 저소득모자가정, 미혼모, 가출여성, 학대받는 여성, 매매춘여성 등 소위 요보호여성의 발생을 미연에 방지하고 사후선도를 위한 상담사업을 전개하는 곳으로 전국에 85개가 설치, 운영되고 있으며 주요 역, 매매춘여성집결지, 기지촌 등에 42개소의 간이상담소를 설치하여 상담을 실시하고 있다. 2006년 8월 현재 전국의 성매매피해 지원시설은 41개소에 정원 660명이나 현원은 509명으로 입소율은 77.1%정도이다(한국여성정책연구원, 2007). 또한 성매매 피해자 상담소는 2006년 27개소가 운영되고 있으며, 성매매 피해자 지원시설은 2006년 41개소가 운영 중이다(여성부, 2008). 1999년 여성응급전화 '여성 1366'이 설치되어 각종 폭력, 범죄의 피해자, 매매춘 가출 등으로 긴급한 도움을 필요로 하는 여성을 위한 24시간 핫라인(hotline)으로 전문상담기관이나 여성복지시설의 안내를 받을 수 있으며 필요시 경찰지원과 의료구호서비스를 받을 수 있다.

그리고 성폭력 피해자 상담의 경우 1994년에 제정된 성폭력범죄의 처벌 및 피해자 보호 등에 관한 법률에 근거하여 설치되어 성폭력상담과 일시보호를 실시하고 있다. 2008년 현재 473개소 성폭력·가정폭력 상담소가 운영되고 있으며, 92개소의 성폭력·가정폭력 보호시설이 운영 중에 있다.

둘째, 시설보호사업으로 ① 모자보호시설의 경우, 무주택저소득 모자가정을 대상으로 하며 일정기간(3-5년) 동안 수용 보호하며, 기본생계보조와 자립유도 및 생활상담교사로 하여금 정신적, 심리적 갈등과 자녀양육문제 및 직업훈련 등에 관하여 상담지도를 제공하고 있다. 그리고 퇴소자에게는 200만원의 자립정착금을 지원하고 있다. 2009년 현재 37개소 모자보호시설이 운영되고 있으며, 모자가정이 보호시설 퇴소 후에도 자립기반이 미흡한 경우 이들을 대상으로 생계비를 제외한 그 외의 서비스가 제공되는 모자자립시설은 2개소가 있다. 그런데 모자보호시설은 시설의 지역적 편재와 낙인감(stigma)으로 인해 입소를 원하는 세대가 많음에도 불구하고 시설정원도 다 채우지 못하고 있는 실정이다.

② 모자일시보호시설의 경우 배우자가 있으나 배우자의 물리적, 정신적 학대로 인하여 아동의 건전한 양육 또는 모의 건강에 지장을 초래할 우려가 있을 경우 일시적으로 보호하는 모자일시보호시설로 2009년 현재 12개소가 운영되고 있다. 보호기간은 6개월이며, 필요시 3개월 범위 내에서 연장이 가능하다.

③ 선도보호시설의 경우, 매춘행위여성, 매춘우려여성, 가출여성 등에 대해 여성복지상담원이 상담을 하여 이들 중 보호선도가 필요한 여성은 선도보호시설에 6개원 내지 1년간 수용 · 보호한다. 이 시설은 선도 및 사회인으로 복귀를 위한 시설로 생활지도, 진학을 위한 교육과정, 취업훈련과정, 상담 및 소양교육 등이 제공된다. 2003년 현재 11개소가 운영되고 있다.

④ 미혼모시설의 경우 미혼여성이 임신 또는 출산할 경우 수용 · 보호하여 분만혜택, 숙식보호, 상담, 기술교육, 정서교육을 제공한다. 미혼모시설은 2006년 20개소가 운영되고 있으며 보호기간은 6개월 이내이다(여성부, http://www.mogef.go.kr).

(2) 일반여성을 위한 복지서비스로는 지역사회차원에서 활용할 수 있는 여성복지시설로 여성회관을 들 수 있다. 여성회관의 경우 사회, 경제적 환경의 변화에 따른 여성의 대처능력개발, 직업훈련 등 여성복지를 증진시키기 위하여 각 지방자치단체가 여성회관을 건립하여 직접 혹은 위탁운영하고 있다. 여성회관의 목적은 사회교육과 복지라는 양대 기능을 수행하기 위해 설립되었으나 현재 사회교육기관으로서의 기능이 강조되고 있다.

(3) 근로여성을 위한 고용관련복지정책

근로여성을 위한 복지정책으로는 남녀고용평등법 및 영유아보육사업 등이 있다. 우선 영유아보육관련 서비스를 보면 1987년 제정된 남녀고용평등법에 의한 직장탁아제도가 도입되고, 1991년 영유아보육법이 제정되었다. 이 법은 근로 및 기타 사정으로 영유아를 보호할 수 없는 부모를 대신하여 국가 및 지방자치단체가 보육의 책임을 가지는 것으로 2007년 6월말 현재 우리나라 보육시설 수는 29,823개이나 이 중 90% 이상이 민간보육시설이다. 그리고 전국 보육대상아동이 약 283만 명인데 반해 현재 보육시설에서 보호를 받고 있는 아동은 전체의 37.5%인 1,062,415명 정도인 것으로 나타나 여전히 시설의 양적 부족현상을 보이고 있다(보건복지가족부, 2008). 그리고 남녀고용평등법의 경우, 고용에 있어 남녀를 차별하는 고용관행을 바로잡고 모성을 보호하기 위해 육아휴직을 제도화하였다. 이를 위해 정부는 2001년 11월부터 모성보호 확대와 육아의 사회분담화라는 모성보호관련법에 따라 생후1년 미만 영아를 가진 근로자가 육아휴직을 신청할 경우 육아휴직급여를 실시하고, 출산휴가의 경우 기존의 60일에서 90일로 확대하도록 하였다. 고용평등법 제 19조에 의한 육아 휴직을 30일 이상 부여받고 소정의 수급요건을 맞춘 경우 매월 50만원씩 지급합니다(고용보험, http://www.ei.go.kr).

3. 성평등사회를 위한 여성복지정책의 과제와 방향

지금까지 우리나라의 여성복지정책을 살펴보았다. 우리나라는 민주화, 평등화추세에도 불구하고 사회 각 부문에서 성차별 현상을 보이고 있다. 이러한 현상은 여성들의 생활보장에도 영향을 미쳐 남성에 비해 삶의 질이 떨어지고 있으며 빈곤의 여성화하는 새로운 사회문제를 야기하고 있다. 따라서 여성의 인간다운 삶을 위한 소득, 의료, 주거, 교육, 출산 등을 보장해 주는 사회복지의 중요성은 매우 크다고 하겠다.

사회복지정책이 지속적으로 장기적으로 여성의 이중부담을 덜고 여성의 사회참여를 촉진시키려면 여성복지정책 개발 초기단계부터 성인지적(gender-sensitive)의 개입이 요구된다. 특히 21세기는 여성의 자각을 기반으로 한 양성평등을 지향하는 새로운 남녀관계가 구조화되는 시대가 될 것이기에 사회복지정책은 양성평등을 기반으로 이루어져야 한다. 따라서 여성복지정책은 그 방향을 모색함에 있어 다음과 같은 기본원리를 기반으로 해야 할 것이다. 1) 성차이(gender difference)를 반영한 평등주의를 바탕으로 복지정책으로 나가야 한다. 성차이를 기반으로 한 성평등한 사회복지정책이란 여성의 신체적, 생물학적 조건으로 남성과는 다른 특정한 욕구를 가지고 있다는 전제아래 단순히 기회의 평등이 아닌 기능과 욕구에 맞는 조건의 평등을 기반으로 해야 한다.

2) 현재 여성복지서비스대상 설정은 이전에 비해 다소 그 범위가 넓

어졌다고는 할 수 있으나 기본 틀에 있어서는 여전히 일부 취약계층 여성을 중심으로 하고 있어 제한적이고 잔여적이며 선별적인 성격을 벗어나지 못하고 있다. 따라서 복지정책의 기본이념이 사회적 권리의 실현이라고 할 때 현재 복지수혜대상에서 제한되어 있는 여성에게 사회적 위험영역의 포괄성, 복지제도의 적용에서 보편성을 보장해야 한다.

3) 사회복지정책은 자유민주주의 체제와 사유재산제도를 수용하되 실질적인 생존권보장을 위해서는 필요한 부분에 있어 강력한 국가책임과 개입이 요구된다. 특히 여성복지정책에서 여성에게 법적 평등권과 함께 실질적인 평등을 실현할 수 있는 적극적인 조치가 필요하다. 모성보호나 근로보호는 시장경제 속에서 여성노동의 차별근거가 될 수 있다. 따라서 국가는 자본가들이 부담하기를 꺼려하는 모성보호비용 등에 대해 국가에서 지원해 줌으로써 기업에서 여성을 기피하는 대상이 되지 않도록 해야 한다.

이러한 사회복지정책의 기본원리를 바탕으로 첫째, 사회보험의 정책목표가 '소득보전을 통한 여성 경제력 보장'이라고 할 때(보건복지부. 2000) 여성도 남편을 통한 권리가 아닌 가사노동의 가치를 인정한 독자적인 노후생활보장대책이 필요하며 이를 위해서는 1인 1연금제의 기초연금제도도입이 요구된다. 그리고 건강보험의 경우 여성의 건강증진을 위한 정책은 '생애주기별 보건의료서비스 제공' 그 영역을 확대해야 한다. 그래서 결혼하지 않은 여성, 10대청소년 여성, 아이를 낳지 않은 여성은 정책대상이 될 수 있도록 해야 한다.

둘째, 공공부조는 최근에 증가하고 있는 여성의 빈곤층 편입을 막기 위해서는 여성을 위한 여성특화 자활후견기관 및 여성친화적(women-friendly)자활프로그램을 실시하고 가사와 육아를 지원할 수 있는 지역사회복지기관을 서비스를 연계해야 할 것이다.

셋째, 여성복지서비스의 경우 새로운 표적집단(target group)으로 여성노인, 여성장애인, 여성농민을 고려해야 한다. 이들 집단은 노인복지 등 각 복지영역에서 다루어져야 한다고 생각할 수 있으나 이들이 남성에 비해 상대적으로 더 어려움을 경험하고 있는 현실적 상황을 고려한다면 여성복지영역에서 다루어져야 하고 이에 따른 서비스조치가 취해져야 한다.

넷째, 여성복지서비스가 제대로 이루어지기 위해서는 여성복지인프라 구축이 필요하다. 즉 여성복지시설을 확충하고 여성복지전담인력에 대한 전문성제고 및 성인지적 관점의 교육을 강화해야 하며 이 교육이 공공기관의 정책결정자만이 아니라 일반의 모든 여성복지시설 종사자에게 확대되어야 한다.

참고문헌

김미혜(1997), '여성의 생애주기와 사회복지', 양성평등이 보장되는 복지사회. 미래인력연구센타.

김상균(1984, 2000), 『현대사회와 사회정책』, 서울대학교출판부.

김성재(1998), '장애인의 인권과 그 보장방안', 『현대사회와 인권』, 나남출판.

김수춘 외(1995), 노인복지의 현황과 정책문제. 한국보건사회연구원.

김승권 외(2001), 한국 가족의 변화와 대응방안. 한국보건사회연구원.

김유선(2007), '비정규직 노동자규모와 실태.' http://klsi.org.

김인숙 외(2000), 『여성복지론』, 나남출판.

김학영 외(1997), 정보사회와 장애인. 한국정보문화센터.

김효림(2006), 『재가노인복지 사례관리 연계모형 개발』, 노인복지연구 32호.

박광준 외(1999), 『고령화사회와 노인복지』, 세종출판사

박영란 · 황정임 · 김진경(2002), 사회보험제도의 여성수급현황과 개선방안 연구. 한국여성정책연구원.

변용찬 외(2001), 2000년도 장애인 실태조사. 보건복지부 · 한국보건사회연구원.

변용찬(1997), 치매관리 Mapping개발연구. 한국보건사회연구원.

보건복지부(2008), 2008년 노인복지시설현황.

_________(2006), 2005 장애인실태조사결과.

보건복지부 · 노인인력운영센터(2006), 2006년도 노인일자리사업 종합안내.

노인일자리사업 정책 방향

보건복지부(2005), 2005년도 노인보건복지사업 안내.

_________ DB. 2003년 국민기초생활보장수급자 현황.

_________(2000), 보건복지 여성정책 중장기계획.

시사저널(2000. 6.22)

여성부(2004), 2004 여성백서.
연합뉴스(2007), 정부기관 장애인의무 고용률 1.95%. 2007. 10. 23.
오쿠마 유키코(1998), 노인복지 혁명. 예영커뮤니케이션.
유동철(1999), '장애인고용의 경제적 효과', 『한국장애인복지의 이해』, 인간과 복지.
윤점룡(2000), '장애인의 교육권', 『21세기의 인권(II)』, 한국인권재단 편. 한길사.
윤지영(2001), '여성의 사회권', 인간답게 살 권리:IMF이후 사회권실태보고서. 사람생각.
이상덕(1996), '사회복지의 새로운 패러다임과 여성복지', 진단 한국의 여성복지. 한국여성단체연합주최 여성복지예산 확대를 위한 정책토론회.
이혜경(1990), '한국의 사회변동과 여성정책', 한국여성정치문화연구소.
장인협 · 최성재(1987/1992), 『노인복지학』, 서울대출판부.
전용호(2000), 『장애인복지론』, 학문사.
정경희 외(2005), 2004년도 노인생활실태 및 복지욕구조사. 한국보건사회연구원.
정기원 외(1996), 1995년도 장애인 실태조사. 보건복지부.
정동우(2008), '노인장기요양보험'. 노년을 산다. vol. 09. 한겨레신문사.
조 형(1996), 양성평등과 한국 법체계. 이화여대출판부.
조흥식 외(2000), 『여성복지학』, 학지사.
최순남(1997), 『현대노인복지론』, 한신대출판부.
통계청(2007), 2007 고령자 통계.
______(1996/2006), 전국장래인구추계.
______(2005(a)), 한국통계월보.
______(2005(b)), 경제활동인구조사.
______(2005(c)), 인구주택총조사보고서.
한국여성정책연구원(2006/2007), 여성통계연보.
한국여성개발원(2000), 여성백서.

노인장기요양보험 홈페이지. http://www.longtermcare.or.kr/
보건복지부, 2008. 7. 23. http://www.mu.go.kr.
여성부. http://www.mogef.go.kr
재가노인복지협회. http://www.kacold.or.kr/
한국여성정책연구원. http://kwdi.re.kr

Bill Jordan(2000), 'Capacities and Empowerment : The Contradictions of the Third Way over Exclusion and Disabilities', *Social Work and The Third Way*. SAGE.
Breen. L. B.(1960), 'The aging Individual', *Handbook of Social Gerontology by C. Tibbitts*(ed.). University of Chicago Press.
Giddens. A.(1997), 『좌파와 우파를 넘어서』, 한울.

Newgarten, Dial A., ed.(1996), *The Meaning of Age : Selected Papers of Bernice L. Neugarten*. University of Chicago Press.

Orloff, Ann.(1993), "Gender and the Social Rights of Citizenship : The Comparative Analysis of Gender Relations and Welfare States", *American Sociological Review*. 58.

Pampel, F.(2000), 『노년불평등과 복지정책』, 나눔의 집.

Pearce, Diane.(1978), 'The Feminization of Poverty : Women, Work and Welfare', *Urban and Social Change Review* 11.

Sainbury, D.(1996), *Gender Equality and Welfare States*. Cambridge University Press.

Simone de Beauvior.(1994), 『노년 1.2』, 책세상.

Tinker, A.(1996), *Older People in Modern Society*. LONGMAN.

제4부

21세기와 사회복지정책

13
chapter

남북통일과 사회복지정책*

제 1 절 통일과 사회복지의 관계

소련 및 동구권의 변혁 그리고 독일의 통일은 우리에게 통일에 대한 가능성을 제공함과 동시에 통일에 따른 비용부담과 후유증으로 인해 발생된 사회적 혼란에 대한 경각심을 주는 것과 함께, 이에 대한 대비책 마련의 중요성을 일깨워 주고 있다.

그러나 통일대비에 있어서 남북한 간에 이루어질 통일유형이나 그 시기를 예측하는 것은 매우 어려운 일이며, 어떠한 예측도 근거를 내세우는 데 있어서 한계가 있는 것이 사실이다. 이러한 모호성은 통일에 대한 대비가 가능한 한 다양한 각도에서 준비되어야 하며, 각 경우에 따른 구체적인 준비 작업이 이루어져야 하는 것을 의미한다.

이러한 다각적인 통일에 대한 대비는 현재 정부가 추구하고 있는 통

* 김진수 : 연세대학교 사회복지대학원 교수
이용갑 : 서강대학교 공공정책대학원 강의

일정책에만 국한할 수는 없다. 남북한 통일정책은 단계적이고 점진적인 평화통일을 위하여 일관성 있게 추진되어야 하는 데에는 이론의 여지가 없으나, 북한의 긴급사태나 통일형태는 우리의 의지나 노력과는 무관하게 이루어질 수 있다는 점을 감안할 때 가장 충격적인 형태에 의한 평화통일을 상정하여 이에 대한 통일 대비책을 마련함으로써 통일로 인한 충격과 부담을 최소화하고 회복 및 안정기간을 단기화하는 대비가 요구되고 있다.

최근 북한은 최근 들어 극심한 어려움에 처해 있는 것으로 알려져 있다. 국제적인 고립정책의 장기화 그리고 국내의 경제정책과 농업정책의 실패와 함께 천재지변에 따른 엄청난 폐해로 인한 결과로 나타난 북한경제난은 총체적이고 고질화되어 있는 것으로 평가되고 있다. 이러한 북한의 상황은 남한의 통일부담능력여부나 의지와 관계없이 곧바로 통일로 연결될 확률이 높다. 이 경우 이미 독일통일에서 경험한 바와 같이 엄청난 통일 비용은 물론 이로 인한 사회적 혼란이 발생할 것인바, 이에 대한 사전적 준비의 중요성이 크게 부각되고 있다.

특히 북한의 긴급사태에 의한 급속한 통일의 경우 이에 대한 부담 및 수습이 남한에 의하여 전적으로 이루어져야 하는 만큼 통일로 인하여 발생할 수 있는 모든 사회적 · 경제적 충격과 정치적 · 외교적 변화에 능동적이고 적극적인 대처를 통하여 통일한국의 발전 기틀이 마련되도록 종합적이고 구체적인 방안을 마련하기 위한 부문별 연구와 연계가 원활히 이루어지도록 하여야 할 것이다.

따라서 본 장에서는 평화통일의 형태 중 가장 충격이 클 수 있는 북한의 긴급사태에 의한 통일의 경우에 발생이 예상되는 사회적 · 경제적 문제를 검토하고 인구이동과 각 사회복지 영역별 대비책을 중심으로 고찰한다.

제2절 통일과 사회복지의 과제

통일을 대비하는 측면에서 볼 때의 통일의 의미는 이질적인 두 체제가 통합됨으로써 통합에 따른 충격이 체제 전반에 걸쳐 발생하는 것이며, 남북한의 경우 극단적인 대립양상을 장기적으로 유지하였기 때문에 통일이 급속히 이루어지게 되면 정치적·외교적으로 급격한 변동에 대한 능동적 대처로 인하여 정책적 결정이 매우 신속히 그리고 유동적으로 급속히 변화될 것으로 예상된다. 그런데 이러한 변화에 대하여 사회적·경제적 제도의 뒷받침이 따르지 못한다면 대규모 인구이동이 발생되는 등 사회적 충격과 혼란은 감당하기 어려운 수준으로 규모가 확대될 수 있다.

급속한 통일 시 사회복지부문에서 가장 주목하여야 할 사항은 북한정권의 붕괴과정에서 발생될 수 있는 대규모 인구이동과 북한지역 경제붕괴에 따른 빈곤과 실업문제로 볼 수 있다. 이 두 가지 문제는 비단 사회복지정책에 의하여만 해결될 수 있는 성질의 것은 아니며, 다른 정책과의 연계를 통한 종합적 대처로서의 의미를 갖는다. 또한 이 두 가지 문제의 해결은 통일에 있어서 외형적 통일을 유도하고 통일 이후에 남북한 사회통합을 통한 완전한 통일한국의 기틀을 이룰 수 있는가에 대한 정책적 과제로서 중요성이 있다.

통일시 발생되는 빈곤과 실업문제는 인구이동의 규모와 성격에 막대한 영향을 미치게 된다. 따라서 각 부문에 대한 대책은 상호 밀접한 관계를 갖고 있어 동시에 고려되어야 하며, 이 두 가지 정책적 과제는 통일에 있어서 우리가 치러야 할 대가임에도 불구하고 이에 대한 성공적 대처여부가 통일한국의 미래를 결정하는 의미를 갖고 있다고 할 것이다.

먼저 대규모 인구이동은 한 정권이 붕괴하는 과정에서 붕괴 직전에 정권에 대하여 반발하는 주민이 국외로 탈출하는 경향과 국내적으로는 저항세력의 결집에 따라 나타나는 현상으로 이는 상호상승효과를 갖는 메커니즘으로 작용하여 붕괴를 가속화하는 성격을 갖고 있다.

현실적으로 이러한 대규모 인구이동의 발생이 없는 경우 북한의 체제붕괴가 발생할 가능성이 희박한 점을 감안하여 볼 때, 물리적인 이동억제 또는 제한에 노력하기보다는 가능한 그 규모를 최소화하고 이에 대한 적절한 대처를 통하여 사회적·경제적 충격을 최소화하는 노력하는 방안에 초점을 맞추어야 한다.

빈곤과 대규모 실업발생은 북한주민이 분단상태에서 북한을 탈주하거나 통일과정에서 남한지역으로 이동하는 데에 결정적인 계기를 제공할 것이다. 특히 남북한의 경제수준의 격차가 더욱 심화되고 있는 현실을 감안할 때 통일 대책으로서 북한지역의 경제적 안정을 위한 노력이 우선하여야 한다는 측면에서 중요한 정책과제로 볼 수 있다.

통일과정과 통일이후의 인구이동과 직접적인 관련이 있는 대량실업의 발생은 과거 북한지역의 경제활동계층이 산업구조 조정 과정에서 노동시장에서 탈락되는 경우와 세계에서 가장 높은 비율을 차지하고 있는 120만의 군인계층이 사회로 귀환함에 따라 발생되는 두 가지 측면에서 실업원인을 들 수 있다.

대규모 실업의 발생은 북한체제가 붕괴할 경우에 드러나게 될 북한경제가 갖고 있는 완전고용정책의 허구와 비효율성에서 비롯된 것으로, 이미 소련 및 동구권의 붕괴 그리고 독일의 통일과정에서 드러난 바와 같이 계획경제에 의한 사회주의 경제체제가 시장경제체제에 의한 자본주의적 경쟁체제로 전환하는 과정에서 극심한 실업 및 경제적 빈곤이 나타났던 바와 같이 폭발적으로 발생하는 데에 대한 대비가 필요함을 의미한다.

빈곤문제는 비경제 활동계층으로 경제활동계층에 의하여 피부양 상태에 있었거나, 국가에 의하여 보호를 받던 계층이 중심이 될 것으로 판단된다. 이 빈곤계층의 남한지역 이동규모는 통일과정에서 북한지역에 대한 응급구호의 효율적 성공여부에 달려 있고, 통일 후에는 남북간의 사회부조 및 사회복지서비스에 대한 제도적 차이를 얼마나 줄일 수 있는가에 따라 결정될 것이다.

이 때 대규모의 실업발생에 대한 대책은 사회복지차원의 접근보다는 적극적인 경제정책적 차원에서 우선적으로 해결을 위한 노력이 경주되어야 할 것이고, 이를 효율화하기 위한 보완적 접근으로 사회복지정책이 이루어져야 할 것이다. 빈곤문제는 북한주민에 대한 소득보장정책을 어떻게 규정하는가에 따라 사회보험적 접근과 사회부조적 접근으로 분류되는데 이는 통일 비용에 있어서 남한의 부담능력과 사회적·경제적 충격의 규모에 따라 결정되어야 할 사항으로 사회복지의 협의의 개념에 의한 접근이 이루어져야 한다.

이러한 문제 해결을 위한 접근에 있어서 남북한의 사회보장체제의 통합 가능성 역시 이에 대한 중요한 변수로서, 독일의 경우 단순한 소득보장 중심의 흡수통일로 이루어져 통일 비용이 무려 매년 구서독 GNP의 6.3%로 통일후 10년 동안 총비용은 2조 DM(약 1,000조원)에 이르고 있음을 감안한다면 실업과 빈곤의 해결은 남북한 통일에 있어서 해결하여야 할 가장 중요한 과제임에는 의심의 여지가 없을 것이다.

제 3 절 독일통일과 사회복지 통합[1)]

독일은 1990년 동일이후 동·서독간의 사회복지통합을 위하여 다양한 법률의 정비, 인력과 시설 투입, 막대한 비용을 지원하고 있다. 이에 따라 구 동독지역의 사회복지체계는 노동자·농민을 위한 일차원적 사회복지체계에서 전 국민을 위한 다차원적 사회복지체계로 전환하고 있

1) 독일통일관련 내용은 김진수, 서독의 분단관리정책과 통일후 사회보장정책에 관한 연구, 한국보건사회연구원, 1994.를 참고한 것임.

다.[2] 하지만 이러한 노력에도 불구하고 통일 이후 독일 전체의 완전한 사회통합은 여전히 미완성 상태라고 할 수 있다. 구 서독지역으로 이주에 따른 노동인구의 감소, 일자리 창출을 위한 생산시설 부족, 구 서독지역의 두 배 수준인 높은 실업률, 불충분한 사회기반 시설, 상대적으로 낮은 임금수준과 이와 관련된 사회보험의 낮은 수준의 현금 급여 등으로 인하여 구 동독지역의 사회복지수준은 아직까지 구 서독수준에 미치지 못하는 것이 현실이기 때문이다. 통일 비용에 대한 부담, 사회복지체계의 개혁, 사회복지수준 향상의 미흡 등으로 구 서독지역에서는 불이익을 경험하는 개인적 불만이 사회화되기도 하였다. 그 결과 지난 2005년 가을 연방하원선거 당시에는 동·서독 지역간에 장벽이 다시 세워졌다는 것이 논쟁거리였다. 또한 연방대통령 호르스트 쾰러는 동서독지역간에 진정한 공동체의식의 형성은 아직 더 많은 시간이 필요하다고까지 하였다.

통일전 서독의 분단관리정책과 통일 이후 동독지역의 흡수통합과정을 살펴보면 독일의 통일은 대외적으로 주변상황의 변화, 특히 소련의 페레스트로이카에 의한 동구 공산권의 변화에 편승한 극적인 외교정책의 성공적 결과임에 의심할 여지가 없다. 그러나 내독관계에 있어서 구 서독정부의 구동독에 대한 의연한 대처와 관용은 현재 분단상황에 있는 우리에게 충격적인 시사점을 던져주고 있다. 냉전시기임에도 불구하고 상호간의 신뢰구축과 장기적이고 의연한 대처를 취한 구 동독에 대한 구 서독의 자세는 동독경제를 서독과 분리할 수 없는 불가분의 관계로 발전시켰고, 이 결과로 통일과정에서 구 동독정권이 서독에 의지하여 모든 것을 포기하고 서독정부에게 권한을 넘겨주게 되는 자연스러운 통일과정이 유도될 수 있었다. 이러한 서독의 분단관리정책은 우리에게 남북한 비교우위 경쟁관계에서 탈피하여 상호신뢰를 구축하고 장기적이고 일관성 있는 남북관계를 유도하는 것이 필수적인 정책과제

2) 이용갑, 동서독 사회복지정책의 차이, 김승렬·신백주 외, 분단의 두 얼굴, 서울: 역사와 비평, 2005를 참고할 것

임을 제시하고 있다.

한편 통일 후 독일정부가 보여준 구 동독지역에 대한 대책은 구 서독의 분단관리정책의 연장선상에서 이루어졌으며 독일통일에서 보여준 독일정부의 통합정책은 독일 상황에서 볼 때 구 서독이 갖고 있던 경제력과 주변 서방세계와의 관계 그리고 사회보장에 있어서의 성숙도 및 양 지역주민의 기대감 등 나름대로의 복합된 변수에 의한 결정으로 보아야 할 것이다.

독일의 통일을 요약한다면 잘 준비된 서독의 분단관리정책의 산물로서 통일에 대한 접근이 성공적으로 이어졌으며, 통일기회의 정확한 포착과 과감한 접근이 통일로 이어졌고, 통일 이후 일종의 비용집약적인 방식에 의한 흡수통일을 이루어 거대한 재정부담을 통하여 급속한 통일에 의한 충격을 완화한 과정이라고 표현할 수 있을 것이다.

본 절에서는 독일의 통일단계에 따른 인구이동과 이에 대한 대책을 중심으로 독일의 경험을 세부적으로 살펴보고, 남북한 통일에 대비하여 독일의 경험이 우리에게 주는 시사점이 무엇인지 알아보고자 한다.

1. 분단 상황의 사회복지대책

독일의 분단 상황에서 사회복지 대책은 이주민에 대한 정책이라 할 수 있다. 이주민 정책은 분단 이후 동독주민이 서독지역으로 이주하는 데에 대한 대책으로부터 통일과정에서 대규모 이주가 발생한 시기까지 포괄적인 정책적 대응을 해왔다. 동독주민의 서독 탈출 및 이주는 성격 및 환경변화에 따라 세 기간으로 나누어 볼 수 있다.[3)]

첫번째 기간(1945-1961)은 제 2차 세계대전 종식 이후부터 1961년 베를린 장벽이 설치될 때까지로 동독의 점차적인 통행차단에도 불구하고 지속적인 이동이 있던 기간으로 볼 수 있다.

3) 동독이주민에 대한 시기적 분류는 인구이동 규모에 따른 것으로 본 연구자의 견해에 의하여 시기를 결정한 것으로, 이러한 기간에 따른 분류는 분류조건에 따라 달라질 수 있음을 밝혀둔다.

두번째 기간(1961-1989)은 베를린장벽 설치시기부터 통일 직전 대규모 이주민 발생시점전인 1989년까지로, 동독의 국경 완전봉쇄 하에 탈출차단이 이루어짐과 동시에 노령연금 수급자를 중심으로 한 합법적인 이주가 제한적으로 허용된 시기이며,

세번째 기간(1989-1993)은 통일의 직접적 계기가 된 대규모 탈출난민이 발생한 시점부터 국경개방이 이루어져 자유로이 왕래가 이루어진 시기로 나눌 수 있다.

〈표 13-1〉 동·서독간 인구이동 변화 추이

(단위: 명)

기간	동독에서 서독으로	서독에서 동독으로	순인구 이동수	연평균 규모
1950-1961 (첫번째 단계)	3,854,552	400,315	3,454,237	287,853
1962-1988 (두번째 단계)	625,751	69,937	555,814	20,586
1989-1993 (세번째 단계)	1,405,077	351,939	1,053,138	210,628
계	5,885,380	822,191	5,063,189	115,072

자료: Statisches Bundesamt, Statisches Jahrbuch, 1993, 1994.

첫번째 기간 동안(1950-1961) 동독주민의 서독이주는 동독정부의 허가 없는 탈출 또는 피난민 형태로 합법적인 경우는 없었으며, 1952년 5월 국경탈출자에 대한 총기 사용허가에도 불구하고, 이주민 규모는 총 385만 명으로 매년 약 30만 명을 상회하는 수준이었다. 그러나 서독에서 동독으로 이주한 경우도 같은 기간동안 약 40만 명으로 연평균 약 3.3만 명에 이르러 이 기간동안 순(純) 인구이동 규모는 약 345만 명으로 매년 평균 29만 명 수준이었다.

두번째 기간 동안(1962-1988)에는 베를린주민의 왕래가 금지되고 국경에는 자동감응발사기를 설치하는 등 차단시설이 강화되었던 시기로, 이주민 수는 매년 약 2만 명 수준으로 급격하게 감소되어 1962년부터 1988년까지 동독 이주민 규모는 62만 명을 상회하는 수준으로 매년 2만 여명에 그치게 되었다. 이 기간동안 서독으로 이주한 대부분의 동독

이주민은 노동능력이 없는 비경제활동 연금수급권자들로서 동독으로부터 정식허가를 받은 합법적인 이주로, 1961년부터 대규모 난민 발생시기인 1989년 이전까지 이주민의 60-70% 이상이 합법적인 이주민이었고, 비합법적인 탈출자는 전제 이주자의 30%를 상회하였는데, 이들의 탈출 및 피난은 제 3국을 경유한 서독이주나 서독의 동독정치범에 대한 지불대가(Freikauf)로 서독으로 석방된 경우, 그리고 가족 경조사로 방문허가를 받고 서독을 방문한 후 귀환하지 않은 경우이다.

분단상태이었던 첫번째와 두번째 기간 동안 동독에서 서독으로 유입된 인구는 448만 여명으로 서독에서 동독으로 이주한 47만 명을 제하면 대규모 이동 전까지 동독에서 서독으로 이동한 이주자의 규모는 400만 여명에 이르렀다.

세 번째 기간(1989-1993)은 1989년 5월 헝가리에 온 동독여행자들이 오스트리아를 거쳐 서독으로의 대규모 탈출이 이루어지게 된 시점부터이다. 이는 이주민의 홍수로 이어져 11월 국경개방과 함께 1989년에 이미 38만 명을 상회하였으며, 1993년까지 동독지역에서 서독지역으로 이주한 총인원은 140만 명에 이르렀다. 반면에 같은 기간 중에 서독지역에서 동독지역으로 이주한 총인원은 약 35만 명에 이르렀는데, 이는 동독지역의 행정체제의 개편을 지원하기 위한 이동과 새로운 투자에 따른 인구이동이었다.

〈표 13-2〉 통일 이후 구 동독지역 주민의 구 서독 지역으로의 순(純) 인구이동 규모

(단위: 만명)

연도	1991	1992	1993	1994	1995	1996	1997
규모	16.5	9.0	5.6	3.5	3.2	2.5	2.8
1998	1999	2000	2001	2002	2003	2004	2005
4.6	5.8	7.6	9.8	8.1	5.8	5.2	4.9

자료: Statistisches Bundesamt, Demographischer Wandel in deutschland, H. 1 Bevölkerungs- und Haushaltsentwicklung im Bund und in den Ländern, Wiesbaden, 2007

통일이후에도 구 동독지역 주민의 구 서독지역으로 인구이동은 여전

히 지속되었다. 1991년부터 2005년까지 구 동독지역에서 구 서독지역으로의 순(純) 인구이동 규모는 약 94.9만명이었다. 하지만 통일이후의 구 동독지역과 구 서독지역간의 인구이동 결과의 규모는 시기별로 차이가 있었다. 통일 직후인 1991년의 경우 두 지역간의 인구이동 결과 약 16.5만명의 구 동독지역 주민이 구 서독지역으로 이동하였으나, 그 후 점차 감소하여 1997년에는 2.8만명의 구 동독지역 주민이 구 서독지역으로 이동한 것으로 나타났다. 하지만 1998년부터 2001년까지의 두 지역간 인구이동 결과는 구 동독지역에서 구 서독지역으로 순(純) 인구이동 규모가 약 4.6만명에서 약 9.8만명까지 증가하였다. 반면에 2002년부터는 최종적으로 구 서독지역으로의 순(純) 인구이동규모가 다시 감소하여 2005년에는 약 4.9만명 수준이었다. 1998년부터 구 동독지역에서 구 서독지역으로 이주하는 인구 이동의 규모는 매년 약 25.0만명에서 31.2만명 수준으로 추정된다.4)

분단상태에서 동서독 관계는 『적대적 협력관계(Antagonistische Kooperation)』로 협력(Kooperation), 대결(Konfrontation), 경쟁(Kompetition)이 혼합된 성격이었다.

동·서독간의 협력관계는 전 분야에 걸쳐 이루어졌으며, 서독의 분단관리정책으로서의 내독관계는 경제적으로는 관용과 양보를 통한 지원형태였고, 동서독교류의 누적은 동독의 경제를 서독 의존형으로 전환시켰으며 이를 통하여 독일을 통일로 이끄는 근간이 된 배경을 갖고 있다.5)

분단상태에서 정치적으로는 동독지역 정치범 석방을 위한 내독간의 비밀거래(Freikauf)를 통하여 대가를 지불하고 서독으로 석방시키는 조치가 이루어졌는데, 이로 인하여 33,755명이 동독에서 서독으로 석방되었고 2천여명의 아동이 부모에게 보내졌으며, 25만 명 이상의 가족이 재결합되었다. 서독은 이 대가로 1977년까지 1인당 4만 DM, 이후부터

4) Statistisches Bundesamt, Demographischer Wandel in deutschland, H. 1 Bevölkerungs-und Haushaltsentwicklung im Bund und in den Ländern, Wiesbaden, 2007

5) 통일원, 동서독 교류협력 사례집, 1991.

는 1인당 약 10만 DM을 지불하였고 통일 직전까지 서독이 지불한 총액은 34억 6,400만 DM이었다.

〈표 13-3〉 서독 정부의 동독정치범 석방 지불금액 추이

(단위: 백만 DM)

연도	1964	1970	1975	1980	1985	1986	1987	1988	1989
금액	35	53	105	134	209	249	208	234	270

자료: 주독대사관, 숫자로 본 독일통일, p.124.

이 기간동안 이주민에 대한 서독의 사회복지 대책은 서독기본법(Grundgesetz) 제 11조(거주이전의 자유)와 제 116조(동독 주민에 대한 서독국적 인정)를 근거로 긴급수용법(Notaufnahmegesetz: 1950)과 이후 개정된 탈주자부조법(FluchtlingshilfeG: 1965)에 근거를 두었다.[6]

초창기에 이주민에 적용되었던 긴급수용법을 제정한 배경은 1950년대 서독이 전쟁복구와 경제재건 등의 문제로 동독주민 수용능력에 한계가 있었기 때문에 무조건적인 이주민 수용을 지양하고 동독지역에서 정치적 이유로 탄압 받는 경우에 한해서만 이주를 허용하기 위한 것이었다. 그러나 이러한 법 제정은 곧 의미를 상실할 수밖에 없었다.

그 이유는 제2차 세계대전 종전에 따라 독일이 포기하게 된 영토인 폴란드지역의 오더-나이세 강 동부지역이나 체코지역의 쥬데텐지역에서의 이주자들과는 달리 동독에서 탈주한 주민이 체류허가 조건을 충족시키지 못하는 경우에 동독으로 귀환 조치할 수 없었으며, 체류허가 조건을 충족시키지 못하여 피난민 담당 부서에서 생활지원을 받지 못하게 되더라도 사회보장 담당 부서와 민간단체에서 지원을 받을 수 있어, 조건충족여부에 대한 구별 자체가 무의미해졌기 때문이다.

이에 따라 1965년 도입된 탈주자부조법은 소련점령지역과 베를린의 소련점령구역에서 온 독일인을 위한 지원조치를 법률로 동독지역에 있는 독일인뿐만 아니라 동독 이외의 지역에 있는 독일인에 대해서도 이

6) Paul J. Welfens(Ed), *Economic Aspects of German Unification*, Berlin, 1991.

주 시 지원을 해주는 것을 목적으로 범위가 확대 적용되었다.

분단상태에서 동독이주민 사회복지대책은 두 단계로 나누어 실시되는데, 첫번째 단계는 동독주민이 서독으로 이주한 직후 우선적인 지원으로 수용소에 체제한 상태에서의 지원이며, 두번째 단계는 각 주정부의 수용능력 상황을 고려하여 각 주정부로 분산되어 인계된 후에 지원하는 단계로 분류될 수 있다.

구체적인 지원내용은 수용소의 경우 생계 및 의료보장과 사회적응에 중심을 두었고, 주정부로 분산된 이후에는 주거 및 생활용품 지원, 교육기회 부여, 동독에서 취득한 자격의 인정, 각종 세제감면 및 융자, 보조 그리고 기타 사회원호대상 적용 등으로 광범위한 지원이 이루어졌다.

한편 사회보험에 있어서는 이주한 동독주민의 동독에서의 경력을 서독에서도 그대로 인정하여 가입기간 산정에 그대로 적용하였으며, 제도적 차이에서 발생하는 문제는 동독이주민에게 유리하게 인정하였다. 이 원칙은 통일 후에도 그대로 동독지역 주민에게 적용되었다.[7)]

2. 통일전후의 사회복지대책

통일 과정에서 독일 정부는 동독으로부터의 인구이동이 지속될 경우 동독지역의 노동력 공동화 현상은 물론 서독지역의 사회 및 경제혼란을 수습할 수 없었던 점에 대한 공감대가 형성된 상황에서 결정을 내린 것으로 볼 수 있다.

독일의 통일 형태는 급속한 통일로 통일 이전에 이미 국경개방이 이루어졌고, 물리적인 통제는 현실적으로 불가능하였다. 특히 베를린장벽 개방 직후인 1989년 11월 28일 당시 서독 연방총리였던 헬무트 콜이 연방하원에서 발표한 제2차 세계대전 전승국인 미국・영국・프랑스・소련 및 유럽 안전보장・협력 회의(CSCE) 등 국제사회의 동의하의 국

7) 자세한 사항은 정경배・문옥륜・김진수 외, 남북한 사회보장 및 의료보건제도 통합방안, 한국보건사회연구원, 1994; Bely H., Sozialrecht, Frankfurt, 1992.를 참고하기 바람.

가통일방안을 제시하는 "통일 방안 10개항"의 첫 번째 항목이 '동독으로 및 동독으로부터의 자유로운 이주를 보장하는 즉각적인 인도주의적 조치'였다. 따라서 동독지역으로부터의 대규모 인구이동에 대한 억제조치는 동독지역 주민에 대한 소득보장을 통한 사회적 안정에 있었다. 이에 따라 1990년 3월 실시된 동독의 인민회의 자유선거와 재산의 사적 소유 허용 및 신탁관리청 설립 등의 조치가 빠르게 가시화되어 동독주민의 탈출 동기가 무마되면서 이동규모는 어느 정도 줄어들었다. 그러나 이러한 감소추세에도 불구하고 동독지역의 체제전환에 따른 실업급증으로 인하여 생계에 대한 불안이 인구이동으로 이어져 일정수준을 유지하였으며, 인구이동의 잠재력이 계속 내재하였다. 이러한 고민은 그 다음해인 1990년 10월 3일에 공식적으로 발효된 독일 통일까지의 약 11개월의 시기동안 동독 사회복지체계를 서독 사회복지체계로 일원화하는 원동력이 되었다.

결국 통일을 전후한 폭발적 인구이동으로 인해 서독정부의 동독지역에 대한 소득보장정책은 불가피했으며 이는 통일 직후의 정책에 결정적인 영향을 미쳤다고 평가할 수 있다. 이에 따라 서독정부는 1990년 5월 동독지역의 소득보장을 위하여 동독정부와 7월 1일부터 발효되는 「화폐·경제·사회 통합에 관한 조약」을 체결하였다. 이 조약은 동독지역을 자본주의적 시장경제체제로 전환시켰으며, 화폐뿐만 아니라 모든 경제질서와 전체 사회보장체제가 서독의 체제로 전환하도록 하였다. 「화폐·경제·사회 통합에 관한 조약」에 따라 경제적으로는 독일 전체가 서독 화폐인 DM으로 단일 통화권이 되고, 동독 지역주민들에게는 무엇보다도 희망하였던 임금과 연금의 서독 화폐와의 교환 비율을 1:1로 적용하였다.[8] 사회복지의 관점에서 「화폐·경제·사회통합에 관한 조약」은 동독

8) 1989년 11월 이전 시장에서의 교환비율이 7:1인 동독 화폐인 M과 서독 화폐인 DM을 1990년 7월 화폐통합에서 1:1의 기준 교환비율로 결정한 것은 "경제적 측면에서는 모험이었으나, 정치적 고려로 내려진" 결정이라는 것은 이러한 배경에서 단행된 결정이라고 할 수 있다(A. Wagner, Der Ostdeutsche Arbeitsmarkt im Transformationprozess, in: R. Sitte & A. Wagner(Hg.), Wirtschaftlcihe und soziale Einheit Deutschlands. Eine

사회복지체계를 서독 사회복지체계로 일원화시켰다.[9] 사회복지체계 일원화는 서독에 적용되고 있는 사회적 시장경제에 상응하는 노동법 질서와 업적비례 및 사회적 보상의 원칙에 근거하는 포괄적인 사회복지체제의 구축이었다. 이를 위하여 노동법과 사회보험이라는 두 가지 기본 원칙이 새로이 적용되었다. 먼저 노동법 적용이라는 원칙의 경우 독일의 사회복지는 기본적으로 임금근로자를 사회적 위험으로부터 보호하기 위한 것이기 때문에 노동정책과 불가분의 관계임을 명시하면서, 노동자·농민의 국가였지만 노동에 관한 제반 권리가 제한적이었던 동독지역은 이 조항에 따라 임금근로자가 노동과 관련된 각종 권리를 보장받게 되는 것을 의미한다. 즉 사회보험 적용이라는 원칙에 따라 구 동독지역의 통합사회보험을 중심으로 구조화된 사회보장체제가 구 서독의 인과원칙, 조합주의원칙 및 자치운영의 원칙으로 구성된 개별 사회보험을 중심으로 구조화된 사회보장체제로 전환하는 것을 의미한다. 그 결과 구 동독지역주민들이 가입되었던 통합사회보험제도는 폐지되고, 각 개인이 의료보험, 산재보험, 연금보험 및 실업보험에 새로이 가입되었다.

동독의 사회복지체계는 서독방식으로 갑자기 일원화됨에 따른 인프라구축과 동독지역 주민의 혼란과 피해 방지를 위하여 각종 과도기적 조치들 및 동독지역에 투입될 재정확보를 위한 보완적 제도들이 마련하게 된다. 이를 위하여 독일 연방정부는 구 동독지역의 경제재건과 사회복지체계 구축을 위하여 구 동독지역으로의 재정지원 뿐만 아니라 법률체계를 정비하였다.

한편 통일 독일정부의 동독지역 사회복지대책은 두 계층으로 분류하여 접근하였는데 이는 기존 동독지역의 경제활동계층인 근로계층에 대한 소득보장과 사회보장제도에 의하여 소득을 유지하는 계층인 연금수급 또는 아동 등 취약계층이었다. 취약계층을 위한 공공부조는 통일 후 3개월의 유예기간을 거쳐 1991년 1월 1일부터 연방사회부조법이 실시되

Bilanz, Köln, 1995, 256쪽)

9) 이용갑 외, 통일을 대비한 건강보험제도 발전방안 연구(2) - 통일과 구 동독지역의 의료보장제도와 보건의료 현황, 국민건강보험공단, 2008 참조

면서 본격적으로 시작되었다. 노령연금 수급자의 경우 급여액이 서독 DM으로 지급되고 또한 급여액이 상향조정되면서 다른 어떤 사회계층보다도 통일과정에서 상대적으로 혜택을 받게 되었다. 서독의 노령연금 평균 지급액 대비 동독 노령연금 급여액의 비율은 통일 이전인 1990년 5월의 평균 33.6%에 불과하였으나 「화폐 · 경제 · 사회통합에 관한 조약」이 발효된 7월에는 40.1%로 증가하였고 통일 이후 2차례의 급여액 조정을 통해 1992년 1월에는 56.7%까지 인상되었다.10)

근로계층에 대한 소득지원은 두 가지 차원에서 추진되었다. 통일 전 시장자유주의 정당인 자유당(FDP)이 주장한 구 동독지역을 저임금지대로 설정하자는 논의는 사회적으로 수용되지 않았다. 그 대신 「화폐 · 경제 · 사회 통합에 관한 조약」에 따라 구 동독지역에서의 근로자 임금은 구매력이 높은 서독화폐인 DM으로 지급됨으로써 근로자의 소득보장이 추진되었다. 또한 「화폐 · 경제 · 사회 통합에 관한 조약」에 따라 근로자의 고용보장을 위한 각종 노동관련 법규가 적용되고, 서독의 노령연금 · 고용보험 · 산재보험 · 의료보험이 적용되면서 노후 · 실업 · 산업재해 · 질병발생시에 소득보전이 이루어지게 되었다.

보다 절실한 문제는 기업의 구조조정으로 발생한 실업자에 대한 소득보장이었다. 실업에 대한 대처방안은 노동시장에서의 경제활동인구 감소정책(조기퇴직제도: Vorruhestand)과 잉여노동력의 공공기관을 중심으로 한 고용흡수(고용창출조치: Arbeitbeschaffungsmaßnahmen), 작업시간 단축을 통한 고용유지(단축조업:Kurzarbeit), 실업노출을 방지하기 위한 새로운 기술습득 교육으로 인력전환(직업교육 등: Ausbildungsmaßnahmen) 등의 정책이 중추적 역할을 하였으며, 비용은 전체 통일비용의 절반으로 1조 DM에 이를 것으로 추정하고 있다.11)

통일이후 구 서독지역에서 구 동독지역으로 이전된 재정규모에 대한

10) J. Frerich & M. Frey, *Handbuch der Geschichte der Sozialpolitik in Deutschland*, 3. Band, München, 1993, 602쪽

11) 김유찬, 독일통일 3년에 대한 경제적 평가, 한국조세연구원, 1993; Bundesministerium, Übersicht über soziale Sicherheit, Bonn, 1992.

정확한 산출은 쉽지 않다. 그 이유는 시기 구분의 문제뿐만 아니라 재원의 출처와 재정이전의 목적을 명확하게 설정하는 문제, 그리고 독일 기본법에 따른 연방 주 별 재정지원(Finanzausgleich)이 여전히 지속되기 때문이다. 따라서 동서독간의 사회복지체계의 일원화를 규정한 1990년 7월의 「화폐·경제·사회통합에 관한 조약」에 근거하여 구 동독지역으로 이전된 사회복지 급여의 제공으로 논의를 한정시킬 경우 분석은 두 가지 측면에서 가능하다. 먼저 1991년부터 1995년까지 구 서독지역에서 구 동독지역으로 이전된 금액(Transferleistungen nach Ostdeutschland)은 9,810억DM이었으며, 이 금액은 구 동독지역의 행정체계의 정비, 사회간접자본의 구축, 경제활동의 촉진, 고용승계와 실업자에 대한 재정지원 및 사회보장에 사용되었다. 구 서독지역에서 구 동독지역으로 이전된 9,810억DM 중 넓은 의미의 사회보장과 관련된 항목은 노동시장정책에 사용된 2,150억DM과 사회보장에 관련된 1,390억DM으로 총 3,540억DM으로 이는 1991년부터 1995년까지 구 동독지역으로 이전된 총 9,810억DM의 36.1%였다.

〈표 13-4〉 1991~1995년까지 서독-동독간의 재정 이전

재원 출처			목적		
	금액(억DM)	비율(%)		금액(억DM)	비율(%)
총액	9,810	100.0	총액	9,810	100.0
연방 정부	5,520	56.3	동독의 주·지자체	2,730	27.8
			노동시장정책	2,150	21.9
신탁청	1,160	11.8	사회보장	1,390	14.2
연방노동청	930	9.5	신탁위임	1,210	12.3
서독의 주·지자체	760	7.7	사회간접자본	1,090	11.1
독일통일 기금	750	7.6	경제활동	710	7.2
노령연금보험자	420	4.3	독일연방철도	280	2.9
유럽연합	270	2.8	농업경제	250	2.5

자료: W. Weidenfeld & K.-R. Korte(Hg.), Handbuch zur deutschen Einheit, 1996, Frankfurt/Main, New York

소득분배를 포함하는 사회복지급여비용은 구 동독지역의 경우 1991년 1,106억DM에서 1992년의 경우 전년도대비 45.1%가 증가한 1,605억DM이었으며, 그 후 평균적으로 구 서독지역보다 높은 수준에서 증가하여 2000년의 경우 2,293억DM이었다. 이에 따라 독일 전체의 사회복지급여비용에서 구 동독지역의 비용이 차지하는 비율은 1991년 13.2%에서 1992년에는 17.0%, 1994년부터 2000년까지 18%수준이었다. 구 동독지역의 사회복지급여비용에는 구 서독지역에서 구 동독지역으로의 이전(West-OST Transfer)이 포함된 금액이다. 1991년의 경우 구 동독지역의 사회복지급여액 중 이전금액은 전체 금액의 21.2%인 246억DM이었으며, 1992년과 1993년은 26%수준이었으며, 그 후 2000년까지는 사회복지급여액의 20-21% 수준이었다.[12]

구 동독지역의 사회복지급여비용의 증가가 지역주민에게 어떤 영향을 주고 있는가에 대한 분석은 인구 1인당 사회복지급여비용으로 파악할 수 있다. 1991년에 구 동독지역 인구 1인당 사회복지급여비용은 6,956DM으로 이는 구 서독지역의 11,328DM의 61.4%에 불과하였으나 1992년에는 84.2%수준으로 급증하고 그 후 지속적으로 증가하여 2000년의 경우 15,084DM으로 구 서독지역 15,411DM의 97.9%수준에 도달하였다.

12) 구 동독지역의 사회복지급여액 중 이전금액은 1991년의 경우 246.0억DM으로 전체의 21.2%, 1992년은 430.1억DM으로 전체의 26.5%, 1993년은 483.4억DM으로 전체의 26.8%, 1994년은 400.6억DM으로 전체의 21.5%, 1995년은 398.1억DM으로 전체의 20.1%, 1996년은 449.9억DM으로 전체의 21.5%, 1997년은 445.3억DM으로 전체의 21.2%, 1998년은 457.4억DM으로 전체의 20.9%, 1999년은 451.5억DM으로 전체의 19.6%, 2000년의 경우 505.5억DM으로 전체의 21.4%였다. Bundesministerium für Arbeit und Soziales, 2001 참조

〈표 13-5〉 통일 이후 사회복지급여 비용의 변화, 1991~2000년

연도	사회복지급여 비용				GDP[1)]		국가 보조금	사회복지급여비용과 국가보조금의 합	
	금액 (억 DM)	변화율[2)] (%)	GDP대비 비율(%)	1인당 금액 (DM)	금액 (억 DM)	변화율[2)] (%)	금액 (억 DM)	금액 (억 DM)	GDP대비 비율(%)
독일 전체									
1991	8,365	-	28.5	10,459	29,380	-	373	8,738	29.7
1992	9,466	13.2	30.0	11,745	31,552	7.4	419	9,884	31.3
1993	9,961	5.2	30.8	12,270	32,354	2.5	514	10,475	32.4
1994	10,101	4.4	30.6	12,775	33,944	4.9	560	10,961	32.3
1995	11,003	5.8	31.2	13,474	35,230	3.8	666	11,669	33.1
1996	11,500	4.5	32.1	14,042	35,865	1.8	730	12,230	34.1
1997	11,563	0.5	31.6	14,092	36,606	2.1	784	12,347	33.7
1998	11,859	2.6	31.4	14,457	37,736	3.1	765	12,624	33.5
1999[p]	12,299	3.7	31.9	14,983	38,612	2.3	746	13,045	33.8
2000[p]	12,613	2.6	31.8	15,350	39,616	2.6	690	13,303	33.6
구 서독지역									
1991	7,259	-	26.8	11,328	27,133	-	252	7,511	27.7
1992	7,861	8.3	27.4	12,119	28,659	5.6	278	8,138	28.4
1993	8,198	4.3	28.4	12,510	28,824	0.6	344	8,542	29.6
1994	8,558	4.4	28.6	12,995	29,894	3.7	381	8,940	29.9
1995	9,022	5.4	29.2	13,637	30,918	3.4	468	9,490	30.7
1996	9,140	4.3	30.0	14,162	31,395	1.5	519	9,930	31.6
1997	9,477	0.7	29.6	14,220	32,071	2.2	555	10,032	31.3
1998	9,678	2.1	29.2	14,508	33,122	3.3	543	10,220	30.9
1999[p]	10,037	3.7	29.6	15,018	33,911	2.4	531	10,569	31.2
2000[p]	10,320	2.8	29.5	15,411	34,889	2.9	491	10,811	31.0
구 동독지역									
1991	1,106	-	49.2	6,956	2,247	-	121	1,227	54.6
1992	1,605	45.1	55.5	10,203	2,893	28.8	141	1,746	60.4
1993	1,762	9.8	49.9	11,265	3,530	22.0	170	1,933	54.7
1994	1,843	4.6	45.5	11,844	4,047	14.6	179	2,022	50.0
1995	1,981	7.5	45.9	12,779	4,312	6.5	198	2,178	50.5
1996	2,089	5.5	46.7	13,525	4,470	3.7	211	2,300	51.5
1997	2,085	-0.2	46.0	13,540	4,535	1.5	229	2,315	51.0
1998	2,181	4.6	47.3	14,233	4,614	1.7	222	2,404	52.1
1999p	2,261	3.7	48.1	14,827	4,701	1.9	215	2,476	52.7
2000[p]	2,293	1.4	48.5	15,084	4,727	0.6	199	2,493	52.7

p: 잠정수치

1) GDP는 1991년부터는 1996년 6월 25일 유럽연합의 'European Account System of National Economy 1995'에 관한 결정에 따라 산출되었음; 2) 전년도 대비 변화율

자료: Bundesministerium für Arbeit und Soziales, Sozialbudget 2000, Tabellenauszug, 2001

사회복지비용에 관한 분석에서 흥미로운 사실은 구 서독지역과 비교하여 구 동독지역의 사회복지급여비가 국내총생산(GDP)대비 비율이 약 1.5배 이상 높다는 것이다. 즉, 구 서독지역의 국내총생산대비 사회

복지급여비용의 비율은 1991년 26.8%에서 1996년 30.0%로 점차 증가하였다가 그 이후 29%대를 유지하고 있으며, 사회복지급여비용과 사회보장을 위한 국가보조금이 합산된 금액의 경우 1991년에 국내총생산의 27.7%에서 1996년 31.6%로 점차 증가하였다가 그 이후 31%대를 유지하고 있다. 이와는 달리 구 동독지역의 국내총생산대비 사회복지급여비용의 비율은 1991년 49.2%에서 1992년에 55.5%로 급격하게 증가하였다가 그 이후 점진적인 증가와 하락을 거듭하여 1999년부터는 48%대를 유지하고 있으며, 사회복지급여비용과 사회보장을 위한 국가보조금이 합산된 금액의 경우 1991년에 국내총생산의 54.6%에서 1992년 60.4%로 증가하였다가 그 이후 점진적인 증가와 하락을 거듭하여 1998년부터는 52%대를 유지하고 있다. 즉, 구 동독지역에서는 통일이후 10년 동안 지역의 국내총생산의 50%가 넘는 금액을 사회복지급여를 위한 비용으로 지출하고 있는 것이다.

이러한 사회보장 형태의 보장은 동독주민으로 하여금 동독지역에 상주하도록 신뢰감을 주었으며, 대규모 인구이동으로 인한 사회적 혼란의 발생을 무마할 수 있었다. 서독의 구 동독지역 구호대책은 분단시기에 서독으로 이주한 동독 이주민에 대해 실행한 구호대책과 같은 맥락에서 이루어졌는데 기존 근로계층에 대해서는 노동시장정책을 통하여 소득보장될 수 있도록 실업대처방안을 마련하였으며, 취약계층에 대해서는 구 서독의 사회보장제도를 적용하여 소득보장이 이루어지도록 하였다.

사회보장 부문은 철저한 흡수통일로 서독제도를 동독에 적용하여, 하나의 제도로 일시에 통합하고 흡수과정에서 발생할 문제점을 고려하여 경과조치, 급여조건의 완화, 가입기간 인정범위의 확대적용, 급여수준의 실질적 향상보장 등 매우 완화된 조치를 취하였다.

3. 통일이후 사회복지정책 발전 경향

통일이후 독일의 사회복지정책은 구 동독지역의 산업구조조정, 실업자 보호, 사회보험제도 도입과 구축, 저소득·취약계층에 대한 보호 등이 지금까지 다차원적으로 실시되고 있다. 이와 함께 구 서독지역을 기준으로 한 독일 전체의 사회복지체계에 대한 개혁도 여러 차례 단행되었다. 통일 이후 전개되고 있는 독일의 사회복지정책은 다음과 같은 특성을 보이고 있다.

첫째, 통일과 직접적으로 관련된 수많은 사회복지정책적 요구들이 발생하였다. 이러한 사회복지정책적 요구는 구 서독의 사회복정책원칙들이 구 동독지역에 적용되면서 발생하는 것들이었다. 구 동독지역에 서독 사회복지체계 기본원칙의 적용은 구 동독지역의 사회복지체계 자체를 완전히 변화시켰을 뿐만 아니라 모든 사람의 사회복지 수준을 향상시켰다. 예를 들면, 구 동독지역의 연간 휴가일수는 구 서독수준의 2/3에 불과하였으며, 여성근로자에 대한 보호와 기술적 장비를 이용한 근로자보호도 낮은 수준이었으며, 사회보험체계는 기능적으로 분화되어 있지도 못하였을 뿐만 아니라 국가보조금에 의해 운영되는 상황이었고, 주택상황은 양적으로나 질적으로도 열악하였다. 구 동독지역에 서독 사회복지체계의 기본원칙인 노동법과 사회보험제도가 적용되면서 구 동독 사회복지체계의 후진성은 일단 극복되었다. 하지만 구 동독지역 사회복지수준이 구 서독지역 수준으로 전반적으로 향상되는 것은 아직까지 실현되지 못하고 있다. 구 동독지역의 다양한 사회계층들 중 사회복지수준이 상대적으로 높은 수준으로 향상된 사회계층은 노령연금 생활자들이라고 할 수 있다. 구 동독시절 노령연금 생활자 가구의 평균 소득은 근로자가구 소득의 1/3에 불과하였으며, 구 서독지역의 2/3수준과 비교하여도 대단히 낮은 수준이었다. 특히 구 동독지역의 여성 노령연금 생활자들은 서독 사회보험체계의 적용에 따라 지급받는 노령연금액이 획기적으로 인상되었다. 즉, 구 서독지역의 여성들과 달리 오랜 노동자·농민생활의 결과로 사회보험 가입기간이 긴 까닭에 구 동독지역 여성 노령연금 생활자들에게 지급되는 노령연금액은 구 서독지역 여성 노령연금 생활자에게 지급되는 금액보다 높은 수준으로 인상된 것이다.

구 동독지역에 구 서독의 사회복지제도를 적용함에 따라 전체적인 사회복지수준이 향상되었지만, 문제도 발생하였다. 가장 시급한 문제는 급속하게 증가하여 여전히 높은 수준인 실업률이었다. 구 동독지역의 실업률 수준은 1991년 평균 9.5%였으나, 그 후 지속적으로 증가하여 2005년에는 18.8%로 최고 수준이었으나, 2006년부터 감소하기 시작하여 2008년에는 13.1%이다.[13] 구 동독지역의 높은 실업률은 시장경제의 도입에 따른 경제구조의 전환과 낮은 생산성 문제, 임금수준 등이 복합적으로 작용한 결과라고 할 수 있다. 구 서독지역과 비교하여 거의 2배 수준에서 지속되는 높은 수준의 실업률을 감소시키기 위하여 1990년 7월 「화폐·경제·사회통합에 관한 조약」의 발효와 함께 단축근로수당, 조기노령연금지급, 교육·훈련 등 다양한 단기적 사회복지조치들이 실시되었다.

둘째, 지난 1970년대 중반이후 여전히 해결하지 못하고 있는 독일 사회복지정책적 과제들이 통일과 관련한 사회복지정책적 요구와 결합하면서 독일 전체 사회복지정책의 발전양상은 더욱 복잡해졌다. 지속되는 높은 실업률, 보건의료부문에서 비용증가 억제 문제, 노령연금보험의 재원조달 문제가 통일과 연계되면서 해결이 더욱 어려워졌다. 그 결과 공적 노령연금보험 분야에서는 보험료율 인상, 급여수준 조정, 부가가치세 1%의 인상을 통한 재원확보 등 지속적인 개혁이 단행되었다. 보건의료 분야의 경우 구 동독지역에 대한 병원시설의 합리화와 현대화, 민간 개원의에 의한 외래진료 제공, 병원진료에서의 포괄수가제 도입, 외래진료 시 분기별 방문료 도입 등 다양한 조치가 도입되었다. 더구나 1995년에

13) Bundesministreiun für Arbeit und Soziales, Übersicht über das Sozialrecht, Nürnberg, 2009.

는 노화와 장애 때문에 일상생활 수행이 어려운 사람들에게 사회복지 서비스를 사회보험으로 제공하는 장기요양보험(Pflegeversicherung)이 도입되었다. 사회복지정책에 대한 비용투입과 재정안정화를 위한 다양한 개혁을 실시함으로써 독일의 GDP대비 사회복지비 지출 비율은 1990년 25.8%에서 2003년 31.2%까지 증가하였다가 그 이후 점차 감소하여 2007년의 경우 28.1%로 안정화되고 있다.14) 그럼에도 불구하고 독일의 GDP대비 사회복지비 지출 비율은 유럽공동체 회원국가들과 비교할 경우 상당히 높은 수준이라고 할 수 있다.

〈표 13-6〉 유럽공동체 회원국가의 2006년 GDP대비 사회복지비 지출 비율

국가	비율(%)	국가	비율(%)
프랑스	31.1	헝가리	22.3
스웨덴	30.7	스페인	20.9
벨기에	30.1	룩셈부르크	20.4
네덜란드	29.3	폴란드	19.2
덴마크	29.1	체코	18.7
독일	**28.7**	사이프러스	18.4
오스트리아	28.5	아일랜드	18.2
유럽공동체 평균	**26.9**	몰타	18.1
이탈리아	26.6	슬로바키아	15.9
영국	26.4	불가리아	15.0
핀란드	26.2	루마니아	14.0
포르투갈	25.4	리투아니아	13.2
그리스	24.2	에스토니아	12.4
슬로베니아	22.8	라트비아	12.2

자료 : Rainer Pitschas, Die Verteilung von Rollen und Verantwortlichkeiten zwischen staatlicher und kommunaler Sozialpolitik für die Gewährleistung sozialer Sicherheit - Das Beispiel Deutschland, 한국사회보장학회/한국보건행정학회/FES 한독 공동학술세미나, "한국과 독일의 중앙/자치단체 건강복지 정책 역할" 2009. 10. 16

14) Bundesministerium für Arbeit und Soziales, Statistisches Taschenbuch 2008 : Arbeits- und Sozialstatistik, Bonn, 2008.

셋째, 2002년 1월 1일부터 통용되는 유럽공동체(EU)의 공동 화폐인 유로화 도입을 위한 1마스트리히트 조건으로 대표되는 세계화의 압력은 사회복지정책에서 기존의 문제와 통일과 연관된 문제의 해결방향을 바꾸고 있다.[15) 즉, 사회복지정책에서 기존의 문제와 통일과 연관된 문제를 해결하기 위해서는 경제과정의 유럽화라는 흐름 속에서 사회복지체계의 효율성 강화에 기초할 수밖에 없는 상황이 되었다. 유럽공동체의 사회복지관련 법규와 행동강령이 구 동독지역 사회복지정책 형성에 영향을 주고 있는 실정이다.

4. 독일의 시사점

1) 이주민대책에 대한 시사점

독일의 분단상태에서의 구 서독의 분단관리정책과 내독관계의 주도는 매우 바람직한 것으로 평가되며, 이는 우리에게 있어서 남북한 신뢰회복 및 경제교류 증대가 긴장완화와 함께 북한의 긴급사태시 남한 주도하에 통일이 이루어질 수 있는 계기를 마련하며, 국제사회에서도 주도권을 가질 수 있는 기반이 될 것으로 판단된다. 특히 구 서독의 장기간에 걸친 지원방식에 의한 내독관계 유지는 구 동독의 군사력 증강보다는 동독경제를 서독에 예속화시키는 결과로 나타났고, 동독주민에게 서방세계에 대한 동경을 유도하여 동독체제에 대한 불신이 팽배하게

15) 유로화 도입의 기초가 되는 1992년의 마스트리히트 조약(Maastricht Treaty)에 따라 유럽통화연합(EMU)의 회원국이 되기 위해서는 가입 자격심사인 경제수렴기준(Economic Convergence Critera) 심사를 거쳐야 한다. 수렴심사는 인플레, 금리, 환율, 재정적자와 공공 부채를 기초로 다음과 같은 평가가 이루어진다. 유럽통화연합(EMU) 회원국은 첫째, 인플레가 가장 낮은 3개국의 인플레율보다 1.5% 이상 초과하면 안 되며, 둘째, 금리가 가장 낮은 3개국의 금리를 2%이상 초과하면 안 되며, 셋째, 재정적자가 GDP의 3%를 초과하면 안 되며, 넷째, 공공부채도 GDP의 60%를 초과하면 안 된다는 규정을 지켜야 한다. 그러나 실업에 관한 규정이 빠짐으로써 유럽은 1999년 유로화 출범 후 지금까지 높은 실업상태가 지속되고 있다.

되어 대외적으로는 탈출, 그리고 대내적으로는 저항이라는 메커니즘을 통하여 통일이 유도될 수 있었다.

남북한의 입장에서 볼 때 상호간의 불신과 적대심은 동·서독 관계보다 훨씬 심각하며, 독일은 분단 이후부터 통일시점까지 지속적인 교류가 이루어졌다는 점이 남북한과 같은 조건이 아님을 단적으로 보여준다. 이러한 차이로 인해 우리의 상황이 보다 어려운 것이 사실이다. 동서독관계에 있어서 서독은 냉전시대의 주변상황이 어려웠던 점과 1961년 베를린 장벽설치 및 각 부문에 대한 스파이사건 그리고 구 동독 내에서의 정치적 폭력행위 등 동서독간 관계가 경색될 수 있었던 수많은 사건에도 불구하고 내독관계에 인내를 가지고 대처하였다. 특히 1963년부터 이루어진 구 동독지역의 정치범 석방과 가족상봉을 위한 비밀거래는 구 동독의 대외적 체면을 유지시키면서 내독간의 관계를 신뢰로 이끄는 결정적인 역할을 한 점을 매우 중요하게 평가할 수 있다.

또한 분단상태에서의 동서독간의 거래는 구 동독의 경제파탄을 막고, 경제발전에 기여함으로써 통일시 경제적 격차로 인한 절대충격량을 감소시키는데 효과가 있었다. 따라서 분단상태에서 북한에 대한 남한의 지원과 협조관계의 구축은 긴급사태에 따른 충격을 근본적으로 감소시킬 수 있는 효과를 노릴 수 있다.

구 서독의 동독 이주민대책은 분단상태의 남북관계, 특히 남한의 북한 이주민대책에 몇 가지 시사점을 제공하고 있다. 첫째, 탈출에 의한 난민이동은 제도적 장치로는 막을 수 없다는 것이다. 여기서 구 서독의 동독 이주민대책에 있어 1950년에 도입했던 긴급수용법(Notaufnahmegesetz)의 시행착오적 경험을 살펴볼 필요가 있다. 1950년대 초 구 서독은 전후 복구작업과 전쟁후유증으로 경제적으로 여유가 없었던 상황이었다. 따라서 구 서독은 동독 이주민의 대규모이동을 우려하여 불가피한 사유가 있는 일부계층에 대해서만 이주를 허가하였다. 그러나 이러한 정책적 목적은 실제로는 아무런 기능을 발휘하지 못하였는데, 가장 큰 이유는 이주한 동독주민을 다시 동독지역으로 돌려보낼 수 없는 서독정부의 입장과 어떤 다른 근본적인 해결방안이 없었기 때문이다. 이러한 동독주민의 서독지역으로의 이동 경험은 남북한에 있어서도 똑같이 적용될 것으로 판단된다.

현재 남북한의 관계는 매우 경직되어 있어 분단상태의 독일과는 다른 상황인 것은 사실이다. 그러나 북한의 경제개방정책은 북한주민의 외부접촉의 기회를 줄 것이며, 이에 따른 탈출난민의 발생을 예상할 수 있다. 남한의 입장에서 볼 때, 난민규모가 폭발적으로 증가할 경우에 우려되는 여러 가지 부작용에도 불구하고 이주희망자에 대한 억제는 사실상 불가능하며, 제3국 등에 머물게 하는 등의 대안도 합리적이지 못하다.

왜냐하면 난민의 발생과 이주는 사회변화적 흐름이기 때문에 이들에 대한 물리적 억제는 단기간의 유예효과는 기대할 수 있으나, 장기적으로 볼 때는 누적현상에 의해 결국 폭발적인 대규모이동을 야기할 것이기 때문이다. 따라서 북한주민의 탈출·이주가 발생할 경우에 대해 합리적인 대처방안이 준비되어야 한다. 다만 독일의 경험에서 볼 때, 단기간의 대규모이동은 동독지역주민보다는 독일 이외의 지역 독일인의 독일이주가 중요한 변수였던 만큼, 남북한의 경우에 있어서도 중국 및 구소련지역 조선족에 대한 억제 및 자제를 유도하는 정책적 대안을 통하여 대규모 인구이동에 따른 충격을 완화하도록 해야 할 것이다.

둘째로 이주민에 대한 지원내용을 들 수 있다. 구서독의 동독 이주민에 대한 지원은 동독주민이 서독지역으로 이주한 이후에 기초생활보장과 서독체제에 적응하도록 하는 포괄적인 접근이 이루어졌다. 그러나 탈출 또는 이주자에 대한 포상차원의 조치는 없었다. 즉, 구 동독에서 구 서독으로 이주한 주민은 서독의 일원으로서 살아갈 수 있도록 배려하여 이를 위한 지원을 하고 사후관리에 힘썼다는 점에 관심을 가져야 할 것이다. 공산체제에서 자유체제로 이주한 주민의 가장 큰 문제점은 시장경제를 기본으로 한 사회메커니즘에 대한 적응이 어렵고, 특히 자본주의가 가지고 있는 개인간의 경쟁과 능력에 따른 보상, 그리고 복잡한 행정절차 등에 익숙치 못하기 때문에 이에 대하여 구 서독정부가 취한 생활상담과 후견인 역할은 매우 중요한 대책으로 볼 수 있다.

셋째로는 정책의 일관성을 들 수 있다. 독일의 경험에서 살펴본 바와 같이 구 서독의 동독 이주민에 대한 정책은 일관성 있게 유지되었다. 이러한 일관성은 동독주민에게는 서독지역으로의 이주 이후의 상황전개를 예상할 수 있도록 함과 동시에 구 동독정부에게는 서독정부의 이주민정책을 현실로서 받아들이게 하는 효과가 있었다. 이러한 측면에서 남한의 북한탈출자에 대한 대책에 있어서도 기본방침을 정하여 이를 그대로 유지함으로써 북한주민에게는 남한정부 및 주민에 의하여 북한에 대한 인도적 배려가 되고 있음을 알림과 동시에 신뢰성을 부각시키고, 북한정권에게는 남한의 태도가 확고부동하다는 인식을 주도록 하여야 할 것이다.

2) 사회복지정책의 시사점

통일 직후에 독일정부는 구 동독지역으로부터의 대규모 인구이동과 이로 인한 사회적 혼란을 막기 위하여 대규모 재정지원을 통하여 이를 해결하고자 하였는데, 이러한 결정의 배경에는 정치경제학(Political Economie)에 의한 선거전략이 자리잡고 있었다. 이러한 정책결정은 독일의 입장에서 볼 때 적어도 구 서독의 경제력이 구 동독경제를 부담할 수 있는 능력이 전제조건으로 깔려 있었고, 동독주민의 이주를 물리적인 통제를 통하여 억제함으로써 통일충격을 완화한다는 것은 실제의 통일과정에서는 불가능하다는 판단이 섰기 때문이다. 따라서 독일정부는 동독지역 주민에게 소득보장 및 기타 사회보장정책을 적극적으로 취하게 되었고, 이로 인하여 엄청난 재정부담을 지게 된 것이 사실이다.

노동시장정책과 사회보장정책에서의 급격한 급여대상 확대와 급여수준 인상은 낙관적이었던 독일정부를 3년이 넘도록 재정문제로 허덕이게 하였다. 그러나 독일의 입장에서 볼 때 구 서독지역의 사회보장체계 및 노동시장정책은 「사회적 시장경제체제」에 의하여 이미 전국민의 생활보장이 이루어진 상태이어서, 동독주민에 대해 차등화할 경우 한 국가 내에 두 가지 제도가 적용되어 복잡한 관리문제를 해결할 대안이 없을 뿐만 아니라, 동서독지역 주민간에 위화감 조성의 위험이 매우 높으며, 특히 서독으로 이주한 동독주민과 동독지역에 거주하고 있는 주민간에의 차별적 적용이 이루어지게 되어 이에 대한 수습책을 마련할 수 없었다.

다만 대규모 인구이동에 있어서 독일은 동유럽국가를 중심으로 거주하던 독일민족이 독일로 귀환하는 것에 대해서 매우 관대하게 처리했다. 물론 같은 민족이 본인의지와 관계없이 제2차 세계대전기간 중 이주해야 했으며, 그 후손들을 인도주의적 차원에서 다시 받아들여야 한다는 당위성에 대해서는 논박의 여지가 없다. 그러나 통일을 전후로 하여 동독주민의 대규모 이동으로 인하여 가장 재정적 압박을 받는 어려움에 처해 있을 때 이들의 이주허용이 이루어져야 했는가에 대해서는 논란의 여지가 있다. 독일통일을 전후로 하여 동유럽에서 독일로 이주한 사람은 급격히 증가하였다.

통일 직후인 1990년 동유럽지역에서 독일로 이주한 숫자는 63,637명으로 구동독의 대규모 탈출에 비하면 상대적으로 비율이 낮았으나, 통일 이후 소득보장정책 등으로 동독주민에게 여러 가지 유리한 조건이 주어짐에 따라 동독지역에서의 이주규모는 줄어든 반면, 동유럽 및 구소련에서 독일로의 이주는 급격하게 증가하여 1992년부터는 오히려 구동독주민의 이주규모를 능가하게 되었다.[16] 이러한 동유럽으로부터의 대규모 인구유입은 자연스럽게 사회비용의 증가와 노동시장정책을 원활히 시행치 못하도록 제동을 거는 효과를 낳았다.

한편 사회보장에 있어서 독일은 구 서독제도를 구 동독지역에 그대로 적용하였는데, 이는 제도의 성격 및 국민의 인식도 면에서 수용할

16) Statistisches Bundesamt Bundesministerium Innen, Statistisches Jahrbuch, Wiesbaden, 1992, 1993.

수 있는 근본적인 공통점이 있었기 때문이다. 반면에 남북한의 경우에는 사회보장제도가 분단 이후 전혀 다른 이데올로기에서 출발하였고, 제도의 역사적 공통점이 없는 만큼 급속한 통일 시에는 경과조치로서 남한 사회보장제도와 북한 사회보장제도에서 서로 유사한 보장성격을 갖는 급여지급이 이루어지도록 하는 것이 재정측면이나 관리측면에서 무리가 없을 것이다. 독일의 경우처럼 동독의 사회보장급여를 서독제도로 환산하는 작업보다는 오히려 북한의 사회보장 성격이 남한의 사회부조제도와 유사한 점을 감안하여 보호조치를 취하면서 시간을 두고 제도통합을 하는 것이 바람직할 것이다.

더구나 독일이 분단상황에서 상호교류가 빈번했음에도 불구하고 통일 후 예상했던 많은 부분들이 실제와 달랐던 점에 비추어 볼 때, 남북한이 통일될 경우 모든 조치는 단절된 분단상황에서 준비된 것인 만큼 실제상황을 반영하지 못한 약점을 지니게 된다. 따라서 급속히 통일되는 경우 통일과정에서 발생할 수 있는 많은 변화와 북한사회에 대한 예상치 못한 상황과 산업분야의 실상 등을 고려하여 계획을 실천에 옮기는 과정에서 유연하게 적용하여야만 할 것이다.

한편, 사회통합의 기본이 되는 지역주민간 갈등해소문제에 있어서 독일의 경우 동서독주민간에 심리적 저항이나 마찰문제가 발생한 점을 고려해 볼 때, 남북한 통일의 경우에는 이에 대하여 더욱 심각히 대처하여 해결해야 할 것이다. 따라서 통일되는 즉시, 분단상태에서 확실하지 못했던 모든 정보를 재정비하고 계획을 검토하여 정책에 대한 조정 및 세부사항을 결정하는 것이 매우 중요하다.

마지막으로, 남북한 통일은 외형적인 통일을 시작으로 하여 사회적 통합, 특히 단일민족으로서의 공감대 형성이 이루어져야만 완벽한 통일이 이루어지는 것인 만큼 민간차원에서의 협조체계 구축을 적극 유도하여야 한다. 즉, 인구 및 지역성격에 부응한 시·도간 상호 자매결연과 민간단체의 활동보장 및 활성화를 통하여 명실공히 하나의 민족으로서의 통일이 이루어지도록 하여야 할 것이다.

서독의 분단관리정책은 남북한에 있어서 비교우위경쟁관계에서 탈피하여 상호신뢰구축에 우선적 정책목표를 세워야 할 것을 강력히 시사하고 있다. 이는 남북한 관계에서 남한은 단기간의 정치외교적 영향에 의연하게 대처하여, 있는 자로서의 유리한 입장보다는 아량으로서의 지원을 통한 신뢰회복을 의미한다.

독일의 통일을 전후한 이주민대책 및 소득보장대책은 대규모 인구이동에 대한 억제효과는 있었으나, 이를 위한 방법은 단순한 『비용집약형』인 정책으로 재정적 부담 규모에 문제점이 지적될 수 있다.

급속한 통일 시 대규모 인구이동에 대한 물리적 억제는 실제로는 거의 불가능한 점을 감안할 때, 북한주민의 생활보장에 대한 남한의 신뢰성이 입증될 때에만 인구이동 억제가 가능하게 될 것이다. 따라서 남북한의 경우에는 『자생력확보형』 정책에 의한 접근이 이루어져야 할 것이다.

동독의 계획경제 하에서는 전국민에 대한 생활보장이 이루어진 바, 통일이후 동독주민에 대한 서독제도에 의한 사회보장통합은 서독의 사회보장제도가 이미 전국민을 대상으로 확대적용이 이루어졌기 때문이다. 따라서 남한의 사회보장의 확대는 통일에 대비한 필수적인 조치로 볼 수 있다.

제 4 절 통일단계와 인구이동 대책

통일과 관련된 북한 주민의 해외탈출과 남한 이주에 대한 예측은 내부적 요인과 외부적 요인이 복합되어 복잡할 뿐만 아니라 이에 대한 남북한 각각의 입장과 대응에 따라 차이가 발생할 수 있다. 이는 급속한 통일의 경우에 있어서 급격한 이동이 발생할 것을 예상할 때 이에 대한 예측은 더욱 어려울 수 있다. 그러나 이러한 급격한 이주민 발생에 대한 예상과 이에 대한 사전준비를 통하여 충격을 최소화하는데 목적을 두어야 할 것이다.

먼저 급속한 통일의 경우에 북한 주민의 이동은 그 규모 뿐 만 아니라 이동경로 및 이주예상계층이 통일단계에 따라 차이가 발생할 것으로 예상된다. 따라서 각 단계별로 인구이동 규모, 이동경로 및 이주예상계층을 예측하고 이에 대한 각각의 대안 마련을 하는 것이 바람직할 것이다.

통일 단계에 따라 인구이동의 특징을 분류하여 보면 통일 이전의 「일반이동상황」과 통일과정에서의 「급증이동상황」 그리고 통일 이후의 「조건적 이동 상황」으로 나눌 수 있다.

「일반이동상황」은 남북한 관계에 現在와 같이 결정적 변화가 없는 시기로 기존의 귀순성격을 크게 벗어나지 않을 것으로 판단되는 시기이다. 다만 북한의 경제상황이 현재의 상태에서 벗어나지 못할 경우 제3국을 통한 귀순은 지속적으로 증가될 것으로 예상된다.

「급증이동상황」은 직접적인 북한붕괴의 첫 단계로 북한주민이 외부와의 접촉을 통하여 북한체제에 대한 인식변화에 따라, 체제에 대한 실망과 불만 그리고 배신감 등에 의하여 내부적 저항과 함께 대규모 탈출 형태로 급격히 전환되는 시기이다. 대규모 인구이동의 발생은 통일과정의 시작이며, 이러한 이주 규모가 대응정책 등 다각적인 조치에 의하여 안정적으로 전환될 때까지로 볼 수 있다.

「조건적 이동 상황」은 인구이동이 북한주민이 경제 재건 정도 때 소득보장 수준에 따라 북한지역에 머물거나 남한지역으로 이동을 결정하는 이주에 대한 조건적 기간이라 볼 수 있다. 즉, 통일이후 주민들의 개인적 판단에 따라 이주를 결정하게 되는 시기로, 특히 사회보장 및 소득보장정책에 따라 크게 차이를 보일 것이다.

그런데 이러한 통일단계와 이주민 발생은 각 단계별 특징을 갖고 있는 것이 사실이나 분단에서 통일에 이르는 자연스러운 과정인 만큼, 각 단계에 적합한 대응대책을 마련함과 동시에 각 단계별 연계를 통한 사전적 준비와 사후적 보강으로서 대처하여야 하고 사회적·경제적 파급 효과를 고려한 종합적인 접근이 이루어져야 한다.

1. 분단단계의 이주민 대책

분단단계에서의 이주민 형태는 「일반이동상황」으로 대응책을 위하여 인구이동 규모와 이동경로 그리고 이주계층의 성격으로 구별하여 구체적인 예상분석을 하여야 한다. 이주민 규모를 추정하는데 있어서 고려해야 할 사항은 먼저 기존의 월남귀순 규모 추이를 들 수 있다. 이는 귀순규모를 추정하는 데에 있어 매우 직접적인 연관을 갖고 있으며, 다른 요인과 연계할 경우 상당히 근접된 예측이 가능하기 때문이다. 한편 북한주민의 중국 및 구소련 탈주자 추이와 북한의 해외 파견자 및 체류자 추이를 간접적인 요소로서 분석할 필요가 있는데, 이는 귀순 가능성이 높은 북한주민 규모를 파악하는 것으로 의미가 있다 할 것이다.

이외에 북한의 내부적 요인으로 경제파탄 정도 및 개방에 따른 사회변동 추이와 정치 안정성 및 김정일 체제 이후의 숙청 범위 및 강도에 따른 북한지역 탈출 등 잠재적 가능성을 들 수 있다. 그런데 기존 귀순 규모 추이에 대한 이외의 간접적 추정 요소는 실제적인 파악이 어렵거나 불가능한 경우가 대부분이어서 이를 유추하는 데에는 한계가 있다.

귀순자 규모와 독일의 경험을 참고로 추정한다면 다음과 같이 유추해 볼 수 있다. 공식적인 귀순자 규모는 분단 이후 1994년 1월까지 총 402명으로 매우 미미한 수준이었다. 그런데 최근 한 해 동안의 귀순자 수는 1999년 중반까지는 벌목공을 중심으로 약 100명 수준이었으나 1995년 이후 지속적으로 그 규모가 증가하여 2001년에는 약 400명 수준으로 증가하였다. 다만 이러한 규모의 변화는 북한 이탈 주민의 규모 변화이기보다는 우리나라가 얼마나 북한 이탈 주민의 남한 이주를 승인하는가에 달려 있어 인위적인 통계치라 할 수 있다. 한편 독일의 경우 1962년 동독 정권이 탈주자에 대한 강력한 차단 시설 및 통제에도 불구하고 대규모 이주가 발생한 1989년 이전까지 탈주자 규모는 매년 6천여명으로 큰 변동이 없었다. 이러한 현황에 근거하여 볼 때 남북한에 결정적 변화가 없는 경우에 이동규모는 500명 이하의 수준에 머물 것으로 판단된다.

귀순 경로는 기존의 탈출 경로인 중국 및 구소련지역 그리고 해외 파견 지역을 중심으로 제3국 경유를 통한 귀순 형태가 중심이 될 것으로 판단되며, 해상을 통한 직접적인 귀순형태도 예상되나, 북한의 강력한 통제에 의하여 그 규모는 그리 크지 못할 것으로 판단된다.

남북한 분단 상태에서 취하여야 할 이주민 대책은 크게 두 가지 방향에서 접근할 필요가 있다. 첫째는 남한으로 이주한 북한 이탈자에 대한 대책이고, 둘째는 북한지역을 이탈하여 현재 제3국에 머물고 있는 북한 이탈자에 대한 대책이다.

먼저 귀순한 북한이주자에 대한 대책에 있어서 현행 남한의 제도는 과거 월남귀순용사 특별보상법과 비교하여 볼 때 귀순이주자에 대한 포상형태에서 정착지원형태로 전환된 것이 사실이다. 그렇지만 아직도 휴대장비 및 정보에 따른 보조금 등 냉전체제하의 전시 정책적 성격을 그대로 갖고 있는 부분이 많아 장기적으로 북한이주민에 대한 사회통합의 중요한 대책방안으로서 역할을 하기에는 한계가 있다.

따라서 다른 이념체제에서 생활하던 북한귀순자가 남한사회에 무리없는 적응을 할 수 있도록 종합적인 대책을 마련하여야 하고, 적응 이후에는 본인 스스로 독립적이고 건전한 사회활동을 통하여 사회에 생산적 일원으로서 역할을 할 수 있는 정착지원체제로 개편이 이루어져야 할 것이다.

이러한 개편은 단계적 지원체제에서 장기적인 지원체제로 전환되어야 함을 의미하며, 후견기능의 강화를 통하여 지속적인 상담과 후원을 통한 안정적인 체제적응 및 생산활동의 기틀 마련에 적극적이고, 종합적인 계획을 수립하고 실천하는 것을 내용으로 하여야 한다.

이러한 지원체제의 개편을 통하여 북한이주민이 귀순 이후 자신이 남한으로 귀순하게 된 결정에 대한 확신과 진정한 의미에서 삶의 보람을 찾을 수 있도록 하고, 이를 통하여 향후 북한이주민의 북한탈출 동기가 탈출에 의한 포상적 보상조치가 아니라, 남한으로의 이주를 통하여 남한주민과 동등한 일원으로서 더불어 살기 위한 동기에 의하여 이주가 되도록 하여야 할 것이다.

이러한 조치의 전환은 통일과정 및 통일 이후에도 남한으로의 이주가 북한주민의 막연한 기대감이나 환상적인 동기에 의하여 결정하지 않고, 건전한 의미에서 자신의 노력에 의한 삶과 자유에 대한 갈망에 근거를 둘 수 있는 이주동기를 마련하는 데에도 중요한 역할을 할 것이다.

둘째는 북한을 탈출하여 제3국에 머물고 있는 북한탈주자에 대한 대책이 마련되어야 한다. 현재 북한을 탈출한 북한주민은 대부분이 중국에 머물고 있는 것으로 추정되고 있는데, 탈주주민의 신분노출 자체가 생명의 위협과 직접적으로 연관되어 있어 이에 대한 대책이 시급한 실정이다. 이렇게 제3국에 은둔하고 있는 북한주민의 규모는 그 성격상 추정이 거의 불가능한 상태이어서 이에 대한 구체적인 대응계획 마련에는 한계가 있는 것은 사실이다.

그럼에도 불구하고 이미 언론을 통하여 일부 밝혀진 바와 같이 북한에서 탈출한 주민은 중국과 북한의 밀접한 외교관계로 인하여 북한탈주자의 체포, 송환 그리고 처형의 비인도적이고 잔악한 행위가 계속되고 있는 것은 같은 민족으로서 우선적으로 차단하여야 할 과제일 뿐만 아니라, 국제적으로 인간의 존엄성을 보호하고 회복하여야 하는 당면과제로서 해결에 적극적인 노력이 필요한 중요한 의무이다.

이를 해결하기 위하여 남한은 국제인권기구 및 단체와의 유기적인 협조를 통한 공조체제를 마련하여 중국에 대하여 다각적이고 적극적이고 설득과 압력이 이루어져 이들을 보호하여야 한다. 또한 이와 竝行하여 중국내 보호 및 수용시설 등의 건립을 통하여 북한탈주자에 대한 실질적인 보호가 될 수 있도록 외교노력 및 경제적 지원이 이루어져야 할 것이다.

2. 통일과정의 인구이동 대책

통일과정에 있어서 인구이동의 의미는 북한정권의 붕괴가 직접적으로 가시화되는 것으로 본격적인 통일변화가 일어나는 징후로 볼 수 있다. 이 기간에 발생되는 인구이동은 폭발적이고 대규모로 발생한다. 이 기간은 각 분야에 걸쳐 가장 변화가 크게 일어날 것으로 예상되어 이에 대한 사전적 준비와 충분한 공조가 원활히 이루어지지 못할 경우 극심한 혼란이 발생할 우려가 높다. 따라서 이를 최소화하고 안정적인 발전의 기틀을 마련하기 위한 준비가 가장 절실한 기간으로 볼 수 있다.

『급증이동상황』으로 분류할 수 있는 이 기간은 탈출과 저항의 메커니즘에 의한 상호상승작용을 일으켜 하나의 정권이 붕괴되는 과정과 다른 체제가 이를 수습하는 과정으로 볼 수 있다. 이 과정에서 어느 정도 규모의 인구가 이주할 것인가 그리고 그 이동이 어떠한 경로를 통하여 어떠한 형태로 나타날 것인가에 대한 구체적인 예상에는 한계가 있다. 다만 대략적인 규모와 경로 그리고 이주계층의 성격을 예측하여 이에 대한 대응책을 마련하여 이로 인한 충격을 최소화하기 위한 준비작업의 기반을 마련하는 데에 의의가 있을 것이다.[17]

이주민 규모를 추정하기 위해서는 이주에 영향을 미치는 중요한 변수를 분석할 필요가 있다. 통일과정에서 북한주민의 남한이주에 영향을 미칠 변수로는 북한주민의 남한상황에 대한 인식정도, 북한주민의 중국교포와의 연계정도 그리고 북한의 긴급상황 전개과정 및 속도에 따라

17) 독일경험에 비추어 볼 때 동독주민의 서독지역 인구이동 규모는 동독주민이 독일 정부의 소득보장정책에 대한 확신 이후에 급격히 줄어들었다. 따라서 이 기간에 예상되는 북한주민의 이동억제는 물리적 방법은 불가능하고 북한지역에 대한 소득보장에 의하여서만 가능할 것으로 예상된다. 그래서 본 연구에서는 이에 대한 추정은 배제하기로 한다.

직접적인 영향을 받을 것으로 판단된다. 이외에 탈주 및 이주계층의 중심이 될 북한의 소외(적대)계층 규모도 중요한 변수로 볼 수 있을 것이다.

이러한 변수들은 북한의 폐쇄성에 비추어 볼 때 추정에 한계가 있고, 향후 통일과정에 미칠 여러 가지 외부환경 변화에 따라 그 차이가 클 수 있다. 이러한 한계성을 감안하여 이주민 규모 추정은 과거 남북한 분단과정에서 있었던 경험과 독일의 사례를 통하여 예측하여 보고자 한다.

첫째로 한국전쟁 시 북한주민의 남하율에 의하여 추정하여 보면, 당시 북한주민의 남하율은 전체 북한주민의 9%로, 이를 현재 북한전체인구 약2,200만 명에 적용할 경우 약 200만 명으로 추정할 수 있다. 둘째로 독일의 사례를 그대로 남북한에 적용할 경우인데, 독일통일과정(1989-1993)에서 동독주민이 서독지역으로 이주한 규모는 동독전체인구의 8.6%로 이를 남북한에 그대로 적용할 경우 약 190만 명에 이를 것으로 추정할 수 있다. 셋째로 남북한과 동서독의 경우를 동시에 고려한 경우로 현재 북한지역에서 소위 적대계층으로 분류되고 있는 소외계층은 전체 북한주민의 약 30%로 추정되고 있다. 이 계층에 제2차 세계대전 이후 동독주민의 서독지역 이주율 30%를 적용할 경우 약 175만 명으로 추산할 수 있다.

이러한 추정이 남북한의 급속한 통일의 실제경우와 어느 정도 차이가 발생할 수 있는 가에 대한 검증은 어려우나, 여러 정황에 근거하여 볼 때 약 200만 명 수준을 추정하는 것이 합리적일 것으로 판단된다.

이주경로는 제 3국 경유의 형태를 시작으로 하여 이주가 본격화되면서 해상 또는 육로를 통한 직접적인 형태로 전환될 것이며, 기존에 중국 및 구소련 등으로 이미 탈출한 북한주민의 남한이주도 이 기간 동안에 이루어져 이들이 이주민 규모에 차지하는 비중도 상당부분 될 것이다. 한편 이주계층의 성격은 북한지역의 소외계층을 중심으로 기존의 청장년층 뿐만 아니라 가족단위 형태가 크게 증가할 것으로 예상된다.

대응정책의 기본적인 시각은 탈출이주민에 대한 구호대책과 인구이동의 규모를 최소화할 수 있는 대책의 마련으로 볼 수 있다. 먼저 탈출난민구호대책의 중심은 대규모 이동에 따른 북한이주민에 대한 기초보장적 지원과 사회적응력 배양을 통하여 남한사회에 생산적 일원이 되도록 전환체제를 완비하기 위한 준비작업으로 볼 수 있다.

이를 위하여 먼저 구호정책으로서 북한탈출 난민을 위한 집단수용시설을 확보하고, 생계 및 의료보장은 남한의 생활보호대상자 수준의 물자 형태로 지원하여 남한 주민과 대등한 조건에서 최소한의 인간적인 보장이 이루어질 수 있도록 한다. 또한 남한지역에 친인척이 있는 경우 이에 대한 정보전달을 신속하고 정확하게 하여 이산가족의 상봉과 함께 개별적인 보호가 동시에 이루어지도록 함과 동시에 통일에 대한 국민적 의식을 통합하고, 적극적인 민간참여의 활성화로 공공부문과 민간부문의 상호보완적 역할을 통하여 통일에 대한 대처를 원만히 할 수 있도록 하여야 한다.

이와 함께 직업생활을 통한 사회의 생산적 일원이 될 수 있도록 직업적응 및 직업전환교육을 실시하되, 급격한 변화를 감안하여 남한의 산업에 직접 투입이 가능한 계층에 대해서는 직접 배치하여 현장에서 생활적응과 직업적응이 동시에 이루어질 수 있도록 배려하도록 하여야 할 것이다.

한편 북한지역의 이주민 발생을 최소화하기 위한 일환으로 북한지역에 대한 긴급구호와 구체제 희생자 보상을 통하여 사회안정을 유지하도록 하며, 북한경제의 자생력을 조기에 확보하기 위한 대단위 사회간접자본사업에 의한 자체 노동력 흡수를 적극 유도하여야 한다.

먼저 급속한 북한정권의 붕괴에 따른 북한사회의 극심한 혼란을 막고 사회안정을 정착하기 위하여서는 구체제 희생자에 대한 신속한 보상으로 보복성 유혈 사태를 방지하여, 이로 인한 또 다른 성격의 탈주자 발생을 사전에 차단하여야 한다.

한편, 생활의 안정을 위한 대책을 위하여 북한주민에 대한 기초생계 및 의료지원을 지원하기 위한 체제확립과 지원재정을 확보하여 북한지역에 대한 사회적 불안정 요소를 제거함으로써, 사회충격을 최소화하여야 할 것이다.

이와 병행하여 경제정책과 연계하여 민간 및 공공참여를 통한 북한지역에 사회간접자본(SOC)사업을 적극적으로 추진하여 고용창출 및 확대 그리고 고용안정사업을 활성화하여 북한주민이 경제적 이유에서 남한으로 이주하는 것을 최대한 억제하여야 한다.

또한 북한 전체주민의 재산으로서의 의미와 통일비용에 있어서 귀중한 재정 역할을 기대할 수 있는 북한지역 토지에 대한 재산권을 잔류주민에게 유리하도록 규정함으로써 자발적 판단에 따른 이주억제와 이미 남한으로 이주한 북한주민이 북한지역으로 자진 귀환하도록 유도하여 이주민의 규모를 최소화하도록 하여야 할 것이다.

이와는 별도로 통일과정에서 북한주민의 대규모 이동억제 대책과 함께 간과하여서는 안될 중요한 사항은 북한지역 이외의 지역에 이미 거주하고 있는 소위 조선족 등 한민족의 남한지역으로의 이동으로, 이에 대한 통일과정에서의 이주가 동시에 발생하지 않도록 정책적으로 대책을 마련하여야 한다.

독일의 경우 1990년부터 1993년까지 동독지역에서 서독지역으로의 이주규모는 987,637명인데 반하여 동독이외 지역에서 서독으로 이주한 독일인은 전체 이주규모의 약 67%에 이르는 660,604명이었으며, 동독지역의 독일인이주는 점차 감소한 반면 동독 이외지역의 독일인 이주는 지속적으로 증가하였다.

이러한 독일의 경험은 남북한 통일과정에서 북한이외 국적 한민족이 남한으로의 이동은 본인 자신이나 통일한국 모두에게 부정적 영향을 미칠 것으로 국내유입에 대한 유보조치를 단행하여야 할 것이다.

〈표 13-7〉 통일 전후 독일 이주자 변화 추이 비교(동유럽 중심)

연도	계	유고슬라비아	루마니아	불가리아	구소련	구동독지역
1985	1,785	750	887	97	43	
1990	63,637	22,144	35,345	3,841	2,337	395,343[1)]
1991	133,104	74,854	40,504	12,056	5,690	243,800
1992	268,828	122,668	103,737	31,540	10,883	189,964
1993	195,035	96,626	73,717	22,547	21,458	158,530

주: 1) 동독지역에서 외국인이주자를 제외한 순수 독일인의 이주 숫자임
(단, 1990년은 독일인과 동독거주 외국인 포함).

자료: Statistisches Bundesamt Bundesministerium Innen, Statistisches Jahrbuch, Wiesbaden, 1994.

3. 통일이후의 인구이동 정책

「통일한국」에 있어서 인구정책은 통합에 따른 새로운 인구구조와 인구변화요소가 재구성되고 인구이동은 소득격차 및 노동시장 변화에 따라 상당기간 지속될 것으로 판단되는 바, 인구정책의 기본방향 정립과 제도의 정비가 이루어져야 하며, 지역간 균형적 발전정책으로 사회 및 경제의 안정과 발전을 이루어야 할 과제를 안고 있다.

남북통일의 경우 1995년 기준 총인구 6,600만 명으로 인구밀도는 439.8에서 297.2로, 인구증가율은 0.91에서 1.08로, 성비는 100.9수준으로 변화할 것이며, 인구구조에 있어서도 노년층 인구비중의 감소 등 새로운 인구구조로 전환될 것이다.

통일과정에서의 혼란적인 이동양상이 북한주민에 대한 소득보장정책에 의해 안정화 경향을 찾을 경우, 이후의 인구이동의 방향은 북한의 경제재건이 먼저 이루어진 지역이나, 남한지역의 인력부족지역 그리고 노동시장의 변화에 따라 이동현상이 나타날 것이다.

한편 통일 후 지역간의 소득격차 및 노동시장 변화에 따른 인구이동은 상당기간 지속될 것으로 판단되는 바, 이에 따른 사회적 안정 및 경제정책적 연계가 마련되어야 한다. 이는 통일과정 에서 발생한 대규모

인구이동이 안정을 찾게 되고 난 이후에 인구이동의 기본경향은 남북간, 도농간의 지역간 경제격차에 따른 소득목적이 주요인이 될 것이기 때문이다.

이동계층의 성격은 통일한국의 모습이 갖추어지는 초기에는 북한주민의 낮은 기술숙련도로 인하여 초기 단순인력산업을 중심으로 한 노동수요에 따른 이동이 중심이 될 것이며, 점차적으로 중간숙련 및 서비스 업종의 수요 변화를 중심으로 인구이동이 결정될 것으로 판단된다.

지역적으로는 북한지역에서 남한지역으로의 이동은 안정적이나 지속적일 것이며, 북한지역 내에서의 이동은 초기에는 신규투자산업중심에서 점차 도시지역으로 바뀌게 될 것으로 판단된다. 따라서 통일한국의 인구정책은 북한지역 경제의 조속한 자생력 확보와 동시에 지역간의 균형적 발전에 두어야 할 것이다.

제5절 통일에 대비한 사회복지 대책방안

1. 기본방향

통일은 이질적인 두체제가 인위적으로 통합되는 과정을 겪어야 하는 만큼 각 부문에 걸쳐 혼란이 발생할 것이며 두 지역간의 이질성이 클수록 인구이동의 규모와 지속성 여부를 결정하게 되는 결정적인 요인으로 작용할 것이다. 따라서 사회보장정책은 인구이동에 대한 대책으로서 사회혼란의 최소화와 사회통합의 중심적 역할을 하는 노력과 병행하여, 사회안정을 위한 중요한 제도로서의 역할을 동시에 수행하여야 하는 과제를 안고 있다 할 것이다.

두 체제에 이질적으로 존재하고 있던 사회보장체제의 통합은 상호 이질적인 제도가 각 지역의 사회적 관념에 근거를 두고 시행, 발전되었음을 감안하여 남북한 각 지역의 사회보장에 대한 인식정도와 북한주민의 변화에 대한 적응능력을 예상하여 제도통합에 있어서 마찰을 줄이고, 합리적인 제도 통합을 이루도록 하여야 한다.

통일에 따른 사회적·경제적 충격을 최대한 완화하여 명실공히 완전한 통일이 될 수 있도록 하는 과제를 수행하는 역할로서 사회보장통합의 기본목적이 세워져야 하며, 이를 실천함에 있어 사회보장통합에 따른 자체적 충격을 완화하고 통일 이후 사회안정의 기반이 될 수 있도록 사회보장의 통합은 단계적으로 추진하는 데에 중점을 두어야 한다.

한편 통일에 있어서 비용문제는 독일통일에 의한 경험 분석 이후 통일비용에 대한 상당한 우려와 심지어는 통일 자체에 대한 회의론이 대두될 정도로 통일비용에 대한 부담이 높은 것이 사실이다. 남북한 통일의 경우 통일 이후 북한지역의 경제수준을 남한의 60% 수준으로 끌어올리는 계획기간을 10년으로 볼 때 이 기간동안 사회복지지출 부담 비용은 약 20조원에 이를 것으로 추정되고 있다.[18)]

이러한 배경을 감안하여 남북한 통일에 있어서는 독일의 『비용집약적』 형태에서 벗어나, 북한의 자생력을 조기에 확보하기 위한 『자생확보형』 통일을 지향하기 위하여서 정부는 건전재정을 유지하여 통일준비기금을 확보하여야 함과 동시에, 민간사회복지활동의 참여를 적극적으로 지원·유도하여야 하는 공동의 노력이 이루어질 수 있는 준비가 선행되어야 할 것이다.

특히 남북 시·도간 자매결연활동과 범 국민적인 북한지원체제를 확보하고 민간사회복지활동을 적극지원 유도함으로써 통일로 인한 재정부담과 두 지역주민간의 정신적 갈등을 해소하기 위한 사전적 노력이 병행되어야 하며, 국제기구와 긴밀한 협조를 이루면서 급격한 재정부담을 완화하기 위한 정부의 건전재정유지 및 통일준비기금의 확보가 지속적으로 이루어져야 할 것이다.

18) 김진수, 사회복지부문의 통일비용 추계, 한국보건사회연구원, 내부자료, 1995

사회보장통합의 단계적 접근은 다음과 같이 설정할 수 있다.

첫 번째 단계는 북한주민에 대한 응급구호를 실시하고, 이 시기를 거쳐 긴박한 상황을 넘긴 이후에는 두번째 단계로서 남한 사회보장제도를 중심으로 통합형태의 기틀을 마련하되, 남한제도를 적용하는 데에 있어서 북한제도와 현저한 차이, 특히 제도통합과정에서 북한주민이 선의의 피해를 받게 될 경우에는 이에 대한 경과 및 유보조치 설정하도록 한다. 세번째로는 이러한 과도기 단계를 거친 이후에 남북한 동일체제 적용을 받게 되면 향후 통일한국사회보장체제의 장기적인 발전 형태를 확립하고 이를 추진하도록 한다.

북한주민에 대한 응급조치는 북한의 사회경제제도의 붕괴로 제도의 공전상태가 발생할 것이 예상됨에 따라 일차적으로 북한주민들의 기초생활 중심의 지원이 이루어져야 할 것이다. 이는 사회복지적 차원에서 뿐만 아니라, 통일에 있어서 정책적 중심으로서의 응급조치적 성격을 갖는다고 볼 수 있다.

북한지역은 사회주의 경제체제 하에서 완전고용과 배급제 중심의 사회보장체제를 갖고 있어, 통일 이후에 통일한국의 사회보장체제의 근간으로 수용하는 데에는 한계가 있는 것이 사실이다. 따라서 남한의 사회보장체제를 중심으로 통일 이후의 사회보장형태를 원칙으로 하되, 남북한 제도차이로 통합과정에서 발생할 수 있는 마찰부분을 완화하기 위한 남한제도의 북한지역에 대한 적용유보, 기존 북한제도의 한시적인 인정 등 경과조치를 설정하도록 하는 단계적 조치를 마련하여야 한다. 또한 남한의 사회보장제도의 늦은 도입 및 확대과정에서 表出되는 미흡한 부분이나, 문제점으로 지적되는 부분에 대한 과감한 개선 작업이 병행되도록 하여 장기적 발전을 위한 기틀을 마련하는 작업도 병행되어야 할 것이다.

특히 통일이후에 남북한 지역간에는 상이한 상황이 각 부문에 걸쳐 광범위하게 남아 있을 것이며, 남북한 지역에 대한 사회보장제도의 차별적용은 남북주민간 사회통합 증진에 작용할 우려가 있는 것이 사실이다. 따라서 두 지역간의 제도적 차이점을 점차 축소하여 일치된 통합 제도를 운영하도록 하는 단계적 작업이 이루어져야 한다.

2. 사회보험체제의 통합과 과제

1) 연금제도의 통합과 과제

연금제도의 사회보장통합은 남북한 두 제도가 상이한 만큼 상호 유사한 제도 특히, 남한의 사회부조제도의 북한지역 적용이 응급구호의 성격에 적합할 것이나, 장기적으로 남한의 사회보험제도 확대와 함께 기초보장 중심의 제도개혁이 바람직 할 것으로 판단된다.

남북한 연금제도에 있어서 북한은 사회주의체제에 의한 보편주의적 기초보장 형태인 반면에 남한은 특수직역(공무원, 군인, 사립교원)과 국민연금으로 구분되며, 국민연금의 경우 기초보장과 소득비례보장이 혼합되어 있는 체제상의 차이점이 있다.

따라서 통일 후 남한의 연금체제를 북한지역에 적용하며 기존 북한 연금수급권자에 대하여서는 기초연금을 지속적으로 제공하고, 제도통합을 위한 단계적 조치로 신규적용자에 대하여서는 남한 사회보험의 도입 초기의 경과조치(예: 특례노령연금)를 두어 제도변화에 따른 충격을 완화하는 조치가 있어야 할 것이다. 이러한 단계조치가 안정화된 이후에는 통일연금제도로서 기초보장과 소득비례연금의 이원적 체제로 전환하여야 한다.

구체적인 통합방안의 마련은 통일 시 북한지역에서 이미 연금생활을 하는 비경제활동계층과 통일 당시 경제활동을 하는 계층으로 구분하여 제도적용을 하여야 한다. 먼저 북한의 기존연금수급권자에 대해서는 과거 기초보장에 의한 보장형태를 지속적으로 유지하여 생활안정이 이루어지도록 하여 충격을 완화하도록 하여, 북한지역에서의 생활을 안정화하여 무작정 남한지역으로 이주하는 것을 줄여야 한다. 다만 급여형태는 일반적으로 현금급여를 원칙으로 지급하는 방식과는 달리 북한지역에 한하여서는 현금과 현물급여를 병행하여 실시함으로써 시장경제체제로의 전환으로 인한 주민생활에 미칠 충격을 완화하는 것이 바람직할 것이다.

북한의 경제활동계층에 대하여서는 제도적 공백을 두지 않도록 하기 위하여 남한의 제도를 그대로 적용하는 것을 원칙으로 하되, 북한의 연금제도 적용범위가 남한의 국민연금제도보다 넓은 점을 감안하여 북한제도에 의하여 기존에 가입되고 있었던 자가 남한의 국민연금에서는 적용대상에서 제외될 경우, 예외적으로 人情하여 제도적 탈락을 방지하도록 하여야 할 것이다.

특히 북한여성의 경우 사회주의적 혜택이 매우 광범위하게 제공되었던 점을 감안하여, 기존의 혜택을 원칙적으로 개선하되 단계적으로 조정하여 이로 인한 충격이 완화될 수 있도록 경과조치를 두도록 하여야 한다. 이는 통일 후에 가장 불이익을 받게 될 위험이 있는 여성계층, 특히 자녀부양을 하는 결손가정의 여성에 대한 별도의 배려가 없는 경우에는 대부분의 여성가장 가정이 사회부조 대상으로 전락할 위험이 가장 높고, 이는 인구이동과 직접적으로 연결될 가능성이 높기 때문이다.

장기적인 관점에서 볼 때 통일의 과도기적 단계가 끝난 이후에 통일한국의 공적연금체제를 정비하고 정착시키기 위하여 분단상태에서 통일을 준비하는 단계로 남한의 공적연금체제의 개선이 있어야 하는데 그게 두 가지로 나누어 보면, 첫째는 공적연금체제의 3층보장형태(3-tiered-system)로 전환하여 전국민 기초보장과 소득비례보장으로 이원화하는 체제로 개편하여야 하는 과제와, 둘째는 공적연금체제의 조속한 확대와 제도의 성숙화를 통한 체제정비를 들 수 있다.

현재 남한의 공적연금제도는 소위 수정적립방식에 의하고 있으나, 향후 재정적자와 기금고갈로 장기적으로 한계가 발생하게 되는 문제점을 안고 있으며, 이는 통일의 경우 심각하게 작용할 것이다. 따라서 재정건실화를 위한 제도적 개선을 통하여 3층보장형태(3-tiered-system)로의 전환이 있어야 할 것이다. 이는 재정건실화의 해결뿐만 아니라, 현재 북한제도의 특징이 기초연금 중심으로 운영되고 있는 점을 감안할 때 통일에 따른 제도통합의 문제점이 크게 줄어들 수 있다는 장점을 가지고 있기 때문이다.

한편 남한의 공적연금제도의 적용대상을 확대하고 제도정착을 통하여 공적연금체제를 성숙화하여야 하며, 효율성을 확보하여 통일연금체제의 기초를 공고히 하여야 할 것이다. 이러한 측면에서 사회보험체제의 전산화는 매우 바람직한 발전으로 평가할 수 있다. 현재 국민연금은 확대과정에 있어 제도운영에 미숙한 점을 드러내고 있는 것이 사실이다. 이러한 운영 및 제도상의 문제점은 통일에 따른 혼란기에는 더욱 문제점으로 드러날 가능성이 크기 때문에 현재 제도의 정비를 통한 작업을 조기에 완성하여 이에 대한 대비가 사전에 이루어져야 할 것이다.

2) 건강보험제도의 통합과 과제

남북한 통일시 건강보험부문은 상당한 제도적 차이를 갖고 있어 이를 통합하는 데에는 특히 남한의 의료보험중심체제와 북한의 의료보호중심체제의 차이성을 감안하여 의료지원체제의 형태를 경과조치로서 유지하고, 통일 안정화와 함께 단계적인 통합형태를 이루도록 하는 접근이 필요하다.

남한의 의료보험체제는『기여에 대한 보장』형태와 상대적으로 높은『자기부담』을 특징으로 하고 있는 반면에 북한은 사회주의체제에 의한 무상의료체제로 의료보호에 가까운 체제로 갖고 있는 이질성을 갖고 있다.

이렇게 남북한 의료보험체제는 상호간에 차이가 상대적으로 높은 상황이고, 재정조달에 있어서도 단기성인 점을 감안하여, 통일을 계기로 의료보험체제의 발전이 도모될 수 있도록 발전된 형태를 북한지역에 우선적용하여 차후 남한에 적용하는 방안을 강구하며, 의료보험의 질적 수준을 향상시키는 노력이 선행되도록 하는 기본방향을 설정하여야 할 것이다.

북한의 의료공급은 열악한 수준이어서 북한의 의료기술로 치료받지 못하는 계층의 급격한 남한지역의 유입을 막기 위해서는 제도적인 차이를 극복하기보다는 남한의 의료보험체제를 직접 도입하는 방안을 유보하는 것이 바람직 할 것이다. 따라서 오히려 통일후 북한지역에 남한의 의료보호체제를 적극 활용하여 의료지원체제를 상당기간 유지하고, 이 기간 동안에 북한지역에 대한 의료시설을 확보하고, 북한의사에 대한 재교육, 의료정보체제의 구축 등을 확보함으로써 의료공급체제를 정비하는 것이 제도통합을 위하여 우선적으로 마련하여야 할 대책으로 볼 수 있다.

이러한 의료간접자본의 확충사업 이후에는 체제통합이 이루어져야 하는데, 이때 북한지역에 대한 남한제도의 적용에 있어서는 남한의 의료보험제도의 문제점으로 지적되고 있는 지역간의 재정 불균형문제가 그대로 이전되지 않도록 북한지역 관리운영체제를 중앙관리운영체제로 새로이 적용토록 하여 추후에 적극적인 관리운영체제의 효율화를 유도할 수 있는 방안이 마련되어 통일한국의 제도적 기틀을 마련하는 것이 바람직할 것이다.

한편 통일을 위한 준비로서 현행제도를 개선할 필요가 있는 데, 현재 남한의 의료보험제도는『저부담 저보장』형태로 유지되고 있는 바, 이를『적정부담 적정보장』형태로 전환하고, 아직 적용대상에서 제외되고 있는 계층을 완전히 제도 내로 흡수하여 전국민에 대한 보건의료보장이 우선적으로 이루어질 수 있도록 통일의 준비로서 개선이 이루어져야 할 것이다.

3) 산재보험제도의 통합과 과제

산업재해보상보험은 근로자와 사용자간의 배상책임에 대한 보장을 무과실책임원칙에 의하여 사회보험화한 제도로서, 제도에 있어서 업무상(업무와 관련된) 사고 또는 질병에 대한 치료 등의 요양급여로서의 비용발생에 대한 보장과 소득손실에 대한 보장으로 두 가지 보장형태로 분리되어 있는 특징을 가지고 있다.

남북한간에 산재에 대한 시각은 다른데, 남한의 산재보험은 산재를 당한 가입자에게 장해발생이나 사망의 경우 소득비례에 의한 소득보장과 치료 등 요양이 본인부담이 없이 보장되고 있는 반면에, 북한의 경우 국가에서 무상치료와 장해에 따른 기초보장 수준의 보상이 이루어지고 있다는 점이다.

통일이후 남한의 산재보험을 그대로 북한지역에 적용하는 것은 무리가 없을 것으로 판단되나, 해결되어야 할 과제는 첫째, 남한제도에서는 제외되어 있는 계층으로 북한제도에서는 적용되고 있던 계층을 그대로 산재보험에 적용되도록 인정하여야 한다는 점이다. 이는 통일전 북한지역에서는 산재에 대한 보장대상에 포함되어 있던 계층이 통일 이후 적용대상에서 제외되어 통일 이후에 오히려 보장대상에서 제외되는 문제점이 발생할 위험이 있기 때문이다.

이와 같은 근거에 의하여 장해등급의 분류 및 기준에 있어서도 기존의 북한체제에 의한 판정기준을 경과조치로서 수용하여야 할 것이다. 또한 북한제도에 의하여 산재로 인정받아 보상을 받고 있는 북한지역의 수급권자에 대하여서는 그대로 산재로 인정하고, 보장수준에 있어서는 남한의 소득비례형태의 급여는 현실적으로 불가능한 만큼, 과거 북한제도에 의한 급여지급 기준을 적용하는 것이 바람직할 것이다. 다만 통일후 신규로 발생한 산재에 대하여서는 남한의 산재보험 기준에 준한 산재인정범위와 등급판정을 적용하고, 통합된 체제로 전환하도록 하는 것이 타당할 것이다.

이와 함께 분단상태에서 통일에 대비한 준비작업으로서 산재보험의 발전방향은 적용범위를 확산하여 전 근로자에 대한 산재보험적용 실현과 산재보험의 내실화를 위한 업종별 위험등급에 의한 차등제의 완화, 산재예방정책의 강화가 이루어져야 할 것이다.

현재 산재보험의 적용대상에서 제외되고 있는 5인 미만의 영세 사업장 근로자와 낮은 위험을 이유로 가입을 회피하고 있는 보험금융서비스업종에 대한 사회연대차원에서의 적용확대가 이루어져야 할 것이며, 업종별 위험등급에 의한 보험료 부담 차등제를 점차적으로 완화하여 통합형태로 발전시키도록 하며, 아직 일시금 형태 중심의 급여형태를 연금형태로 전환하여 산재로 인한 가입자에게 실질적인 생활보장이 이루어지도록 하여야 할 것이다.

한편 산업화의 경험에 비추어 볼 때 북한지역의 급속한 산업화는 산업재해를 크게 높일 것으로, 기존의 산재예방제도의 활성화를 통하여 적극적인 산재발생 예방정책이 수행되어야 할 것이다. 이는 장기적으로 볼 때 산재보험의 재정 안정화는 물론 국가 경제적 차원에서 인력을 보호하고 육성하여 생산적 복지차원에서도 매우 중심적인 역할을 할 수 있을 것이기 때문이다.

4) 고용보험제도의 통합과 과제

고용보험제도는 통일후 실업문제와 가장 밀접한 관계를 갖고 있는 제도로서 남한의 경우 1995년 7월에 도입되어 시행초기 단계에 있으며, 북한의 경우 완전고용이라는 명목 하에 고용보험이 존재한다고 볼 수 없는 차이점을 갖고 있다.

남한의 고용보험제도는 아직 도입초기단계에 있기는 하지만, 제도체제가 실업급여만을 지급하는 소극적 자세에서 벗어나 고용안정, 창출, 능력개발 등 적극적 노동시장 정책의 요소를 포함하고 있어 제도의 성실한 발전이 이루어질 경우에 통일에 따른 인력 수급 및 실업대책에 매우 중요한 역할을 할 것이다.

특히 실업자에 대한 알선 및 중계, 능력개발사업, 고용안정사업은 북한주민이 과거에 종사하던 각 부문에 있어서 북한의 낙후된 산업시설에서 비효율적인 근로를 제공하던 환경에서 일찍 벗어나, 새로운 체제로의 전환을 용이하게 할 수 있는 계기를 마련하며, 새로운 기술습득 및 적용을 용이하게 하여 노동시장의 기회창출 효과와 북한지역에 새로운 산업투자에 따른 적절한 일자리를 효과적으로 제공하여 원활한 수급이 이루어지도록 기여할 것이기 때문이다.

그러나 통일 후 북한지역에서 50% 이상의 높은 실업률을 기록할 것이라는 예상을 감안하여 볼 때,[19] 초보단계의 고용보험이 전적으로 부담하기에는 한계가 있다. 따라서 국가적 차원에서의 적극적 노동정책과 연계된 지원이 동시에 이루어져야 한다.

통합방안으로서 남한의 고용보험제도는 북한지역에 그대로 적용하도록 하며, 사업장 규모에 따른 적용제한은 두지 않도록 하는 한편, 실업급여의 수준을 기초보장으로 운영하도록 하고, 또한 사회부조의 취로사업 등 긴급고용정책과 연계하여 절대 실업률을 낮추며, 직업교육 기회의 확충을 통하여 실업기간 동안 새로운 생산기술과 체계에 대한 습득 및 적응 훈련이 이루어지도록 하여야 할 것이다.

또한 고용보험은 남한지역에서도 아직 정착이 되지 못하고 있는 제도임을 감안하여 제도확대 및 제도활용 특히 적극적 노동시장 정책적 성격의 급여부문을 활용하고 이에 대한 경험축적이 이루어져야 할 것이다.

3. 통일시 북한지역 생계 및 의료보장대책

1) 북한지역 생계보장 대책

북한지역 생계보장대책은 북한체제 붕괴 이전의 소득체계에 따라 충격을 최소화하는 지원형태를 모색하여야 할 것이다. 북한에서는 계획경제에 의한 정부의 생산, 유통 그리고 분배과정에 대한 직접 개입으로 인하여, 개인소득에 의한 구매력보다는 정부보조에 의한 낮은 가격을 형성하는 특징을 갖고 있으며, 정부보조금 수준은 2인 근로자 가정의 경우 소득의 약 2배에 해당되는 것으로 추정되고 있다.

반면에 남한의 경우는 대부분이 가계에 의하여 직접 지출하는 시장

19) 조동호, 통일후 북한지역의 예상실업규모, 한국개발연구원, 1994.

경제체제에 의한 소득지출 형태를 갖고 있는 차이가 있다.

〈표 13-8〉 남북한 국민총생산 처분방식(1991)

	가계의 구매부분	정부 및 기업의 구매력 보상분	비가계의 소비지출*
남 한	69.5%	24.9%	5.6%
북 한	16.9%	59.6%	23.5%

* 국방비 및 행정비

자료: 한국개발연구원, 북한재정의 현황과 추이

따라서 북한지역의 생계보장 대책은 소득보장에 있어서 현물배급 형태가 중심이 되는 것이 북한주민에게는 자연스러울 것이며, 이는 북한지역의 화폐기능에 있어서도 통화가 가치척도의 기준보다는 교환기능이 훨씬 강하며, 이러한 교환증서로서의 화폐기능은 현물로 대체하는 것이 효율적일 것으로 판단되기 때문이다.

또한 현물급여에 있어서 남한의 북한 특수에 따른 경기활성화는 기업으로부터의 이윤이 화폐로 전환하는 절차를 생략할 수 있으며, 기업의 가동률 증가로 인한 이윤창출을 조세에 의한 방법을 동원하지 않고 북한지역에 직접적인 생산물로 분배하는 차원에서 지원이 가능하기 때문이다.

따라서 통일 직후 긴급구호 기간 동안의 북한지역 생계보장 대책은 초기 북한의 전 주민에 대한 생계지원 대책에서 단계적으로 사회보험 대상자에 대해서는 남한의 사회보험제도를 적용하고, 기존의 수급권자에 대해서는 남한의 사회부조 형태에 의한 기초보장이 이루어지도록 하는 것이 바람직할 것이다.

이미 분석한 바와 같이 동서독의 경우는 통일과정에서 서독의 사회보험제도를 그대로 적용하면서 부분적인 경과조치규정을 두었는데, 이는 동독지역의 사회보험체계가 서독제도와 도입에 있어서 그 뿌리를 같이하고 있을 뿐만 아니라 동독의 사회보험체계가 소득비례적 형태를 갖추고 있기 때문이다. 또한 서독의 사회보장제도는 이미 전 국민을 대상으로 안정적인 정착이 이루어져 있어 계획경제체제의 특징인 전 국민에 대한 보장제도를 흡수하는 데에 무리가 없었다.

반면에 남북한의 경우 남한은 사회보장체제가 아직 확대과정에 있고, 안정적인 정착이 완전히 이루어지지 못한 상황에 있어서, 북한주민 전체에 대한 적용에 한계가 있을 뿐만 아니라 북한의 사회보장은 원칙적으로 사회보험을 중심으로 하고 있으나, 수급권 발생 및 급여수준은 과거 북한체제의 지배계층에 유리하게 되어 있어 그대로 적용할 경우 과거체제를 답습하게 되는 모순이 발생하게 되는 문제점이 남게 된다.

또한 북한의 사회보험 급여체계는 기초생계보장에 원칙을 두고 있는 만큼, 남한의 소득비례 중심의 급여체계와는 연계 계산이 어려운 반면, 남한의 사회부조와 오히려 유사할 것으로 평가된다. 이러한 관점에서 북한주민에 대한 생계보호는 남한의 사회부조 원칙에 따라 이루어지는 것이 통합과정에서 자연스러울 것으로 판단된다. 따라서 사회보험제도의 적용은 긴급구호 기간 중에 적용가능한 계층부터 남한의 제도에 단계적으로 흡수시키도록 하는 것을 원칙으로 사회부조 대상 계층을 줄여 나가도록 하는 것이 바람직할 것이다.

북한지역의 생계보호대상은 통일 초기에는 전국민을 대상으로 하여 고용유지를 위한 순수생계보호대상자와 임금보조대상자로 나누어 지원하며 일부 자생력이 있는 계층을 선별적으로 제외하도록 하며, 북한경제에 대한 활성화조치에 따라 단계적으로 임금생활자가 자생력을 갖춤에 따라 생계보호대상을 축소하여 궁극적으로는 남한의 생활보호대상자와 같은 적용범위가 되도록 하도록 한다. 특히 통일시점에서 북한 주민은 생계를 포함한 모든 상황의 불확실성으로 사회적으로 매우 불안정한 모습을 띠게 될 것이다. 따라서 긴급구호로서의 생계보호는 적어도 1-2개월 동안 모든 국민에게 필수적이며, 이는 생계보장에 대한 남한의 신뢰성을 구축하며, 북한사회의 동요를 무마하는 결정적 역할을 하도록 하여야 할 것이다. 다만 북한지역의 에너지 등의 기초산업과 농업부문 그리고 일부 생산성 및 부가가치를 생산할 수 있는 일부 서비스업종에 대해서는 임금지급을 통하여 생계가 유지될 수 있도록 하는 유연적 대책도 동시에 병행하여야 할 것이다.

북한지역의 생계보호대상 규모는 독일의 경우 통일 이후 기업의 도산율은 약 80%에 이른 점을 감안하여 북한의 국영기업노동자와 협동기업노동자가 전체 근로자의 60%이고, 이 중 약 20% 정도가 생계보호대상에서 제외되며, 농민의 경우 계절에 따라 상황이 변화될 수 있으나 전체 임금근로자의 25.3%인 점을 감안하면 전체 국민 중 약 37.3%가 생계보호대상에서 제외될 수 있을 것으로 추정된다.

〈표 13-9〉 북한의 직업별 취업자 구성비

(단위: %, 백만)

직 종	1963	1986	1987
공무원 및 사무원	15.1	17.0	16.8
국영기업 노동자	40.1	56.3	57.0
협동기업 노동자	1.9	0.9	0.9
농 민	42.8	25.9	25.3
경제활동인구	4,316*	8,678	8,868

* 1965년 수치임.

* 북한의 경제활동인구는 계획경제의 특성상 취업자수를 말함.

자료: 통일원, 남북한 사회·문화지표, 1991. p.50. 60.

한편 북한지역 주민에 대한 생계보장 수준은 두 가지 관점에서 주목하여야 할 것으로 첫째는 북한주민의 대규모 남한이동이 억제되도록 하며, 둘째는 남한의 생활보호대상자와의 형평성이 유지되어야 한다는 점이다.

북한 주민에 대한 생계보장수준이 낮을 경우 북한주민은 생계위기를 느끼고 남한으로 이주를 강행할 것이며 이는 통일이후 남한에는 대규모이동에 의한 혼란과 북한지역의 노동력 공동화현상을 초래하여 혼란이 야기될 것이기 때문이다. 반면에 북한지역에 대한 생계지원 수준이 너무 높을 경우에는 재정부담의 문제와 더불어 남한의 생활보호대상자와의 형평성 문제로 남한주민의 반발이 예상되기 때문이다. 따라서 북한의 생계보장수준은 남한의 생활보호대상자와 동일한 급여수준이 바람직할 것으로 판단된다.

2) 북한지역 의료보장 대책

북한지역의 의료부문 응급구호는 사업 성격상 북한 전지역을 대상으로 하는 방역 및 예방중심사업과 북한의 기존 의료전달체계에 의료진과 의약품 그리고 의료기기를 지원하는 사업으로 분류하여 시행되어야 한다.

통일 후 북한지역의 혼란상태는 지역주민에 대한 전염병 및 부상자 등의 발생이 위험이 높아, 이에 대한 긴급방역사업과 진료진의 급파가 우선적으로 행하도록 하며, 이는 전시체계의 응급치료 프로그램에 의한 신속하고 북한 전지역에 대한 광역적 사업 성격을 가져야 한다.

북한지역의 의료보장은 중앙에 의한 통제형태로 기존의 전달체계를 이용하도록 하여 부족한 의약품 및 의료기기를 지원하며, 이에 필요한 의료진 파견도 병행하도록 하는 것이 합리적일 것으로 판단되는 데, 이는 북한의 보건의료체제가 무리 없이 작동할 수 있도록 하는 방안이기 때문이다.

한편 북한지역 의료인에 대한 이용 및 재교육을 통한 질적 향상 추진이 동시에 이루어져야 하는데, 응급구호시 의료진의 절대부족이 예상되기 때문에 남한의 의료진을 주축으로 중요한 진료행위가 이루어지도록 함과 동시에 북한 의료진이 보좌하도록 하여 새로운 의료지식 및 기술 그리고 의약기기 조작기술 등을 숙달하도록 하여 낙후된 의료기술 수준을 보완하여 간단한 의료행위를 요하는 하급의료기관(하부구조)에 대해서는 의약품 지원을 통한 일반진료가 원활히 이루어지도록 하여야 할 것이다. 한편 북한지역 의료인에 대한 자격은 북한지역에 한정하여 통일 직후 의료진의 대규모 남하로 인한 북한의 진료공백을 막도록 하여야 한다.

이러한 단계를 거쳐 북한지역의 경제안정과 함께 남한의 의료보장체제가 단계적으로 이식되도록 한다. 북한지역 의료인은 현재 남한의 의사, 간호사교육 및 자격시험 등에서 차이를 보이고 있는데, 북한 의료인에 대한 재교육 및 전환교육을 마련하여 의료수준의 향상을 꾀하도록 하며, 향후 의료인에 대한 자격증시험을 거쳐 의사자격을 조건부로 부여하도록 하여 체제 전환에 따른 충격을 완화하면서 단계적인 통합이 이루어지도록 유도하여야 할 것이다.

제6절 결 론

남북한 통일이 언제 그리고 어떠한 형태로 다가올 것인가에 대해서는 구체적인 예상을 할 수 없는 것이 사실이다. 그러나 통일이 점차로 다가오고 있으며, 통일이 현실로 나타날 때 발생할 거대한 변화에 대해서는 상당한 인식적 합의와 접근이 이루어지고 있다. 그런데 우리가 지향하고 있는 통일은 평화통일로 과거 점령이나 지배에 의한 통일에 의하여 지배와 피지배관계로 사회구조가 재조정되는 형태가 아닌 두 체제에 분리되어 있던 같은 민족의 동등한 화합의 장이 되어야 한다는 대명제를 벗어나서는 안 된다.

이러한 불확실성과 대규모 충격 그리고 역사적으로 사회혼란의 발생이 예상되는 남북한 통일을 이루는데 있어 남북한 주민이 서로 대등한 입장에서 완전한 사회통합을 이루어야 한다는 평화통일의 목표는 우리에게 부담을 느끼게 함과 동시에 사전에 철저한 준비를 인식하게 하고 있다.

통일은 외형적 통일부터 시작하여 사회적 통합 즉 내부적 통일로 이루기 위해서 사회복지 정책 부분의 역할은 막중하다고 할 것이다. 이러한 관점에서 경제우선논리는 통일의 부분적 역할을 할 수는 있으나, 전체를 포괄하는 데에는 한계가 있는 점을 명심해야 한다. 따라서 그동안 우리가 전력으로 추구하던 경제성장우선정책을 되돌아보고 이를 보완하고 개선하는 모습을 보여야 할 때가 왔다.

이와 함께 통일이라는 거대한 도전에 대하여 모든 정책 영역이 종합적이고 포괄적인 대처만이 충격을 완화하고 극복할 수 있다는 점을 다시 한번 인식하여 장기적 안목에 의한 정책결정과 부처간에 연계를 활성화하여야 하며, 정부와 민간의 진정한 협조체제를 구축하여야 할 것이다.

통일에 대한 준비로서 이러한 협조체계구축의 포괄성과 종합적 효율성이 실질적으로 평가되는 계기는 인구이동에 대한 대책일 것이다. 왜냐하면 통일이 가시화되는 시작은 대규모 인구이동에서 나타날 것이며, 이에 대한 대책이 통일대책의 1차적인 단계로 이에 대한 결과가 우리가 통일정책의 성공여부에 커다란 영향을 미칠 것이기 때문이다.

언급한 바와 같이 인구이동에 대한 대책을 준비하기 위하여서는 분단상태에서부터 철저한 사전적 준비가 요구되고 있고, 이러한 준비과정에서 모든 관련부처 및 기관의 상호연계 정도에 따라서 통일에 대한 충격 및 사회혼란 정도가 완화되는데 필요한 기간이 결정된다. 따라서 각 관련부처 및 단체의 역할에 따른 분리된 정책 형태에서 벗어나 종합적 대책의 부분으로서 포괄적인 접근이 이루어지도록 하는 것이 우선적으로 해결하려야 할 선결과제라 할 수 있다.

이와는 별도로 분단상태에서 남북한의 경제협력은 통일에 있어서 경제적 충격을 크게 줄여주는 기본전제인 만큼 정부차원의 남북협력 구축을 좀더 신뢰성을 회복하는 차원에서부터 단계적으로 차분히 진행하여야 할 것이며, 민간차원의 협조체제 구축을 적극 유도하여야 한다. 민간차원의 협력교류는 북한주민에게 외부의 실상을 알린다는 차원에서 뿐만 아니라 북한주민에게 남북한이 하나의 민족이라는 개념을 자연스럽게 인식하도록 유도하는 역할을 할 것이고, 통일 후 정신적 갈등을 최소화할 수 있는 기능을 발휘할 수 있기 때문이다.

한편 우리의 통일준비는 남한지역의 모든 계층이 불평등을 해소하고 인간적인 삶을 공유하는 직업부터 시작하여 자유와 인간존중이 갖는 힘을 갖는데 주력한다면, 그 저력을 바탕으로 안정된 통일한국과 이를 기반으로 미래발전을 이룩할 수 있을 것이다.

참고문헌

〈국내문헌〉

고일동 외(1992), 『구동독의 사유화 방안 및 실업대책』, KDI.

김유찬(1993), 『독일통일 3년에 대한 경제적 평가』, 한국조세연구원.

김원식/Puschra W. 외(1992), 통일독일의 사회경제적 변화, FES.

김진수(1994), 서독의 분단관리정책과 통일후 소득보장정책에 관한 연구, 한국보건사회연구원.

김진수(1995), 통일에 대비한 인구이동 및 사회복지 대책방안에 관한 연구, 사회정책학회.

김진수 · 김태성(2001), 『사회보장론』, 청목출판사.

문옥륜 외(1992), 『남북한 보건의료체계의 비교연구』, 한국과학기술단체 총연합회.

배진영(1993), Two Years Since German Unification, FES.

변종화 외(1993), 『남북한 보건의료제도 비교연구』, 한국보건사회연구원.

양명생 역(1993), 『구 동·서독 사회보장제도의 비교』.

연하청 외(1991), 남북한 경제관계발전을 위한 기본구상, 한국개발연구원.

연하청(1993), Economic Consequences of German Unification and its Policy Implications for Korea, KDI.

연합통신(1993), 『독일통일의 명암: 통독 3년이 우리에게 주는 교훈』.

이용갑(2005), 동서독 사회복지정책의 차이, 김승렬 · 신백주 외, 분단의 두 얼굴, 서울: 역사와 비평.

이용갑 외(2008), 통일을 대비한 건강보험제도 발전방안 연구(2) - 통일과 구 동독지역의 의료보장제도와 보건의료 현황, 국민건강보험공단.

정경배 · 김기옥 · 이상은(1993), 『남북한 사회보장제도 비교연구』, 한국보건사회연구원.

정경배 · 문옥륜 · 김진수 외(1993), 남북한 사회보장 및 보건의료제도 통합방안, 한국보건사회연구원.

조동호(1994), 통일후 북한지역의 예상실업규모, 한국개발연구원.

주독대사관,

- 『통독이후 1년간 각분야별 통합현황』, 1991.
- 『숫자로 본 독일통일』, 1992.
- 『 독일통일소사전』, 1992.
- 『 독일통일 1,000일 보고서』 1993.

통일원,

- 『동독이후분야별실태』, 1991.
- 『'92 북한개요』 , 1992.

· 『독일통일 실태 자료집 -경제 · 사회분야-』, 1993.
· 『동서독 교류협력 사례집』, 1991.
· 『남북한 사회 · 문화지표』, 1991.

〈외국문헌〉

Bley H., Sozialrecht, Frankfurt, 1992.

Bundesministerium für Arbeit und Sozialordnung,
- Sozialbericht 1990, 1990
- Amtiliche Nachrichten der Bundesanstalt für Arbeit, 1991.
- Arbeits-und Sozialstatistik, Hauptergebenisse, 1992.
- Übersicht über soziale Sicherheit, Bonn, 1992.
- Sozialbudget 2000, Tabellenauszug, 2001
- Statistisches Taschenbuch 2008 : Arbeits- und Sozialstatistik, Bonn, 2008
- Übersicht über soziale Sicherheit, Nürnberg, 2009.

Bundersregierung, Unterichtung durch die Bundesregierung, Jahresgutacten 1991/92 des Sachverständigenrates zur Begutachtung der gesamtwirtschaftlichen Entwicklung, Bonn, 1991.

Deutscher Wirtschaftsdienst, Wirtschafts- und Rechtspraxis Neue Bundesländer, Köln, 1991.

Eberstadt, Nicholas and Judith banister, The Population of North Korea, Institute of East Asia Studies, University of California, Berkeley, 1992.

Bund Verlag (Hrsg.), Auf dem Weg zur Einheit -Wirtschaft, politik, Gewerkschaften im deutsch-deutschen Einigungsprozeß, köln, 1990.

Eckhard Jesse/Armin Mitter (Hrsg.), Die Gestaltung der deutschen Einheit, Geschicte-Politik-Gesellschaft, Bundeszentrale für politische Bildung, Bonn, 1992.

Fischer A./Händcke M. (Hrsg.), Auf dem Weg zur Realisierung der Einheit Deutschlands, Berlin, 1992.

Frerich, J. & M. Frey, Handbuch der Geschichte der Sozialpolitik in Deutschland, 3. Band, München, 1993.

Gernot Gutmann, Methoden und Kriterien des Vergleichs von Wirtschaftssystemen, Berlin, 1987.

Gitter W., Sozialrecht, München, 1992.

Hankel W., Die sieben Todsünden der Vereingung, Berlin, 1993.

M. Henkel, Sozialpolitik in Deutschland und Europa, Erfurt, 2002.

Kleinheit G. (Hrsg.), Sozialpolitik im vereinten Deutschland Ⅰ, Berlin, 1991.

Köhler P. A., H. F. Zacher, Beiträge zu Geschichte und aktueller Situation der Sozialversicherung, Schriftenreiche für Internationales und Vergleichendes

Sozialrecht Band 8, Berlin, 1983.
Köhler P. A., Zacher H. F., Ein Jahrhundert Sozialversicherung, Schriftenreiche für Internationales und Vergleichendes Sozialrecht Band 6, Berlin, 1981.
Nomos Verlagsgesellschaft,
· Einigungsvertrag, Baden-Baden, 1990.
· Erläuterung zum Einigungsvertrag, Baden-Baden, 1990.
Paul J. Welfens (Ed.), Economic Aspects of German Unification, Berlin, 1991.
Peter Brenske, Bauarbeiter aus der DDR, Eine empirische Untersuchung über gruppenspezifische Merkmale bei Flüchtlingen und Überiedlern der Jahre 1989 und 1990, Berlin, 1991.
Pitschas, R., Die Verteilung von Rollen und Verantwortlichkeiten zwischen staatlicher und kommunaler Sozialpolitik für die Gewährleistung sozialer Sicherheit - Das Beispiel Deutschland, 한국사회보장학회/한국보건행정학회/FES 한독 공동학술세미나, "한국과 독일의 중앙/자치단체 건강복지정책 역할" 2009.10.16
Sachverständigenrat für die Konzertierte Aktion im Gesundheitwesen, Das Gesundheitwesen im vereinten Deutschland, Baden-Baden, 1991.
Schulin U. , Sozialrecht 4.Auflage, Düsseldorf, 1991.
Statistisches Bundesamt,
· Statistisches Jahrbuch 1992 für die Bundesrepublik Deutschland, Wiesbaden, 1992, 1993.
· Demographischer Wandel in deutschland, H. 1 Bevölkerungs-und Haushaltsentwicklung im Bund und in den Ländern, Wiesbaden, 2007
Stern, K., Schmidt B., Staatsvertrag zur Währung-, Wirtschafts-und Sozialunion, München, 1990.
Wagner, A., Der Ostdeutsche Arbeitsmarkt im Transformationprozess, in: R. Sitte & A. Wagner(Hg.), Wirtschaftlcihe und soziale Einheit Deutschlands. Eine Bilanz, Köln, 1995.
Weidenfeld, W. & K.-R. Korte(Hg.), Handbuch zur deutschen Einheit, Frankfurt/Main, New York, 1996.
Wolf Herbert, Hatte die DDR je eine Chance?, Hamburg, 1991.
Worzalla/Kreizberg, Arbeits- und Sozialrecht in den neuen Bundesländern von A-Z, Herne/Berlin, 1992.
Zacher H. F., Bedingungen für die Entstehung und Entwicklung von Sozialversicherung, Schriftenreiche für Internationales und Vergleichendes Sozialrecht Band 3, Berlin, 1989.

14
chapter

21세기 복지국가의 전망*

지난 과거 세기 동안 복지국가는 세 가지 국면을 통해 발전되어 왔다. 나라마다 시간적 편차는 상당히 존재하지만, 대체로 복지국가의 성립, 발전, 위기라는 세 국면을 통해 현재에 이르렀다. 성립 국면에서는 빈곤 문제를 사회적으로 대처하기 위해 국가가 구시대의 억압적인 빈민법 대신에 보다 인간적인 사회보호제도를 만드는 한편, 노동자들을 자본주의 질서 속으로 통합시키는 과정을 통해 복지국가의 모습이 성립되었다. 발전 국면에서는 사회보험이 대중적 사회정책의 중요한 부분으로 자리잡게 되면서 복지국가는 본격적으로 발전하였다. 특히 2차 세계대전 이후 고도 경제성장과 그에 따른 낮은 실업률, 안정된 좌·우 정치적 연합이라는 역사적 맥락에서 사회보험제도는 눈부시게 발전하였다. 새로운 형태의 위험들에 대처하는 보험 제도들이 도입되고, 혜택 수준이 높아졌으며, 보험에 의해 혜택받는 계층들도 더욱 늘어났다. 사회보험은 국가가 제공하는 복지혜택의 중심적 제도로서 정착되기 시작하였다. 그에 따라, 과거 자산조사를 통한 공공부조는 점차 그 비중이 축소되어 예외적인 형태로 밀려나게 되었다.

* 서용석 : 고려대학교 대학원 사회복지학과 교수

하지만, 1970년대 이후부터 과거 복지국가 발전의 원동력이 되었던 사회・경제적 변화는 사라지기 시작하였다. 공공지출을 증가시킴으로써 경기침체를 끌어올리고 완전고용을 달성하려는 정부의 조정적 역할은 더 이상 기대할 수 없었다. 또한 포드주의적 생산방식을 수용하는 대가로 임금 향상과 사회안전망 제도를 확대시켜 왔던 계급타협은 무너지기 시작하였다. 국제화가 만들어 내는 심화된 국제경쟁 구도 하에서 대부분의 복지 국가들은 완전고용을 국가적 목표로 삼는 것을 포기하였다. 조세수준(특히 법인세와 고소득층)을 낮추었으며, 사회지출을 줄이고 복지국가의 어떤 부분을 민영화시켰다. 또한 사회적 제공의 원칙으로서의 보편성은 타협되어졌다. 대부분의 서구 복지 국가들은 이러한 복지국가의 위기국면하에서 새로운 방향을 모색하기 시작하였다.

새로운 세기는 이제 막 시작하였다. 5년도 오랜 과거의 일로 만드는 현재의 기술변화 속도를 감안할 때 앞으로의 한 세기를 내다보는 것은 불가능하다. 우리가 이 장에서 논의할 것은 현재에 근거하여 추정한 사회경제적 변화를 살펴보고, 그에 따른 새로운 사회적 욕구들의 형태는 어떤 것들이 있는지, 이러한 사회 욕구들에 대해 서구 복지 국가들은 어떻게 준비하고 있는지를 살펴볼 것이다.

제 1 절 사회경제적 변화

미래의 사회경제적 변화 양상은 무엇일까? 사회복지와 관련하여 현재 논의되고 있는 내부적 변화는 대체로 노령사회, 가족의 변화, 노동시장의 변화이고 외부적 변화로서 국제화를 들 수 있다. 각각에 대해 살펴보고 이들이 복지국가 발전에 어떤 영향을 미치는가를 알아보기로 한다.

1. 노령화 사회

노령화 사회로의 진전은 서구 복지국가 거의 대부분에 있어서 빠른 속도로 진행될 전망이다. 노령화 사회를 진전시키는 힘은 두 가지다. 하나는 출산율 하락이고 또 하나는 수명 연장이다. 전자는 젊은이들의 숫자를 상대적으로 감소시키는 반면, 후자는 노인들의 숫자를 상대적으로 증가시킨다. 전 세계적으로 볼 때, 출산율은 지난 30년 동안 5.0에서 2.7로 하락하여 왔다. 이는 현재인구의 대체율이 점차 감소함을 의미한다. 외부로부터 새로운 인구 유입이 없다면, 서구 복지국가의 인구는 얼마 안가 최대한도에 도달하며 곧 절대적 숫자가 감소한다. 2020년대에 이르러서는 근로인구(15세-64세)가 모든 국가들에서 감소될 전망을 하고 있다.

제2차 세계대전 이후로 기대수명은 전 세계적 평균으로 45세에서 65세로 증가하였다. 지난 50년 동안 짧은 기간에 늘어난 기대수명이 과거 5000년간에 걸쳐 늘어난 기대수명을 앞지르고 있다. 이는 의학 기술의 빠른 발전 덕택이다. 서구 복지국가의 경우는 기대수명이 이 기간 동안에 75세로 증가하였다. 일본의 경우는 80세에 이르고 있다.

출산율 하락과 기대수명 증가로 인해 전체 인구에 대한 노인 인구 비율이 빠르게 증가할 전망이다. 유럽연합의 경우 1995년과 2020년 사이에 노인인구 비율은 15.4%에서 20.7%로 늘어날 것으로 예상하고 있다(Concialdi, 1999 : 7). 최장수국 일본의 경우는 그 증가 속도가 더욱 빠를 것으로 예상된다. 일본의 65세 이상 노인 인구는 99년 현재 16.7%를 기록하고 있으며 2015년까지는 25.2%로 상승해 4명중 1명이 노인이 될 것으로 전망한다(도쿄/연합, 1999. 9. 17). UN은 노령인구 비율이 7% 이상 고령화사회, 14% 이상 고령사회, 20% 이상 초고령 사회로 분류하고 있다. 이러한 분류에 따르면 서구 복지국가의 대부분은 2020년까지는 초고령 사회로 이행할 전망이다. 한국도 2022년에는 노인

인구비율이 14.3%로 증가하고 2030년에는 19.3%로 초고령사회 진입을 앞둘 것으로 전망한다(매일경제, 2000. 7. 10).

노령화 사회로의 진전은 엄청난 사회변화를 야기한다. 복지국가와 관련해서는 일단 그들의 부양과 관련된 재정 문제이다. 노인들의 은퇴 후 소득을 보장하거나 건강을 돌봐야 하는 책임에 들어가는 비용이 엄청나게 증가한다. 한 연구에 따르면 앞으로 30년 이내에 OECD 국가들에 있어서 이러한 비용이 적게는 GDP의 9%에서 많게는 16%까지 증가할 것으로 예측하고 있다(Global Aging, 연도미상). 현재 서구 복지 국가들에서 뜨겁게 진행되고 있는 연금 개혁의 문제나 의료비용의 문제는 바로 노령화 사회로의 진전에 대비하기 위한 재정 건전화가 그 하나의 핵심을 이루고 있다.

노령화 사회는 또한 노동시장의 성격을 바꾼다. 출산율 감소에 따라 노동시장에 유입되는 인구가 감소하고 은퇴하는 인구가 점차 증가한다면 노동시장은 점차 수요보다 공급이 상대적으로 적어지는 현상을 나타낸다. 외국으로부터 새로운 노동력이 유입되지 않는다면, 젊은 층의 높은 실업률을 경험하는 현재의 상황과는 반대의 현상이 진전될 것이다. 현재는 노동의 공급보다 수요를 자극하는 정책에 관심을 쏟고 있지만, 앞으로는 노동의 공급을 유인하는 정책으로 그 비중이 점차 옮겨가게 된다. 이미 OECD에서는 과거 높은 청소년 실업 때문에 조기은퇴를 시행하였던 나라들에 대해 고령 노동자의 취업을 권장하고 있으며, 은퇴도 보다 유연한 형태로의 이행, 즉 완전한 은퇴보다 파트타임 근로를 통해 점진적 은퇴를 제도화할 것을 촉구하고 있다.

노령화 사회로 진전되면서 노인들의 정치력은 더욱 향상될 것이다. 2030년까지는 서구 복지 국가들에서 유권자들의 거의 삼분의 이 정도가 현재의 은퇴 연령인 65세에 이를 전망이다. 최근까지는 노인의 정치력은 주로 미국에서 표출되었지만, 이제 유럽에서도 노인의 정치력이 결집되고 있다. 네덜란드에서는 새로이 형성된 연금당(Pension Party)이 이미 선거에서 두각을 나타내고 있다. 노인의 정치력이 이처럼 빠르게 증진된다면 그들에게 불리한 정책 수립이나 계획은 어렵게 될 전망이고, 그에 따른 노인층과 젊은 층간의 대립이 심화될 수 있다.

2. 가족의 변화

산업사회를 거치면서 가족이 변화하고 있다. 전통사회의 대가족 체제에서 산업시대의 핵가족 체제가 점차 변화하여 후기 핵가족 체제(post-nuclear family system)로 이행하고 있는 중이다. 결혼을 통해 형성한 가족이나 부모 자식으로 이루어지는 핵가족 체제는 점차 그 지배적 모습을 잃어가고 있다. 산업시대의 핵가족 체제는 보다 작은 단위로의 분할 양상을 보이고 있으며, 그 형태도 다양하게 나타나고 있다. 가족 핵분열화의 진전으로 분가 및 독신가구가 늘어나는 등, 가족규모가 축소되는 경향을 보일 뿐 아니라, 독신, 동거, 무자녀부부, 편부모 가족, 동성애가족, 혈연관계가 아닌 가족공동체 등의 가족형태가 점차 확산되고 있다. 가구 축소와 가구 다양화 현상은 이미 서구 유럽 국가들에선 일반적인 사회현상으로 나타나고 있다. 한국에서도 1995년 현재 핵가족의 전형적 구성 형태라 볼 수 있는 '부부+자녀'만으로 구성된 가구는 50.0%에 불과하며, 이 비율은 지난 몇 년간 지속적인 감소 추세에 있다(김은미, 1996). 반면, 단독가구 및 1세대가구 특히 부부만으로 구성된 가구 비율은 증가하고 있는 추세이다.

이러한 가족 변화는 무엇보다 결혼제도가 더 이상 안정적이지 못한데 그 근본적 원인이 있다. 불안정한 결혼제도를 일으키는 요인들은 다양하지만, 여성의 경제활동 참여와 가치관의 변화가 중요한 것으로 인식되고 있다. 결혼을 하나의 선택으로 여기거나 동거나 동성애 가족과 같은 대안적인 삶의 방식의 증가, 또한 독자적으로 소득을 벌 수 있는 여성들이 만족스럽지 못한 결혼생활을 유지하지 않으려는 경향에서 비롯되고 있다. 결혼제도의 불안정성은 높은 이혼율의 형태로 나타나고 있다. 미국의 경우를 보면, 1935년에 100쌍의 결혼 중에 16쌍이 이혼한

데 반해, 1998년에는 51쌍이 이혼을 한 것으로 나타났다(Fagan and Rector, 2000: 3). 한국의 경우도 서구 수준에 육박하고 있다. 97년에 인구 1,000명당 이혼 2건으로 일본의 1.8건이나 프랑스의 1.9건보다 높으며 98년에 들어서는 2.6건으로 더욱 높아졌다(동아일보, 1999. 8. 4).

이혼의 증가에 따라 편부모 가정이 급증하는 추세이며, 이는 서구 복지 국가의 중요한 정책 관심사항으로 대두되고 있다. 미국의 경우 8백만 이상의 어린이들이 자신의 편부모와 살고 있는 실정이다(Fagan and Rector, 2000 : 3). OECD 국가들 중에서도 전체 가구 중에서 편부모 가구가 차지하는 비율은 매우 높아 20%정도나 그 이상이 되고 있다(OECD, 1999 : 16). 한국에서도 1998년 통계치를 보면 편부모 가정이 66년 39만2,000가구에서 30년 만에 94만1,900가구로 늘어나고 있으며, 앞으로도 빠른 추세로 확대될 전망이다(동아일보, 뉴스+, 1998. 10.8-15, 154호). 편부모 가정의 급증은 이혼 외에 혼외 출산의 증가에 의해서도 증가되고 있다. 지중해 국가들을 제외한다면, 혼외 출산 아이들의 숫자는 최근 몇 십년 동안에 상당히 증가하였다. 예로, 영국에서 모든 출산의 1/3 정도가 혼외 관계로 출산되고 있으며, 미국과 스칸디나비아 반도 국가들도 이러한 수준에 육박하고 있다(OECD, 1999 : 16).

편부모 가정이 사회복지 차원에서 특별히 주목받는 이유는 편부모 가정이 여러 사회 문제들과 연관되어 있기 때문이다. 우선 편부모 가정은 빈곤에 빠질 위험이 높다. 이들 편부모 가정의 고용률은 낮은 편이다. 양부모 가정 집단의 고용률과 비교해 볼 때, 핀란드의 경우는 5%, 스웨덴은 10%, 호주 13%, 영국은 21%나 차이를 보인다(OECD, 1998 : 90-91). 이 때문에 주위의 아무런 지원이 없는 경우 국가의 공공부조에 의존하게 될 확률이 매우 크다. 호주, 영국, 미국에서는 이미 공공부조를 받는 주요한 대상 집단이다(OECD, 1998 : 89). 편부모 가정의 빈곤은 또한 아이들에게 심각한 영향을 미친다. 학업을 중단하거나, 학업성취 수준이 낮고, 자살, 청소년 범죄 등과 같은 사회 문제들과 연관되어 있다는 경험적 연구가 있다(Fagan and Rector, 2000).

3. 노동시장의 변화

서구 산업 사회에서 공통적으로 나타나는 고용의 일반적 추세가 있다. 산업이 발전하는 단계에서는 전체 산업에서 차지하는 농업부문에서의 고용 비율이 점차 하락하는 반면 제조업의 고용 비율은 빠른 상승을 보인다. 하지만, 산업이 점차 고도화되어 가는 단계에서는 제조업의 고용 비율이 감소 추세를 보이는 반면, 서비스업의 고용비율은 빠른 속도로 증가해 간다. 서비스부문에서 OECD 국가들의 고용률은 1970년 50% 이하에서 1992년 약 65%로 증가하였다. 1980년대 대부분의 새로운 직업증가는 금융·보험과 비즈니스서비스, 그리고 개인서비스와 같은 서비스 부문에서 발생하였다(정인수, 1996: 22). 또한 제조업 부문 내에서의 산업간 고용 이동이 이루어져 전통적인 산업들(경공업)의 고용비율이 하락하는 반면, 자본 집약적인 산업이나 첨단 기술산업에서의 고용은 확대된다.

산업에 따른 장기적 노동시장의 변화를 노동 공급의 측면에서 살펴보면 다음 몇 가지 일반적 특성들을 발견할 수 있다. 첫째, 아동 노동이 사라졌고, 둘째, 청소년층의 노동 공급이 감소되었다. 셋째, 노인들의 노동시장 참여가 대폭 감소되었다가 점차 임시직 일용직의 확산으로 참여가 확대되었다. 넷째, 여성들의 노동시장 참여는 지속적으로 확대되어 왔다. 자본주의가 발전하기 시작하는 초기에 임금비용의 절감을 위해 아동을 고용하는 경우가 많았지만, 점차 법으로 아동 노동을 금지하면서 사라지게 되었다. 또한 15-24세 이하의 청소년층의 취업도 교육수준의 향상과 함께 학교로 흡수되면서 공급이 점차 감소되었다. 노인들의 경우 농촌사회에서는 나이가 들어도 경제활동이 가능하였지만, 산업화와 함께 회사의 퇴직제도나 해고에 의해 예전보다 일찍 경제활동을 그만 두어야 했다. 하지만, 일용직, 시간제고용의 확산으로 이들의 참여율은 최근 점차 높아지고 있는 추세이다. 여성들은 산업이 급속도로 발전해 가거나 혹은 전쟁으로 인해 노동력이 부족한 상황에서 점차 경제활동에 참여하기 시작하면서 공급이 확대되었으며, 또한 노인집단처럼, 일용직, 임시직의 확산으로 경제활동 참여율이 더욱 높아져 가고 있다.

최근의 노동시장 변화는 국제화의 강한 압력을 받고 있다. 그 영향은 대체로 부정적이다. 과거 노동시장이 제공하던 경제적 복지의 기능은 축소되고 많은 수의 빈곤 근로 계층을 만들어내고 있다. 1960년과 70년대에는 비록 기술도 별로 없고 교육도 별로 받지 못했더라도 전일제로 고용되기만 하면 가난으로부터 벗어날 수 있는 기회가 되었었다(Brown, et. al., 1998 : 11). 하지만, 최근에는 저숙련 노동자들의 임금하락, 빈곤층의 확대, 임금 불평등의 유례 없는 증가를 보고하는 많은 연구가 있다. 강한 경제와 유연한 노동시장을 갖고 있는 미국에도 이러한 경향은 현재까지도 지속되고 있다. 오늘날 미국에는 전일제로 일하더라도 빈곤에 허덕이는 수백만 가정들이 있다. 빈곤한 미국인들 전체 중에 56%가 전일제로 일하고 있다(Cooper, 1998 : 974). 변화된 노동시장은 제조업종에 많은 소득을 보장해 주지 않으며, 서비스 직종은 그보다 더 낮은 임금을 줄뿐이다. 반면에 높은 교육이나 전문 기술에 보다 많은 소득을 보장해 주는 노동시장으로 바뀌었다. 소위 중층 경제(two-tiered economy)로 알려져 있는 경향을 강화시키는 중이다. 저숙련 서비스 직종에서 일하는 사람들은 저 임금 노동시장에서, 고숙련 직종에서 일하는 사람들은 고임금 노동시장에서 직종 경력을 발전시키는 양극화 경향을 보이고 있다. 미국 도시연구소의 한 연구에 따르면, 저임금 근로자들이 점차 경제적으로 성공하는 경우도 있지만, 많은 경우는 임금이 증가되지도 않은 채 오랜 동안 저임금 직종에 남아 있다고 보고하고 있다(McMurrer, et. al., 1997 : 4).

이러한 노동시장의 양극화를 발생시키는 힘들은 경기순환보다 훨씬 더 강한 힘들이며, 시장의 국제화, 새로운 기술의 발달과 생산체제에서의 변화들이다. 더욱이 실질 임금 하락과 같은 부정적인 경향들은 단순히 제조업에서 서비스 경제로 이행하는 과정에서 야기될 수 있는 일시적인 불균형의 결과가 아니다. 경쟁의 국제화나 금융 자본의 자유화와 같은 소위 세계화의 압력하에서 노동시장의 과거 특성들은 점차 바뀌고 있다. 정규직에서 비정규직으로 고용 형태의 변화가 빠른 속도로 진행되고 있고, 고용은 점차 불안정해지며, 고숙련 직종과 저숙련 직종간에 소득 격차가 커지면서 시장 불평등은 점차 증가하고 있다(서용석, 2001 : 16).

4. 국제화

국제화의 핵심은 시장의 반격이다. 지난 몇 십 여년 동안 복지국가는 시장 개입적 정책들을 통해 시장 정치화의 독특한 형태들을 발전시켜 왔다. 하지만, 오늘날 시장은 이들 정부에 대한 대대적인 반격을 취하고 있다. 금융 기관들은 어떤 국가 정책들이 바람직하고 어떤 정책들이 바람직하지 않은지를 결정한다. 정치가 시장의 한계를 결정하던 시대로부터 시장이 이제 정치의 한계를 결정하는 시대가 도래하고 있다. 시장 논리에 의한 국가와 사회의 재편은 이제 전세계적 운동으로서 그 힘을 드러내고 있는 중이다. 그야말로 자본주의는 터보-자본주의(1980년대 말 소련과 동구권 붕괴 이후 아무런 장애물이 없는 상태에서 더욱 강화된 기세로 달려가는 자본주의를 지칭하는 말)로 변모하면서, 탈시장적 제도와 국가에 대해 엄청난 비용을 부과시키면서 전세계를 자신의 논리로 급속하게 재편해 가고 있다(마르틴과 슈만, 35). 시장 논리의 심화와 공간적 확산을 제한해 왔던 장애물들이 제거되는 것과 더불어, 자본은 스스로의 성격을 변화시키고 있다.

국제화를 심화시키는 두 중요한 동인은 국제적 경쟁과 금융자본의 자유화이다. 국제적인 수준에서 자유로운 자본이동에 따른 자본간의 독점적 경쟁의 심화는 리카도(Ricardo)의 비교우위설을 완전히 진부하게 만들었다. 이제 상대적 비용우위는 이제 더 이상 사업의 추진력이 아니다. 중요한 것은 모든 시장, 모든 국가들에 동시에 적용되는 절대적 우위이다(Thurow, 244). 초국가적 기업들은 임금이 가장 싸고 사회보장 지출이나 환경보호 비용을 전혀 물지 않는 곳에서 상품을 생산하도록 조직함으로써 그때마다 상품비용의 절대적인 크기를 줄이고 있다. 그리고 이와 함께 상품가격뿐만 아니라 노동력의 가격도 떨어지게 된다.

금융자본의 가공적 성장 또한 모든 선진국들을 국제화의 흐름에 내몰고 있다. 금융자본은 원래 산업자본의 성장에 종속되어 성장되어 왔다. 산업과 무역활동을 원활하게 하기 위해 필요한 단기신용을 제공하거나 기업과 정부의 장기 자금 요구에 응하면서 팽창해 왔다. 하지만, 자본주의의 발전과 함께 신용제도 우위로의 금융제도 발전이 가속화되고 금융제도의 기술적 수단들이 크게 확대됨으로써, 금융자본은 산업자본에 대해 상대적 자립성과 가공적 성격을 점차 강화시켜 나갔다. 금융적 자본 축적의 가공성과 상대적 자립성은 국제화 시대에 더욱 크게 그 성격을 분명히 드러내고 있다. 이 같은 변화는 경쟁적 금융 증권화, 금융 자유화, 금융 전산화라는 3대 금융 혁명에 의해 급속히 진행된 것이었다. 이 3대 금융 혁명은 복합적으로 상호 작용을 일으켰고, 그 결과 전세계 자본은 전 지구적 전산망을 타고 자유로이 각국 국경을 넘어 빛과 같은 속도로 지구촌을 움직이고 있다. 자본의 유동성이 이처럼 빨라지면서 글로벌 금융시장이 출현되고 금융파생상품(디리버티브 : derivative) 거래로 상징되는 투기성 거래가 가공스러울 정도로 급팽창되었다(박태견, 100).

국제화는 서구 복지 국가들을 두 가지 상반된 압력하에 놓이게 하였다. 첫째 압력은 사회 안전망의 확대 필요성이다. 기술변화와 국제화로 영향을 받은 노동시장이 고용 불안정, 실질임금 하락, 비 정규 고용의 증가 등과 같은 일련의 변화들을 창출하면서 위험에 노출되는 집단들이 증가되었기 때문이다. 반면에, 자본의 자유화로 인해 세금을 징수할 수 있는 국가의 능력이 점차 약화되고 있다. 따라서, 각 나라마다 사회 안전망 체계를 비용 효율적으로 재구성해야 하는 불가피성이 증대하고 있다. 국제경쟁력을 증진시키기 위해서는 국가재정을 절약하는 방식으로 사회프로그램을 개혁하고 경제의 유연성을 강화하는 것이 시급하기 때문이다.

제 2 절 복지국가의 정책방향

장기적인 내적 외적 변화와 함께 새로운 사회의 욕구가 분출하고 있다. 여성들의 노동시장 참여에 따른 일과 직장의 병립에 대한 요구, 노인사회로의 진입에 따른 새로운 사회보장 욕구, 노동시장 양극화에 따른 저임금 노동자의 소득보장 요구 등 여러 형태의 사회 요구가 분출되고 있다. 이러한 사회의 욕구는 개인이 충족시키기에는 불가능하고 사회적 차원에서 대처해야 할 문제들이 발생한 것이다. 이러한 현상들의 각각에 대해 살펴보자.

1. 은 퇴

얼마 전까지만 해도 은퇴제도는 미래사회의 준비와 관련하여 특별한 관심을 받지 않았다. 단지 연금재정과 관련하여 논의되거나, 젊은 근로자들의 취업 기회를 확대시키기 위해 나이 많은 근로자들을 일찍 퇴출시키는 조기 퇴직 제도에 대한 논의 정도였다. 하지만, 2005년과 2010년 사이에 대부분의 OECD 국가들에서 진행될 노령화는 이러한 논의들에 대한 관심을 약화시켰다. 대신 미래사회에 대한 대비책으로서 은퇴제도를 개혁하는 문제가 훨씬 비중 있는 논의로 부각되었다.

노령화의 심각한 문제는 은퇴한 인구에 비해 근로참여인구가 감소된다는 데 있다. 그에 따라 재화나 서비스를 생산하는 인구는 감소되고 연금으로 살아가는 사람들이 늘어난다. 또한 연금으로 살아가는 사람들의 수명이 점차 증가한다면 이들의 부양은 근로인구에게 심각한 짐이 될 전망이다. 그에 대한 해결책으로 은퇴 연령을 늦추어 가능한 한 생산인구의 비율을 확대하는 정책방안이 강구되고 있다. 이를 위해 OECD 국가들은 여러 방향에서 접근하고 있다(OECD, 2000 : 7-23).

첫째 은퇴연령을 제도적으로 늦춘다. 연금의 수급연령을 증가시킴으로써 노동시장 참여를 연장시키는 것이다.

둘째는 은퇴 경로에 대한 통제를 강화하는 방향이다. 은퇴는 일정한 법적 연령이 되면 자연스럽게 이루어지는 경우만 있지 않다. 때로는 장기실업 상태에서 실업수당을 받는 과정에서 사실상 조기 은퇴가 되어버린 경우나, 혹은 다양한 장애를 갖고 있는 사람들의 경우 장기적인 장애수당을 받으면서 사실상 조기은퇴와 다름없는 경우가 있다. 각 나라에서는 은퇴의 이러한 대안적인 경로들을 보다 제한하려고 노력하고 있다.

셋째, 나이가 많은 근로집단의 조기 은퇴를 억제하거나 은퇴 후라도 근로를 하는 것이 훨씬 유리하게끔 연금을 개혁한다. 현재 많은 나라들에서 일정한 연령을 넘어 근로를 하게 되더라도 연금 급여가 증가되지 않는 경향이 있다. 이를 수정하여 기여와 수급간을 보다 철저히 연계시킴으로써 근로에 대한 유인을 강화한다.

넷째, 유연한 은퇴를 유도한다. 유연한 은퇴란 갑작스러운 은퇴 대신 일정한 기간동안 부분근로를 허용함으로써 보다 자연스러운 은퇴를 유도함을 말한다. 이는 은퇴를 앞둔 근로자들에게 계속 노동시장 참여기회와 소득 향상기회를 제공함과 함께, 이들의 풍부한 직무경험을 계속 이용할 수 있는 이점이 있다. 이를 위해서는 이들이 부분근로를 할 수 있는 충분한 노동시장 기회가 있는지가 매우 중요하며 국가의 정책적 뒷받침이 필요하다.

다섯째, 은퇴를 앞둔 근로자들이 은퇴 후라도 직장을 얻을 수 있는 기회를 늘린다. 이를 위해서는 인적 자원의 공급 측면에서 평생교육이 중요하다. 변화하는 노동시장 여건에 적응하기 위해 이들 근로자들의 교육은 필수적이기 때문이다. 또한 노동 수요 측면에서의 지원이 필요하다. 나이 많은 근로자들의 취업을 제한하는 차별을 없애고, 고용주들에 대한 인센티브를 부여하거나 취업한 근로자에 대해 임금을 보조하는 등의 지원이 강구될 수 있다. 또한 정부 차원의 지원으로서 직업모색 서비스를 강화하여 이들 근로자들의 취업을 원활히 할 수 있다.

2. 장기요양보호(Long-term Care)

장기요양보호라는 용어는 일시적 의료보호(acute care)상태와 구별하기 위해 만든 것이다. 일시적 의료보호가 갑자기 질병에 걸려 의사의 집중적인 처치를 받는 기간을 의미하는 반면 장기요양보호는 상당한 장애로 인해 일상생활을 장기적으로 할 수 없는 사람들에 대해 제공하는 서비스를 의미한다. 일시적 의료보호가 의료서비스에 초점을 둔 것이라며, 장기요양보호는 사회서비스적인 성격을 갖고 있다. 즉 제공되는 서비스가 목욕, 식사, 화장실 사용 등과 같이 기본적 일상생활을 할 수 있게끔 도와주는 것들이다. 선천성 장애를 갖고 있는 아이들도 장기요양보호 대상이지만, 장기요양보호 대상의 대부분은 나이가 많은 노인들이다. 수명의 증가와 함께 인생 후반기에는 다양한 장애를 갖게 될 확률이 더욱 많게 되어 이렇게 취약해진 노인들의 장기요양보호에 대한 요구가 계속 확대될 전망이다. 미국의 한 연구에 따르면 장기요양보호 욕구를 갖고 있는 노인들의 수는 1996년에 720만에서 2020년에는 천만으로 증가한다는 추정을 하고 있다(Friedland, 1999, Davis and Raefzman, 1999 : 3에서 재인용).

장애로 인해 일상생활을 할 수 없다면 누군가 옆에서 이들을 도와야 한다. 과거에는 이들에 대한 보호가 주로 가족내에서 이루어져 왔다. 하지만 가족의 역할은 점차로 약화될 전망이다. 1995년 일본에서 한 소설이 베스트셀러가 되었다. 소설의 내용은 가족 내에서 시부모를 돌보아야 하는 며느리와 남편 사이의 갈등을 그리고 있다. 소설에서도 나타난 것처럼 과거 가족 내에서 노인을 주로 돌보았던 여성의 노동시장 참여나 가치관의 변화, 이혼, 비싸져 가는 의료비용 등으로 인해 가족은 노인을 돌보는 중심단위가 되지 못하고 있다. 가족의 역할이 점차 약해진다면 국가의 개입을 통해 노인들의 장기요양보호에 대한 요구를 충족해야 할 필요가 있다. 이러한 필요성에서 서구의 국가들은 장기요양보호와 관련된 정책을 정비하거나 포괄적인 보험시스템을 도입하고 있다. 독일, 일본, 룩셈부르크, 네덜란드에서는 별도의 정책목표로서 장기요양보호 보험 프로그램을 개발하여 왔다(보건복지부, 1998 : 426). 이러한 시스템에서는 가입자로부터 기여금을 받고 장기요양보호가 필요한 시점에서 서비스를 제공하거나 현금 급여를 제공하는 형태이다. 재원의 대부분은 개인의 기여로부터 오지만, 일본이나 룩셈부르크 예처럼 국가가 재원의 50%나 45%를 지원하고 있다. 급여가 충분하지 않을 때는 공공부조 재원으로 뒷받침하는 형태로 장기요양보호 욕구를 충족시키고 있다. 반면 미국에서는 가난한 노인들에 대해서만 공공부조의 한 프로그램인 메디케이드(Medicaid : 빈곤한 사람에게 주어지는 의료급여)를 통해 지원하고 있다. 대부분의 나라에서 장기요양보호 프로그램은 통합된 하나의 프로그램 형태로 존재하지 않고 연금, 장애자 수당, 의료 보험, 공공부조 등에서 분산적으로 그 욕구를 충족시키고 있다.

3. 가정과 직장의 병립

직장 생활과 가정생활간에 긴장이 점차 고조되고 있다. 가정은 급격히 변화하고 있는 데 반해 직장은 그러한 변화에 맞춰 변화하지 않고 있다. 그에 따라 가정생활에서의 책임과 직장생활에서의 책임을 균형 있게 조화시키는 일이 점차 힘들어지고 있다. 특히 여성들의 취업이 대폭 증가하면서 집안 일을 하는데 점차 어려움을 느끼는 직장 여성들이 점차 늘고 있다. 살림을 하면서 가족들을 돌보는 일은 시간이 많이 걸린다. 성인 근로자들이 직장의 요구에 부응하면서 가족 내에서 자신의 책임을 다하기가 쉽지 않다. 그에 따라 예전에 집에서만 있었을 경우 해왔던 집안 일들을 다른 방식으로 대처해 나가고 있다. 남편과 시간을 조정해서 집안 일을 같이 해 나가든가, 제3자를 고용하여 아이들이나 노인을 돌보거나, 식사는 자주 외식으로 해결하는 형태의 생활방식이 나타난다. 혹은 경제적 이유로 아예 어떤 일들은(예로, 아동 교육) 방치 내지는 포기하는 실정이다.

직장을 갖고 있는 엄마들의 숫자는 다양한 원인들 때문으로 최근 빠르게 증가하고 있다. 첫째는, 출산 전에 이미 직장에서 확고한 위치를 확보하였기 때문에 출산 후에 쉽게 복귀할 수 있다. 둘째, 유급 출산휴가를 주는 직장을 갖는 경우 출산 후 직장에 복귀하는 여성들이 증가하였다. 셋째, 여성들의 소득이 가정에 상당한 부분을 차지하는 경우 경제적 이유로 직장에 복귀한다. 넷째, 배우자가 집안일을 돕는다든가 근무시간이 유연한 경우 등에 의해서 여성들의 직장복귀가 증가하였다.

직장 여성들이 돌봐야 할 사람은 아동뿐이 아니다 불편한 노인들도 부양해야 한다. 장애를 갖고 있는 노인들의 대다수는 아직 가족 구성원들의 도움에 의지하고 있다. 미국의 한 통계에 따르면 부양 노인을 돌보는 사람이 배우자가(38%), 딸(19%), 다른 친척들 (12%), 아들(8%)의 순으로 나타났으며, 유급 간병인에 의한 의존도는 아직 9%에 머물고 있다(U.S. Dept. of Labor, 1999 : 4). 이는 장애 노인들 대다수가 가족 내에서 보호가 이루어지고 있음을 보여준다. 미국의 경우 1996년에 4백만 이상의 가정이 노인을 돌보는데 일주일에 적어도 40시간을 소비하고 있다. 1백 60만 가정은 20-40시간 정도를 소비하고 있다(U.S. Dept. of Labor, 1999 : 4). 노인을 돌보는 사람 가운데 거의 3/4이 여성이기 때문에, 노인부양은 직장 여성들의 생활에 심각한 영향을 미칠 수밖에 없다. 이들 여성들은 가족 내에서 어머니로서 아내로서의 역할과 노인을 부양하는 역할을 동시에 짊어져야 한다. 노인부양에 맞추어 직장 생활의 일상적 흐름을 변경하여야 한다. 한 연구에 따르면, 노인부양의 책임이 있는 근로자들의 6%는 그 때문에 직장을 그만두었고,

반수 이상이 직장생활의 흐름을 변경시켜야 했다. 즉 조퇴를 하든가, 늦게 출근한다든지, 부분 근로 업무로 바꾼다든지, 낮 동안 잠깐 자리를 비우는 등과 같은. 개인에 대한 비용뿐 아니라 사회 전체적으로도 그 경제적 손해는 막대하다. 1997년의 한 연구에 따르면, 노인 부양에 따른 휴가, 직무 중단, 대체 근로 비용, 결근 등으로 인한 피해가 1년에 1백14억 달러에 달한다고 보고하고 있다(U.S. Dept. of Labor, 1999 : 5). 앞으로 노령화사회로 진전이 되면 이들을 돌봐야 할 시간이나 비용은 계속 늘어날 전망이다.

아이들과 노인들 그리고 잡다한 집안 일을 처리하는데 드는 시간은 점차 늘어나는데 반해 직장에서의 근로시간은 과거 몇 십년 동안 상당히 증가하는 추세를 보이고 있다. 직장과 가족에서 요구하는 책임감의 증가 때문에 많은 직장 여성들은 부담감에 시달릴 수밖에 없다. 직장과 가족의 요구를 충족시키기 위해 열심히 뛰는 동안에 자신을 돌아다 봐야 하는 시간은 거의 찾아볼 수 없다. 1997년의 미국의 한 보고서는 피고용인의 26%는 업무 때문에 감정적으로 완전히 고갈되어 감을 자주 느끼며, 36%는 업무가 종료될 때면 완전히 탈진되는 것을 자주 느낀다고 보고하고 있다. 업무에 압도당하고 있다는 감정이 이처럼 지속되면 업무, 건강, 가정생활에 영향을 미칠 수 있다. 편부모 가정의 경우는 상황이 더욱 심각하다. 일과 직장을 병립시키기가 더더욱 힘들다. 배우자의 아무런 도움 없이 모든 일을 혼자서 처리해야 하며, 그것도 맞벌이 부부의 소득보다 일반적으로 적은 소득으로 집안 일을 꾸려나가야 하기 때문에 경제적으로도 힘이 든다. 더욱이 편모 가정이 아니고 가정일에 서투른 편부 가정인 경우는 상황이 더욱 심각해진다. 이미 미국의 경우는 편부 가정의 증가율이 편모 가정의 증가율보다 앞서고 있다. 이렇게 늘어만 가는 부담감을 경감시키기 위해서는 사회의 지원이 절실히 필요하다. 지역사회, 직장, 국가차원에서 일과 가정의 병립을 원활히 하는 제도적 지원이 절실히 요구된다.

4. 근로자의 소득지원

노령화 사회의 진전에 따라 근로인구가 노인인구에 비해 상대적으로 축소될 전망이다. 여기에 상황을 더욱 어렵게 하는 것은 근로인구의 상당부분이 빈곤 근로 계층으로 존재하고 있는 점이다. 빈곤근로계층이란 전일제로 일한다 하더라도 가족의 생계를 꾸려 나가기가 어려운 계층을 말한다. 이들 근로 계층은 국제화 영향에 따른 노동시장의 양극화로 향후 더욱 확대될 전망이다. 근로계층의 빈곤 확대는 아동빈곤, 가족빈곤 등과 직접 연결되어 있으며 그에 따른 여러 사회 문제들이나 노령화 사회의 부양문제를 더욱 악화시킬 것이다.

현재 빈곤 근로계층의 존재는 나라마다 커다란 편차를 보이고 있다. 상대적으로 사회보장이 잘 정비되어 소득보장에 대한 지원이 높은 유럽 국가들에선 빈곤근로 계층의 비율은 비교적 낮은 반면, 미국이나 영국처럼 시장 논리를 앞세운 국가들에선 이들의 비율이 높다. 하지만, 빈곤근로계층의 비율을 낮게 유지하는 대신 유럽 국가들은 그에 따른 비용을 지불하고 있다. 그 비용은 높은 실업률이다. 유럽 국가들의 고용보호나 소득지원은 노동시장 참여자들에겐 일정한 수준의 경제생활을 보장해 주지만, 그에 따른 고용비용이 증가되어 기업은 새로운 고용을 기피하려는 경향이 생긴다. 그 결과 노동시장 진입에 높은 장벽이 형성되어 실업률을 증가시킨다. 반면 실업자들은 장기적이고 관대한 소득 지원 급여를 받기 때문에 그들의 근로동기는 약화되어 직업모색을 적극적으로 하지 않게 되고 빈곤이나 실업의 덫에 빠져들게 된다. 이러한 문제들 때문에 유럽 국가들은 실업급여를 중심으로 하는 소극적 노동시장 대책에서 적극적 노동시장 대책으로 이행해 가고 있다. 적극적 노동시장 대책이란 실업자들을 노동시장에 통합시키고, 직업과 관련한 숙련들을 증진시키며 노동시장의 기능을 원활히 하는 대책이다. 이 정책의 기본적 가정은 저임금 고용이 대처해야 할 문제이기보다 고실업률에 대한 효율적인 처방이라는 인식이다.

유럽 국가들이 적극적 노동시장 대책으로 본격적으로 선회하게 되면 저임금 고용이 앞으로 확대될 전망이다. 실업자들이나 공공부조 수혜자들의 숫자나 성격은 나라마다 상이하지만, 이들이 근로인구로 본격적으로 편입되면 상당수가 저임금 근로자로 일을 시작할 것이다. 미국은 이미 1996년 복지개혁의 결과로 백만 이상의 복지 수혜자들이 저임금 노동시장에 편입되었다. 문제는 저임금 노동시장이 이들을 흡수할 수 있는 능력이나, 경제적으로 보상할 수 있는 능력, 그리고 이들이 앞으로 좀더 나은 일자리를 얻을 수 있는 기회를 제공할 수 있는 능력이 되는가에 있다. 광대한 저임금 노동시장을 갖고 있는 미국에서도 백만 이상의 복지 수혜자들이 진입하면서 저임금 노동시장을 압박하고 있는 상태이다. 즉 노동공급의 과잉으로 기존의 저임금 근로자에게까지 그 영향이 파급되고 있다. 자연히 이들 간에 경쟁은 심화되고 그에 따라 임금은 하락되었다. 경제학자들에 의하면, 백만의 수혜자들이 노동시장에 진입하게 되면 전체 임금 소득자 중에 바닥에서 삼분의 일 정도 되는 사람까지 영향을 미치며, 그들 임금의 약 12% 정도를 낮출 것이라고 추정하고 있다(Lamieli, A5). 이렇게 저 임금 노동시장이 압박 받는다면 새로이 진입한 근로자들 뿐 아니라 기존의 저임금 근로자 상당수가 빈곤 근로층으로 남을 수밖에 없다. 이는 30년 만에 최저 실업률을 기록했다는 1998년 호황 경제하에서도 미국의 저 임금 근로자의 형편이 별로 나아지지 않는 원인이다. 모든 전일제 근로자의 4분의 1이 네 명 가족 기준 1998년 빈곤선을(많은 연구자들이 이러한 빈곤선도 가족을 부양하기엔 너무 낮게 설정되어 있다고 믿음) 겨우 상회하는 수준의 소득만을 벌었다. 반면에 거의 3,500만의 사람들이(모든 미국 가정의 12%) 1997년에 빈곤에 허덕이는 가정에 살고 있다(Collins, et. al., 21). 일단 개인적 능력을 떠나 노동시장의 여건 자체가 국제화의 영향으로 저 임금 근로자들에게는 과거보다 나빠지고 있다. 최근 저숙련 노동자들의 임금하락, 빈곤층의 확대, 임금 불평등의 유례없는 증가를 감안한다면 이들 빈곤 근로층의 생활은 더욱 어려울 전망이다.

한국의 경우는 복지수혜자들보다 기업의 구조조정의 영향으로 빠르게 증가하고 있는 비정형 근로자들이 주도하고 있다. 1990년대 중반 이후 꾸준하게 증가하여 오던 임시일용직 종사자가 IMF 체제로 표현되는 경제위기하에서 급속히 증가하여 임금근로자의 절반을 넘어섰다. 비정규직에 종사하는 사람들은 주로 취약계층으로 분류되는 사람들이며, 이들이 종사하는 분야도 낮은 직무능력이나 기능을 요구하는 곳에 치중되어 있어, 빈곤근로계층의 다수를 차지할 전망이다. 이들 뿐 아니라, 앞으로 공공부조제도와 적극적 노동시장정책 프로그램이 효과적으로 연계가 된다면, 미국처럼 복지 수혜자들이 대거 노동시장에 진입하게 될 것이며, 빈곤근로계층은 더욱 확산될 전망이다. 이들 빈곤 근로계층의 소득 지원은 앞으로 복지국가가 떠맡아야 할 중대과제이다.

5. 빈곤에 대한 새로운 접근

빈곤은 복지국가 모두의 오래된 문제이다. 빈곤을 퇴치하기 위해 많은 노력을 기울여 왔지만, 그 성과는 나라마다 많은 편차를 보이고 있다. 사회보장 제도가 잘 발달된 나라들에서는 빈곤율이 상대적으로 낮지만, 잔여적 복지가 중심이 되고 있는 나라들에서는 아직도 빈곤율은 상당히 높은 편이다. 하지만, 빈곤이 어느 정도 완화된 나라들에서도 빈곤경감에 따른 문제들, 즉 관대한 복지급여에 대한 의존성이 증가되는 부작용을 안고 있다. 이러한 의존성을 낮추기 위해 급여의 수준을 낮추거나 자격요건을 강화함과 더불어 소극적인 지원대책보다 적극적인 노동시장 대책을 통해 빈곤계층의 노동시장 통합을 강조하는 추세이다. 하지만, 충분한 일자리가 제공될 수 있는 노동시장 상황이나 효율적인 노동공급정책들이 연계되지 않는다면 오히려 빈곤율을 증가시킬 수 있기 때문에 빈곤완화와 의존성 탈피라는 두 정책 목표간에는 쉽게 타협될 수 없는 상충관계가 존재한다. 심화되는 국제적 경쟁상황하에서 21세기에 빈곤 완화를 위한 복지국가의 방향은 무엇일까? 미국에서 현재 부각되고 있는 자산지향적 사회정책은 그 한 방향을 보여주고 있다.

자산지향적 사회정책은 빈곤에 대한 새로운 접근 방식이다. 미국에서 최근에 시행된 프로그램이며 빠른 속도로 확산되고 있다. 미국은 자산을 형성시키는데 도움이 되는 정책을 중산층을 대상으로 이미 오래 전서부터 시행해 왔다. 현재 부각되고 있는 자산 지향적 사회정책은 공공부조의 혜택을 받는 극빈층을 포함한 저소득층을 중점적 대상으로 시행되고 있다. 방법도 세제 혜택뿐 아니라 매칭(matching) 자금을 제공하는 형태로 이루어지고 있다. 과거의 자산지향적 정책들이 부의 불평등을 심화시키는 역할을 하였다면, 현재의 자산지향적 정책들은 그를 완화시키는 방향으로 진행되고 있다.

자산지향적 사회정책은 저소득층이 자산을 형성할 수 있도록 도와주는 모델이다. 저소득층을 위한 현재의 소득 지원 모델은 즉각적인 소비로 연결되는 형태의 지원을 중심으로 한다. 하지만 자산 지향적 모델은 저소득층이 자산을 형성할 수 있도록 제도적 기반을 마련하고 정부의 지원이 자산 형성과정의 일부가 되도록 하는 것이다. 즉, 자신의 노력과 정부나 다른 기관들이 매칭 자금을 제공함으로써 자산 형성의 토대를 마련해 가는 것이다. 단기간으로 보면 이런 모델은 단순한 소득 지원 모델과 마찬가지로 낮은 소득과 미미한 자산 축적의 형태로 나타난다. 하지만, 장기적으로 보면, 자산축적 모델은 보다 많은 자산, 자산으로부터 나오는 수입, 미래의 보다 높은 수준의 소비 형태로 나타날 것이다. 즉 자산 지향적 정책은 긴 시간에 걸쳐 소득과 자산이 단순한 소득지원 중심 모델보다 긍정적인 복지 결과를 나을 것이라는 가정에 입각해 있다. 긍정적인 복지 결과는 개인의 차원을 넘어서서 가족과 지역사회, 그리고 전체 국민경제에 긍정적으로 미치는 복지 효과가 나타날 것으로 예측한다(Sherraden, 1991 : 179-80).

자산 형성에 토대를 둔 정책은 두 주요한 골격으로 구성되어 있다.

첫 번째는 자산형성에 방해가 되는 장애물을 제거하는 것이다. 부시 대통령하에 미 정부는 이 부분에 대해 비판적으로 검토하기 시작하였으며 클린턴 대통령 집권 하에서는 자산형성 정책을 공식적으로 지지하였다. 정치적으로도 공화와 민주 양당의 지도자들은 자산 취득에 한도를 두는 정책이 바람직하지 않은 것으로 인식을 같이하였다. 오늘날, 복지개혁과 관련하여 나온 제안들 거의 대부분이 자산소유 제한을 높임으로써 복지 수혜자들이 저축을 증진하도록 촉구하고 있다. 적어도 40개 주들은 이런 저런 형태로 자산 한도를 높이는 제안을 하고 있거나 실제로 자산 한도를 높이는 시범사업을 운영하고 있다(Edwards, 1997 : 5). 두 번째 골격은 자산형성을 증진하는 것이다. 빈곤층이 자산을 구축하는데 도움이 되는 모든 제도적 재정적 인센티브를 개발하는 것이다. 이러한 것들은 특별 계정, 재정적 서비스, 교육 프로그램, 자산구축지원과 같은 광범위한 것들을 포함한다(Edwards, 1997 : 5).

자산지향적 정책에 대한 아이디어는 다른 나라에서도 현재 도입되고 있는 중이다. 영국의 블레어 정부는 2000년 6월에 자산정책지향 프로그램을 창출하기 위한 계획을 발표하였다. 재무부 장관 브라운(Gordon Brown)과 교육과 고용 장관(Secretary of State for Education and Employment)인 블런켓(David Blundkett)은 1,1000 파운드 미만의 저소득 근로자가 개인발달계정에 참여하는 경우 매칭 자금을 제공할 것을 제안하였다. 매칭 율은 1:2의 비율로서, 저 소득 근로자가 한 달에 50파운드를 저축하면 정부가 100파운드를 매칭 자금으로 제공할 것이다(O'Reilly, 2000). 또한 미국처럼, 개인발달계정을 개설 운영하는 민간단체들에 세제 혜택을 제공하는 방안을 검토 중이다(Kelly, G., and R. Lissauer, 2000). 대만에서도 2000년 6월에 저소득층 가정을 위한 가족발달계정(The Family Development Accounts : FDAs)이 처음으로 개설되었다. 그 제안은 대만 시 시장을 역임하고 현재 총통인 천수이벤에 의해 이루어졌으며, 미국에서처럼 양당의 지지를 받았다. 현재 계획으로는 정부와 민간 재원에 의해 60개에서 100개의 발달계정을 시범적으로 실시하여 가족발달계정의 유용성을 시험할 것이다(CSD, 2000).

미국에서 자산형성은 사회정책의 새로운 차원을 열고 있다. 그것은 소득 지원에 전적으로 토대를 두어 온 복지국가로부터 자산 형성에 토대를 두는 유연하고 강력한 국내 정책으로의 근본적 변화를 나타내는 한 부분이다. 이러한 변화를 촉구하는 요인들은 과거 소득지원 정책의 문제점과 노동시장 변화에 따른 필요성이다. 소득지원 정책이 빈곤을 어느 정도는 완화시켜 왔지만, 그 대가로 의존과 빈곤을 영속화시켜 왔다. 반면, 저임금 근로자들에게 점점 불리해져 가는 노동시장의 발달은 임금 불평등을 확대시켜 빈곤 근로계층을 확대시키고 있다. 이들을 위해 경제적으로 비효율적인 사회보호망을 확대하는 것은 국제화 시대에 상당한 부담을 줄 수밖에 없다.

자산형성 정책은 그 성격에 있어 자본주의적이다. 소득 이전을 통한 가난한 사람들의 보호가 아니라 그들에 대한 투자를 통해 빈곤을 경감한다는 사고에 근거를 두고 있다. 단순한 소득이전은 의존과 빈곤을 영속화시키지만, 투자는 자발적 참여를 통한 개인의 책임과 자립을 강화시킨다. 투자는 또한 저소득층에게 선택의 폭을 확대시킨다. 국가의 경직적인 소득지원과는 달리 자산 형성을 통해 교육, 직업훈련, 주택, 소규모 창업, 은퇴와 관련한 여러 삶의 기회들을 선택할 수 있다. 이는 의사결정이 개인과 가정에 의해 점차 통제되는 방향으로 발전해 가는 디지털 경제의 흐름과도 부합되는 것이다. 투자에 대한 효과는 또한 개인을 넘어서 가정을 강화시키며, 지역사회를 활성화시키고, 사회 전반적으로는 거시 경제적 효과를 창출한다(서용석, 2000 : 100-101).

제 3 절 미래에 대한 전망

많은 서구 복지 국가들이 생산적 복지를 추구하는 방향으로 21세기에 진입하였다. 생산적 복지의 의미는 다양하지만, 단순히 이야기하면 비록 사회보장 수준이 하락하더라도, 복지를 소모적인 차원에서가 아니라 생산적인 차원에서 접근해 보자는 의미이다. 생산적 복지 방향은 21세기에 상당한 기간동안 정책 관심사항으로 부각될 전망이다. 그 중요한 이유 중의 하나는 국제적인 경쟁 심화와 국제화에 따른 세원의 감소 전망 때문이다. 사회보장에 대한 과도한 재원 투입은 경쟁을 약화시킬 수 있으며, 또한 자유스럽게 국가의 경계를 넘나드는 자본에 대해 세금을 매기기가 점차 힘들어 지기 때문이다.

생산적 복지 정책은 여러 측면에서 이미 시행되고 있는 중이다. 노령화와 관련하여 복지 국가들은 이미 '생산적 노인사회'를 구현하기 위한 정책들을 시행 중이다. 은퇴를 늦추고, 근로에 대해 인센티브를 제공하며, 은퇴의 다른 경로들을 통제하는 것 등이 그것이다. 또한 실업자들이나 공공부조 수혜자들을 노동시장에 통합시키기 위한 조치 또한 보다 생산적 사회를 추구하는 또 다른 중요한 정책이다. 그들에 대한 소모적 지원보다 그들의 취업을 적극적으로 알선함으로써 국가의 생산능력을 확대시키려고 한다. 또한, 극빈층의 무력한 복지 의존을 줄이고 장기적으로는 그들의 자산을 증진시키기 위한 자산지향적 정책 또한 생산 지향적인 복지정책이다. 이외에도, 서비스 전달체계의 효율성을 증진함으로써 제한된 복지재원으로 보다 효율적인 서비스를 행하기 위한 정부의 노력 또한 생산복지의 중요한 한 축을 형성한다.

21세기의 서구 복지 국가들은 사회의 새로운 요구에 직면하여야 한다. 첫째로, 수명 연장에 따라 은퇴 후에도 30년 이상을 사는 노인들에 대한 장기요양보호 요구에 대처하여야 한다. 둘째로, 결혼 생활의 불안정에 따라 취약해져 가는 가족, 또한 가정과 직장에서 늘어나는 책임 때문에 긴장이 고조되고 있는 가족에 대한 장기적인 대책을 개발하고 발전시켜야 한다. 셋째로, 점차 양극화되어 가는 노동시장 여건하에서 새롭게 저임금 근로자로 편입하게 될 계층에 대한 소득 지원과 그들의 인력개발을 위한 장기적 정책이 절실하다.

참고문헌

〈국내문헌〉

김은미(1996), "한국 가족구조의 변화와 전망".
-http://mypage.channeli.net/kemi/research/96pjt-famstru.htm.

보건복지부(1998). "OECD 회원국의 사회정책에 관한 종합보고서".

서용석(2001), "세계화와 사회정책의 변화: 미국의 복지정책 개혁을 중심으로, 게재예정".
2000, "자산지향적 사회정책: 미국을 중심으로", 『한국사회정책 제7집 제1호』.

정인수(1996), "고용구조변화와 정책과제: OECD 경험의 함의와 한국의 고용정책", 한국노동연구원.

한스 피터 마르틴, 하랄드 슈만(1997), 강수돌 옮김, 『세계화의 덫』, 영림카디널.

도쿄/연합, 1999.
-http://maeul.welfare.net/news/9909/1707.htm.

동아일보, 1999. 8. 4..
-http://home21.co.kr/technote/read.cgi?board=pds13&y__number=10&nnew=1

동아일보, 뉴스+, 1998. 10. 8-15. 154호.
-http://www.donga.com/docs/magazine/news__plus/news154/index.html

매일경제. 2000. 7. 10.
-http://lotus.pwu.ac.kr/~homema/news.htm.

〈외국문헌〉

Brown, Rebecca, Evelyn Ganzalass, Susan Golonka, Jill Hyland, and Martin Simon(1998), *Working Out of Poverty : Employment Retention and Career Advancement for Welfare Recipients,* Report, National Government Association, Center for Best Practices.
-http://www.nga.org/Welfare/EmploymentRetention.htm.

Collins, Sheila D., and Gertrude Schaffner Goldberg(1999), South Carolina's Welfare

Reform: More Rough than Right, *Social Policy*, Vol. 29, No. 3 (Spring).

Concialdi, Pierre(1999), "Demography, Employment and the Future of Social Protection Financing".
-http://www.stm.fi/english/tao/publicat/financing/concialdi.htm.

Cooper, Mary H.(1998), "The Working Poor", *Congressional Quarterly Researcher* 5, No. 41 (November).

Center for Social Development (CSD)(2000), *Taipei City Government Plans Asset Building*, Washington University in St.Louis.
-http://gwbweb.wustl.edu/users/csd/ida/ida.html.

Davis, Karen and Susan Raefzman(1999), *Meeting Future Health and Long-term Care Needs of an Aging Population*, The Commonwealth Fund.

Edwards, Karen(1997), "Individual Development Accounts: Creative Savings For Families and Communities", *Working Paper*, Center For Social Development, Washington University in Saint Louis.

Friedland, Robert(1999), "Presentation at Long-Term Care Options: For Now and the Future", *Roundtable sponsored by the Commonwealth Fund*, March 26.

Kelly, Gavin, and Lissauer, Rachel(2000), *Ownership for All. London: Institute for Public Policy Research.*

Lamieli, Patricia(1996), "Future May be Bleak for Welfare Recipients", *Deseret News*, Aug. 17, p. A5.

McMurrer, Daniel P., Isabel V. Sawhill, and Robert I. Lerman(1997), "Welfare Reform and Opportunity in the Low-Wage Labor Market," in *Opportunity in America*, The Urban Institute.

OECD(1998), *The Battle Against Exclusion.*

______(1999), *A Caring World: New Social Policy Agenda.*

______(2000), *Reforms for an Ageing Society.*

O'Reilly, Judith(2000), "Treasury Plans Cash Gifts to Poor to Let Them Buy Homes", *The London Times*, June 11.

Sherraden, Michael(1991), *Assets and the Poor: A New American Welfare Policy*, N. Y: M. E. Sharpe, Inc. US Department of Labor. 1999. Futurework: Trends and Challenges for Work in the 21st Century.
http://www.dol.gov/dol/asp/public/futurework/report.htm

Thurow, Lester C.(1997), 『자본주의의 미래』, 유재훈 역, 고려원.

저자미상, 연도미상, *Global Aging: The Challenge of the New Millennium.*
-http://www.watsonwyatt.com/homepage/Gl/RESEARCH/global__aging/index.htm.

15
chapter

환경복지국가를 향하여: 민족통합과 복지이데올로기*

제 1 절 머리말

남북통합이라는 민족의 지상 과제가 1994년 김일성의 사망 이후 금방 이루어질 것같이 보였으나, 어언 16년이 지나 김정일이 그의 아들을 3대째 후계자로 하는 작업이 진행되고 있다고 한다. 후계 구도가 김정일이 원하는 대로 잘 될지는 알 수 없으며, 개성공단이나 금강산 관광을 중심으로, 북한의 자본주의 배우기는 아직도 지속되고 있다. 그럼에도 북한의 경제사정은 매우 어려운 것이 사실이며 세계적으로 인도적 차원의 식량 원조를 받아야만 하는 지경에 이르러 있음도 만인이 주지하는 바와 같다.

이와 같은 상황은 우리에게 한 가지 시사점을 제시하고 있다. 즉, 지금까지도 북한이 붕괴되지 않은 것으로 보아 북한이 그렇게 쉽게 무너지지는 않을 수도 있겠으나, 그것과 무관하게 만약 북한의 붕괴가 남한

* 최경구 : 경기대학교 사회복지학과 교수

중심의 흡수통일을 결과적으로 초래한다면 그것은 남한에게도 엄청난 경제적 부담이 될 것이라는 사실이다. 독일의 급진적 흡수통일이 경제적으로 큰 희생을 수반했을 뿐만 아니라 동시에 민족의 내부적 사회통합을 저해하고 있다는 연구가 있음을 참고하지 않을 수 없다.[1] 더구나 우리는 서독처럼 아직은 경제적으로 여유가 큰 나라도 아니며, 또한 과거의 동서독관계처럼 왕래가 자유롭게 허락되는 처지도 아니다. 사실상 중요한 것은 민족 성원들 간의 사회문화적, 인간적 통합이라는 점을 생각할 때, 흡수통일이 급격하게 이루어짐으로써 남한이 큰 부담을 지게 되는 것은 바람직하지 않은 것 같다.[2]

어떤 경우이든 먼저 민족적 신뢰감과 동질성을 회복하고, 그에 기초하여 남북한의 상호보완적 경제발전을 이룬 다음, 정치적 제도적 통합을 이루어내는 단계적 접근을 통하여 이루어지는 것이 좋다고 본다. 이 글은 이와 같은 입장을 전제로 민족통합 시대를 예비하는 한국의 복지이데올로기를 탐구해 보자는 취지로 쓰여졌다.[3] 복지이데올로기란 복지에 대한 철학적 판단과 현실적 복지제도를 연결시키는 자유, 평등, 정의, 욕구 등과 같은 일련의 이념 체계이다(Clarke, 1987: 15).[4] 점진적 통합의 길에서 우리가 예비할 수 있는 복지 이데올로기가 무엇인지를 탐색하여 보는 것은 현재의 시점에서 필요한 것으로 보인다. 그동안 한국 사회에서는 통합시대의 복지 이데올로기 자체에 대한 논의는 거

---

1) 독일 통일 후 동독인들은 '2등국민'이라는 콤플렉스와 '낙인찍힌 자들'로서 사회적 차별 대우를 받는 것에 대해서 많은 불만을 가지고 있으며, 또한 서독에 대한 통일 직후의 기대와 호감이 변하여 열등감과 자조의식이 많이 나타나고 있다는 연구가 있다(전성우, 1997).

2) 그러나 북한이 식량난으로 인하여 자체 붕괴할 가능성은 여전히 존재하므로 이러한 변동에 대비하는 자세는 필요하다.

3) 복지이데올로기라는 용어는 정치이데올로기나 경제이데올로기와 다르다. 복지이데올로기는 사회성원들의 사회적 위험을 제거하고 안전을 보장하며, 사회적 약자를 보호하는데 있어서 필요한 사회적 평등을 우선시한다. 이에 비하여, 정치이데올로기는 권력과 권위의 생성과 행사에 있어서의 정통성을, 그리고 경제이데올로기는 자원과 상품의 생산, 유통, 분배에 있어서의 효율성을 우선적으로 고려한다.

4) 복지이데올로기는 정치적 함의가 짙고, 복지이념은 사회철학적 함의가 짙은 개념이다.

의 없었다. 필요가 없어서라기보다는 남한 체제의 우위성에 대한 확신이 있어서였을 것이다. 그러나 이제는 미국 발 금융위기로 인해 신자유주의에 대한 문제점뿐만 아니라 자본주의 자체의 문제점에 대해서도 깊은 성찰이 있어야 한다는 주장이 설득력을 얻어 가고 있다. 이와 같은 상황은 복지 이데올로기기에 대한 좀더 직적접이고 미래지향적인 논의가 필요한 배경을 형성하고 있다.

결론부터 미리 말하자면 이 글의 주장은 민족통합 시대의 복지이데올로기로 환경복지자본주의를 주창하고 이를 실현하여 환경복지국가 또는 환경생태복지국가를 이룩하자는 것이다. 환경복지는 environment welfare, 생태복지는 eco-welfare의 번역어이다. 이글에서는 환경복지는 생태복지를 포괄하는 의미로 썼다. 환경은 자연환경과 사회환경을 다 포함하는 의미이기 때문이다. 따라서 환경복지는 자연환경과 사회환경이 잘 어우러져 이상적인 상태를 이루는 것이라 할 수 있다. 자연환경과 사회환경의 생태와 복지를 특히 강조하고자 할 때는 '환경생태복지'로 표기하였다.

필자는 19세기가 자유자본주의의 시대였다면, 20세기는 민주복지자본주의의 시대요, 21세기는 환경복지자본주의의 시대가 되리라고 본다(최경구, 2006).[5] 이와 같은 논의가 객관적이기보다는 주관적 가치 함의가 짙다는 비판을 받을 수도 있을 것이다. 그러나 이미 많은 사회과학자들이 언급하고 있다시피 사회현상에 대한 연구는 객관적이어야 하나 그 변화의 방향에 대해서는 가치함의적일 수 있다. 따라서 이 글에서는 현재 남북한의 복지 이데올로기에 관하여 검토하고, 아울러 20세기 선진복지국가들의 이데올로기였던 민주복지자본주의가 어떠한 한계에 봉착하였는가를 밝히고자 한다. 그리하여 남북한이 함께 지향할 수 있는 한국적 복지이념을 탐색하여 보고 그 세계적 추세와 관련된 귀결점으로

5) 물론 자유 자본주의나 민주복지 자본주의, 또는 환경복지 자본주의가 복지 이데올로기라고 보기보다는 정치경제 이데올로기라고 하는 주장도 있을 수 있다. 다만 필자는 복지의 관점, 즉, 사회적 약자를 보호하고 사회적 위험을 방지하여 사회성원들의 일상적 안전을 보장해 줌으로써 삶의 질을 제고시키는 전략과 방안의 기본적 이념 체계를 복지 이데올로기라고 본 것이다.

서의 환경복지자본주의를 미래의 한반도 통일복지 이데올로기로 제시하고 환경복지국가를 지향하고자 한다.

제 2 절 남북한의 복지 이데올로기

본시 자본주의와 사회주의는 근대화의 쌍둥이이다(Berger, 1987: 21). 그 중에서 자본주의가 산업사회의 태동기에 태어난 형이었다면 사회주의는 자본주의의 모순을 시정하기 위하여 뒤이어 태어난 동생이라 할만하다. 자본주의가 산업사회를 이루면서 부익부 빈익빈의 계급적 격차를 나타내고 인간소외를 가중시키자 그 문제를 해결하기 위하여 사회주의가 등장하고 평등의 가치를 강조하게 되었던 것이다. 그러나 사회주의 역시 산업사회의 모태에서 나온 이데올로기로서 과학주의와 합리주의를 근간으로 물질적 풍요와 함께 근대화의 이상인 자유와 평등을 동시에 지향하였던 것이다. 다만 현실적으로 단순화시켜서 본다면 자본주의는 모든 개인의 자유를 강조하였고, 사회주의는 전체 노동자의 평등을 강조하였던 차이가 있다. 사회주의가 베른슈타인에 의해 사회민주주의로 개량화되자 레닌은 자신들을 '공산주의자'로 명명하였다(박호성, 1991: 9). 이와 같은 사회주의 세력은 2차 대전 후 소련과 중공, 동구유럽, 북한, 쿠바 등, 지구의 반을 지배하였다. 그러나 1990년을 전후하여 동구 유럽의 몰락과 독일의 통일, 그리고 소련의 해체는 20세기 사회주의의 실험이 현실적으로 실패하였음을 증명하는 것이었다. 그러나 이것은 그동안 자본주의가 사회복지제도를 발전시켜 옴으로써 자본주의의 불평등이라는 모순을 시정하고자 하는 노력을 꾸준히 하여 온 결과로서 체제의 우위를 지킬 수 있었기 때문이라 할 수 있다. 반대로 소련 등 동구 유럽의 몰락은 비민주적이고 전제주의적인 의사소통의 단절이 관료적 비효율성과 맞물려 오히려 사회적 불평등을 조장한 결과 일어난 것이라 하겠다.

북한에서도 그와 같은 현상이 일어날 가능성이 있을까? 아직까지 그러한 일이 발생하지 않았다는 것은 북한의 철저한 주민 통제와 노동자 농민 출신의 지배계층이 견고한 핵심을 이루고 있기 때문인 것으로 보인다. 식량난만 아니라면 체제 위기를 넘기는 것이 그렇게 어렵지는 않다고 볼 수 있는 상황이다. 현재는 북한의 붕괴의 가능성보다는 중장기적인 변화의 가능성이 높아졌다고 볼 수 있다. 붕괴하더라고 체제붕괴가 아닌 정권교체의 가능성(즉, 사회주의 지향정권, 혹은 자본주의 지향정권)이 높다고 할 수 있다(이종석, 1977: 333). 북한사회의 변동이 카리스마적 변동에서 제도적 변동으로 그리고 자본주의의 실험에 이르러서는 시대적 변동모형으로 바뀌어 가는 것이라는 해석도 가능하다(최경구, 1992).[6]

이러한 판단은 남한 사회복지제도의 내실화가 더욱 필요하다는 것을 반증하여 준다. 즉, 이를 통하여 북한에게 상대적으로 사회적 평등이 보장되는 복지국가의 모범을 보여 주어야 할 필요성이 있는 것이다. 동시에 점진적인 민족사회의 통합을 위해 남북한 간의 복지 이데올로기 수렴을 위한 노력도 어느 정도 필요할 것으로 보인다. 현재 남북한 간의 복지 이데올로기는 많은 차이가 있다.

남한은 1960년에 박정희의 군사정권이 들어서면서 부족한 정통성을 보완하기 위해서 많은 복지관계법을 제정하였지만, 실제로는 1980년대에 가서야 어느 정도의 복지 제도를 정비할 수 있었다. 이는 기본적으로 1987년의 민주화 투쟁의 결과이기도 하겠지만 구조적으로는 지난 30여년의 경제성장이 뒷받침된 결과라고 할 수 있겠다. 그 후 '국민의 정부'에 들어와 2001년 국민기초생활보장법을 시행함으로써 제도적 복지국가의 초보단계로 들어섰다. 그러나 아직도 그 실질적 내용은 부실

6) 여기서 카리스마적 변동은 김일성의 카리스마가 사회변동의 원인이 된다는 것이며, 제도적 변동이란 새롭게 확립된 제도가 사회변동의 원인이 된다는 것이다. 나아가 시대적 변동은 어느 특정한 시대의 열망이 사회변동의 원인이 되는 것을 의미한다.

한 편이다. 자영업자 소득파악의 문제가 어려운 과제로 등장하면서 사회보험 역시 충분히 정착하고 있지 못하다. 즉, 산재보험, 의료보험, 연금보험, 고용보험 등 4대 사회보험제도의 틀을 갖추고, 각종 사회복지 서비스를 통하여 도움이 필요한 노인, 장애인, 아동, 여성에 대한 복지 혜택을 주고 있으나 아직 그 실질이 부족하다는 뜻이다. 한편, OECD 국가의 사회복지 지출을 나타내는 자료에 의하면 2005년 현재 한국은 GDP 대비 7.0%로서, 일본 19.1%, 미국 16.3%, 스웨덴 29.8%, 영국 22.1%, OECD 평균 21.2%에 훨씬 못 미침을 알 수 있다(보건복지부, 2010 재인용).

환란사태를 극복한 '국민의 정부'가 강조하는 '생산적 복지주의'의 내용은 민주적, 실용적, 인도적 특성을 지닌다(최경구, 2000). 민주적 특성은 노사정위원회의 합의와 사회보험의 통합, 시민단체의 역할증진 등을 통해 나타나고, 실용적 특성은 근로연계복지나 사회연대강화에 근거한 자활복지의 강조에서 볼 수 있다. 한편, 인도적 특성은 국민기초생활보장을 통해 나타난다고 할 수 있다. 이러한 남한의 복지제도와 실태를 이데올로기적으로 표현한다면 '생산적 복지주의'(productive welfarism)라고 불러도 좋을 것이다.[7] 생산적 복지는 참여정부의 '참여복지'나 이명박 정부의 '능동적 복지'라는 수사적 변화가 있었음에도 불구하고 사실상 그 내용에 큰 변화가 없다고 볼 수 있겠다. 다만 이명박 정부에 들어서서는 신자유주의적 요소가 더 강화되고 있는 상황이다.

한편 북한의 복지 이데올로기는 '전제적 집합주의'(despotic collectivism)라고 부를 수 있다. 전제적 집합주의라고 부르는 이유는 복지뿐만 아니라 북한에서의 모든 의사결정이 매우 독재적인 방법에 의해서 정해지고 그것이 모든 인민 일반에 대하여 적용되는 것을 원칙으로 하고 있기 때문이다. 그것은 북한을 움직이는 주체사상이 김정일에 의하여 김일성주의로 체계화 내지는 변질되면서 더욱 강화된 것이다. 즉, 김일

7) 실제로 '국민의 정부'는 국정이념으로서 민주주의, 시장경제, 생산적 복지를 강조하였다.

성 자신은 자신이 주체라는 개념을 처음 발견한 것이 아니고 진정한 마르크스주의자라면 누구나 다 알고 있는 것인데 자신이 이를 강조한 것이라고 말한 바 있다. 이는 마르크스-레닌주의에 대한 자신의 계승성을 강조한 것이다. 그러나 김정일은 독창성에 비중을 두어 '김일성주의화'하는 과정에서 결국 혁명적 수령관을 강조하는 변화된 입장을 보였다. 이것은 권력승계와 관련하여 김정일에게 부족한 카리스마를 이론적으로 보강하는 작업이었다(고성준, 1989: 51-63). 북한의 주체사상에서 나타나는 혁명적 수령관에 따르면 수령은 사회생명체의 최고뇌수이며 당은 그 중추를 이룬다(김정일, 1989: 264). 여기서 최고뇌수라고 하는 것은 생각하고 판단하고 결정을 내리는 역할과 기능을 하는 것이며, 당은 그것을 실행하는 중심이 된다는 의미이다. 따라서 일반 인민들은 오직 충성을 다하는 것밖에는 할 것이 없다. 혁명적 수령관에 의하면 생각은 오직 한 사람만 하면 되는 것이다. 이러한 사상은 매우 모순적이고 극단적인 사회유기체론이라 아니할 수 없는 것이며 비민주적이고 전제적인 특성을 지니는 것이라 하겠다.

따라서 일반적으로 북한에서는 사회생명체의 중추인 당원들이 누리는 복지적 위상이 일반 인민과는 다른 특별한 것이다. 그들은 대개 귀속성이 강한, 즉, 출신성분이 좋은 '핵심계층'(인구의 약 28%)으로서 타 계층과 분리되어 진학, 승진, 배급, 거주, 의료 등의 각종 분야에서 특권을 누리고 있다. 여타의 '기본계층'(또는 동요계층이라고도 함. 인구의 약 45%)과 '복잡계층'(적대계층으로서 인구의 약 27%)은 상대적으로 불이익을 당한다. 예컨대 북한은 80년대에 고층 아파트를 많이 지었는데 평양의 경우 신형 아파트는 기존의 아파트보다 2-3배 넓고 온수까지 공급되므로 새 아파트를 지을 때마다 당간부들이 이사를 하여 8-9번씩이나 이사를 했다는 것이다(안계춘, 1989; 통일원 1990). 이러한 불평등이 식량난과 더불어 북한 체제의 현실적 위협이 되고 있는 것도 사실이라 하겠다.

북한은 1950-60년대에 경제성장이 남한보다 앞서고 있을 때에 복지

관련법들이 제정되어 실시되었다. 북한에서는 1945년부터 1960년대까지 복지관련법들의 77%가 제정 내지 개정되었다. 남한에서는 1960년대 이후에 96.6%가 제정 내지 개정되었다(김연명, 140). 북한에서는 1946년부터 1964년 사이에 '사회보험법', '노동자사무원 노동법령에 관한 결정서', '탁아소규칙', '국가사회보장에 관한 결정서', '무상치료를 실시할데 관한 결정서', '위생사업을 전인민적운동으로 조직전개할데 관하여', '사회급양사업을 개선강화할데 대하여', '인민보건사업을 강화할데 관한 최고인민회의 결정', '유치원사업을 개선강화할데 대한 내각결정', 등의 법을 통하여 복지 전반에 관한 법의 대부분을 정하였다. 이러한 법들은 1972년의 신헌법에 수용되어 있으며 집단주의 원칙에 기초한 인민의 기본권리로 표현되고 있다(오정수, 1993: 134-136). 그러나 이러한 법들의 정비가 무력하게 되는 것은 경제성장이 저조하게 되면서부터이다. 70년대 중반부터 북한의 경제성장은 남한보다 떨어지기 시작하여 90년대에 들어서서는 계속 마이너스 성장을 기록하고 아사자가 속출하고 있는 형편이라서 북한의 복지제도라고 하는 것이 무의미해지는 상황이 전개되고 있다. 어쨌든 그들의 복지 이데올로기는 그 복지의 내용이 결정되는 과정이 전제적이며 그 실행이 국민 전체에게 집단적으로 미친다는 점에서 전제적 집합주의라고 부를 수 있을 것이다.

위에서 살펴본 바와 같이 남한의 복지 이데올로기인 생산적 복지주의와 북한의 복지 이데올로기인 전제적 집합주의는 공통점을 발견하기 어렵다. 다만 공통점이 있다면 그것은 어찌되었든 양쪽이 다 일반 대중의 복지, 특히 소득보장과 의료보장 등, 사회적 약자에 대한 관심을 갖고 정책적 배려를 하고 있다는 정도일 것이다. 그 종류의 포괄성과 범위의 보편성, 방법의 타당성 및 정도의 적절성 등은 매우 다른 것이 사실이다. 이 글은 그러한 자세한 차이를 분석하는 것에 목적이 있지 않다. 따라서 더 이상의 언급은 별도의 글에서 다루어야 할 것이다. 다만 남한은 국가의 책임이 대부분의 복지제도를 포괄하고는 있으나 그 적용범위가 선택적이고, 방법이 소극적이며, 복지의 정도 역시 적절하지 못하다는 총체적 평가는 할 수 있을 것으로 본다. 그것이 생산적 복지주의의 내용이 되는 셈이다. 한편 북한은 국가의 책임이 모든 복지제도를 포괄하게 되어 있고 그 적용범위도 보편적이다. 또한 그 방법이 제도적이다. 그러나 복지의 정도는 오늘날의 식량난이 웅변으로 증명하고 있다. 어쨌든 북한의 복지 이데올로기는 전제적 집합주의라고 부를 수 있을 것이다. 이와 같은 현실이 시사하는 것은 향후의 민족통합 시대를 대비하여 좀더 적극적으로 복지 이데올로기의 공통점을 찾아보는 노력이 절실하다는 점이다. 또 한 가지 고려하여야 할 것은 민족통합시대의 복지 이데올로기가 세계의 시대적 조류에 맞아야 한다는 점일 것이다.

제 3 절 선진국의 민주복지자본주의

선진국의 복지 이데올로기는 대체로 마샬에 의하여 지적된 민주-복지-자본주의(democratic-welfare-capitalism)라는 용어에 잘 표현되어 있다. 그는 개인적 자유과 대의적 민주주의를 발전시키고자 한다면 경제시장의 생산능력과 요구, 그리고 사회시장의 분배능력과 요구간의 균형이 반드시 유지되어야 한다는 점을 확실히 했다. 최적의 균형은 정치적 자유를 심각하게 훼손시키지 않아야 가능하다. 정치적 자유없이 진정한 의미의 복지는 없기 때문이다. 또한 자본주의적 생산능력이 전제되지 않는다면 역시 복지가 설 자리는 없는 것이다. 그러나 동시에 사회적 분배가 적절히 이루어지지 않는다면 정치적 자유와 경제적 재생산이 보장될 수 없다. 이러한 문제들은 마샬의 민주-복지-자본주의에서 화학적 용해로 해결되는 것이 아니다. 오히려 각 부분들의 상대적 자율성이 원활하게 살아나는 데에서 조화를 이루는 것이 중요하다고 보았다. 부분은 전체를 위해서 의무를 다한다. 그리고 전체에 대해서 권위와 자율성을 주장한다. 거기에 바로 하이픈이 생길 여지가 있는 것이다. 전체의 부분에 내재한 권위는 자율적 상호의존성의 토대가 되는 것이다. 사회민주주의라는 금송아지는 신성한 세 마리의 소가 이끄는 삼두마차에 실려질 수 있다는 것이 마샬의 주장이다.

정치적 자유와 경제적 생산, 그리고 사회적 분배의 균형은 어떻게 이루어질 수 있는가? 이에 대한 마샬의 대답은 이러한 문제들이 '순수하게 구조적인 해결책만으로는 풀리지 않는 구조적 문제'이다. 따라서 그의 결론은 '차별을 줄이는 것이 아무리 필요하다 하더라도 단순히 차별을 줄임으로써만 차별을 받아들일 수 있다고 보는 것은 어리석은 일이다. 그것은 오직 차별에 대한 태도를 변화시킴으로써만 가능하다'는 것이다. 이러한 문제는 논리에 의해서 지배받는 것이 아니라 '타협'을 통해서 성취되는 것이며, 일정한 경제적 불평등은 기능적으로 남아 있게 됨으로써 부의 생산에 기여한다는 것이다(Marshall, 1981: 14-16).

그의 이론은 대표적인 선진복지국가들의 역사적 경험을 잘 설명해주고 있다. 스웨덴이나 오스트리아, 영국, 독일 등은 그 발전의 과정을 볼 때, 사실상 사회민주주의 국가로서 정치적 민주주의와 경제적 생산과 사회적 복지를 '대타협'과 '태도를 바꿈'으로써 실현시킬 수 있었다. 그러나 문제는 이러한 복지국가들이 '복지국가의 황금기'를 지나 1973년과 1979년의 두 차례에 걸친 석유 위기를 겪는 동안 경제 성장이 퇴조하자 신자유주의로 돌아서게 된 것이다. 복지비를 삭감하고 민영화 정책을 실시하는 등 복지국가의 위기와 조정 국면이 나타나게 되었다.

미슈라에 의하여 널리 지적된 복지국가의 위기는 다양한 모습을 나타냈으나 결국 복지혼합(welfare mix)의 형태로 정리된 것으로 보인다. 이를테면 산재보험이나 연금보험 등, 사회보험과 같은 것은 부분적 변화를 겪고 제도적 복지의 형태를 그대로 유지하는가 하면, 복지서비스나 공적 부조, 또는 국영기업 등은 상당한 부분의 민영화를 통하여 잔여적 복지의 형태를 부분적으로 받아들이게 되는 것을 말한다. 복지국가는 아직도 국민들의 지지를 받고 있으며, 복지예산삭감은 그렇게 엄청난 영향을 미친 것은 아니었다. 향후 복지국가들은 노령인구의 증가와 의료비의 증대 등으로 인한 재정적 문제 등을 해결하여야 할 것이지만 복지국가를 유지하고자 하는 노력은 삶의 질에 대한 관심의 제고와 더불어 계속될 수밖에 없는 것이다.

그러나 이러한 현상과 더불어 우리가 주목하게 되는 것은 신자유주의 정책을 주도한 미국과 영국의 레이건과 대처는 현직을 떠났지만 아직도 신자유주의적 정책이 여러 나라에서 답습되고 있다는 사실이며,[8] 적어도 미국과 영국은 당시의 경제적 어려움을 극복한 것으로 보도되었다는 점이다. 그러나 그들의 경제성장은 10% 내외의 고실업률을 수반하는 것이었으며, 80-90년대를 통하여 이루어진 세계적인 정보화사회의 도래와 함께 새로운 정보부자(the information rich)와 정보빈자(the information poor)의 빈익빈 부익부의 문제를 발생시켰다(21세기위원회, 1992: 193). 이러한 신우파의 사회정책은 '한 사회속의 두 국가'라고 표현되는 직업구조와 임금구조의 양극화 현상으로 인한 이중경제(dual economy)와 이중사회(dual society)의 문제로 나타나고 있기도 하다(Mishra, 1991). 이것은 세계화(globalization)의 과정속에서 무한경쟁을 지향하는 초국적기업들의 세계적 이윤추구 행위와 무관하지 않다. 그들은 이미 국경없는 사회(borderless society)를 살아가고 있으며 전지구적 기업 활동을 통하여 임금이 싼 후진국과, 노동조합이나 환경문제에 관한 법적 규제가 없는 경제특구들을 찾아다니면서 이윤을 축적하고 있다. 자국에 투자를 꼭 해야 할 필요가 없으니 자국의 노동조합이 무력화되고 따라서 노조의 힘에 의한 복지의 추구라는 명제는 이미 고전이 되어 버린 것이나 다름없게 된 것이다. 세계의 100대 경제 단위중 반이

8) 영국 노동당의 당수 토니 블레어나 그 뒤를 이은 고든 브라운 영국 총리는 여전히 대처리즘을 승계하여 존 메이어의 보수당과 거의 같은 신자유주의 노선을 견지하였다. 한편 프랑스에서는 2007년 대통령 선거에서 우파연합의 사르코지가 당선됨으로써 신자유주의 노선이 확대되는 듯하다. 유럽의 다른 나라들도 대체로 신자유주의 노선을 취하고 있다. 한국 같은 나라도 복지국가에 제대로 진입해보지도 못한 상태에서 민영화니 뭐니 하면서 신자유주의 노선을 따르고 있다.

초국적기업이라는 사실이 이미 국경의 의미가 상실된 세계화 사회를 우리에게 보여주고 있는 것이다.

이쯤해서 우리가 살펴볼 일은 선진 복지국가들의 민주복지자본주의라는 복지 이데올로기가 지니고 있는 근본적인 한계에 관한 것이다. 그것은 민주복지자본주의가 국경있는 사회의 복지 이데올로기였다는 사실이다. 그리고 그것은 노동조합의 힘에 의한 뒷받침을 통해 사회적 분배가 가능했던 시대의 이데올로기라는 사실이다.[9] 지금은 그것이 힘들어지는 국경없는 사회가 도래한 것이다.[10] 현재의 세계적 상황은 마치 자본주의의 초창기에 자본가들이 아무런 국가의 제재도 그리고 노동자들의 도전도 받지 않고 마음껏 부를 축적하였던 상황과 유사한 형국을 나타내고 있다는 점이다. 원시 자본주의가 다시 부활한 것과 흡사한 상황이다. 무한경쟁을 지향한다는 것 자체가 이미 빈익빈 부익부의 현상을 개인 간에 또는 국가 간에 자유방임적으로 정당화시켜 놓고 있는 것이나 다름없다. 결국 무한경쟁을 통한 이익의 추구를 통하여 다시 경제를 살려야 한다는 것이 모든 선진복지국가들의 기본 전략이라고 한다면 이것이 바로 다름 아닌 원시자본주의의 부활이다. 따라서 과거에 민주복지자본주의의 복지이데올로기가 자본주의의 빈익빈 부익부의 문제를 해결하는데 동원되었던 것과 같이 새로운 어떤 복지이데올로기가 다시 부활한 원시자본주의의 망령을 잠재울 수 있게 되지 않겠는가 생각된다.

그것은 현실적으로 무한경쟁시대에 초국적기업의 이윤추구활동을 제어할 수 있는 어떤 메커니즘의 출현을 필요로 한다. 필자는 그것을 환경복지자본주의의 복지 이데올로기라고 본다. 그것을 추진할 수 있는 세력은 환경생태 문제와 복지 문제를 인류의 생존과 관련되는 문제로 인식

9) 한편, 이제까지 선진복지국가들의 성공은 성장주의에 기초하였으며, 후진국들을 경제적으로 착취함으로써 가능했다고도 볼 수 있다. 그러나 이제는 성장의 패러다임을 버려야할 때이며, 후진국들도 과거와 같이 일방적으로 선진국들에게 착취만 당하고 있지는 않게 되었다.

10) 물론 아직도 국경의 의미는 국가가 중요한 것처럼 중요하게 남아 있다. 다만 여기서는 국경의 의미가 상대화되는 것을 강조하는 것이다.

하는 국제정부조직(IGO: International Governmental Organization)/국제비정부조직(INGO: International Non-Governmental Organization)의 운동에 의해서 가능할 것이다. 어차피 국경의 의미가 약화된 시대의 힘은 세계적인 조직에서 나올 수밖에 없을 것이기 때문이다.

환경생태와 복지의 문제를 인류 생존의 문제로 인식하는 자본주의가 출현해야 하는 이유는 다음과 같다. 자본주의가 근대화와 산업화의 상징으로 등장한 이래 약 400년이 흘렀다. 그 이전까지 인류는 약 10,000년 동안을 농업이나 목축을 하면서 자연에 순응하면서 살아 왔다. 그러나 서구인들이 과학과 합리성을 근간으로 자본주의를 발전시켜 지구를 정복하기 시작하면서 동양인들의 평화는 깨졌으며, 세계에는 공해와 소외와 전쟁의 문제가 점점 심각하게 대두되었다. 왜 그런가?

공해의 심각성은 자본의 이윤 추구 행위로부터 비롯된다. 이윤추구는 기본적으로 공해방지 시설과 같이 원가를 높이는 일을 하지 않으려 하기 때문에 통제할 수 없을 정도의 공해가 발생하게 된다. 특히 공해는 당장 인간에게 해가 되지 않는 것처럼 보이기 때문에 이를 소홀히 다루기 쉬운 것이다. 이미 지구온난화의 문제나 남극의 오존층 파괴는 매우 심각한 지경에 이르고 있으며, 후진국의 무절제한 삼림의 파괴가 지구의 산소를 감소시키고 있는 것이다. 공해에 의한 대기의 온난화는 수온을 상승시켜 북극과 남극의 얼음을 녹이면서 때아닌 엘니뇨 현상으로 인한 폭우와 폭설, 사막화와 황사 현상이 점점 빨라지는 등 생태계의 파괴가 걷잡을 수 없이 진행되고 있다. 환경생태의 문제는 아무리 강조해도 지나치지 않다.

한편 소외는 기본적으로 자본주의가 통제되지 않을 경우에 빈부의 양극화가 발생하기 때문이다. 따라서 사회의 평균적 삶의 수준을 향유할 수 없는 다수의 소외된 계층이 등장하게 되며 사회불안이 증대하는 것이다. 이들을 위한 복지가 더욱 중요해지는 것은 다시 강조할 필요도 없다.

전쟁의 문제 역시 자본주의의 확대와 긴밀하게 관련되어 있다. 미국의 무기재벌들은 세계의 어디에선가 전쟁이 지속되어야만 하며 이들이 호황을 누려야 미국 경제가 돌아가게 되어 있다는 속설은 이미 오래된 것이다. 현재 지구상에 만들어 놓은 핵무기만 해도 지구를 몇 번이라고 파괴할 수 있는 정도라고 하니 자칫하면 3차대전을 통한 지구의 종말을 보게 될지도 모르는 지경에 있는 것이다.

이렇게 보면 결국 서구의 자본주의의 확대라고 하는 세계화는 인류의 멸망을 앞당기기 위한 과정이라 아니할 수도 없다. 이럴 때 필요한 것이 바로 환경복지자본주의의 복지 이데올로기인 것이다. 환경복지자본주의는 근본적인 패러다임의 변화를 요구한다. 인류의 공적(public enemy)인 환경문제를 해결하고, 소외문제와 전쟁의 문제를 해결하여 모든 인류에게 인간다운 생활을 보장해 주는 복지 이데올로기가 되려면 이제까지 성장(growth)의 시대에 필요했던 모든 가치를 바꾸어 지속가능성(sustainability)의 가치에 맞추어야 한다. 새로운 시대의 환경생태복지 패러다임이 필요한 시기가 된 것이다.

제 4 절 환경복지자본주의와 환경생태복지국가

성장의 패러다임이 지속가능성의 패러다임으로 바뀌어야 하는 이유는 이미 언급한 바와 같이 하나밖에 없는 지구의 환경생태를 보존해야 하기 때문이다. 지구 삼림의 삼분의 일을 차지하는 아마존 강 유역의 개발이 어떤 결과를 초래할지는 상상하기 어렵지 않으며, 기상이변과 사막화 현상, 오존층의 파괴와 지진과 해일 등, 어떤 것도 자연 생태계의 보존을 통하지 않고는 해결될 수 없는 것들이다.[11)]

11) 혹자는 과학의 발전으로 이러한 문제를 해결할 수 있다고 하나, 지구가 인간이 양산하는 공해와 쓰레기를 정화시킬 수 있는 자정능력이 무한한 것이 아니기 때문에 과학으로 해결할 수 있다고 보는 것이 한계가 있다. 인간의 욕심을 줄이는 것이 관건이다.

환경복지 자본주의 사회란 환경생태문제와 복지문제를 동시에 풀어나감으로써 이룰 수 있는 지속가능한 사회(sustainable society)이며 이를 이루어내 국가가 환경복지국가 내지는 환경생태복지국가이다. 이를 다음 그림과 같이 나타내 볼 수 있을 것이다.

[그림 15-1] 환경생태복지국가의 모형

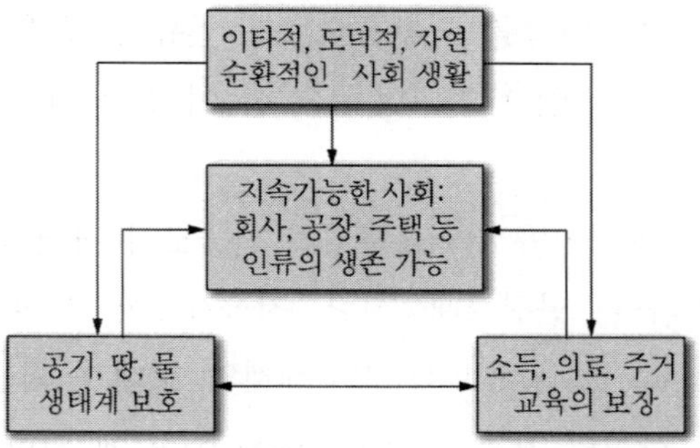

환경생태복지의 구체적 실현은 자연환경생태와 사회환경이 깨끗하게 되어야 한다는 뜻이다. 즉, 땅과 물, 공기와 생태계 보호는 물론, 빈곤과 범죄의 온상을 타파하기 위하여 사회복지적 기본수준(소득, 의료, 주거, 교육)을 보장함으로써 지속가능한 사회를 만들어 가는 것이다. 대개의 빈민들이 사는 지역은 환경적으로 문제가 많은 공해지역인 경우가 많다. 복지문제와 환경문제가 중첩되는 영역은 빈민들에게만 해당되는 것이 아니다. 대부분의 중상층에게도 나쁜 공기와 물은 치명적일 수 있으며, 국가 간 경계를 넘어서는 심각한 문제이다.

땅과 물과 공기와 생태계가 깨끗하게 보존되어야 회사나 공장도 유지 가능하며, 거기서 일하는 사람들의 사회복지적 기본수준이 보장이 되어야, 빈곤과 범죄 등이 타파될 수 있다. 빈곤과 범죄 등이 타파되어야 깨끗한 사회, 희망있는 사회, 도덕적인 사회가 되며, 그래야 다시 땅과 물과 공기와 생태계가 유지될 수 있다. 이러한 자연과 사회의 순환을 유지하는 것이 지속가능한 환경생태복지사회인 것이다. 여기서 중요한 것은 이타적, 도덕적, 자연순환적인 생활을 하는 것이 우선적으로 이루어져야 한다는 점이다. 인간만이 악순환의 고리를 끊고 한 단계 더 높은 사회로의 진입을 가능하게 하는 것이다. 더구나 이것은 패러다임의 전환을 요구하는 문제로서 더더욱 인간의 이타적인 속성이 강조될 수밖에 없는 것이다.

환경생태복지사회는 서구의 무한 경쟁이 빚어내는 모순과 불안을 극복하고 조화와 안정을 되찾음으로써 인류의 생존과 희망을 가능하게 하는 매우 동양적인 대안이며, 사실상 이 길 외에는 인류가 살 길이 없는 것이다.

과거의 사회복지가 산업화사회의 산물로서 경제체계에 예속된 속성을 지닌 것이라면, 환경생태복지란 지속가능한 사회복지체계(sustainable social welfare system)로서 경제체계의 토대가 되는 것이다. 지속가능한 사회란 사회의 자원 토대(resource base)에 의한 구속을 받아들이는 사회이다. 이것은 소비의 감축, 환경파괴의 제한, 그리고 지구의 규모에 알맞은 적절한 미래의 설계를 의미하며, 사회의 생태학적 토대와 조화를 이룰 수 있는 경제적 정치적 질서를 수립하는 것이다(McNutt, 1995: 36-49). 지속가능한 사회를 만들기 위해서는 선진산업국가의 개인들에 의한 물질적 과소비를 줄여야 하며, 무제한의 개발에 기초한 경제성장으로는 인간의 욕구가 극대화될 수 없다는 사실도 잘 알아야만 한다(Dobson: 29-30).

1960-70년대만 해도 자원의 유한성이라는 것이 사회과학자들이나 사회복지정책학자들에게 큰 문제가 되지 않았다. 그러나 1980-90년대에 와서는 자원의 유한성이 강조되고 자본주의적 성장의 논리가 땅과 물과 공기와 생태계의 파괴를 초래함으로써 인간 생존을 위협하는 지경에 이르렀음을 누구나 알게 되었다. 자원의 유한성은 빈곤, 실업, 기근, 강제 이주, 난민, 이재민 등을 초래함으로써 사회복지 모금 운동과 사회복지 프로그램을 수행하는 사회복지 기관과 그 종사자들의 직접적 도움을 필요로 하고 있다. 이제 21세기에는 경제가 아니라 바로 환경생

태복지가 토대가 되는 사회가 도래할 것이다. 경제체제보다는 환경생태복지를 근간으로 하는 사회체제가 더 중요하다고 동의할 수 있는 시대가 와야 인류가 생존할 수 있다. 이른바 지속가능한 사회를 위한 '지속가능한 사회복지정책(sustainable social welfare policy)'의 수립이 필요하게 된 것이다.

이를 위하여 앞으로는 사회발전의 척도도 혁신적으로 바뀌어야 한다. GNP성장 같은 것이 아니라 '물질적 삶의 질 지수(the physical quality of life index)', 또는 '지속성 있는 경제 복지 지수(index of sustainable economic welfare)'와 같은 것이 사회발전의 지표가 되어야 한다. 또한 GNP수준에 맞는 '사회적 기본수준'(BSS: Basic Social Standard)을 국제적으로 정하는 노력도 경주되어야 할 것이다. UN과 세계은행, IMF같이 성장의 패러다임하에서 작용하던 기구들은 새로운 패러다임이 지배하는 사회에 맞추어 개혁되어야 한다(De Greene, 1996: 124-127). 이러한 사회에서는 경제지표보다는 환경생태복지 지표가 더 중요하게 된다.

한편 맥너트는 이와 같이 지속가능한 사회복지체제를 만드는 데에는 다섯 가지의 원칙이 있다고 주장한다. 첫째는 지역의 주민 중심(grassroots focus)의 원칙이다. 핵동결위원회가 충고하고 있듯이, '지구적으로 생각하고, 지방적으로 행동하라(Think globally, act locally)'는 것이다. 그러나 질적 통제가 어려울 수도 있으므로 항상 지역적, 국가적, 세계적 수준의 연계 노력을 게을리 해서는 안된다. 둘째, 사회정의(social justice)의 원칙이다. 지속가능한 사회는 더 적은 생산을 지향할 가능성이 있으므로 생존권적 차원에서 빈자들의 기본 욕구를 보장하는 정책을 소홀히 해서는 안된다. 셋째는 참여(participation)의 원칙이다. 참여의 권리는 윤리적 선일뿐만 아니라 실제적으로도 중요하며 이를 통하여 소외가 방지될 수 있다. 넷째는 예방(prevention)의 원칙이다. 많은 사회복지 정책들이 치료적인데 반해 지속가능한 사회복지체계는 예방에 초점을 맞춤으로써 삶의 질을 고양시키고 비용 절감의 효과도 노린다. 다섯째는 발전의 핵심(developmental focus) 원칙이다. 지속가능한 사회복지제도는 다른 제도들을 발전시킬 수 있는 발전의 토대가 되어야 한다는 것이다.

이와 같은 맥너트의 주장은 지속가능한 복지사회, 즉, 환경생태복지국가를 이루기 위한 발전 전략의 목표로서 부족함이 없는 듯하다. 그러나 아직도 어떤 세력이 어떤 방법으로 그와 같은 목표들을 달성할 수 있을 것인가 하는 구체적 문제는 남아 있다. 그리고 이것은 각개 사회의 역사적 문화적 특성과 사회경제적 입장, 그리고 자연 환경의 조건에 따라서 달라질 것이다. 사회발전이란 발전의 목표를 세우고 구체적 전략과 계획을 추진하는 사람들에 의해서만 이루어지는 것이다(Midgley, 1995: 27).

제5절 맺는 말

다가오는 21세기는 환경복지국가의 시대가 될 것이라는 전망이 이 글의 주제이다. 환경복지국가 또는 환경생태복지국가는 자연환경과 사회환경을 깨끗이 정화하고 인간이 인간답게 살 수 있는 복지 세상을 만들자는 것이다. 환경복지자본주의 사회가 지향하는 환경생태복지국가의 건설은 21세기를 살아가는 사람들의 목표가 될 수밖에 없다.

남한의 생산적 복지주의가 민족통합의 복지 이데올로기로 거듭나기 위해서는 환경생태복지국가의 복지이데올로기로서 '친환경적' 특성을 강화해야 한다. 민족 통합을 일구어야할 한국의 경우 더욱 더 그 중요성이 있다.

북한은 향후의 개발에 있어서 남한이 겪었던 시행착오를 줄이고 친환경적인 개발을 하여 그 결과적 혜택이 지역주민 복지에 도움이 되도록 해야 한다. 이를 위해 남한은 북한을 도와야 하며, 북한의 갑작스러운 붕괴도 방지하여야 한다. 왜냐하면 북한의 급진적 붕괴는 남한의 부담을 가중시켜 오히려 도움이 안 되기 때문이다.

우리는 여기서 동양의 지혜를 다시금 생각하지 않을 수 없다. 일찍이 자연에의 적응과 조화와 순환을 강조했던 동양의 위대한 사상들을 떠올리지 않을 수 없는 것이다. 특히 민족통합에 대비하여 남북한이 함께 할 수 있는 정신적 구심체로 우리의 전통적 가치관 중에서 현대적 해석을 통하여 다시 쓸 수 있는 한국적 복지 이념을 개발해내는 일이야말로 대단히 중요하다. 복지라는 학문 자체가 서양에서 비롯된 것이므로 한국적 복지 이념이라는 단어 자체가 어색하게 들릴 수도 있으나 그렇다고 하여 한국적 복지 이념 모색을 중단해야 한다는 법은 없다.[12)]

필자는 민족 통일과 관련하여 탈이데올로기적 민족통합을 위한 한국적 복지 이념으로서 중용(中庸)과 자비(慈悲)와 조화(調和)를 들고자 한다(최경구, 1997: 8-9). 또한 이것이 환경복지자본주의 사회의 복지 이념으로도 부족함이 없다고 생각한다.

환경생태복지란 자연의 환경생태와 사회환경을 정화하여 인간적 삶을 영위할 수 있도록 하자는 것이다. 그러하기 위하여 '자연과의 순환과 조화'를 중시하며, '사회적 약자나 사회적 위험에 처한 자를 보호하여 삶의 질을 높이는 사회적 협동'을 하자는 것이다.

중용은 유교의 근본 규범으로서 모든 일에 있어서 치우치지 않고 지나치지 않게 평균적 삶을 살아가는 것을 의미한다. 사회적 약자들이 '인간적인 삶의 질'을 누릴 수 있도록 도와주고, 사회적 위험에 처한 사람들이 '평균적 삶의 질'을 영위할 수 있도록 배려하며, 나아가 사회의 중간층을 두텁게 하여 안정된 사회를 이룩하는 것을 지향하는 것으로 재해석할 수 있다. 즉, 중용의 복지 이념을 실천하는 복지사회를 이룩하겠다는 의미인 것이다.

한편 자비는 삼국시대부터 신라와 고려를 통하여 우리 민족의 국교였던 불교의 근본이념으로서 인간에 대한 연민과 사랑을 뜻한다고 할

12) 하상락의 〈한국사회복지사론〉에서 주장하는 '책기론'과 같이 한국적 복지 발전의 이론을 탐구하는 노력은 그래서 중요하다(하상락, 1989).

수 있다. 인간뿐만 아니라 생명 있는 모든 것을 불쌍히 여기고 살게 하는 힘이 바로 자비이다. 복지사회가 '사회적 약자나 사회적 위험에 처한 자를 보호한다'고 할 때, 그것은 바로 자비의 복지 이념이 표현된 것이라 할 수 있다. 기독교의 사랑과 근본은 같은 것이라 하겠다.

끝으로 조화는 우리 민족 고유의 심신수련체계인 선도의 근본이념으로서 환경복지사회의 '자연과의 순환과 조화', 그리고 '사회적 협동'을 담보함에 있어 필수적인 복지 이념이 될 수 있다고 본다.[13] 본래 유·불·선 삼교를 포괄하는 우리 민족 고유의 선도는 특히 인간과 자연과의 조화를 기본 이념으로 하고 있다. 사람과 자연과 사회와의 진정한 공존이 이루어지기 위해서는 기본적으로 조화의 가치가 강조되지 않을 수 없다.

이와 같이 중용과 자비와 조화의 복지 이념은 우리 민족의 전통 사상으로서 새로운 민족통합 시대를 여는 환경복지자본주의 이데올로기의 핵심적 가치가 될 수가 있는 것이다. 민족통합에 있어서 환경생태복지의 위상을 정하는 복지 이념의 문제는, 그것이 첫째로 탈이데올로기적이어야 하고, 둘째로 민족의 화합을 가능하게 하면서도, 셋째로 복지의 본질과 상통하는 것이어야 하기 때문이다. 우리 민족의 전통인 유·불·선 3교의 합일이라 할 수 있는 중용과 자비와 조화의 사상이야말로 우리에게 가장 적절한 복지이념이 될 수가 있는 것이다.

현재의 남북한이 보이고 있는 생산적 복지주의나 전제적 집합주의와 같은 복지이데올로기는 장기적으로 환경생태복지자본주의를 지향하여 나가야할 것이며, 단기적으로는 중용과 자비와 조화의 복지이념을 복지의 종류와 범위와 방법과 정도에 응용하고 실천하는 노력을 아끼지 말아야 할 것이다.

---

13) 한국의 仙道는 최치원에 의하여 '風流'라고 표현된 것으로, 중국의 노자나 장자의 사상에 기초한 선교(仙教)와는 다르다. 최치원은 난랑비 서문에 '우리나라에는 현묘한 도가 있다. 이를 풍류라 하는데, 이는 삼교(三教: 儒教·仙教·佛教)를 포함한 것으로 모든 민중과 접촉하여 이를 교화하였다'고 하였다(동아대백과사전 30, 1985: 360). 이러한 선도 또는 풍류의 도는 천·지·인의 조화를 목표로 하였으며, 화랑정신의 기초가 되었다.

참고문헌

고성준(1989), "주체사상의 김일성주의화에 관한 연구", 『주체사상연구』, 서울: 태백.

김연명(1993), "한반도의 냉전체제가 남북한 사회복지에 미친 영향", 중대 사회복지학과 박사논문.

김정일(1989), "주체사상 교양의 문제", 『주체사상연구』, 서울: 태백.

동아출판사 편집부(1985), 『동아대백과사전』 30권, 서울: 동아출판사

박호성(1991), 『사회민주주의와 민주사회주의』, 서울: 청람.

보건복지부(2010. 1. 21일자), 보건복지부홈페이지 정책통계포털 e-나라지표.

안계춘(1989), 『북한주민생활 실태조사』, 국토통일원 조사연구실.

오정수(1993), "남북한 사회정책 변천의 비교연구", 서울대 사회복지학과 박사논문. 21세기위원회. 1992. 『2020년의 한국과 과제』, 서울: 동아일보사.

이종석(1997), 『현대 북한의 이해』, 서울: 역사비평사.

전성우(1977), "통일독일의 사회통합", 민족통일연구원·북한사회연구회, 『남북한 사회통합-비교사회론적 접근』, 1-47.

최경구(1992), "사회학적 상상력을 통한 북한 사회 변동의 전망", 이순구 교수 정년퇴임기념논문집. 『Max Weber와 사회학연구』, 서울: 진기획, 313-331.

______(1997), "21세기 민족통일운동과 사회복지의 위상", 경기대학교 사회과학연구소 한국사회복지연구실, 『한국사회복지논총』, 제5호. 1-16.

______(2000), "사회합의주의와 생산적 복지제도", 김호진 외, 『사회합의제도와 참여민주주의』, 나남, 225-255.

______(2006), "환경복지국가연구: 지속가능성의 패러다임과 사회복지의 결합", 한국사회복지정책학회, 『사회복지정책』 24호, 337-360.

통일원(1990), 『북한사회의 변화추세와 전망-80년대 정리와 90년대 전망-』.

하상락(1993), 『한국사회복지사론』, 서울: 박영사.

Berger, Peter L.(1987), 이원희 옮김, 『자본주의 혁명』, 서울: 지문사.

Clarke, J., Cochrane, A., & Smart, C.(1987), *Ideologies of Welfare: From Dreams to Disillusion*. London: Hutchinson.

De Greene, Kenyon B.(1996), "남북한 갈등의 구조적 복합성: 새로운 체계론적 사고", 이용필 편저. 『남북한 통합의 복합적 체계 모델』, 서울: 신유. 105-131.

Dobson, Andrew.(1990), Green Political Thought. 정용화 옮김. 1993. 『녹색정치사상』, 서울 : 민음사.

McNutt, John G.(1995), "Social Welfare Policy and Environmental Crisis", Hoff & McNutt(eds). *The Global Environmental Crisis: Implications for Social Welfare and Social Work*. Aldershot: Avebury.

Marshall, T. H.(1981), *The Right to Welfare and other essays: With an Introduction by Robert Pinker.* New York: The Free Press.

Midgley, James.(1995), *Social Development.* London: Sage Publications.

Mishra, Ramesh.(1991), *The Welfare State in Capitalist Society.* Toronto : University of Toronto Press.

찾아보기

[ㅅ]

[ㅊ], [ㅋ]

[ㅌ]

[ㅍ]

[ㅎ]

〈기타〉

〈집필진 소개〉

- **최경구** : 경기대학교 사회복지학과 교수
- **강욱모** : 경상대학교 사회복지학과 교수
- **김영란** : 숙명여자대학교 정책 · 산업대학원 사회복지학 전공 교수
- **김진수** : 연세대학교 사회복지학과 교수
- **박승희** : 성균관대학교 사회복지학과 교수
- **서용석** : 고려대학교 대학원 사회복지학과 교수
- **안치민** : 대진대학교 사회복지학과 교수
- **이성기** : 인제대학교 사회복지학과 교수
- **이용갑**: 서강대학교 공공정책대학원 강의
- **이정우** : 인제대학교 사회복지학과 교수
- **이준영** : 서울시립대학교 사회복지학과 교수
- **이혜경** : 평택대학교 사회복지학과 교수
- **최현숙** : 상지대학교 사회복지학과 교수
- **한동우** : 강남대학교 사회복지학부 교수
- **한형수** : 서울시립대학교 사회복지학과 교수

21세기 사회복지정책(제3판)

2023년 2월 15일 제3중판 인쇄
2023년 2월 20일 제3중판 발행

저 자 최경구 외 14인
발행인 유 성 열
발행처 청목출판사
서울특별시 영등포구 신길로 40길 20
전화 (02) 849-6157(代) · 2820
FAX (02) 849-0817
등록 제318-1994-000090호

파본은 바꾸어 드립니다. 값 25,000원

http : //www.chongmok.co.kr

ISBN 978-89-5565-338-0